DISSERTATION

Sur la Question de savoir

QUELLES SONT, SOUS L'EMPIRE DU CODE CIVIL,

LES

DISPOSITIONS TESTAMENTAIRES

SUSCEPTIBLES D'ÊTRE SCINDÉES

c'est-à-dire acceptées en partie et répudiées en partie

Par Nestor REGNARD,

AVOCAT, ANCIEN BATONNIER, DOCTEUR EN DROIT.

~~~~~~

VALENCIENNES

IMPRIMERIE VEUVE EDMON PRIGNET, LIBRAIRE-ÉDITEUR,

11, RUE DE MONS, 11

1878

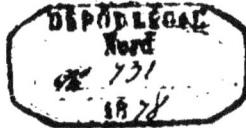

DISSERTATION

Sur la Question de savoir

QUELLES SONT, SOUS L'EMPIRE DU CODE CIVIL,

LES

DISPOSITIONS TESTAMENTAIRES

SUSCEPTIBLES D'ÊTRE SCINDÉES

c'est-à-dire acceptées en partie et répudiées en partie

Par Nestor REGNARD,

AVOCAT, ANCIEN BATONNIER, DOCTEUR EN DROIT.

VALENCIENNES

IMPRIMERIE VEUVE EDMON PRIGNET, LIBRAIRE-ÉDITEUR,

11, RUE DE MONS, 11

—

1878

MÉMOIRE

POUR

M. FRÉDÉRIC-SIMON GANDO

ET

M. ET Mme MERLIN D'ESTRŒUX DE BEAUGRENIER

CONTRE

L'ADMINISTRATION DE L'ENREGISTREMENT

Le mémoire de l'Administration de l'enregistrement signifié à M. Gando ainsi qu'à M. Merlin d'Estreux de Beaugrenier et à sa femme, née Jenny Gando, le 21 février dernier, a pour point de départ une théorie qui, admise, doit faire gagner à cette Administration son procès et qui, rejetée, doit le lui faire perdre. Sur quoi roule, en effet, toute la contestation ? Uniquement sur la question de savoir si M. Gando a pu scinder la disposition faite à son profit par le testament de sa femme, du 21 septembre 1869, et si, n'acceptant que pour partie le bénéfice de cette disposition, il doit être considéré comme l'acceptant pour le tout, et, par voie de conséquence, comme passible des mêmes droits de mutation et du même droit de transcription que s'il l'avait totalement acceptée.

Et le point de départ du mémoire auquel nous allons répondre, quel est-il ? Celui-ci : « Les dispositions testamentaires se divisent en deux catégories distinctes, comprenant l'une les legs universels ou à titre universel, l'autre les legs particuliers. Chacune de ces dispositions produit des effets différents. Le legs universel ou à titre universel confère à celui qui le reçoit la qualité de successeur à la personne du défunt. Il le soumet par conséquent au paiement des dettes et charges contractées par ce défunt et il l'investit d'un titre indivisible qui ne peut être accepté pour une partie et répudié pour l'autre partie. Le legs particulier, au contraire, ne donne au légataire que le droit de succéder aux biens qui font l'objet de la libéralité. Il n'attribue au légataire ni la qualité indivisible d'héritier, ni, par conséquent, l'obligation de contribuer au paiement du passif héréditaire »

§ 1

Avant d'aborder la partie essentielle de cette théorie, signalons-en une erreur de détail qui mérite un examen attentif, parce qu'elle se rattache d'une manière intime à l'objet principal du débat.

L'auteur du mémoire semble admettre une corrélation nécessaire entre la qualité de continuateur du défunt et le paiement de ses dettes. Or, à l'égard du legs à titre universel dont il parle, cette corrélation n'est qu'un accident dont la disparition ne réagit pas sur la nature même du legs.

« Voilà, dit M. Demolombe (1), un testateur, qui, en faisant un legs de quotité, du tiers, par exemple, de ses biens, et par conséquent un vrai legs à titre universel, déclare affranchir son légataire de toute contribution aux dettes. Cette clause a-t-elle pour résultat de changer le caractère du legs? M. Coin-Delisle (2) a répondu affirmativement, et qu'il ne faut plus y voir qu'un legs à titre particulier. — Nous ne le pensons pas ainsi. Le legs, en effet, tel que nous le supposons, constitue, d'après l'article 1010, un legs à titre universel; et il devra dès lors conserver ce caractère toutes les fois que les clauses ou modifications que le testateur aurait pu y ajouter n'auront pas pour résultat de le dénaturer. Or, tel n'est point, suivant nous, le résultat de la clause par laquelle le légataire à titre universel est déchargé de la contribution aux dettes; ce n'est là qu'une modification secondaire, qui n'a trait qu'aux effets du legs, sans altérer son caractère constitutif. Donc le legs demeure, malgré cette modification, dans celle des catégories à laquelle il appartient ; et il doit être soumis, quant aux autres effets, aux règles du legs à titre universel. — C'est par le même motif, en sens inverse, qu'un legs à titre particulier ne perdrait pas son caractère, parce que le testateur l'aurait assujetti au payement d'une dette ou même d'une quotité de dettes (3) ».

Ajoutons, car cela nous rapproche du point capital du débat, que cette distinction entre le legs universel ou à titre universel d'une part, et le legs particulier d'autre part, s'efface dans le cas de l'art. 926 ainsi conçu : « Lorsque les dispositions testamentaires excéderont, soit la quotité disponible, soit la portion de cette quotité

(1) T. 21 (4e du *Traité des donations entre-vifs et des testaments*), n° 587.

(2) Sur l'art. 1003, n° 16. Ajoutez Zachariæ, Massé et Vergé, t. 3, p. 270.

(3) Comp. Boyle-Mouillard sur Grenier, t. 2, n° 288, note *C.*

qui resterait après avoir déduit la valeur des donations entre-vifs, la réduction sera faite au marc le franc, *sans aucune distinction entre les legs universels et les legs particuliers*. Or, qu'est-ce que la réserve ? « Une dette de la succession », répond Ricard, dans son excellent *Traité des donations entre-vifs et testamentaires* (1) ; et Locré, résumant les travaux prépara oires du code civil, dit à son tour (2) : « La légitime fait partie des dettes ».

Du reste, la règle tracée par l'art. 926 ne remonte pas plus loin que le code civil. « Il n'en était pas ainsi, dit M Demolombe (3), dans l'ancien droit, et tout au contraire! le retranchement pour la légitime portait exclusivement d'abord sur le légataire universel, qui se trouvait ainsi obligé tout à la fois de souffrir seul ce retranchement et d'acquitter les legs particuliers. — Ce que l'on expliquait dans les pays de coutume, par l'intention vraisemblable du testateur, qui devait être, disait-on, présumé n'avoir laissé au légataire universel que le résidu de ses biens, après toutes les charges acquittées (4). — Et dans ceux des pays de droit écrit, où la même règle était admise, par le motif que la légitime étant une charge de l'universalité de la succession, ne pouvait pas peser sur les objets légués à titre particulier, sauf, d'ailleurs, le bénéfice de la quarte Falcidie, que le légataire universel pouvait retenir, soit qu'il y eût des légitimaires, soit qu'il n'y en eût pas (5) ».

Suivant Troplong (6), c'était seulement dans les pays coutumiers que la réduction portait sur le legs universel avant d'atteindre les legs particuliers, lesquels ne devaient contribuer qu'en sous-ordre. « Dans les pays de droit écrit, dit-il, on avait une doctrine toute différente, et l'on y tenait pour constant que les legs particuliers devaient être épuisés avant d'attaquer le legs universel. C'était une conséquence du respect du droit romain pour l'institution d'héritier, respect qui avait fait rendre la loi Falcidie ».

Mais Troplong a été induit en erreur par un passage des observations du Tribunat (7), et la vérité est que la règle enseignée par Duplessis (8) sur l'art. 298 de la coutume de Paris, avait également cours dans les pays de droit écrit, c'est-à-dire qu'on admettait également dans ces pays « que la réduction portait sur le legs universel avant d'atteindre les legs particuliers ». Ainsi, dans ses *Notables et*

(1) Troisième partie, n° 1111, t. 1, p. 700 de l'édition de 1783 avec les notes et additions de Berger, édition aussi bonne qu'elle est rare.

(2) T. 11, p. 42, sur l'art. 1009.

(3) T. 19 (2 du *Traité des donations entre-vifs et des testaments*), n° 548.

(4) Comp. Pothier, *Traité des donations entre-vifs*, sect. 3, art. 5, § 5, et *Introduction au titre XV de la coutume d'Orléans*, n° 82 (ou 79 dans l'édition de 1772, in-4°, ou encore 81 dans l'édition de 1776, in-12) ; Ricard, *Loc. cit.*; Lebrun, *Traité des successions*, liv. 2, ch. 3, sect. 8, n° 2 (p. 262 de l'édition de 1743).

(5) Comp. Roussilhe, *les Institutions au droit de légitime*, chap. 8, n° 181.

(6) *Des donations entre-vifs et des testaments*, t. 2, n° 1014.

(7) Fenet, t. 12, p. 444; — Locré, t. 11, p. 312, n° 21.

(8) *Traité des successions*, liv. 1, chap. 3, sect. 1, p. 205 de l'édition de 1700, ou dans ses Œuvres, édition de 1754, t. 1, p. 205.

singulières questions de droit écrit jugées au parlement de Toulouse [1], Maynard rapporte un arrêt de ce parlement qui a consacré cette règle, et il cite [2] deux arrêts dans le même sens, l'un du parlement de Paris, du 7 mars 1548, rapporté par Papon [3], et l'autre du parlement de Grenoble, qui se trouve dans les *Décisions* de Guy Pape, qu. 466.

Voici d'ailleurs par quelle série de transformations l'art. 926 du code est parvenu à sa rédaction définitive.

Dans le projet primitif de ses rédacteurs, l'art. 26 du titre des donations et testaments était conçu en ces termes : « Dans le cas où la valeur des donations entre-vifs n'égale pas la quotité disponible, et où cependant ce qui reste pour atteindre cette quotité, ne suffit pas pour l'acquittement des legs, la réduction s'en fait de la manière suivante : Le légataire à titre universel prend le quart de ce qui reste ; le surplus se contribue au marc le franc entre tous les légataires particuliers, sans aucune distinction ni de la nature du legs, ni de la qualité du légataire, à moins que le testateur n'ait expressément déclaré qu'en cas d'insuffisance de la quotité disponible, il entend que tel legs soit préféré à tel autre. — Dans le cas où le donateur a exprimé la préférence, elle doit avoir lieu, même au préjudice du quart ci-dessus réservé au légataire a titre universel ».

Lorsque le projet de code civil fut soumis à l'examen des tribunaux, aucun d'eux ne fit d'observations sur cet article, sauf le tribunal d'appel de Toulouse qui fit celle-ci [4] : « Expliquer si, lorsqu'il n'y a que des donations à cause de mort, excédant la quotité disponible, on suivra dans la réduction la règle portée par cet article »

Cependant la section de législation du Conseil d'Etat, dans la séance du 28 pluviose an XI (17 février 1803, proposa par l'organe de Bigot-Préameneu, son rapporteur, la rédaction suivante [5] qui comblait la lacune signalée par le tribunal de Toulouse : « Dans le cas où les legs particuliers excéderaient soit la quotité disponible, soit la portion de cette quotité qui resterait après la réduction de la valeur des donations entre-vifs, les legs seront réduits entre les légataires particuliers au marc le franc — Néanmoins si, dans les cas ci-dessus, il y a un légataire a titre universel, il prélevera le quart de la masse libre, et n'aura droit au surplus qu'après le paiement intégral de tous les legs particuliers ». Et l'article suivant était ainsi conçu : « Dans tous les cas où le donateur aura expressément déclaré qu'il entend que tel legs soit acquitté de préférence aux autres, cette préférence aura lieu, même au préjudice du quart réservé par l'article précédent au légataire à titre universel ».

Si cette rédaction avait été maintenue elle aurait eu pour résultat,

---

(1) Liv. 7, chap. 28, t. 2, p. 52-55 de l'édition de 1751.

(2) P. 54, n° 7.

(3) Liv. 20, titre 3, *des Substitutions*, arrêt 3.

(4) *Analyse des observations des tribunaux d'appel et du tribunal de cassation sur le projet de code civil, rapprochées du texte* par Crussaire), p. 724 et 761.

(5) Locré, t. 11, p. 180 ; Maleville, *Analyse raisonnée de la discussion du code civil au Conseil d'Etat*, t. 2, p. 364 de la 3e édition publiée en 1822.

hors du cas ainsi excepté, comme le remarque M. Demolombe (1), « d'exercer désormais partout la retenue de la quarte Falcidie qui n'avait été jusqu'alors admise que dans les provinces de droit écrit ». Mais ce système fut critiqué au Conseil d'État par Treilhard et par Cambacérès (2), dans la séance du 12 ventose an XI (3 mars 1803), et, dans la séance du 3 germinal an XI (24 mars 1803), Bigot-Préameneu proposa cette nouvelle rédaction (3) : « Lorsque les dispositions testamentaires excéderont, soit la quotité disponible, soit la portion de cette quotité qui resterait après avoir déduit la valeur des donations entre-vifs, la réduction sera faite au marc le franc », et, pour l'article suivant, ce texte : « Dans tous les cas où le testateur aura expressément déclaré qu'il entend que tel legs soit acquitté de préférence aux autres, cette préférence aura lieu, et le legs qui en sera l'objet ne sera réduit qu'autant que la valeur des autres ne remplirait pas la réserve légale ».

Enfin, dans sa séance du 10 germinal an XI (31 mars 1803), la section de législation du Tribunat (4), proposa de commencer le dernier de ces articles par le mot *néanmoins*, « pour mieux marquer, disait-elle, que sa disposition n'est qu'une exception à la règle générale établie par le précédent »; et, quant à ce dernier article, elle proposa d'ajouter à la fin ce qui suit : *sans aucune distinction entre les legs particuliers et les legs universels*. « Cette addition, disait elle, est nécessaire pour marquer l'intention de la section, qui paraît être aussi celle du Conseil d'État, qu'il n'y ait relativement à la réduction au marc le franc, dans le cas prévu, aucune distinction entre les legs universels et les legs particuliers; et pour éviter l'équivoque qui naîtrait, si on invoquait *l'ancienne jurisprudence qui voulait que dans ce cas les legs particuliers fussent épuisés avant les legs universels* ». Et ce fut avec ces deux additions que Bigot-Préameneu, orateur du gouvernement, présenta le projet de loi au Corps législatif, dans sa séance du 2 floréal an XI (22 avril 1803); que Jaubert proposa au Tribunat d'en voter l'adoption dans sa séance en assemblée générale du 9 du même mois (29 avril); que le 10 (30 avril) le Tribunat émit ce vœu à la majorité de 54 voix contre 2; que le 13 (3 mai) le vœu du Tribunat fut porté au Corps législatif par Jaubert, Favard et Sédillez, et les motifs de ce vœu exposés par Favard, et qu'enfin, le même jour, le Corps législatif en décrétant ce projet, à la majorité de 229 voix contre 3 (5), fixa définitivement les termes des deux articles, qui, lors de la réunion des divers titres du code en un seul corps, en sont devenus les articles 926 et 927.

Mais si la section de législation du Tribunat fit bien d'ajouter le membre de phrase qui termine le premier de ces articles, pour le rendre plus clair encore, à l'inverse elle a très-mal motivé cette addition dans le passage de ses observations que nous avons ci-dessus souligné; tandis qu'au contraire elle l'aurait très-bien

(1) *Loc. cit.*, n° 549. Voir aussi Poujol, *Traité des donations entre-vifs et des testaments*, sur les art. 926 et 927, n° 4, t. 1, p. 302 de l'édition de 1895.
(2) Locré, *Loc. cit.*, p. 200 et 201.
(3) *Idem, ibid.*, p. 275 et 276.
(4) *Idem, ibid.*, p. 312.
(5) Locré, *Loc. cit.*, p. 2 et 3.

motivée en disant qu'elle la proposait « pour éviter l'équivoque qui naîtrait, si on invoquait *l'ancienne jurisprudence qui voulait que dans ce cas la réduction portât d'abord sur les legs universels et ne réduisît les legs particuliers qu'après que les legs universels étaient épuisés* (1) ». Nous avons prouvé, en effet, que telle était la jurisprudence ancienne, tout aussi bien dans les pays de droit écrit que dans les pays coutumiers.

N'y avait-il cependant aucune différence entre ceux-ci et ceux-là, quant à la position faite par les uns au légataire universel et par les autres à l'héritier institué? Si, il y en avait une, mais non pas celle qu'indique Troplong sur la foi des observations de la section de législation du Tribunat. Cette différence que nous avons vu signaler par M. Demolombe est nettement précisée en ces termes par Coin-Delisle, dans son *Commentaire analytique du Code civil* (2) : « Dans les pays de droit écrit, l'héritier institué avait la faculté de retenir la quarte Falcidie de chaque legs, qu'il y eût ou non des légitimaires. Mais, dans les pays de coutume, le legs universel n'était autre chose que la donation testamentaire de ce qui resterait après l'acquit des dettes et charges de la succession et le paiement de tous les autres legs : c'était donc au légataire universel à supporter la réduction que les légitimes de droit ou coutumières faisaient éprouver à la succession, et les légataires particuliers n'en devaient souffrir et contribuer entre eux que si la masse restante, après la distraction de la légitime, n'était pas suffisante pour les payer tous ».

Qu'il y ait, d'ailleurs, ici une différence entre le droit écrit et le droit coutumier, ce n'est pas ce qui doit surprendre; ce qui doit étonner plutôt, c'est que cette différence ne soit pas plus grande, car, en matière de succession, il y avait entre l'esprit des deux législations une divergence totale ou, pour mieux dire, une antipathie manifeste qui dérivait de leur diversité d'origine. C'est ce que nous mettrons en évidence dans les deux paragraphes suivants ; mais, avant cela, nous devons insister encore sur cette idée qu'il n'y a, quoiqu'en dise notre contradicteur, aucune corrélation nécessaire, soit entre l'émolument que le légataire recueille en sa qualité de continuateur du défunt, soit entre cette qualité et le paiement des dettes dudit défunt.

Ainsi la première de ces vérités est confirmée par un arrêt du 5 juillet 1865, rendu par la chambre des requêtes de la cour de cassation sous la présidence de M. Bonjean, sur le rapport de M. Woirhaye, et conformément aux conclusions de M. l'avocat-général Paul Fabre; arrêt que les continuateurs ou Sirey (65 1. 317) résument très-bien en ces termes : « L'abandon que fait le légataire universel, institué par un testament révocatoire d'un testament

---

(1) Grenier, *Traité des donations, des testaments et de toutes autres dispositions gratuites*, n° 622 ; — Duranton, t. 8, n° 362. — Voir aussi Delvincourt, t. 2, aux notes, p. 257 de l'édition de 1834.

(2) Liv. 3, tit. 2, *Donations et testaments*, sur les art. 925, 926 et 927, n° 5. (Voir aussi Toullier, t. 5, n°s 158 et 159.)

Au n° suivant, Coin-Delisle montre très-bien quelle lourde erreur Levasseur (*Portion disponible*, n° 105) a commise en supposant que le légataire particulier, privé d'une partie de son legs par l'effet de la réduction, pourrait se faire indemniser de cette partie par le légataire universel.

antérieur, d'une partie du droit que lui conférait cette institution, et le consentement qu'il donne à l'exécution du testament révoqué, ne supposent pas nécessairement de sa part une répudiation de l'institution universelle : on doit, au contraire, y voir une acceptation de cette institution, et, dès lors, les héritiers du sang ne peuvent, en excipant à la fois contre le premier testament de la révocation renfermée dans le second, et contre le second testament de la prétendue répudiation du légataire universel, soutenir qu'il n'existe plus d'institution testamentaire et revendiquer le bénéfice de la succession ».

Quant à la corrélation entre le paiement des dettes du défunt et la qualité de continuateur dudit défunt, elle est hautement démentie par la situation de l'héritier qui n'a accepté que sous bénéfice d'inventaire ; car, s'il a pris cette précaution, c'est précisément pour ne pas payer les dettes du défunt si elles excèdent la valeur des biens qu'il recueille ; et, d'un autre côté, s'il ne fait pas acte d'héritier pur et simple, il demeure héritier bénéficiaire, quand bien même il voudrait perdre ultérieurement cette qualité en renonçant à la succession.

Ainsi, dès le XVI° siècle, Dumoulin, dont les apostilles sur les coutumes n'avaient pas moins d'autorité dans les pays coutumiers que les paratitles de Cujas sur le Digeste et sur le Code dans les pays de droit écrit ; Dumoulin qu'on appelait « l'oracle du droit coutumier », posait la règle essentielle de la matière en ces termes (1): *Heres sub beneficio inventarii est verus heres, quamvis sub certis modificationibus de quibus ibi* (2), *et est verus dominus rerum hereditariarum et verus vassalus.*

« La raison est, dit, dans le même siecle, Bacquet (3), parce que, d'après la disposition du droit, *qui semel heres extitit, non potest desinere esse heres, sed perpetuo heres manet* et ne peut répudier la succession qu'il a appréhendée *sive verbo, sive facto*, l. 88, *D. de hered. instit.* Ce qu'on maintient être vrai encore que l'héritier ait restitué au fidéicommissaire les biens de la succession, § 3, Inst. *de fidéicomm. heredit.* ; ou bien que l'hérédité ait été ôtée à l'héritier comme indigne et appliquée au fisc, l. 43, § 3, *D. de vulg. et pupill. substit.*; ou bien que l'héritier fut mineur et eût été relevé de l'adition d'hérédité faite par son tuteur, l. 7, § 10. *D. de minoribus.* — Laquelle maxime, combien que principalement elle soit entendue de l'héritier simple, majeur de vingt-cinq ans, toutefois on l'étend à l'héritier par bénéfice d'inventaire, aussi majeur, comme cette maxime étant générale, indistincte et indéfinie. En sorte que l'héritier par bénéfice d'inventaire ne peut répudier la succession qu'il a acceptée sous bénéfice d'inventaire, non plus que l'héritier simple, qui s'est déclaré et porté héritier d'un défunt, ne peut renoncer à la succession dudit défunt ».

Il est vrai que, dans leurs remarques sur ce passage de Bacquet, Claude de Ferrière, professeur de droit à Reims, ou Claude-Joseph

---

(1) Dans son commentaire sur la coutume de Paris, § 143, glos. 1, n° 173, t. 1, p. 590 de ses Œuvres, édition de 1681.

(2) *Id est* § 150, t. 1, p. 903, de l'édition précitée.

(3) *Traité des droits de justice*, chap. 15, n° 31, t. 1, p. 116, de ses Œuvres, édition de 1711.

L'auteur de cet ouvrage est mort en 1597.

de Ferrière, doyen des professeurs de la faculté de droit de Paris dit : « Le sentiment de cet auteur n'est pas suivi, car à présent on tient pour maxime que l'héritier bénéficiaire est recevable à renoncer à la succession qu'il a appréhendée sous bénéfice d'inventaire toutes fois et quantes il lui plaira en rendant compte ». Mais à l'époque et dans la ville où écrivait Claude-Joseph de Ferrière, l'usage était tout différent de celui qu'il affirme, car c'était la maxime *semel heres, semper heres* qui y était en vigueur, à l'égard de l'héritier bénéficiaire, ainsi que l'atteste un acte de notoriété du Châtelet du 28 mars 1713 (1).

Mais, avant que cet acte de notorié é n'intervint, la doctrine qu'il consacre avait été professée au XVII° siècle par Loyseau, par Boniface, par Bérault, par Basnage, et elle n'avait rencontré d'autre contradicteur que Lebrun (2).

Loyseau, dans son *Traité du déguerpissement* (3), s'attache à prouver « que l'héritier par bénéfice d'inventaire ne peut déguerpir », et, après avoir pesé les raisons qui militent pour ou contre cette théorie, il termine en disant : « Et encore que plusieurs puissent trouver cette opinion étrange d'abord, si est-ce que je tiens pour asseuré, qu'ayant pesé les raisons, tant celles qui viennent d'être déduites, que celles qui ont esté énoncées ci-devant au troisième chapitre du second livre, ils la trouveront autant pleine d'équité, comme la pratique contraire observée en quelques lieux cause et apporte d'absurdités ».

Quant à Boniface (4), son opinion relativement à l'application à l'héritier bénéficiaire de la règle *semel heres, semper heres,* est d'autant plus remarquable qu'il a toujours exercé a Aix avec distinction la profession d'avocat (5), et qu'il a émis cette opinion dans un recueil d'arrêts du parlement de Provence, alors que l'opinion contraire prévalait en général dans les parlements des pays de droit écrit.

Bérault sur l'art. 95 de la coutume de Normandie (6) se borne à

(1) Denisart, V° *Bénéfice d'inventaire*, n° 28, t. 1, p. 308 de l'édition de 1771, et le nouveau Denisart aux mêmes mots, § 8, n° 1, t. 3, p. 401.

(2) Loyseau est mort en 1627, et son *Traité du déguerpissement* fut publié pour la première fois en 1613; Boniface est mort en 1689 et Basnage en 1695. Quant à Lebrun, il est mort en 1708, mais la première édition de son *Traité des successions* fut publiée en 1692. Enfin, quant à Bérault, il serait mort vers 1640, d'après la *Biographie universelle*, t. 4, p. 227, et Dupin, *Bibliothèque choisie des livres de droit*, n° 1,263 — 12°.

(3) Liv. 4, chap. 1, n°ˢ 10 et 11, p. 80 de l'édition de 1678.

(4) *Recueil des arrêts notables de la cour du parlement de Provence*, tome dernier, p. 119.

(5) *Dictionnaire de la Provence et du comté Venaissin* (par Achard et autres), t. 3, p. 105 et 106.

(6) Quand fut publiée la première édition de ce commentaire de Bérault ? C'est ce que ne font connaître ni les biographes ni les bibliographes. Si l'on s'en rapportait à ce que dit Moréri t. 2, p. 371 de l'édition de 1759, on croirait que ce fut en 1689, c'est-à-dire bien longtemps après la mort de son auteur. Suivant Dupin (*Loc. cit.*), l'édition de 1648 serait la cinquième et suivant Desessarts, dans *les Trois siècles littéraires de la France*, t. 1, p. 222, ce ne serait qu'en 1650 qu'aurait été publiée cette cinquième édition; mais Desessarts se borne, suivant l'usage trop commun des compilateurs de ce genre, à copier ses prédécesseurs, c'est-à-dire Chaudon et Delandine t. 2, p. 73 de l'édition de 1780, et Feller, t. 2, p. 163 de la 7° édition.

reproduire l'opinion de Bacquet ci-dessus citée, mais sur l'art. 86 il avait exprimé sa propre opinion en disant que « ceux qui auront une fois appréhendé une succession par bénéfice d'inventaire , ne sont plus reçus à y renoncer, s'ils n'étaient mineurs lors de l'appréhension ».

Basnage (1) s'exprime en ces termes : « Puisqu'après l'adjudication du bénéfice d'inventaire (2), l'héritier par bénéfice d'inventaire passe pour être véritable et parfait héritier, l'on demande si par après cet héritier par bénéfice d'inventaire peut renoncer à la succession , *an liceat ab ea discedere*, et si cette maxime *semel heres nunquam desinit esse heres* a lieu à l'égard de cet héritier comme à l'égard de l'héritier pur et simple ? L'on peut voir cette question traitée doctement de part et d'autre dans le *Journal du Palais*, tome 8 (3). Sur cette question l'on a fait distinction entre les créanciers et les cohéritiers. A l'égard des créanciers, quoiqu'autrefois ce fût un usage commun que même à leur égard l'héritier bénéficiaire ne pouvait renoncer, mais seulement abandonner les biens aux créanciers (4), parce que celui qui une fois est héritier ne cesse jamais d'être héritier ; néanmoins depuis cent ans ou environ on a reçu l'héritier par bénéfice d'inventaire à renoncer, et l'on y faisait encore tant de difficulté au temps de Bacquet, qu'il fallait obtenir des lettres pour être reçu à renoncer; mais maintenant l'on ne doute plus que cet héritier ne puisse renoncer au bénéfice d'inventaire à l'égard des créanciers. A l'égard des cohéritiers, la question a été plus douteuse, si l'héritier par bénéfice d'inventaire peut y renoncer pour s'exempter du rapport, et se tenir à son don suivant la coutume de Paris; et par l'arrêt (5) rapporté dans le *Journal du Palais* au lieu cité ci-devant, il a été jugé qu'il ne le pouvait pas ».

Lebrun (6), en parlant des débats qui précédèrent cet arrêt dit : « Quand on examine les mémoires de cette affaire qui sont donnés au public dans le *Journal du Palais*, on est aisément convaincu que celui qui défendait la dame de Neuville (7), qui était néanmoins une des grandes lumières du Palais, au lieu de s'arrêter à l'usage de nos renonciations, entreprit un peu trop de se fondre dans le droit romain, et s'engagea dans des propositions qui blessent les principes de cette jurisprudence, comme de dire qu'aux termes de droit, l'héritier bénéficiaire qui renonce cesse d'être héritier, qu'il n'est pas même avant sa renonciation un véritable héritier, sous prétexte

(1) Sur l'art. 89 de la coutume de Normandie , t. 1, p. 133 et 134 des *Œuvres de Basnage*, édition de 1709.

(2) Adjudication qui n'avait lieu en Normandie, d'après les art. 84 et suiv. de la coutume qu'après l'accomplissement des formalités prescrites pour s'assurer « s'il n'y a aucun du lignage dans le septième degré, qui se veuille porter héritier absolu ».

(3) T. 2, p. 302-331 de l'édition in-folio de 1701.

(4) Denisart, *Loc. cit.*, n° 28, p. 308, dit au contraire : « On jugeait autrefois au Châtelet que *l'héritier bénéficiaire pouvait*, quand bon lui semblait, *renoncer à la succession* et abandonner le bénéfice d'inventaire , en rendant compte aux créanciers et en leur remettant ce qu'il possédait en sa qualité d'héritier ».

(5) Cet arrêt est du 20 avril 1682.

(6) *Traité des successions*, liv. 3, chap. 4, n° 31, p. 434 et 435 de l'édition de 1743.

(7) C'était M° Commeau.

de ces termes de la loi *Scimus* (1) : *tunc ex eo ipso quod inventarium secundum formam præsentis constitutionis non fecerint , et heredes esse omnimodo intelligantur* , et du texte des Instilutes, tit. *de hered. qualit. et differ.*, § 2, qui semble admettre la renonciation de l'héritier bénéficiaire, qu'enfin nos renonciations sont fondées dans cette loi *Scimus*, à cause de ces mots (du § 13) *et sine damno ab ea discedere*, et quoique cela fut appuyé de beaucoup de recherches, néanmoins les principes du droit romain dont la cour était pénétrée, et qui furent présentement bien rétablis de la part de M. Pajot, prévalurent, et notre droit ou notre usage, qui fut un peu trop mêlé avec le droit romain, en souffr.t quelque atteinte ».

On peut juger par ces derniers mots que Lebrun est en dissidence avec l'arrêt du 20 avril 1682 quant au point essentiel qu'il consacre, c'est-à-dire quant à la nature de la renonciation de l'héritier bénéficiaire à l'égard de tous autres que les créanciers du défunt. Ainsi il décide (2) que l'héritier bénéficiaire qui a renoncé n'est pas obligé au rapport envers ses cohéritiers et qu'il lui est permis de prendre son douaire ; mais, en même temps, il fait une concession considérable en reconnaissant (3 « que s'il est dit dans le droit qu'un chacun peut renoncer au bénéfice qui est établi en sa faveur, l'on n'en peut inférer autre chose sinon que l'héritier bénéficiaire peut renoncer au bénéfice d'inventaire , pour se porter héritier pur et simple ; mais on n'en peut pas induire qu'il puisse renoncer ». La différence entre les deux cas saute aux yeux en effet : dans le dernier, en admettant la renonciation on violerait la maxime *semel heres , semper heres ;* dans l'autre, au contraire, ou la confirme, puisque l'héritier tout en conservant son titre lui donne plus de plénitude en y rattachant des obligations dont il s'était d'abord départi.

Mais c'est surtout dans le siècle dernier que cette maxime a été mise dans tout son jour, affirmée avec le plus de force et poussée jusqu'a ses dernières conséquences.

« L'héritier bénéficiaire, dit Germain-Antoine Guyot (4), ne peut par sa renonciation effacer sa qualité d'héritier, elle est indélébile ; la succession une fois acceptée ne peut plus être vacante par son fait ; c'est un abus sous prétexte de cette renonciation de faire créer un curateur à la succession vacante. Je l'ai entendu plusieurs fois dans les plaidoyers de messieurs les Gens du roi. Les lois ne font aucune mention de la renonciation de l'héritier bénéficiaire. »

Dans son *Introduction au titre XVII de la coutume d'Orléans*, n° 53, Pothier dit en parlant de l'abandon fait par l'héritier bénéficiaire des biens du défunt : « Cet abondon que fait l'héritier bénéficiaire est improprement appelé *renonciation à la succession ;* car il n'a d'autre effet que de le décharger envers les créanciers : mais, suivant la maxime, *qui semel heres, semper heres,* il demeure toujours héritier et, comme tel, propriétaire des biens qu'il a abondonnés, jusqu'à

---

(1) C'est-à-dire la loi 22, § 12 C. *de jure deliberandi* (VI, 30).

(2) *Loc. cit.*, n°s 31, 35 et 72 (p. 432-435 et 502), et chap. 8, sect. 2, n°s 39 et 40 (p. 561 et 562).

(3) *Loc. cit.,* p. 561.

(4) *Traité des fiefs*, t. 2. — *Du droit de relief*, chap. 4, sect. 2, n° 1, p. 82 de l'édition de 1746 et années suivantes.

ce qu'ils soient vendus et adjugés sur la poursuite des créanciers »

Et, dans son *Traité des successions* (ouvrage posthume) Pothier dit (1) : « La renonciation que fait l'héritier bénéficiaire est plutôt un abandon des biens qu'il fait aux créanciers qu'une vraie renonciation qu'il fait de la succession, car l'acceptation qu'il a faite de la succession, quoique sous bénéfice d'inventaire, l'ayant rendu héritier, il ne peut plus se dépouiller de cette qualité, *qui semel heres, semper heres*..... De là naît la question de savoir si l'enfant héritier bénéficiaire qui a renoncé, demeure sujet envers ses cohéritiers au rapport de ce qui lui a été donné par le défunt? Je pense qu'on doit décider contre l'avis de Lebrun qu'il y demeure sujet ; la raison est que cette renonciation, comme nous venons de le dire, n'est qu'un abandon des biens de la succession qui ne le dépouille pas de la qualité d'héritier dont il s'est revêtu par son acceptation, quoique sous bénéfice d'inventaire, et ne le décharge pas, par conséquent du rapport attaché à cette qualité ; les termes de la loi *Scimus*, qu'oppose Lebrun qui est d'un avis contraire au nôtre, *nihil ex substantia sua penitus amittant*, n'ont rapport qu'aux créanciers de la succession à qui la loi ne permet pas de se venger sur les propres biens de l'héritier ; cette loi n'a été faite que pour décharger l'héritier envers les créanciers et les légataires, elle doit donc se terminer là et elle ne doit donc point s'étendre à décharger l'héritier de l'obligation du rapport envers les cohéritiers, parce qu'elle n'a point été faite pour ce cas. Le bénéfice d'inventaire consiste à établir une séparation de la personne de l'héritier et de la succession, et à ne charger des dettes de la succession que la succession et non la personne de l'héritier ; mais l'obligation du rapport n'est pas une obligation de la succession, mais une obligation propre de l'héritier quoiqu'elle dépende de la condition de son acceptation de la succession, et, par consé   , l'héritier ne peut être tenu sur ses propres biens, nonobst.... l'abandon qu'il a fait de ceux de la succession. Ajoutez que ce rapport qui établit l'égalité entre les enfants est extrèmement favorable dans le pays coutumier, plusieurs de nos coutumes l'ayant établi même dans le cas d'une véritable renonciation à la succession. Enfin notre opinion se trouve autorisée par un arrêt de 1682 qui est au *Journal du Palais* ».

Quant à l'enfant douairier, Pothier explique ailleurs (2) sa situation avec la même sûreté de jugement et la même clarté de style. « S'il y a, dit-il, d'autres enfants qui viennent avec lui à la succession, il ne peut pas, vis-à-vis d'eux, être douairier, quoiqu'il ne soit qu'héritier sous bénéfice d'inventaire ; car un héritier, quoique sous bénéfice d'inventaire, est un véritable héritier, tenu par conséquent, en cette qualité, au rapport envers ses cohéritiers, auquel la loi oblige les enfants qui viennent à la succession de leur père : le bénéfice d'inventaire n'est établi que contre les créanciers, pour empêcher que l'héritier qui y a recours, ne soit tenu des dettes de la succession *ultra vires ;* mais le bénéfice d'inventaire ne peut déroger à la loi du rapport qui doit avoir lieu au partage des biens de la succession. — Il suffit même qu'un enfant se soit porté héritier, quoique sous bénéfice d'inventaire, pour qu'il ne puisse

(1) Chap. 3, sect. 3, art. 2, § 8, alinéas 7 et 8.
(2) *Traité du douaire*, n°s 350 et 351.

plus, en renonçant à la succession bénéficiaire , demander sa part
du douaire à ses cohéritiers ; c'est ce qui a été jugé entre deux
sœurs cohéritières de leur père par un arrêt rendu en forme de
règlement, du 22 février 1702, qui est dans le recueil de Jouy, et au
cinquième tome du *Journal des Audiences* (1) ». Pothier se pose
ensuite la question de savoir si « un enfant peut, vis-à-vis des
créanciers de la succession de son père, être héritier sous bénéfice
d'inventaire et douairier, de manière qu'il puisse, en abandonnant
aux créanciers les biens de la succession bénéficiaire , prendre sur
les héritages de ladite succession son douaire préférablement aux
créanciers postérieurs au mariage » ; et il résout la question affirmativement. « La raison est, dit-il, que l'effet du bénéfice d'inventaire est de conserver à l'héritier qui y a recours, tous les droits et
créances qu'il a contre la succession. L'enfant qui y a recours doit
donc conserver son douaire, qui n'est autre chose qu'une créance
qu'il a contre la succession de son père : il peut donc, vis-à-vis des
créanciers de la succession, être héritier et douairier ». Et Pothier
cite comme ayant confirmé cette doctrine un arrêt rendu par la
quatrième chambre des enquêtes le 4 mars 1760 (2). Merlin cite, en
outre, dans le même sens, un arrêt du 21 mars 1767, et une sentence
rendue par le Châtelet de Paris le 30 mars (3) 1781, conformément
aux conclusions de l'avocat du roi, Hérault de Séchelles. Seulement
Merlin se trompe en disant que cette sentence ne fut pas frappée
d'appel ; elle le fut au contraire, mais le parlement confirma cette
sentence en 1782, conformément aux conclusions de l'avocat-général
Séguier (4).

Bretonnier, dans son *Recueil des principales questions de droit qui
se jugent diversement dans les différents tribunaux du royaume* (5), dit à
l'article *Bénéfice d'inventaire :* « L'ordonnance de 1629 porte que
ceux qui auront une fois appréhendé la succession par bénéfice d'inventaire, ne seront plus reçus à y renoncer, s'ils n'étaient mineurs
lors de ladite appréhension ; mais l'usage n'est pas uniforme à cet
égard.—Au parlement de Toulouse, l'héritier peut renoncer en tout
temps. — Au parlement de Paris, on distingue : il ne peut renoncer à l'égard de ses cohéritiers pour changer de qualité, mais il le
peut vis-à-vis des créanciers. Arrêt du 20 avril 1682. — En Normandie, l'héritier bénéficiaire renonce pour se venir au tiers coutu-

(1) Denisart Vo *Bénéfice d'inventaire*, no 35, t. 1, p. 300, donne à cet
arrêt la date du 23 du même mois et cette date est aussi celle qu'on
trouve dans les *Arrêts de règlement*, recueillis par de Jouy, p. 169;
dans le *Journal des Audiences*, t. 5, p. 192 de la dernière édition et
dans les *Arrêts notables* d'Augeard, t. 1, p. 630 de l'édition de 1756.

Denisart, *Loc. cit.*, no 36, fait mention d'une sentence contradictoire
rendue dans le même sens, le 22 janvier 1768, contre laquelle avait été
formé un appel qui fut ensuite abandonné.

(2) C'est aussi la date que donne à cet arrêt Merlin dans son *Répertoire* Vo *Douaire*, sec. 4, § 5; tandis que Levasseur lui donne celle du
24 du même mois dans le nouveau Denisart, Vo *Douaire*, § 12, no 6,
t. 7, p 211.

(3) Levasseur, *Loc. cit.*, no 7, donne à cette sentence la date du
30 mai.

(4) Levasseur, *Loc. cit.*, p. 214-216.

(5) P. 60 et 61 de l'édition de 1783.

mier (1) ». Mais Bretonnier, ou, plutôt, Boucher d'Argis qui a complété son ouvrage, ajoute : « C'est néanmoins improprement que l'on fait renoncer l'héritier bénéficiaire ; car, dans la règle, il ne peut jamais cesser d'être héritier, même vis-à-vis des créanciers, *semel heres, temper heres* ; mais le privilége que le bénéfice d'inventaire donne à l'héritier est, qu'il ne confond point ses créances, et qu'il peut les employer dans le compte de la succession qu'il rend aux créanciers ».

Il y a ici deux remarques à faire :

La première, sur cette ordonnance de 1629 citée par Bretonnier. Disons, d'abord, que le texte de cette ordonnance qu'on a surnommée tantôt le code Marillac et tantôt le code Michault (2) est bien tel que le dit Bretonnier. « Et ceux qui auront une fois appréhendé la succession par bénéfice d'inventaire, ne seront pas reçus à renoncer s'ils n'étaient mineurs lors de ladite appréhension »: tels sont les termes de la disposition finale de l'article 128 de ladite ordonnance. Comment se fait-il qu'un texte aussi clair ait pu offrir matière à une controverse quelconque, ou plutôt comment se fait-il que son prescrit si formel n'ai été éxécuté partout ? c'est ce que nous explique Guyot (3), qui dit de cette ordonnance (4) : « Louis XIII la fit rédiger sur les *plaintes et doléances* des États assemblés à Paris en 1614, et sur les avis des assemblées des notables tenues à Rouen en 1617 et à Paris en 1626. — Elle fut publiée et enregistrée à Paris, au lit de justice du 15 janvier 1629 ; elle fut enregistrée au parlement de Bordeaux, le 6 mars suivant ; dans celui de Toulouse le 5 juillet, à Dijon le 17 septembre de la même

(1) Telle est, en effet, l'opinion émise par Basnage, dans son commentaire sur la coutume de Normandie, art. 89 (t. 1, p. 134 de ses *Œuvres*, édition de 1709.) Voici ses termes : « En Normandie, la question n'est point douteuse, la renonciation au bénéfice d'inventaire remet celui qui l'avait obtenu au même état qu'il était auparavant et la qualité d'héritier bénéficiaire qu'il avait auparavant ne lui forme point d'obstacle à la demande de son tiers coutumier ».

Et sur l'art. 399 de la même coutume, Basnage (t. 2, p. 101 de l'édition précitée) dit encore : « C'est un usage certain en cette province qu'un héritier bénéficiaire peut abandonner son bénéfice d'inventaire, tant à l'égard de ses cohéritiers qu'à l'égard des créanciers, et, qu'en rendant compte de ce qu'il a reçu, il peut demander son tiers coutumier, comme s'il n'avait jamais été héritier ».

De même Houard, dans son *Dictionnaire de droit normand*, aux mots *Bénéfice d'inventaire*, 4° (t. 1, p. 168), écrivait en 1780 : « L'entérinement du bénéfice d'inventaire n'empêche pas celui qui l'a obtenu de renoncer à la succession, de réclamer son tiers coutumier ; il paraît naturel qu'en devenant administrateur pour les créanciers, on puisse l'être pour ses propres créances, surtout quand leur privilége est aussi incontestable que celui du tiers coutumier ».

(2) Du nom et du prénom de son auteur, le garde des sceaux, Michel de Marillac.

(3) Pierre-Jean-Jacques Guyot, qu'il ne faut pas confondre, comme on l'a fait quelquefois, avec Germain-Antoine Guyot précité, et appelé assez souvent Guyot *des fiefs*, précisément pour éviter la confusion susdite.

(4) *Répertoire universel et raisonné de jurisprudence*, t. 3, p. 621 et 622 de l'édition in-4°. — Voir aussi le *Dictionnaire de droit et de pratique*, par Claude-Joseph de Ferrière, t. 1, p. 198 de l'édition de 1771 et l'*Encyclopédie méthodique*. — *Jurisprudence* (par Leraslet), t. 2, p. 691 et 692.— L'article du *Répertoire* de Guyot est de l'avocat Henry.

année (1). Les parlements de Toulouse, Bordeaux et Dijon, y apportèrent chacun différentes modifications sur plusieurs articles (2)..... Cette ordonnance, une des plus amples et des plus sages que nous ayons, contient 471 articles..... Le mérite de l'auteur, les soins qu'il a pris pour la rédaction de cette ordonnance et la sagesse des dispositions qu'elle renferme, la firent d'abord recevoir avec beaucoup d'applaudissements dans tout le royaume.— Mais cette ordonnance tomba dans le discrédit par la disgrâce du maréchal de Marillac, qui influa sur son frère. Le maréchal avait été un de ceux qui opinèrent contre le cardinal de Richelieu, dans une assemblée qu'on nomma depuis la *Journée des dupes*; et le cardinal en ayant gardé contre lui un ressentiment secret, le fit arrêter le 30 octobre 1630, en Piémont, où il commandait les troupes de France, il fut condamné par des commissaires à perdre la tête, ce qui fut exécuté le 10 mai 1632.— Quant à Michel de Marillac, on lui ôta les sceaux le 12 novembre 1630 ; on l'arrêta en même temps ; on le conduisit au château de Caen, et ensuite dans celui de Châteaudun, où il mourut de chagrin le 7 août 1632. — Ainsi la disgrâce de Marillac ayant suivi de près la publication de l'ordonnance de 1629, cette loi tomba en même temps dans un discrédit presque général. Il y a eu cependant des endroits dans lesquels on continua de l'observer, comme au parlement de Dijon. M. le président Bouhier, dans ses *Observations sur la coutume de Bourgogne*, cite souvent cette ordonnance. — Il a été un temps où les avocats du parlement de Paris et de plusieurs autres parlements, n'osaient pas la citer dans leurs plaidoyers. — Cependant la sagesse de cette loi l'a emporté peu à peu, et, depuis environ un siècle (3), on a commencé à la citer comme une loi sage, qui méritait d'être observée; les magistrats n'ont pas fait plus de difficulté de la reconnaître. On voit dans un arrêt du 30 juin 1693, rapporté au *Journal des audiences*, que M. d'Aguesseau, alors avocat-général et depuis chancelier de France, cite cette ordonnance comme une loi qui devait être suivie. — Elle est pareillement citée par divers

(1) « Elle fut aussi enregistrée au parlement de Grenoble, et ailleurs, dans la même année », dit Lerasle, *Loc. cit.*

(2) Ceci n'est pas exact en ce qui concerne le parlement de Toulouse qui « ne l'avait modifiée en aucune manière dans son enregistrement », dit Merlin dans ses *Questions de droit*, à l'article *Bénéfice d'inventaire*, § 5, art. 1, n° 2, d'après le *Recueil judiciaire de Toulouse*, édition de 1782, volume des ordonnances générales, p. 804. Quant au parlement de Bordeaux, il n'avait enregistré, en effet, l'ordonnance de 1629, qu'avec plusieurs modifications dont l'une était ainsi conçue : « Sur les art. 128 et 129, Sa Majesté est suppliée que *les formes accoutumées* soient observées conformément aux anciennes ordonnances et arrêts de la cour *(Recueil d'Edits et ordonnances royaux* de P. Néron et Etienne Girard, t. 1, p. 843 de l'édition de 1720 ». Mais, suivant la remarque de Merlin (*Loc. cit.*), « cette modification paraissait ne porter que sur la partie de l'art. 128 qui concernait les formalités du bénéfice d'inventaire ». Le parlement de Grenoble avait dit dans son enregistrement *(Recueil* de Néron et Girard précité, p. 817): « Sur les art. 125, 126, 128 et 129, le droit écrit sera observé ». Quant au parlement de Dijon, il avait, comme nous le dirons plus loin, non-seulement approuvé mais complété la disposition finale de l'art. 128.

(3) Cet article était publié en 1781.

auteurs, et notamment par M. Bretonnier en divers endroits de son *Recueil de questions*, et par Fromental en ses *Décisions de droit*. Il paraît qu'aujourd'hui on ne fait plus difficulté de la citer ni de s'y conformer (1) ».

Cette soumission à l'ordonnance de 1629 n'est pas reconnue il s'en faut, du moins d'une manière aussi générale, par tous les écrivains du même siècle.

Ainsi Denisart (2) dit : « L'ordonnance (du code Michaux) a acquis quelque autorité par son ancienneté ; tout le monde convient qu'elle est également sage et juste, mais il n'est point d'usage qu'on le cite au parlement ».

Ainsi Claude-Joseph de Ferrière *(Loc. cit.)* dit de cette ordonnance : « Elle est encore suivie en quelques endroits, surtout au parlement de Bourgogne. C'est en conséquence de l'art. 124 de cette ordonnance que dans ce pays l'usage s'est introduit de compter, dans les substitutions graduelles et perpétuelles, les degrés par personnes et par têtes, et non par souche et par génération. — A l'égard du parlement de Paris, quoiqu'elle y ait été enregistrée, elle n'y fait point aujourd'hui loi par elle-même. Si quantité de sages dispositions, tirées des anciennes ordonnances y sont observées, ce n'est que parce qu'elles ont cette autorité par rapport à leurs sources ; et pour ce qui est des articles qui introduisent un droit nouveau, ils n'ont point force de loi ».

Enfin, plus récemment encore, le nouveau Denisart dit (3) : « L'enregistrement de cette ordonnance ayant d'abord souffert de grandes difficultés au parlement de Paris, et ayant été ensuite annulé du consentement du roi, comme on le voit au *Code matrimonial*, partie 1 à la fin (4), elle n'est pas regardée comme loi du ressort. — Il en est autrement au Conseil. Un arrêt du parlement de Paris, du 3 août 1741, avait adjugé hypothèque sur les biens de France à la princesse de Carignan, en vertu de son contrat de mariage passé à Turin. Les créanciers hypothécaires du prince de

---

(1) Voir sur l'autorité de l'ordonnance de 1629 dans le ressort du parlement de Paris les *Questions de droit* de Merlin aux mots *Concubinage*, n° 2, *Divorce*, § 6, et *Prescription* § 15, et, pour le ressort du parlement de Rouen, le mot *Jugement* § 14. Merlin y reproduit le plaidoyer qu'il prononça à l'audience de la cour de cassation, section civile, le 18 pluviôse an XII, dont les conclusions furent adoptées par l'arrêt de la cour, et dans lequel se trouve ce passage : « Il est certain et plusieurs fois, à vos audiences, nous avons eu occasion de le prouver par de longs détails qu'il serait inutile de répéter aujourd'hui, que l'ordonnance de 1629 fait encore loi dans toutes celles de ses dispositions auxquelles il n'a été dérogé ni par une désuétude générale, ni par des lois contraires ».

(2) Au mot *Code*, n° 3, t. 1, p. 492 de l'édition de 1771.

(3) V° *Code*, n° 3, t. 4 (publié en 1786), p. 586.

(4) On trouve en effet dans le *Code matrimonial* (de le Ridant, revu par Camus), non pas partie 1 mais partie 2, t. 1, p. 115-221, d'intéressants détails sur l'enregistrement de cette ordonnance de 1629, et l'on y voit, non pas précisément que le roi annula cet enregistrement, mais qu'il permit au parlement de lui faire des remontrances à ce sujet, autorisation à laquelle la disgrâce du garde des sceaux empêcha de donner des suites. — Le sommaire des séances du parlement de Paris relatives à la vérification de cette ordonnance, se trouve aussi dans le *Recueil général des anciennes lois françaises* par Isambert, Taillandier et Decrusy, t. 16, p. 312-314.

Carignan se pourvurent en cassation de l'arrêt, comme contraire à l'art. 121 de l'ordonnance de 1629 qui refuse toute hypothèque aux contrats passés en pays étranger (1), et leur demande fut admise par arrêt du 18 mars 1748, qui cassa l'arrêt du parlement ».

Mais là où l'ordonnance de 1629 n'avait pas été enregistrée (2), était-ce une raison suffisante pour ne pas accepter comme règle l'article 123 de cette ordonnance , de même qu'on suivait dans les pays coutumiers un grand nombre de règles du droit romain, *non ratione imperii sed imperio rationis* (3) ? Non certes ; mais (et telle est la seconde remarque que nous avions annoncée) c'est dans les pays de droit écrit (4) surtout, qu'on se refusait à l'applica-

(1) Dans cette affaire la princesse de Carignan produisit « des actes de notoriété des avocats et procureurs-généraux d'Aix, Bordeaux et Grenoble qui attestaient que la disposition de cet article n'était pas observée dans leurs ressorts respectifs », dit Merlin, *Questions de droit*, Vo *Jugement*, § 14.

(2) Ainsi en aurait-il été à Aix et à Grenoble, si l'on s'en rapportait à ce que dit le *Code matrimonial*, t. 1, p. 115, qui cite comme garant du Bérieux, *Arrêts notables de la cour du parlement de Toulouse*, p. 128.
Mais, en ce qui concerne Grenoble, c'est ce qui est démenti par Merlin, dans ses *Questions de droit*, au mot *Concubinage*, no 2, à l'occasion de l'art. 132 de l'ordonnance déclarant *toutes donations faites à concubines nulles et de nul effet.* « Mais, dit Merlin, il est à remarquer que cette ordonnance n'a été enregistrée ni au parlement d'Aix, ni au parlement de Rennes, ni dans les tribunaux supérieurs qui ont été créés depuis (c'est-à-dire le conseil d'Artois maintenu par l'art. 13 de la capitulation d'Arras du 9 août 1640; le conseil souverain du Roussillon établi en 1642 et organisé en 1660 ; le parlement de Franche-Comté établi en 1674 ; le conseil souverain d'Alsace établi en 1679 ; le parlement de Flandre établi en 1686 ; le conseil supérieur de Corse établi en 1768.) Ainsi elle n'a jamais pu faire loi dans une grande partie du territoire actuel de la France. — Les parlements de Toulouse, de Bordeaux, de Grenoble, de Dijon et de Pau l'ont enregistrée *librement*, et sans modification quant à l'article 132 »
Et ce que dit ici Merlin pour le parlement de Grenoble il le dit ailleurs pour le parlement d'Aix. Après avoir cité dans ses *Questions de droit*, à l'article *Bénéfice d'inventaire*, § 5, art. 1, no 2, le parlement de Dijon comme ayant adopté et même développé la disposition finale de l'art. 123 de ladite ordonnance, Merlin ajoute : « Il paraît que le parlement de Provence avait aussi enregistré purement et simplement l'article 123 de l'ordonnance de 1629, et qu'il la prenait également pour règle ».

(3) « Sérieux et profond jeu de mots », dit M. Eschbach, dans son *Cours d'introduction générale à l'étude du droit*, § 101 ,] p. 143 de la seconde édition.

(4) Ces pays formaient une portion considérable du territoire de l'ancienne France dont Berriat-Saint-Prix, dans son *Histoire du droit romain* (p. 220 et 221) donne le détail, d'après le ressort des parlements : 1o Celui du parlement de Toulouse comprenait les départements de la Haute-Garonne, de l'Ariège, du Tarn, de l'Aude, de l'Hérault, du Gard, de l'Ardèche, de la Lozère, de l'Aveyron, de Tarn-et-Garonne, des Hautes-Pyrénées, et une partie des départements du Gers et de la Haute-Loire, c'est-à-dire les arrondissements du Puy et d'Yssengeaux (jadis le Velay); — 2o le ressort du parlement de Grenoble comprenait les départements de l'Isère, de la Drôme, des Hautes-Alpes et la partie du département de Vaucluse composée de la principauté d'Orange (le comté de Grignan et quelques autres enclaves du Dauphiné , réunis au département de la Drôme étaient du ressort du parlement d'Aix); —

tion de cet article 128, à ce point que Denisart (1) a été jusqu'à dire d'une manière générale : « En pays de droit écrit, on pense que la renonciation de l'héritier bénéficiaire efface absolument la qualité d'héritier ».

A l'inverse, il n'est pas, que nous sachions, en pays coutumier, d'autre écrivain que Mornac (2) qui ait adopté cette règle. Mais Mornac est mort neuf ou dix ans avant la naissance de l'ordon-

3° le ressort du parlement de Bordeaux comprenait les départements de la Gironde, des Landes, de Lot-et-Garonne, de la Dordogne, de la Corrèze, de la Haute-Vienne, et une partie des départements du Gers et de la Charente-Inférieure ; — 4° le ressort du parlement d'Aix comprenait les départements des Bouches-du-Rhône, du Var et des Basses-Alpes, et les cantons (v. n° 2) unis au département de la Drôme ; — 5° le ressort du parlement de Pau comprenait le département des Basses-Pyrénées ; — 6° une partie du ressort du parlement de Paris comprenait les départements du Rhône, de la Loire, du Cantal, et une partie des départements de la Haute-Vienne, de la Creuse, du Puy-de-Dôme, de Saône-et-Loire et de l'Ain ; — 7° une partie du ressort du parlement de Dijon, comprise dans le département de l'Ain ; — 8° le ressort du conseil supérieur de Colmar comprenait les départements du Haut-Rhin et du Bas-Rhin ; — 9° le ressort du conseil souverain de Roussillon comprenait le département des Pyrénées-Orientales ; — 10° le ressort du conseil supérieur de Bastia comprenait le département de la Corse ; — 11° le comtat d'Avignon qui forme à présent la plus grande partie du département de Vaucluse. — « Leur territoire équivaut, dit Berriat-Saint-Prix, à plus du tiers de la France, et à près de la moitié en y joignant l'Alsace et la Corse ».

Bretonnier et Boucher d'Argis, dans la préface du *Recueil des Questions de droit*, p. LXVII-LXIX, LXXI, LXXIII-LXXIV, LXXVI, CV, CVI et CXI, classent parmi les parlements de droit écrit : 1° le parlement de Bourgogne, d'abord parce qu'il y a dans son ressort 34 paroisses qui sont régies entièrement par le droit écrit, ensuite parce que, dans l'acte d'homologation de la coutume de Bourgogne, il est dit que tous les cas qui ne seraient pas prévus dans cette coutume seraient réglés par le droit écrit ; 2° le parlement de Franche-Comté, parce qu'il se trouve une clause semblable dans l'homologation de la coutume du comté de Bourgogne et parce que son ressort comprend des villes comme celle de Besançon et différentes contrées qui se régissent uniquement par le droit écrit. Voir aussi dans le même sens l'*Avertissement* qui précède les *Observations sur les titres des droits de justice, des fiefs, des cens, des gens mariés et des successions de la coutume du comté de Bourgogne* etc., par Dunod. Besançon, 1756, in-4° ; 3° le parlement de Metz, dans le ressort duquel le droit romain était considéré comme le supplément du droit coutumier, ainsi qu'on le voit dans les *Observations détachées sur les coutumes et les usages anciens et modernes du parlement de Metz*, par Gabriel. Bouillon, 1783-1788, 2 vol. in-4°, t. 1, p. 42-44. Enfin Boucher d'Argis (p. XCII-CI) classe l'Auvergne parmi les pays de droit écrit, non-seulement parce que le droit romain y formait le droit commun du pays, mais parce qu'il s'y trouve un grand nombre de localités qui y sont soumises exclusivement.

On trouve aussi dans les *Travaux sur l'histoire du droit français* de Klimrath, t. 2, p. 220-228, une indication des pays de droit écrit du midi de la France ; et la *Carte de la France coutumière* dressée par lui en 1837 qu'on trouve dans ce volume, complète cette indication.

(1) A l'article *Bénéfice d'inventaire*, n° 31, t. 1, p. 309 de l'édition de 1771.

(2) Sur la loi 11, § dernier, D. *de interrog. in jure faciendis*, et sur la loi 17, § 3, D. *Commodati*, t. 1, col. 726-727, 853-854 de ses *Œuvres*, édition de 1721.

nance de Michel de Marillac (1) et 93 ans avant l'acte de notoriété du Châtelet précité, du 28 mars 1713. Il est vrai que, suivant Denisart (2), Auzanet aurait embrassé la même opinion, mais c'est là une erreur. Auzanet (3) dit de l'héritier bénéficiaire : « Nonobstant le bénéfice d'inventaire, il est véritablement héritier, et saisi des biens comme l'héritier pur et simple, étant certain que l'effet du bénéfice d'inventaire ne consiste qu'en deux choses, l'une de n'être tenu des dettes du défunt qu'à proportion et jusques à concurrence des biens dont il a amendé, et l'autre, que ses biens particuliers sont exempts des dettes du défunt ». Et, sur l'article 303 de la même coutume, Auzanet dit : « Le rapport est aussi dû par l'héritier par bénéfice d'inventaire, même de la donation qui lui a été faite, lequel rapport demeure à la masse de la succession encore que *ex post facto* il y renonce : car le bénéfice d'inventaire l'exempte bien des dettes qui excèdent le bien et le profit de la succession, mais la qualité d'héritier réside toujours en sa personne qui est incompatible avec celle de donataire (4). Arrêt du 18 mai 1599 prononcé en robes rouges par M. le premier président de Harlay le 7 septembre audit an (5) ».

On objecterait à tort que l'on trouve dans les *Arrêtés* du président Lamoignon, à la préparation desquels Auzanet prit une part si active, un article ainsi conçu (6) : « Ceux qui auront appréhendé la succession par bénéfice d'inventaire autres que ceux dénommés ci-dessus (7), seront reçus à y renoncer toutes et quantes fois, en

(1) Il est mort, non pas en 1619, comme le disent Moréri (t. 7, p. 795 de l'édition de 1759), Chaudon et Delandine (t. 6, p. 361 de l'édition de 1789) et Hommel, *Litteratura juris* (p. 333 de l'édition de 1779), mais en 1620, comme le dit Eschbach (*Loc. cit.*, p. 205), ou, pour être plus précis, à la fin de juin 1620, comme le dit Foisset aîné. (*Biogr. univers.*, t. 30, p. 193.).

(2) *Loc. cit.*, n° 23, t. 1, p. 308.

(3) Sur l'art. 151 de la coutume de Paris.

(4) Plus loin sur l'article 344 (p. 311 et 312 de ses *Œuvres*, publiées en 1708), il revient d'une manière générale sur la question de savoir si la renonciation de l'héritier n'a pas pour seul effet de le libérer à l'égard des créanciers et il termine en disant : « D'autres au contraire prétendent qu'en renonçant au bénéfice d'inventaire, il abdique en même temps le titre d'héritier, et que la succession demeure vacante, et on prétend que cela a été jugé par arrêt de la grand'chambre du 6 août 1620, plaidant des Noyers. *Cela a besoin d'une décision formelle et précise*, à cause de la conséquence de ces questions ».

(5) Cet arrêt est, il est vrai, contraire à la jurisprudence postérieure du parlement de Paris dont nous parlerons bientôt, en ce sens qu'il donnait à l'héritier bénéficiaire l'option entre ces deux partis : ou de renoncer à la succession qu'il avait acceptée, ou, en conservant sa qualité d'héritier, de faire le rapport de la donation dont il avait été l'objet (Voir Denisart, *Loc. cit.* et Brodeau sur Louet, lettre *II*, somm. 13, t. 1, p. 827 de l'édition de 1712) : mais ce n'est qu'en se prévalant de cette dernière partie de la décision, qui est irréprochable, qu'Auzanet invoque son autorité.

(6) L'art. 11 du titre 43, t. 1, p. 278 de l'édition publiée par Richer en 1783.

(7) C'est-à-dire autres que ceux qui n'auraient pas rempli les formalités requises pour conserver l'immunité que leur conférait le titre qu'ils avaient pris ou encore autres que ceux qui auraient diverti ou recélé des effets de la succession, fait qui entraînait la déchéance du bénéfice d'inventaire.

rendant compte du bénéfice d'inventaire avec les parties intéressées ». Sans recourir même aux travaux préliminaires de ces
Arrêtés (1), qui ne laissent aucun doute que le président Lamoignon
ne voyait dans cette renonciation, comme Pothier depuis, qu'un
abandon de biens qui ne portait pas atteinte à la règle *semel heres,
semper heres,* c'est ce qui ressort suffisamment de l'art. 12 du même
titre ainsi conçu : « Toutefois ès coutumes esquelles les enfants
peuvent prendre la qualité de douairiers, et autres coutumes où la
qualité d'héritiers et de légataires sont incompatibles, celui qui se
sera une fois porté héritier sous bénéfice d'inventaire, ne sera reçu
à prendre lesdites qualités de douairier et de légataire, qui demeu-
reront confuses et éteintes, sans qu'elles puissent revivre par la
renonciation par lui faite à la succession bénéficiaire ».

Mais dans les pays de droit écrit, ou du moins dans la plupart de
ces pays, on reconnaissait à l'héritier bénéficiaire le droit de répudier la succession qu'il avait d'abord acceptée, en donnant à cette
répudiation la même force et la même étendue que si elle avait eu
lieu alors que les choses étaient entières, c'est-à-dire en faisant
considérer celui qui y recourait comme étranger à la succession,
non-seulement quant aux créanciers du défunt, mais encore quant
à toutes autres parties intéressées.

Tel est, en effet, le sentiment que semblent exprimer Abraham
Lapeyrère (2), qui était avocat au parlement de Bordeaux ; Boutaric (3), qui était professeur de droit français à l'université de
Toulouse ; Claude Serres (4), qui était professeur de droit français
à l'université de Montpellier ; Furgole (5), qui était avocat au parlement de Toulouse ; Julien (6), qui était avocat au parlement et

___

(1) T. 2, p. 405 et 403 de l'édition précitée.

(2) *Décisions sommaires du Palais*, V° *Héritier*, n° 9, t. 2, p. 7
et 8, de la septième édition. — Mais Lapeyrère, ou l'un de ses annotateurs, cite un arrêt rendu le 9 juin 1689, dans la cause de Mazières,
« lequel, dit-il, ayant fait inventaire et voulant répudier 39 ans après,
n'y fut pas reçu, mais il fut admis par l'arrêt qu'il ne serait tenu
au-delà des forces de l'inventaire ».

(3) *Les Institutes de l'empereur Justinien conférées avec le droit
français*, liv. 2, tit. 19, § 6, p. 315 de l'édition de 1710.

(4) *Les Institutions du droit français suivant l'ordre de celles de
Justinien*, p. 312 de l'édition de Paris (1753).

(5) *Traité des testaments*, chap. 10, sect. 3, n° 64-78, t. 3, p. 319-
330 de l'édition de 1779.

On a reproché à Furgole de ne pas raisonner assez les opinions qu'il
adopte. « L'auteur ne semble se charger qu'avec répugnance de la plus
légère discussion », a dit M. Vignau, dans son *Étude sur Furgole*, t. 9,
p. 415 de la *Revue de législation* de Wolowski. Ici ce reproche n'est
pas absolument de mise : Furgole raisonne, mais il raisonne faible-
ment, car son principal argument consiste à dire que « si l'on convient
que l'héritier peut répudier par rapport aux créanciers, il serait ridicule
qu'il ne pût pas répudier par rapport aux cohéritiers, parce que la
répudiation est un acte indivisible ». Mais en admettant cette indivisibilité, quelle conséquence faudrait-il en tirer ? Sera-ce que la répudiation doit être permise à l'héritier bénéficiaire à l'égard de tout le
monde ? ou bien ne sera-ce pas plutôt qu'elle ne devrait lui être permise à l'égard de personne ? Voir Demolombe, t. 15 (3 du *Traité des
successions*), n° 268.

(6) *Éléments de jurisprudence selon les lois romaines et celles du
royaume*, liv. 2, tit. 12, n° 15, p. 291. — « Ce livre qui, dans les copies

premier professeur à l'université d'Aix. « Et, dit ce dernier auteur, la question s'étant présentée au parlement d'Aix en 1687, au procès de M. de Périer, conseiller au parlement, il intervint arrêt par lequel il fut reçu à répudier une hérédité prise par bénéfice d'inventaire depuis plusieurs années ».

Cette jurisprudence des pays de droit écrit s'est maintenue jusqu'à la révolution dans le ressort du parlement de Bordeaux. On lit, il est vrai, dans la *Jurisprudence du parlement de Bordeaux*, par de Salviat (1), p. 275 et 276 de l'édition de 1787 : « Attesté (2) le 21 mai 1704, syndics (3) M⁰ˢ Tournaire et Dalleau : que le bénéfice d'inventaire est perpétuel, et empêche en tout temps la confusion des biens et droits du défunt avec ceux de l'héritier. Il est vrai qu'après trente ans on ne reçoit pas l'héritier bénéficiaire à répudier ; mais quoiqu'il soutienne sa qualité d'héritier, ses biens ne sont pas sujets aux créances de l'hérédité ; et il peut après trente ou quarante ans et au-delà, demander ses droits en vertu dudit inventaire, comme il aurait pu le faire dans les trente ans ». Mais ce n'est là qu'une application à l'héritier bénéficiaire d'une prescription à laquelle était également soumis l'héritier pur et simple. De Salviat cite, en effet, p. 262, une attestation de 1687 qui porte « qu'après l'échéance de trente ans, celui qui s'est rendu héritier doit nécessairement soutenir cette qualité et que sa répudiation ne pourra être reçue. Il aura par conséquent assumé sur lui personnellement toutes les dettes de celui qu'il représente ». Quant à l'héritier bénéficiaire, de Salviat p. 274 : « La voie de la répudiation lui sera ouverte, quoiqu'il ait d'abord essayé d'accepter l'hérédité sous bénéfice d'inventaire ; s'il ne trouve pas son compte à la garder il lui est permis de la délaisser » ; et, avant cela, p. 272, de Salviat avait dit : « Attesté le 10 mai 1691, syndics M⁰ˢ Merle et le Doux, que l'héritier, même en collatérale, qui a fait bon et loyal inventaire de tous les effets du défunt, est recevable à répudier l'hérédité pendant trente ans, ayant, au moyen de cet inventaire qu'il a fait faire, marqué qu'il ne voulait pas se porter héritier pur et simple, ni faire confusion des biens de l'hérédité

manuscrites, porte le titre d'*Institutes de l'empereur Justinien*, est, dit M. Ch. Giraud *(Revue précitée, t. 9, p. 207)*, un excellent précis de droit romain appliqué à la coutume de Provence. Il a valu à son auteur d'être placé par Merlin au nombre des écrivains juridiques les plus clairs et les plus savants du siècle dernier ».

(1) Alors conseiller au présidial de Brives, et qui est devenu depuis conseiller au grand conseil, puis conseiller à la cour de Limoges, comme on le voit sur le titre de son *Traité de l'usufruit, de l'usage et de l'habitation*.

(2) C'est-à-dire attesté par le Barreau. « Ces actes, dit de Salviat dans sa préface (p. VI), qui ne sont délivrés qu'après de mûres délibérations de la compagnie entière de MM. les avocats, jouissent de la plus grande authenticité. Ils ne sont pas à Bordeaux, comme ailleurs, l'ouvrage de deux ou trois personnes, mais celui d'un corps entier ; et ils forment, ainsi qu'on le verra au mot *Attestation*, notre code particulier ».

(3) A Paris et ailleurs, on désignait, comme aujourd'hui partout en France, par le titre de bâtonnier, le chef de l'ordre des avocats ; mais dans certaines localités c'était sous le titre de syndic qu'il était connu. Ainsi le barreau de Rouen avait à sa tête un syndic et celui de Bordeaux deux syndics.

avec les siens. — Attesté le 7 mai 1705, syndics Mes Tournaire et
Dalleau, qu'un héritier qui rapporte un inventaire bien et duement
fait est reçu à répudier, non-seulement après trois ans ou autre
temps plus court, mais même pendant trente ans ».

A-t-on maintenu cette règle avec autant de fermeté dans le
ressort du parlement d'Aix que dans celui du parlement de
Bordeaux ? C'est ce qui paraît douteux si l'on en juge par ce qu'a
écrit de Montvalon qui était conseiller-clerc au parlement de
Provence. « Les docteurs, dit-il (1), sont partagés. On trouve un
arrêt dans ceux compilés par Boniface (2) qui déboute l'héritier
bénéficiaire. Me Julien, dans ses Instituts manuscrits (3), liv. 2,
titre 19, cite plusieurs autorités qui prouvent qu'il peut y être reçu.
On doit tenir pour certain qu'il doit y être reçu plus difficilement
que l'héritier pur et simple dans le cas où ce dernier aurait dû y
être reçu (4), par la raison que le bénéfice d'inventaire empêche la
confusion d'actions, ce qui met à couvert le principal intérêt de
l'héritier (5). On cite un arrêt du 23 juin 1725, de la chambre des
enquêtes, au rapport de M. l'abbé de Tamarlet, confirmatif d'une
sentence qui reçut le nommé Lambert à la répudiation de l'héritage
de sa mère qu'il avait accepté par bénéfice d'inventaire ; mais il y
avait cette circonstance que l'acceptation de l'hérédité et l'instance
bénéficiaire n'avaient été demandées qu'en l'absence de Lambert
qui était en Espagne, sans sa participation et par un procureur qui
n'en avait pas le pouvoir ; auquel cas quelques docteurs enseignent
que l'héritier bénéficiaire peut être reçu à répudier. On peut voir
Bacquet dans son Traité des droits de justice ». Et plus loin (p. 255),
de Montvalon dit : « L'héritier par bénéfice d'inventaire est véritablement héritier, tout comme l'héritier pur et simple ; le bénéfice
d'inventaire n'augmente ni ne diminue la qualité d'héritier ; il
n'opère autre chose sinon que l'héritier par inventaire n'est pas
tenu des dettes au-delà des forces héréditaires (6) et qu'il conserve
ses propres droits et actions sur l'hoirie, qu'il a la liberté d'exercer
sans qu'on puisse lui opposer la confusion (7) tout de même que
les autres créanciers ».

C'est parler d'or et si tous les jurisconsultes des pays de droit écrit
avaient tenu un pareil langage, les annotateurs de Bacquet (8)
auraient pu dire, comme ils l'ont fait : « Il est vrai que confor-

(1) Traité des successions, conformément au droit romain et aux
ordonnances du royaume, t. 1, p. 148 et 149.

(2) T. 5, liv. 1, tit. 25, chap 2, p. 148 et 149. Voyez pour les deux
sentiments, p. 149, 150 et 157 jusqu'à 160.

(3) De Montvalon publia son ouvrage en 1780 et celui de Julien ne
fut publié qu'en 1785, du vivant de son auteur du reste, car Julien ne
mourut que le 25 mars 1789, âgé de près de 85 ans, car il était né le
10 octobre 1704.

(4) A savoir s'il survenait des dettes nouvelles et considérables que
l'héritier ignorait lors de son acceptation. (Id. ibid., p. 145 et 146.)

(5) Arrêts notables de la cour du parlement de Provence, recueillis
par de Bézieux, liv. 6, chap. 6, § 7, p. 416.

(6) Mourgues, p. 103; arrêts de Bézieux, p. 418, et ita omnes.

(7) Nouvelle édition de Dupérier, tome 3, liv. 2, quest. 4, p. 141 et
143; la loi Scimus, § 9.

(8) T. 1, p. 117 de ses Œuvres, édition de 1744.

mément à l'avis de l'auteur, Boniface, dans la suite de son recueil, tome 3, liv. 1, tit. 25, chap. 2 et 3, rapporte des arrêts qui prouvent que, dans les parlements des pays de droit écrit, l'on juge que l'héritier bénéficiaire n'est pas recevable à renoncer ; mais dans le pays coutumier et même dans le pays de droit écrit du ressort du parlement de Paris, il n'y a point de difficulté que l'héritier bénéficiaire ne puisse renoncer en rendant compte ».

Mais, à part le sentiment personnel de Montvalon, c'est absolument le contraire qui est la vérité sur les deux points : dans les pays de droit écrit, on admet la répudiation de l'héritier bénéficiaire (1) ; dans les pays coutumiers, on lui applique la maxime *semel heres, semper heres,* tout en l'autorisant à faire abandon des biens de la succession aux créanciers du défunt ; et, plus on avance dans le XVIIIe siècle, et plus on voit désavouer la décision contraire sur ce point de l'arrêt prononcé en robes rouges le 7 septembre 1599.

Ainsi Bourjon (2) dit : « Nonobstant le compte rendu et le reliquat payé, l'héritier bénéficiaire est toujours regardé comme celui qui représente le défunt, sa qualité d'héritier étant une qualité indélébile ; le contraire est une erreur de praticien que les règles et les principes proscrivent ».

De son côté, Prevôt de la Jannès (3) avait dit : « C'est une maxime constante qu'à tout autre égard que celui des créanciers, l'héritier bénéficiaire est regardé comme véritable héritier et ne peut plus renoncer, puisque celui qui a été une fois héritier ne peut plus cesser de l'être ; d'où il suit qu'il est tenu envers ses cohéritiers au rapport des choses qui lui ont été données par le défunt, et que, s'il se rend adjudicataire des immeubles de la succession, il ne doit point de profits de fief, parce qu'il n'acquiert rien de nouveau par cette renonciation ».

Peu de temps avant la révolution, en 1784, Chabrol disait dans son commentaire sur les coutumes d'Auvergne (t. 1, p. 514) : « La loi *Scimus* qui a admis le bénéfice d'héritier, ne dit rien qui suppose que l'héritier bénéficiaire, après avoir accepté dans cette forme, puisse renoncer à la succession. Elle le regarde comme un véritable héritier, malgré le privilège qu'elle lui donne de n'être responsable envers les créanciers qu'à concurrence de l'émolument ; mais elle ne fait pas exception à la maxime suivant laquelle une qualité d'héritier, une fois contractée, ne peut plus s'effacer.... — On a cependant introduit en France la renonciation de l'héritier bénéficiaire, à la charge de rendre compte ; mais il faut regarder cette voie, non pas comme une abdication de la qualité d'héritier qui paraît impossible, mais comme un abandon aux créanciers des biens de la succession ».

(1) « Plusieurs auteurs, dit Furgole (*Loc. cit.,* n° 65, p. 319 et 320), sont d'avis que l'héritier bénéficiaire a la faculté de répudier. C'est l'usage constant du parlement de Toulouse. M. Maynard, M. de Cambolas et autres arrestographes, attestent cette jurisprudence. J'ai même vu rendre une infinité d'arrêts conformes, en sorte que cela ne fait aucun doute ni difficulté dans ce parlement ».

(2) *Le droit commun de la France,* liv. 3, tit. 17, part. 2, chap. 12, n° 48, t. 1, p. 900 et 901 de l'édition de 1770.

(3) *Les principes de la jurisprudence française,* t. 1, n° 64, p. 81 de l'édition de 1759.

Enfin, dans un ouvrage qui fut, dit-on (1), le fruit de quarante années de travail (2), et dont la renommée aurait été plus grande s'il n'avait pas paru peu de temps avant que la législation nouvelle ne naquît, Flaust (3), après avoir exposé ce qu'avaient dit sur cette question Bacquet, Basnage et Denisart, poursuit ainsi : « En mon particulier, je crois qu'il ne peut renoncer ; l'héritier par bénéfice d'inventaire est un véritable héritier ; il ne diffère de l'héritier pur et simple qu'en ce qu'il ne peut être obligé au-delà des forces de la succession ; et comme l'héritier pur et simple n'est point reçu à renoncer, sinon dans le cas de surprise, il doit en être de même de l'héritier par bénéfice d'inventaire. D'ailleurs, et ce qui mérite grande considération, le bénéfice d'inventaire a été introduit pour une nouvelle manière d'accepter les successions sans risques pour l'héritier ; la faveur faite à l'héritier par l'introduction du bénéfice d'inventaire est assez grande sans qu'on y ajoute une faculté de renoncer dont il pourrait abuser. — L'intérêt des créanciers a encore été pris en considération. On s'est proposé de faciliter le recouvrement de leurs créances et l'exercice de leurs actions, en leur donnant un héritier qui ne risquerait rien, vis-à-vis duquel ils pourraient les faire liquider ou les exercer : on a compris que leur état serait meilleur que si la succession était exposée à demeurer vacante, parce qu'on ne voudrait pas la prendre dans la crainte qu'elle ne soit plus onéreuse que profitable. Or, ces vues ne seraient pas remplies s'il était permis à l'héritier bénéficiaire de renoncer ; il pourrait se trouver que le bénéfice d'inventaire ouvrirait une voie facile pour tromper les créanciers ; l'héritier, après avoir tiré parti de sa qualité d'héritier bénéficiaire, pourrait remettre les créanciers dans l'embarras, et même les embarrasser davantage que si la succession était restée vacante. Enfin l'art. 128 de l'ordonnance de 1629 décide la question ».

Le parlement de Paris dont l'autorité était si considérable et dont la juridiction était si étendue (4), s'était prononcé dans le même sens depuis longtemps.

« On pensait autrefois, dit le nouveau Denisart (5), que l'héritier

(1) Feller, t. 7, p. 108 de la 7e édition ; Bernardi, *Biogr. univ.*, t. 15, p. 21.

(2) Dupin, *Bibliot. choisie des livres de droit*, nº 1203-13º dit même « cinquante années ».

(3) *Explication de la coutume et de la jurisprudence de Normandie, dans un ordre simple et facile.* Rouen, 1781. in-fol., t. 1, p. 45 et 46.

(4) « Les provinces du ressort de ce parlement, dit Moréri (t. 8, partie 2, p. 87 de l'édition de 1759, sont l'Ile-de-France, la Beauce, la Sologne, le Berri, l'Auvergne, le Lyonnais, le Forez, le Beaujolais, le Poitou, l'Anjou, l'Angoumois, le Maine, le Perche, la Picardie, la Brie, la Champagne, la Touraine, le Nivernais, le Bourbonnais et le Mâconnais ». Or, il suffit de jeter les yeux sur une carte de la France divisée en provinces, pour reconnaître incontinent que dans la *Méthode abrégée et facile pour apprendre la géographie* (par l'abbé le François), dite *Géographie de Crozat*, on n'exagère nullement en disant (p. 121 de l'édition de 1800) que « le parlement de Paris a pour le moins le tiers du royaume sous sa juridiction ».

(5) A l'article *Bénéfice d'inventaire*, § 8, nº 1, t. 3, p. 401.

bénéficiaire pouvait renoncer à la succession pour se débarrasser de la gestion, et d'anciens arrêts l'ont ainsi jugé (1). Mais la jurisprudence actuelle est de n'avoir aucun égard à cette renonciation ; elle est même établie depuis longtemps (2), puisqu'elle est attestée par un acte de notoriété du Châtelet du 28 mars 1713. — Cette dernière jurisprudence est plus conforme aux principes : c'est une règle constante que les contrats qui sont volontaires dans leur principe, sont forcés dans leur exécution, et ne peuvent se dissoudre que d'un consentement mutuel. L'héritier bénéficiaire, en acceptant, contracte, envers les créanciers, l'obligation de gérer, jusqu'à ce que cette gestion n'ait plus d'objet, soit par le paiement des créanciers, soit par l'épuisement des ressources de la succession ; il ne peut donc se décharger de cette obligation contre le gré de ceux envers qui il l'a contractée ».

Et l'auteur de cet article cite comme ayant consacré ce principe trois arrêts du parlement de Paris rendus, le premier à la date du 2 septembre 1755, le second à la date du 23 juillet 1756, et le troisième à la date du 6 mars 1762 (3).

Mais, suivant Merlin (4), de ces trois arrêts il faudrait en mettre deux à l'écart ; l'un, celui du 6 mars 1762 parce qu'il serait complétement inintelligible, l'autre, celui du 2 septembre 1755, parce qu'il serait « absolument étranger à la question ».

Denisart avait dit : « Par un arrêt rendu le 6 mars 1762 des renonciations au bénéfice d'inventaire par les héritiers bénéficiaires ont été déclarées nulles, ainsi que la nomination du curateur au bénéfice d'inventaire fait à leur requête ».

Et Merlin, après avoir cité ces paroles de Denisart dit : « Qu'est-ce que cela signifie ? Renoncer *au bénéfice d'inventaire*, ce n'est assurément pas renoncer à la succession acceptée sous ce bénéfice, c'est au contraire accepter la succession purement et simplement, chose qui a toujours été permise à l'héritier bénéficiaire majeur et maître de ses droits. Qu'a donc jugé cet arrêt, s'il a effectivement déclaré nulle la renonciation faite par *des héritiers bénéficiaires au bénéfice d'inventaire ?* Rien autre chose si ce n'est que ces héritiers étaient, ou mineurs, ou interdits ou de toute autre manière incapables de changer leur qualité. Mais, d'un autre côté. comment cet arrêt aurait-il pu déclarer nulles tout à la fois, et la renonciation des héritiers *au bénéfice d'inventaire et la nomination d'un curateur au bénéfice d'inventaire fait sur leur requête?* Si le bénéfice d'inventaire subsistait à leur profit, malgré la renonciation qu'ils y avaient faite, comment la nomination qu'ils avaient précédemment provoquée d'un curateur au bénéfice d'inventaire aurait-elle pu être annulée ? Le maintien de celle-ci devrait être la conséquence nécessaire de

(1) Contrairement à l'opinion de Basnage et conformément à celle d'Auzanet. Voir Ferrière sur l'art. 342 de la coutume de Paris, glose 1, § 2, nos 19 et 20, t. 4, col. 1136 de l'édition de 1714, et Furgole, *Traité des testaments*, chap. 10, sect. 3, nos 65 et 72, t. 3, p. 319 et 325 de l'édition de 1779.

(2) Le volume qui contient cet article a été publié en 1781.

(3) Ces arrêts sont également cités et les espèces sur lesquelles ils sont intervenus indiquées dans Denisart, à l'article *Bénéfice d'inventaire*, nos 28, 29 et 30 et à l'article *Renonciation à succession*, no 22, t. 1, p. 308 et 309 et t. 4, p. 231 et 232 de l'édition précitée.

(4) *Questions de droit*, article *Bénéfice d'inventaire*, § 5, art. 1, no 2.

l'annulation de celle-là. Ce que dit Denisart de cet arrêt, n'offre qu'un pur galimatias ; et dès lors point de conséquence à en tirer ».

Tel n'est pas notre avis. Seulement il y a dans la phrase de Denisart une ellipse dont Merlin abuse, ellipse qu'il suffit de faire disparaître pour que l'arrêt cité devienne parfaitement clair. Il est évident pour nous que lorsque Denisart parle de *renonciation au bénéfice d'inventaire*, il entend parler de *renonciation faite à la succession acceptée sous bénéfice d'inventaire*. Que ce soit là une locution vicieuse, nous ne le nierons pas ; mais que ce soit là une locution obscure qu'on puisse qualifier comme le fait Merlin de galimatias et moins encore de galimatias double, c'est ce que nous ne pouvons concéder. Bonne ou mauvaise, cette locution était très-bien comprise et par celui qui l'employait et par ceux pour qui elle était employée. Ainsi avons-nous vu (ci-dessus, p. 13, note 1) Basnage, dans le siècle précédent, employer, lui aussi, sans scrupule, le terme de *renonciation au bénéfice d'inventaire*, comme équivalant de celui de *renonciation à une succession acceptée sous bénéfice d'inventaire* et dire « qu'un héritier peut abandonner son bénéfice d'inventaire », au lieu de dire qu'il peut abandonner la succession qu'il avait acceptée sous ce bénéfice. Sans demander d'ailleurs à Basnage ce que Denisart avait voulu dire, Merlin aurait pu le demander à Denisart lui-même qui, à la page précédente (1), indique clairement que, lorsqu'il parle de renonciation au bénéfice d'inventaire, il entend parler de la renonciation à une succession acceptée sous bénéfice d'inventaire.

Mais, insiste Merlin, précisément parce que la renonciation de l'héritier bénéficiaire est nulle, la nomination précédente d'un curateur à la succession doit être valide. Pas le moins du monde, parce que cette nomination n'était de mise que pour les successions vacantes et non pour les successions acceptées sous bénéfice d'inventaire. « Par nombre du sentences du Châtelet, et quelquefois moi plaidant, dit Bourjon (2), cette procédure relativement aux créanciers a été déclarée nulle..... Il est bien vrai que si l'héritier a une action, c'est-à-dire un droit non liquide à exercer contre la succession bénéficiaire, en ce cas et pour l'exercice de cette action, il doit faire créer un curateur à cette succession ; mais tout l'effet d'une telle curatelle se borne à l'exercice de cette action, et cesse avec sa consommation, et ne va pas au-delà ».

C'est également à tort que Merlin veut écarter l'arrêt du 7 septembre 1755 comme étranger à la question en litige. Il s'y rattache au contraire intimement. Qu'a jugé en effet cet arrêt ? Que nonobstant la renonciation à la succession faite par l'héritier bénéficiaire, ce n'en était pas moins à lui qu'appartenait le reliquat des biens de cette succession après le paiement des dettes et l'acquittement des legs. Or, c'était décider en d'autres termes que sa renonciation était considérée comme nulle et non avenue, car sans cela il serait censé n'avoir jamais été héritier et le reliquat dont il s'agit aurait été dévolu soit à ses cohéritiers, soit, à défaut de cohéritiers, au degré subséquent. En effet les art. 785 et 786 du code civil n'ont pas créé un droit nouveau, ils n'ont fait que confirmer ce qui se pratiquait sous la législation ancienne ainsi qu'on peut le voir dans Pothier, *Introduction au titre XVII de la coutume d'Orléans,*

(1) Voir ci-dessus la note 4 de la page 9.
(2) *Le droit commun de la France*, t. 1, p. 301, n° 19 de l'édition de 1770.

n 39 et 67 ; *Traité du droit de propriété*, n° 248, 5° alinéa et n° 261, 2° alinéa ; *Traité des successions*, chap. 3, sect. 2, 9° et 10° alinéas. et sect. 4, § 4.

C'est donc à bon droit que Denisart a cité les arrêts des 2 septembre 1755 et 6 mars 1762 comme fixant avec l'arrêt du 23 juillet 1756 le dernier état de la jurisprudence du parlement de Paris.

Quant au ressort du parlement de Bourgogne, l'application à l'héritier bénéficiaire de la règle *semel heres, semper heres*, ne paraît y avoir jamais souffert la moindre difficulté : ce qui est d'autant plus remarquable que comme nous l'avons vu (p. 17 en note) ce parlement était mis au nombre des parlements de droit écrit par Bretonnier qui en donne deux raisons (1) : « La première, qu'il a dans son ressort plusieurs provinces et contrées qui sont régies par le droit écrit. Anciennement il n'avait que quelques chatellenies situées au-delà de la rivière de Saône, proche la ville de Châlons, que l'on nomme à cause de cela Bresse-Châlonoise ; mais depuis environ cent ans (2), l'on y a joint les provinces de Bresse, Bugey, Gex et Valromey, qui furent échangées contre le marquisat de Saluces par le traité fait à Lyon, entre le roi Henri IV et le duc de Savoie, à condition que ces provinces seraient conservées dans leurs lois, statuts et usages ; or, à la réserve de quelques statuts particuliers, le droit romain est la loi municipale du pays. » Et la seconde raison que donne Bretonnier pour ranger le parlement de Bourgogne parmi les parlements de droit écrit est celle-ci : « La coutume de Bourgogne (composée de 138 articles) n'est pour ainsi dire qu'un statut ; car Philippe-le-Bon, duc de Bourgogne, du temps duquel elle a été rédigée, ordonne, par ses lettres-patentes du 26 août 1459, que tous les cas qui ne se trouvent pas décidés par la coutume soient terminés et réglés selon le droit écrit. »

Dans son arrêt d'enregistrement de l'ordonnance de 1629, non-seulement le parlement de Dijon adopte la disposition de son article 128, mais encore il déclare que cette disposition aurait lieu *tant pour les héritiers testamentaires que ab intestat* (3) ; et Bannelier, dans ses notes sur Davot (4), en parlant de la faculté accordée à l'héritier bénéficiaire de renoncer après coup, dit : « Jamais pareille faculté n'a été admise en ce ressort : on le voit dans de Pringles (p. 222, édition de notre coutume de 1717). Il écrivait dans le commencement du dernier siècle, Paris n'admet *plus* cette renonciation. »

La législation intermédiaire ne s'était occupée de l'acceptation et de la renonciation des successions que pour interdire les renon-

(1) Dans la préface de son *Recueil de Questions de droit*, p. LXVIII, LXIX et LXXI.

(2) La première édition de cet ouvrage de Bretonnier fut publiée en 1718: c'est la seule qui ait été publiée du vivant de l'auteur, mort à Paris le 21 avril 1722. La seconde édition fut publiée par Boucher d'Argis en 1742.

(3) *Recueil d'édits et ordonnances royaux* de P. Néron et Etienne Girard, augmenté par de Laurière et de Ferrière. Paris 1720, 2 vol. in-folio, t. 1, p. 848.

(4) *Traité sur diverses matières de droit français, à l'usage du Duché de Bourgogne*, t. 3, p. 731 de l'édition in-4°, revue et augmentée par Fr. Petitot.

ciations anticipées à des successions non encore ouvertes (1), la question agitée sous l'ancien droit ne pouvant pas se présenter sous ce régime ; mais elle devait renaître sous le code civil dès qu'il ne la tranchait pas en termes exprès, car il ne s'agit pas ici d'une de ces questions de pure théorie qui peuvent être sans doute étudiées avec intérêt en s'en tenant au point de vue scientifique, mais qui peuvent être négligées sans inconvénient dès que l'on ne s'attache qu'au côté pratique des choses. Non, il ne s'agit pas d'une question de ce genre, mais bien d'une question qui, chaque jour, pour ainsi dire, peut nécessiter une solution de la part des légistes les moins disposés ou les moins aptes à se livrer à la culture théorique du droit.

« La question, dit M. Demolombe (2), est très-importante, car les conséquences de l'une ou l'autre solution seront, comme elles étaient autrefois, très-différentes.

« Si, en effet, on décide que l'héritier bénéficiaire peut véritablement faire une renonciation, il en résultera que, aux termes de l'art. 785, il sera censé n'avoir jamais été héritier ; et par conséquent :

« 1° Il perdra toute espèce de droit sur les biens de la succession ; sa part accroîtra à ses cohéritiers, ou sera dévolue s'il est seul au degré subséquent (art. 786), de sorte qu'il ne pourra pas prétendre à ce qui resterait d'actif après le paiement des dettes et des legs ;

« 2° Il ne sera plus tenu désormais de l'obligation du rapport envers les autres héritiers, pas plus que ceux-ci n'en seront tenus envers lui (art. 857) ;

« 3° Il ne pourra pas, s'il était héritier à réserve, agir en réduction contre les donataires ou les légataires (art. 921) ;

« 4° Il ne devra pas de droit de mutation ;

« 5° Enfin, il faudra, jusqu'à ce que la succession par lui répudiée soit recueillie, procéder à la nomination d'un curateur à succession vacante (art. 811).

« Que si, au contraire, on décide que l'héritier bénéficiaire ne peut pas renoncer et conserve toujours, malgré l'abandon des biens, sa qualité d'héritier, aucune de ces conséquences ne pourra se produire ; et, tout au contraire, il faudra dire :

« 1° Que l'abandon ne donne lieu ni au droit d'accroissement au profit de ses cohéritiers, ni au droit de dévolution au profit du degré subséquent ; et que l'héritier bénéficiaire a droit à ce qui reste d'actif, après le paiement des créanciers et des légataires ;

« 2° Qu'il n'est pas affranchi de l'obligation de rapport, dont il a été tenu envers ses cohéritiers par le fait de son acceptation, pas plus qu'ils n'en sont eux-mêmes affranchis envers lui ;

« 3° Qu'il peut toujours demander la réduction des libéralités qui entameraient sa réserve ;

« 4° Qu'il reste soumis à l'obligation d'acquitter le droit de mutation ;

(1) *Code des successions* par F.-M. V. (Vermeil), p. 117 ; Chabot de l'Allier, *Questions transitoires sur le code civil* à l'article *Exclusions coutumières* et à l'article *Réduction*, § 7.
(2) T. 15 (3 du *Traité des successions*), n° 207.

« 5o Enfin, qu'il n'y a pas lieu de nommer un curateur à succession vacante. »

L'intérêt pratique de la question n'est donc pas contestable ; mais ce qui nous étonne, c'est qu'elle ait encore pu être un sujet de controverse sous notre nouvelle législation. Il suffisait, en effet, de rapprocher des termes de l'art. 802 du code civil les passages de Pothier que nous avons ci-dessus cités, pour demeurer convaincu que ceux-ci avaient inspiré celui-là, fait d'ailleurs trop fréquent pour qu'il puisse jamais exciter la surprise.

Que dit l'art. 802 du code civil ? Que « l'effet du bénéfice d'inventaire est de donner à l'héritier bénéficiaire l'avantage..... de pouvoir se décharger du paiement des dettes en abandonnant tous les biens de la succession aux créanciers et aux légataires ».

Et qu'avait dit Pothier dans son *Introduction au titre XVII de la coutume d'Orléans* (no 53) ? « Que l'héritier bénéficiaire est reçu quand bon lui semble à se décharger entièrement envers les créanciers de la succession en leur en abandonnant les biens. »

Et qu'avait dit encore Pothier, dans son *Traité des successions* (chap. 3, sect. 3, art. 2, § 8) ? Que « la renonciation que fait l'héritier bénéficiaire est plutôt un abandon de biens qu'il fait aux créanciers qu'une vraie renonciation qu'il fait de la succession, car l'acquisition qu'il a faite de la succession, quoique sous bénéfice d'inventaire, l'ayant rendu héritier, il ne peut plus se dépouiller de cette qualité. »

Ainsi les rédacteurs du code civil n'ont voulu admettre ni la théorie absolue des pays de droit écrit, d'après laquelle la renonciation permise aux héritiers bénéficiaires produisait, à l'égard de tous, les mêmes effets que si elle n'avait pas été précédée par une acceptation ; ni la théorie, non moins absolue dans un autre sens, professée par Flaust et le nouveau Denisart, et conforme aux arrêts du parlement de Paris des 23 juillet 1756 et 6 mars 1762, théorie d'après laquelle l'héritier bénéficiaire ne pouvait pas même se débarrasser de l'administration des biens de la succession, en abandonnant aux intéressés tous les biens dont elle se composait : c'est le système intermédiaire que les rédacteurs du code civil ont adopté, d'après Pothier, qui, lui-même, n'avait fait que formuler plus clairement la doctrine que Basnage avait extraite de l'arrêt du 20 avril 1682 (1). Par là, ils sont rentrés dans le véritable esprit de l'acte de notoriété du Châtelet du 28 mars 1713, dont le nouveau Denisart avait exagéré la portée lorsqu'il en induisait l'impossibilité pour l'héritier bénéficiaire de se débarrasser de l'administration de la succession, en en abandonnant les biens aux créanciers du défunt (2) ; en même temps qu'ils sont restés fidèles aux principes que nous avons vu poser par Dumoulin et que le célèbre président Favre (3) formulait à son tour en ces termes :

(1) Voir aussi Rousseaud de Lacombre, *Recueil de jurisprudence civile*, Vo *Héritier*, no 13, partie 1, p. 342 et 343 de l'édition de 1758; Ricard, *Traité des donations*, partie 3, no 981 et Ferrière sur l'art. 342 de la coutume de Paris, glose 1, § 2, no 20.

(2) Voir le texte de cet acte de notoriété dans les *Questions de droit* de Merlin, à l'article *Bénéfice d'inventaire*, § 5, art. 1, no 2.

(3) *De erroribus pregmaticorum et interpretum juris*, Dec. 2, err. 3, no 5. Voir aussi le traité du docte Tiraqueau, *Le mort saisit le vif*, part. 2, déclar. 12.

heres revera est, defunctique personam repræsentat, non minus quam si beneficium illud non implorasset. Par là. enfin, ils ont réalisé le vœu qu'exprimait Flaust, lorsqu'il terminait le passage que nous avons ci-dessus cité, en ces termes (p. 46) : « Il me semble que si l'on admettait le droit de renoncer, ce ne devrait être qu'*en faveur de l'héritier bénéficiaire qui se proposerait uniquement de se décharger des soins et des embarras de répondre aux créanciers*, et non en faveur de celui qui ferait cette renonciation pour changer d'état et de qualité dans la succession même, et pour acquérir un nouveau titre qui l'autoriserait à troubler. quand il voudrait, des acquéreurs et des possesseurs de bonne foi. »

Cependant quelques auteurs (1) ont soutenu encore, sous l'empire du code civil, qu'un héritier pouvait renoncer à la succession qu'il avait d'abord acceptée sous bénéfice d'inventaire, et cette opinion a été consacrée par quelques arrêts (2). Mais Gilbert, sur l'art. 802, n° 5, range à tort, parmi les partisans de cette doctrine, Merlin et M. Bressolles. C'est l'opinion contraire que ce dernier jurisconsulte a très-nettement exprimée dans la *Revue de législation* de Wolowski, t. 17, p. 56-58. Quant à Merlin, il dit, il est vrai, dans ses *Questions de droit*, aux mots *Bénéfice d'inventaire*, § 5, art. 1, n° 3 : « Qu'est-ce qu'un acte qui, envers les créanciers et les légataires, fait cesser les effets résultant de la qualité d'héritier ? C'est évidemment, *en ce qui concerne ceux-ci*, une renonciation à la succession. Donc l'héritier bénéficiaire renonce à la succession *envers les créanciers et les légataires*, par cela seul qu'il leur en abandonne tous les biens. Donc, abandonner tous les biens de la succession aux créanciers et aux légataires et renoncer à la succession, c'est, *relativement aux créanciers et aux légataires*, une seule et même chose » Mais, avant cela, Merlin avait dit : « L'art. 802 du code civil fait clairement entendre que l'héritier bénéficiaire ne peut pas, par sa renonciation à la succession, se dépouiller indéfiniment, et envers tout le monde, de la qualité d'héritier ». Et, plus loin, art. 6, n° 3, Merlin cite cet argument de la Régie à l'appui d'un pourvoi formé contre un jugement du tribunal de Châteauroux du 3 août 1812 : « En vain, dit-on que l'abandon autorisé par l'art. 802 équivaut au droit de renoncer, et que, par conséquent, dans l'un comme dans l'autre cas, on est censé n'avoir jamais été héritier. Une semblable décision est en opposition formelle avec le texte de la loi. L'art. 802 ne dit point, comme l'art. 785. que l'héritier qui fait abandon est réputé n'avoir jamais accepté. Si le législateur eût voulu accorder à l'héritier bénéficiaire, malgré la qualité qu'il a prise, la même faveur qu'a celui qui n'a fait aucun acte d'héritier, il n'eut pas manqué de porter à ce sujet une dispo-

---

(1) Bousquet, *Explication du code civil*, t. 2, partie 2, p. 136 ; Toullier, t. 4, n° 358; Bilhard, *Traité du bénéfice d'inventaire*, n° 136, p. 479-492. Tel paraît être aussi le sentiment de Maleville qui, dans son *Analyse raisonnée de la discussion du code civil au conseil d'Etat* (t. 2, p. 218 de la 3e édition) dit : « L'héritier bénéficiaire peut en tout temps se décharger des dettes *en répudiant l'hérédité* ».

(2) De la cour de Lyon du 14 mai 1813 (S. 13. 2. 311) ; de la cour de Nancy du 4 janvier 1827 (S. 27. 2. 259) ; sic du moins dans le cas où l'héritier est mineur, suivant un arrêt de la cour de Bordeaux du 17 février 1826 (S. 26. 2. 316) et un arrêt de la cour de Grenoble, du 28 mars 1835 (S. 36. 2. 47).

sition expresse ; car on ne peut croire, sans un texte de loi bien précis, qu'il ait voulu déroger à ce principe de tous les temps, *qui semel heres, semper heres »*. Et Merlin recommande à son tour de ne jamais méconnaître « la grande règle, *semel heres, semper heres*, qui est écrite en caractères lumineux dans l'art. 783, où, ce qui revient au même, étendre hors de ses termes l'exception par laquelle l'art. 802 la limite par rapport aux créanciers et aux légataires des successions acceptées sous bénéfice d'inventaire ». Quel est donc le système de Merlin sur la question sous le code civil? Absolument le même que celui de Pothier sous l'ancien droit : c'est ce dont on peut s'assurer en rapprochant le n° 15 de l'article *Bénéfice d'inventaire* du *Répertoire* avec le même article dans les *Questions de droit*, § 5, art. 1, n°s 2 et 3. Si donc ce dernier article donne prise à critique, ce n'est pas en ce qui concerne le droit nouveau, mais en ce qui concerne le droit ancien. Au n° 1 de cet article, Merlin soutient avec cette abondance d'érudition, cette variété d'arguments et cette subtilité de dialectique, qui sont les traits distinctifs et caractéristiques de son remarquable talent, que, sous l'empire de la législation de Justinien, il était permis de renoncer à la succession qu'on avait acceptée. Les seules autorités nouvelles qu'il invoque à l'appui de cette thèse sont celles des deux docteurs italiens (qui ne sont pas même d'accord) : Monticulus et Phanucius, dont on chercherait vainement le nom dans la *Bibliothèque historique des auteurs du droit*, par Denis Simon, malgré l'innombrable quantité de légistes, aujourd'hui tombés dans un complet oubli, qui y figurent ; mais dont les ouvrages sur le bénéfice d'inventaire ont été engloutis dans les catacombes du *Tractatus tractatum*. (T. 8. partie 2.) Quant à l'argument sur lequel compte le plus Merlin, il est tiré de la fameuse loi *Scimus*. « Par son § 13, dit-il, sur lequel il est bien inconcevable que restassent muets et Loyseau et Bacquet, et les nouveaux éditeurs de Denisart, elle lève expressément tous les doutes qui auraient pu s'élever sur ce point ». Et il cite triomphalement ce passage de ce paragraphe : *Cum enim liceat eis et adire hæreditatem, et sine damno* AB EA DISCEDERE *ex præsenti legis auctoritate, quis locus deliberationi relinquitur?* Mais il y a quelque chose de plus inconcevable que le silence de Loyseau, de Bacquet et du nouveau Denisart sur ce texte, c'est que Merlin, qui savait tant de choses, n'ait pas su que l'argument qu'il en tire avait été déjà produit, et produit en pure perte, par l'avocat Commeau dans le procès sur lequel intervint le fameux arrêt du 20 avril 1682, et que Lebrun, si favorable qu'il fut à la renonciation de l'héritier bénéficiaire, n'avait pas pris cet argument au sérieux (1). Tel a été sans doute aussi, à plus forte raison, le sentiment de Loyseau, de Bacquet et du nouveau Denisart, qui ne devaient pas être disposés à trouver bon un argument contraire à leur thèse, alors que Lebrun le trouvait mauvais, bien qu'il servît la sienne. Ajoutons que, par arrêt du 12 avril 1806 (S. 6. 2. 548), la cour de Turin a décidé que, sous l'empire des lois romaines, l'héritier qui avait accepté une succession sous bénéfice d'inventaire ne pouvait plus ensuite la répudier. Sans doute si cet arrêt avait été rendu du temps de Lebrun, il en aurait dit comme de l'arrêt du 23 avril 1682, qu'il consacrait « les principes du droit romain dont la cour était pénétrée ».

(1) Voir ci-dessus p. 9 et 10.

Quant à l'opinion de Merlin sur la question envisagée au point de vue de la législation nouvelle, elle est irréprochable ; aussi a-t-elle été admise non-seulement, comme nous l'avons dit, par M. Bressolles, mais aussi par presque tous les auteurs qui ont écrit sous le code civil (1) et c'est aussi la doctrine que la jurisprudence a de plus en plus préférée (2). Ainsi, la cour suprême avait

(1) Delvincourt, t. 2, p. 93 et 94 aux notes, édition de 1834; Chabot, sur l'art. 802, n° 8; Delaporte, *Pandectes françaises*, t. 2, p. 203 de la seconde édition; Grenier, *Traité des donations*, etc., t. 2, n° 505; Pigeau, *Cours élémentaire de code civil*, t. 1, p. 370 en note, édition de 1818; Tambour, *Du bénéfice d'inventaire*, n° 380; Rolland de Villargues, *Répertoire de jurisprudence du notariat*, à l'article *Bénéfice d'inventaire*, n° 169; Duranton, t. 7, n°s 42 et 43; Malpel, *Traité élémentaire des successions*, n° 335; Vazeille, *Résumé et conférence des comment. du code civil sur les successions*, art. 802, n° 8; Coulon, *Dialogues ou questions de droit*, t. 3, p. 394 et suiv.; Poujol, *Traité des successions*, sur l'art. 802, n° 4; Fouet de Conflans, *Esprit de la jurisprudence des successions*, sur le même article, n°s 2 et 4; Belost-Jollimont sur Chabot, art. 802, observ. 3; Championnière et Rigaud, *Traité des droits d'enregistrement*, t. 1, n°s 537 et suiv.; Morelot, *Dictée d'un professeur de droit français*, t. 2, p. 263; Boileux, *Comment. sur le code civil*, t. 2, p. 122, 130 et 132 de la seconde édition; Mourlon, *Répétitions écrites*, t. 2, p. 120 de la seconde édition; Félix Berriat-Saint-Prix, *Notes élémentaires sur le code civil*, t. 2, p. 2,820; Delsol, *Code Napoléon expliqué*, t. 2, p. 106 et 107; Laurens, *Principes et jurisprudence du code civil*, t. 3, n° 262; Zacharie, Aubry et Rau, t. 4, p. 368 de la seconde édition; Frédéric Taulier, *Théorie raisonnée du code civil*, t. 3, p. 258 et 259; Dalloz, *Jurisprudence générale*, V° *Succession*, chap. 5, sect. 3, art. 2, n° 4, t. 12, p. 378 de la première édition et t. 41, p. 277 et 278, n°s 523-525 de la seconde ; Marcadé sur l'art. 802, n° 2; Duvergier sur Toullier, t. 2, n° 358, note *a*; Mazerat, *Questions sur le code civil*, t. 2, n°s 97 et 99; Demante, *Cours analytique*, t. 3, n° 134 *bis*; Ducaurroy, Bonnier et Roustain, t. 2, n° 617; Fouquet, *Encyclopédie du droit* de Sebire et Carteret, à l'article *Bénéfice d'inventaire*, n°s 62 et 73, t. 3, p. 59 et 63; Demolombe, t. 15 (3 du *Traité des successions*), n°s 205-209; Rivière, *Revue doctrinale des variations et des progrès de la jurisprudence de la cour de cassation*, n°s 205-208, p. 311-316; Victor Rigaut, *Revue étrangère et française de législation* par Fœlix, t. 9, p. 789, 999, 1000 et 1001.

(2) Arrêts de la cour de Paris, du 10 août 1809 (S. 10. 2. 191); de la cour de Liége, du 31 juillet 1811 (C. N. de Devil. et Car. 3. 2. 535); de la cour de Paris, du 25 décembre 1815 (S. 16. 2. 41); de la cour de Douai, du 29 juillet 1816 (S. 17. 2. 168); de la cour de Metz, du 22 mai 1817 (C. N. 5. 2. 281); de la cour de Colmar, du 8 mars 1820 (S. 20. 2. 168); de la cour de Paris, du 3 avril 1826 (S. 26. 2. 316); de la cour de Grenoble, du 4 juin 1836 (S. 37. 2. 109); de la cour de Paris, du 25 juin 1838 (S. 38. 2. 473); de la cour de Douai, du 5 avril 1848 (S. 48. 2. 564) et de la cour de Limoges, du 30 juin 1852 (S. 54. 2. 456.) — Jugé de même dans une espèce où l'acceptation n'avait eu lieu que sous réserve, par un arrêt de la cour de Pau du 24 novembre 1837 (S. 38. 2. 377). — *Item* quand même l'héritier serait mineur et que dès lors l'acceptation ne pouvait se faire que sous bénéfice d'inventaire, suivant un arrêt de la cour de Toulouse du 27 mars 1832 (S. 32. 2. 352) et un arrêt de la cour de Grenoble du 28 mars 1835 (S. 36. 2. 47). — *Sic* Demolombe, *Loc. cit.*, n° 209. Seulement à la différence du majeur qui, pour être relevé de son acceptation, doit prouver qu'il n'y a été induit que par suite de dol, il suffit à l'héritier mineur d'établir qu'il a

d'abord admis (1) qu'on pouvait renoncer à une succession après l'avoir acceptée sous bénéfice d'inventaire (2). Mais son arrêt avait été sévèrement traité par Merlin (3). Après en avoir reproduit les motifs, il ajoutait : « Que dire de cet arrêt, si ce n'est qu'il n'est pas le fruit de ces délibérations mûrement et profondément réfléchies dont les résultats rendent les oracles de la cour suprême si précieux aux jurisconsultes ? » Puis, après avoir critiqué cet arrêt, il cite l'opinion contraire exprimée par Chabot dans la cinquième édition de son ouvrage, publiée trois ans après, et il dit : « Pourquoi M. Chabot, en tenant un langage aussi peu d'accord avec l'arrêt du 6 juin 1815, n'a-t-il pas dit un mot de l'argument qu'on pouvait en tirer contre sa doctrine ? On ne prétendra sans doute pas qu'il n'en eût pas connaissance, puisqu'il y avait pris part comme membre de la section civile (le plumitif de l'audience du 6 juin 1815 en fait foi), il n'a donc pu s'abstenir d'en parler que parce qu'il le considérait comme une aberration passagère et uniquement bonne à oublier ».

La cour de cassation tint compte de cette mercuriale sévère de son ancien et illustre procureur-général, en désavouant sa première jurisprudence dans trois arrêts rendus le 29 décembre 1829 (S. 30. 1. 3), le 1er février 1830 (S. 30. 1. 138) et le 25 mars 1840 (S. 40. 1. 456).

Ce dernier arrêt rendu sous la présidence de M. Zangiacomi, sur le rapport de M. Brière-Valigny et conformément aux conclusions de M. l'avocat-général Gillon précise très-bien les vrais principes de la matière en ces termes : « Il ne faut pas confondre la renonciation à une succession et l'abandon que l'héritier bénéficiaire qui veut se décharger du paiement des dettes d'une succession est autorisé, par l'art. 802 du code civil, à faire aux créanciers et aux légataires ; l'héritier qui renonce est censé n'avoir jamais été héritier

été lésé pour être relevé de la sienne, suivant un arrêt de la cour de cassation du 5 décembre 1838 (S. 38. 1. 945).

Il a été jugé enfin par un arrêt de la cour de Lyon du 13 avril 1837 et par un arrêt de la cour de Paris du 12 mai de la même année (S. 37. 2. 392 et 423) que si l'héritier bénéficiaire renonce, cette renonciation a l'effet d'un simple abandon, en sorte que la succession ne peut être réclamée par les parents à un degré plus éloigné, comme cela aurait eu lieu au cas de la renonciation de succession avant toute acceptation.

« Néanmoins, dit Fouquet (Loc. cit., p. 63 en note), la cour de Grenoble a jugé (le 4 juin 1836) que l'héritier bénéficiaire qui a abandonné les biens ne saurait conserver le droit de demander ni le retrait successoral, ni le retrait litigieux, ni même une participation au bénéfice d'un traité fait par son cohéritier pour les affaires de la succession. — Nous n'apercevons pas les raisons qui ont pu motiver une semblable décision, qui nous semble contraire à la lettre comme à l'esprit de la loi ».

(1) Arrêt du 5 juin 1815 (S. 15. 1. 319).

(2) Bilhard, Loc. cit., p. 481 et 482, mentionne un arrêt de la même cour du 15 brumaire an XIII (6 novembre 1804) qui, suivant lui, se serait également prononcé en ce sens ; mais cet arrêt, rapporté dans le recueil de Sirey, 5. 2. 667, s'est borné à décider que « par sa renonciation à la succession qu'il avait acceptée sous bénéfice d'inventaire, l'héritier présomptif devient sans droit et sans intérêt pour attaquer un jugement rendu contre lui en sa qualité d'héritier ».

(3) Questions de droit, aux mots Bénéfice d'inventaire, § 5, art. 6, no 3.

(art. 785 du code civil), tandis que d'après la maxime *semel heres semper heres*, applicable à l'héritier bénéficiaire comme à l'héritier pur et simple, celui qui a accepté une succession sous bénéfice d'inventaire ne peut plus y renoncer, et qu'en faisant l'abandon autorisé par l'article 802, loin d'abdiquer la qualité d'héritier bénéficiaire, il use au contraire d'un droit affecté à cette qualité ».

En résumé, il résulte de ce que nous avons dit jusqu'à présent :

1° Que le légataire à titre universel ne conserve pas moins cette qualité, bien qu'ayant été dispensé par le testament de contribuer au paiement des dettes de la succession ;

2° Que de même le légataire particulier ne perdrait pas cette qualification alors que le testateur aurait mis à sa charge le paiement d'une quote-part de ses dettes ;

3° Que lorsqu'il s'agit d'acquitter la réserve, qui est une dette de la succession, cette dette est acquittée au marc le franc par les légataires particuliers et par les légataires universels, aux termes de l'article 926 ;

4° Que le légataire universel qui abandonne en partie ou même totalement le bénéfice de la disposition faite en sa faveur et acceptée par lui, n'en conserve pas moins le titre en vertu duquel ce bénéfice lui était attribué ;

5° Qu'un héritier n'en reste pas moins *le continuateur du défunt*, bien que s'étant affranchi de l'obligation de payer toutes ses dettes en acceptant sous bénéfice d'inventaire ;

6° Qu'enfin l'héritier bénéficiaire n'en reste pas moins *le continuateur du défunt*, tout en parvenant, au moyen de l'abandon que l'art. 802 du code autorise, à se débarrasser de l'acquit des dettes et charges de la succession auxquelles il pourrait satisfaire au moyen de la réalisation de l'actif de cette succession.

Tout cela sans doute ne suffit pas pour déterminer à quels signes on reconnaît cette qualité de *représentant*, de *continuateur* du défunt, et dans quelle condition cette qualité est acquise : c'est là une tâche que nous nous réservons d'accomplir dans les paragraphes suivants ; mais ce qui est acquis dès à présent, c'est que notre contradicteur se trompe essentiellement lorsqu'il croit qu'il y a une corrélation nécessaire entre la qualité de *continuateur du défunt* et le paiement des dettes de sa succession, en un mot lorsqu'il dit, pour reproduire ses propres termes, que si le légataire à titre universel doit participer au paiement des dettes de la succession, c'est parce qu'il a *la qualité de successeur à la personne du défunt*, et que si le légataire particulier ne participe pas au paiement desdites dettes, c'est parce que son titre ne lui donne *que le droit de succéder aux biens qui font l'objet de la libéralité*.

Non, tels ne sont pas les motifs de cette différence entre le légataire à titre universel et le légataire particulier quant au paiement des dettes de la succession ; mais ces motifs quels sont-ils ? Le précurseur et l'inspirateur habituel des rédacteurs du code civil va nous les faire connaître. « Les légataires particuliers, dit Pothier (1), ne sont pas tenus des dettes ; la raison est que les legs ayant pour objet, non les biens, ni une quotité de biens, mais des choses particulières, ils ne renferment point la charge des dettes suivant cette règle, *œs alienum universi patrimonii non singularum*

(1) *Traité des donations testamentaires*, chap. 2, sect. 1, § 2, alinéa 7.

3

rerum onus est ». Et, ailleurs (1), Pothier dit : « Les donataires ou
légataires universels d'une personne sont tenus de ses dettes ; la
raison en est évidente : ces donataires et légataires sont donataires
ou légataires des biens ou d'une portion des biens ; or, selon les
notions communes, les biens renferment la charge des dettes, *bona
non intelliguntur nisi deducto œre alieno* ».

Et cette règle, tirée de la loi 39, § 1, D. *de verborum significatione,*
est appliquée à la réduction des donations et legs par l'art. 922 du
code civil ainsi conçu : « La réduction se détermine en formant
une masse de tous les biens existans au décès du donateur ou
testateur. On y réunit fictivement ceux dont il a disposé par
donations entre-vifs, d'après leur état à l'époque des donations et
leur valeur au temps du décès du donateur. On calcule sur tous
ces biens, *après en avoir déduit les dettes*, quelle est, eu égard à
la qualité des héritiers qu'il laisse, la quotité dont il a pu disposer ».

Je sais bien qu'à l'égard des droits de mutation auxquels les
successions sont soumises, la Régie de l'enregistrement en opère la
perception en prenant pour base la valeur des biens *sans distraction
des charges*, conformément à l'article 14, n° 8 et à l'article 15,
n° 7 de la loi du 22 frimaire an VII. et je sais qu'un privilège de
même nature a été établi par l'art. 1er de la loi du 7 frimaire an V
au profit de l'Assistance publique sur les recettes des théâtres (2).
Cet impôt, désigné sous le nom de *Droit des pauvres*, a fait d'abord
l'admiration de tous ceux qui en ont parlé. « C'est une idée à
laquelle tout le monde applaudira , disent Vulpian et Gauthier,
en 1829 (3), que celle d'avoir fait servir les plaisirs des riches au
soulagement des pauvres. Le droit que ces derniers perçoivent sur
le prix des billets de spectacle, est donc à l'abri de toute critique ».
L'année suivante, Vivien et Blanc disaient (4) : « L'impôt des
pauvres, dans le produit des spectacles, noble et ingénieuse idée
qui fait servir les jouissances du riche au soulagement de l'indi-
gence, fut établi pour la première fois par une ordonnance de
Louis XII, du 25 février 1699 (5), qui le fixait à un sixième en sus
des recettes ». Avant même de recourir à l'ouvrage plus récent
sur la même matière de MM. Lacan et Paulmier (6) nous étions

---

(1) *Traité des successions*, chap. 5, art. 2, § 3, alinéa 6.

(2) La perception de cet impôt ne devait durer que *pendant six mois,*
d'après la loi de l'an V; mais cette perception fut prorogée par des
lois et décrets successifs jusqu'au décret du 9 octobre 1809 qui déclara
la maintenir indéfiniment et depuis elle a figuré chaque année dans nos
lois de finances au nombre des impôts autorisés. Peut-être se prévau-
dra-t-on de la manière dont celui-ci s'est introduit chez nous pour
répéter ce paradoxe qu'il n'y a que le provisoire qui y soit durable,
mais du moins sera-t-on disposé à s'écrier avec Troplong *(Revue de
législation* de Wolowski, t. 10, p. 201) : « Ah ! que l'esprit français
était bien connu de Coquille , lorsqu'il disait : *L'impôt une fois mis
en France ne se retranche jamais* ».

(3) *Code des théâtres*, p. 208 et 209.

(4) *Traité de la législation des théâtres*, n° 147, p. 145.

(5) Cette date, qui est exacte, prouve suffisamment que cette ordonnance n'est pas de Louis XII qui mourut en 1515, mais de Louis XIV
qui, en 1699, régnait déjà depuis 57 ans.

(6) *Traité de la législation et de la jurisprudence des théâtres.* Paris,
1853, 2 vol. in-8°.

à peu près sûr de les voir s'associer aux admirations de leurs
prédécesseurs, tant on est généralement disposé à bêler comme les
moutons de Panurge sautaient ! tant aussi on est enclin à s'arrêter,
par insouciance ou par paresse, à la superficie des choses pour les
juger ! tant enfin il est commode de faire de la philanthropie sans
que cela vous coûte d'autre dépense que l'arrondissement d'une
phrase ! Aussi notre pressentiment s'est-il réalisé, et le chapitre
consacré au droit des pauvres par MM. Lacan et Paulmier dans
leur ouvrage (1) débute-t-il ainsi : « L'impôt établi en faveur des
pauvres sur les théâtres et spectacles publics, est fort ancien en
France ; il ne fut pas créé, comme on le pense communément, dans
le seul but de faire contribuer les plaisirs du public au soulagement
des malheureux. Cette pensée philanthropique, qui est celle de la loi
moderne, ne remonte guère qu'aux ordonnances de Louis XIV (2) ».
Elle remonterait plus loin, au contraire, suivant Dalloz (3).
« Cet arrêt du parlement (du 27 janvier 1541) cité par MM. Lacan
et Paulmier nous paraît contraire, dit-il, à l'idée qu'ils ont émise.
Lorsque le parlement qui, à cette époque, n'était pas toujours
favorable au clergé, ordonne que les comédiens versent aux pauvres
une somme de..... il n'entend pas que cette somme reviendra à
l'Eglise mais aux pauvres. Cet arrêt était-il exécuté par le clergé ?
Ceci est une autre question ; mais toujours est-il que l'arrêt du
parlement repose sur une pensée philanthropique qui est aussi la
pensée de la loi moderne (4) ».
Mais depuis que Vulpian et Gauthier, puis Vivien et Blanc et
enfin MM. Lacan et Paulmier, non contredits sur ce point par Dalloz,
faisaient ainsi à qui mieux mieux de la philanthropie platonique,

(1) C'est le chapitre VII de la première partie, t. 1, n° 120, p. 166 et
167.

(2) MM. Lacan et Paulmier ajoutent : « Le droit des pauvres n'était,
dans son principe, que l'indemnité du tort causé à la classe indigente
par les représentations théâtrales. Un arrêt du parlement de Paris, du
27 janvier 1511, prescrivait aux confrères de la Passion de commencer
leurs spectacles à une heure après midi et de finir à cinq ; » et à
« cause, ajoutait-il, que le peuple sera distrait du service divin, et que
« cela diminuera les aumônes, ils bailleront aux pauvres la somme de
« mille livres tournois, sauf à ordonner plus grande somme ».

(3) Répert., V° Théâtre, n° 113, t. 42, p. 317.

(4) « Ce n'étaient pas seulement les individus pauvres, ajoute Dalloz
au n° suivant, p. 318, qui profitaient du droit établi, les ordres religieux qui se prétendaient indigents réclamaient leur part de cet impôt :
chose étonnante et digne de fixer les regards de l'histoire ! — Les
comédiens français avaient concédé volontairement certaines redevances
au profit des couvents les plus pauvres de Paris, particulièrement des
capucins. Les cordeliers réclamèrent à leur tour, et l'histoire nous
a conservé une curieuse requête qu'ils adressèrent au Théâtre-Français
le 11 juin 1693 : « Messieurs, les pères cordeliers vous supplient très-
« humblement d'avoir la bonté de les mettre au nombre des pauvres
« religieux à qui vous faites la charité. Il n'est pas de communauté à
« Paris qui en ait plus besoin, eu égard à leur grand nombre et à
« l'extrême pauvreté de leur maison qui, le plus souvent, manque de
« pain. L'honneur qu'ils ont d'être vos voisins leur fait espérer que
« vous leur accorderez l'effet de leurs prières, qu'ils redoubleront envers
« le Seigneur pour la prospérité de votre chère compagnie ». La
comédie fit droit à la requête et accorda aux cordeliers 36 livres par
an, ce qui valait à cette époque plus de 150 fr. de notre monnaie »

on s'est avisé de réfléchir quelque peu et l'on s'est demandé si ce prétendu impôt sur le plaisir ne serait pas tout simplement un impôt sur l'industrie, en d'autres termes, s'il n'était pas supporté, non par le spectateur à qui le plaisir était procuré, mais par l'entrepreneur qui le procurait. On s'est demandé encore si, quand même cet impôt de dix pour cent serait établi, non sur le produit brut, mais sur le produit net des recettes, ce ne serait pas encore un impôt trop lourd. On s'est dit que la loi n'autorisant la déduction d'aucune dépense (1), l'impôt devenait véritablement inique, puisque, comme tout impôt qui a la prétention d'atteindre un bien qui n'existe pas encore, il ressemblait, suivant l'ingénieuse expression de Sismondi, reproduite par J.-B. Say (2), « à une dîme qu'on lèverait sur les semailles au lieu de la lever sur la moisson » ; pis que cela, qui ressemblerait parfois à un prélèvement fait sur des dettes (3), puisqu'il peut arriver et qu'il arrive même souvent, surtout dans l'été, que les frais de la représentation s'élèvent au-dessus du produit de la recette : ce qui fait que, vu l'état peu prospère de la plupart des entreprises théâtrales et la fréquence des ruines de ceux qui se livrent à cette industrie, plusieurs feuilletonnistes du lundi n'ont pas hésité à dire que ce terme de *droit des pauvres* devait être remplacé par celui de *droit sur les pauvres.*

Ne peut-on pas adresser un reproche analogue à la loi de l'an VII ? Sans doute l'impôt sur les successions est un impôt bien assis (4), en ce sens qu'il est perçu à une époque assez voisine du décès qui y donne ouverture pour que ceux des héritiers qui regrettent le défunt soient encore trop affectés de sa perte pour être sensibles à toute autre chose, tant que ne sera pas venu à leur aide ce commencement d'oubli qui est le second linceul des morts ; et pour que ceux de ses héritiers qui ne le regrettent pas, soient encore assez peu habitués à la possession de l'épave qu'ils ont recueillie pour que l'écornement que le fisc lui fait subir soit

(1) Lacan et Paulmier, *Loc. cit.*, p. 173, nº 136.

(2) *Traité d'économie politique*, liv. 3, chap. 9, t. 3, p. 169 de la 5ᵉ édition.

(3) « Lever un impôt sur les dettes d'un homme ne paraît guère moins déraisonnable qu'en lever un sur ses maladies », dit encore de Sismondi, dans ses *Nouveaux principes d'économie politique*, liv. 6, chap. 5, t. 2, p. 200 de l'édition de 1819.

(4) Au point de vue empirique, s'entend ; car au point de vue économique cet impôt est fort mal assis. Dans son *Traité d'économie politique*, t. 3, p. 154, 168 et 169 de la 5ᵉ édition, J.-B. Say classe parmi les meilleurs impôts « ou plutôt les moins mauvais », *ceux qui nuisent le moins à la reproduction*, et il ajoute : « L'on peut dire que tout impôt nuit à la reproduction, en nuisant à l'accumulation des capitaux productifs. Toutefois l'impôt nuit plus directement encore aux capitaux, lorsque, pour le payer, le contribuable doit nécessairement détourner une partie de ceux qui sont déjà voués à la production. Tel est un impôt sur les successions. Un héritier qui entre en possession d'un héritage de 100,000 francs, s'il est obligé de payer au fisc cinq pour cent, ne les prendra pas sur son revenu ordinaire, qui est déjà grevé de l'impôt ordinaire, mais bien sur l'héritage qui sera réduit à 95,000 francs. Or, la fortune du défunt qui primitivement était placée pour 100,000 francs, ne l'étant plus que pour 95,000 par sa succession, le capital de la nation est diminué des 5,000 francs perçus par le fisc ».

patiemment supporté par eux. Mais, si absorbé que l'on soit dans sa douleur ou dans sa joie, on ne l'est pas assez pour ne pas s'apercevoir que lorsqu'on hérite de 100,000 francs, par exemple, grevés de 50,000 francs de dettes, on n'hérite en réalité que de 50,000 francs, et que si les dettes, au lieu d'être de 50,000 francs, sont de 80 ou 90 mille francs. il se trouve que le fisc joue alors le rôle du Perrin Dandin de la fable, ingurgitant les plus belles huîtres de la cloyère, en laissant le reste aux créanciers du défunt, de façon que le lot de ses héritiers soit réduit aux écailles. Mais si la loi est dure, elle n'en est pas moins la loi et, à ce titre, digne de respect, tant qu'elle n'a pas été changée. Aussi ne la rappelons-nous que pour dire que lorsque le fisc est investi d'un droit aussi exhorbitant garanti par une action solidaire contre tous les héritiers (1) et que, de l'aveu d'un homme du métier (2), les droits de mutation sont parvenus « au degré d'une imposition formidable », on ne devrait pas facilement céder à la tentation de « battre monnaie par voie de jurisprudence », suivant l'expression énergique de Valette (3), et se contenter de nourrir l'espoir que l'abus que nous venons de signaler sera maintenu, grâce à son ancienneté (4).

Mais, puisque nous venons de citer un mot de Valette, citons aussi un passage de l'article remarquable dont ce mot est extrait (5).

(1) Art. 32 de la loi du 22 frimaire en VII.

(2) M. Meurin, receveur du dépôt général du timbre à Berlin. Voir la *Revue étrangère de législation*, par Fœlix, t. 1, p. 661.

(3) Même *Revue*, t. 10, p. 248.

(4) C'est là pour beaucoup de financiers une qualité de premier ordre pour un impôt, et nous nous permettrons de reproduire à ce sujet une note du *Mémoire sur quelques questions d'enregistrement* que nous avons publié en 1854. La voici textuellement :
« Nous avons eu pour collègue à l'Assemblée constituante, un brave homme qui avait fait avant cela partie de la Chambre des députés pendant quatorze ans. On l'appelait familièrement d'habitude *le père Deslongrais*. Il était travailleur, doué d'une excellente mémoire, très-fort en calcul et versé plus qu'aucun autre dans les détails de nos finances dont il avait fait une étude spéciale. En sorte que, lorsqu'on voulait s'éviter une recherche de chiffres à la bibliothèque, on avait recours à lui ; c'était une vraie table des matières de tous nos budgets reliée en paletot d'une couleur équivoque et d'une maturité respectable. Cette table était rarement feuilletée sans profit, car non-seulement le père Deslongrais était serviable par habitude et expansif par tempérament, mais le représentant du Calvados avait les qualités du terroir ; sa bonhomie pleine de rondeur n'était pas sans mélange de finesse. Il parlait volontiers, mais il ne disait que ce qu'il ne voulait pas taire. En matière de finance, sa profession de foi celle-ci : « Tous les impôts seraient « mauvais s'ils n'étaient pas nécessaires ; mais ils le sont et, à ce « compte, les meilleurs sont les plus anciens : on y est fait ».
Cette prédilection pour les impôts anciens n'est pas d'ailleurs particulière à Deslongrais. Dans le chapitre XII de son *Traité d'économie politique*, p. 23 et 24, Destutt de Tracy dit : « Les impôts les meilleurs, suivant moi, sont : 1° les plus modérés, parce qu'ils obligent à moins de sacrifices, et par conséquent moins de violences ; 2° les plus variés, parce qu'ils se font équilibre les uns aux autres ; 3° les plus anciens, parce qu'ils ont pénétré dans les prix et que tout s'est arrangé en conséquence ».

(5) Cet article est intitulé : *De la jurisprudence actuelle sur les droits d'enregistrement, et des travaux de MM. Championnière et Rigaud sur la même matière*.

Cela nous servira d'excuse pour les détails dans lesquels nous
sommes déjà entrés et pour ceux dans lesquels nous entrerons ultérieurement.

« Les jurisconsultes de nos jours, dit-il (1), ne s'occupent guère
de la théorie des droits d'enregistrement. A peine en font-ils de
temps en temps une brève mention dans leurs ouvrages, à propos
de quelque arrêt qu'ils ont trouvé sur leur chemin. Plus d'un
légiste célèbre ne se pique même pas d'en connaître les éléments.
En un mot, la combinaison si curieuse du droit commun avec le
droit fiscal semble généralement délaissée et tombée dans le
domaine presque exclusif des arrêtistes et des gens d'affaires. Et
pourtant les matières analogues étaient autrefois le sujet de prédilection des Dumoulin, des d'Argentré, des Ferrière, des Boutaric, des
Pocquet de Livonière, des Guyot, des Henrion de Pansey, des Hervé
et de tant d'autres savants jurisconsultes. Pour appliquer d'une
manière exacte le tarif des lois féodales, ces hommes infatigables
épuisaient toutes les ressources de la science ; ils abordaient de
front les questions les plus larges et s'enfonçaient dans les distinctions les plus épineuses (2). C'est en cherchant ainsi à régulariser
l'application de la loi fiscale qu'on a classé tant de principes, formulé tant de règles qui ont passé dans la doctrine générale, puis
dans la législation écrite, ancienne et moderne, et qui forment
aujourd'hui une bonne partie de notre droit civil (3) ».

Et, après avoir félicité MM. Championnière et Rigaud d'avoir,
dans leur *Traité des droits d'enregistrement*, marché sur les traces de
leurs illustres prédécesseurs, Valette (p. 229) cite ce passage de
l'introduction du tome 5 de leur ouvrage, p. 43 : « Depuis vingt ans
bientôt, nous faisons de cette loi (du 22 frimaire an VII) une étude
exclusive (4). Nous avons achevé de ses dispositions l'examen
le plus complet auquel on puisse se livrer, et nous n'avons pas
rencontré une exception aux règles du droit civil. Nous sommes
fondés à douter qu'on puisse nous en montrer une seule ».

Et Valette ajoute : « Que penserons-nous donc de ces alléga-
tions si souvent mises en avant et avec tant de confiance, dont tant
de gens se sont payés et se payent encore tous les jours ; que *le
droit d'enregistrement est un droit tout spécial, qu'il est dangereux d'y
introduire les principes rigoureux du pur droit civil*, etc.? Je me suis,
comme tant d'autres, laissé prendre à ces espèces de *brocards
fiscaux* ; et c'est pour cela que je tiens beaucoup aujourd'hui à en

(1) *Loc. cit.*, p. 216, 229, 230.

(2) Dans son *Histoire des principes, des institutions et des lois
pendant la révolution française*, p. 407 de la seconde édition, Laferrière fait la même remarque, en ces termes : « Autrefois on disait,
point de bon domaniste où n'est bon feudiste, et nos meilleurs feudistes étaient en même temps les plus grands jurisconsultes de l'école
française ».

(3) « Par exemple, les règles actuelles sur le caractère et les effets de
la saisine, sur les renonciations à succession, sur l'effet des partages
comme déclaratifs de propriété, sur la nature et l'effet des transactions, etc. »

(4) « MM. Championnière et Rigaud n'ont eu besoin de parler que de
la loi de l'art. VII, qui est comme le code de l'enregistrement. Quant
aux lois, décrets et avis postérieurs, ils se bornent notoirement à élever
ou à abaisser certains droits, ou à modifier certaines règles relatives à
la perception »

dire mon avis. Ne vous arrêtez pas, croyez-moi, à ces vagues asser-
tions ; soumettez-les à un examen approfondi, et vous vous con-
vaincrez qu'elles sont basées sur une très-pauvre équivoque. Sans
doute l'enregistrement a ses règles spéciales : chiffres divers du
tarif, modes de recouvrement, procédure, prescription, en un mot,
tout ce qui n'est pas détermination de la nature propre des divers
événements juridiques et de leurs effets. Mais, quant à cette détermination, il ne doit plus être question que du droit commun, tel
que l'ont constitué nos lois civiles, tel qu'il existe dans les écrits
des jurisconsultes et dans la pratique générale. Avec un autre système, il n'y a point de terme aux difficultés et point de ressource
contre l'arbitraire ; car, enfin, si l'on admet que les termes du
droit civil employés dans les lois de l'enregistrement, par exemple,
les mots *vente, échange, société, transaction, obligation, solidarité*, ont
dans ces lois un sens autre que celui du droit ordinaire, où trou-
vera-t-on la fixation de ce sens particulier, de ce sens fiscal ? Ce
n'est certainement pas dans les lois mêmes de l'enregistrement, car
on y chercherait vainement *une seule définition* nouvelle d'une
expression de droit. Dira-t-on que ce doit être dans les décisions
des magistrats ? Mais, d'une part, il serait par trop bizarre que le
législateur, en employant des termes de droit vulgaires et usuels,
eût entendu leur donner non le sens qu'ils avaient toujours eu jusqu'alors, et qui était connu de tout le monde, mais un sens *qui
serait ultérieurement fixé par les tribunaux*. Et, d'autre part, comme les
actes et mutations dénommés dans les lois fiscales y figurent à titre
de *matière imposable*. ne voit-on pas qu'autoriser les magistrats à
en rectifier la nomenclature, à en retoucher le dictionnaire, n'eût
pas été autre chose qu'abandonner à la discrétion des magistrats
l'assiette et la quotité de l'impôt ? Or, est-il possible de croire à un
abandon aussi étrange des principes proclamés depuis 1789 sur la
division des pouvoirs ? »

La cour suprême a-t-elle à cet égard d'autres maximes que celles
professées ici par Valette ? Non, vraiment ; et pour le prouver, il
nous suffit de citer l'arrêt rendu par la chambre civile, présidée
par M. Laborie, sur le rapport de M. Larombière et conformément
aux conclusions de M de Raynal, premier avocat-général, le 6 juillet 1871 (S. 71. 1. 163). Cet arrêt proclame ce principe « que si le
droit spécial de l'enregistrement pose les bases des droits à percevoir et en fixe les quotités, il appartient à l'administration de
rechercher, pour l'application de la loi fiscale, quels sont, *d'après
les règles ordinaires du droit commun*, la nature réelle et le caractère
légal des actes et des contrats qui donnent ouverture à la perception ».

Donc, pour savoir quelles sont les dispositions testamentaires
susceptibles d'être scindées, c'est-à-dire en partie acceptées et en
partie répudiées par celui qu'elles gratifient, c'est au droit commun, ou, en d'autres termes, au code civil qu'il faut recourir.
Mais pour connaître ce qu'a voulu ce code ne faut-il pas interro-
ger la législation qui l'a précédé, afin de voir s'il a entendu soit la
confirmer, soit l'abroger, soit la modifier ? Oui, sans doute (1) ; et c'est

(1) « En France le droit des temps anciens a des rapports si nombreux avec celui des temps modernes, que je ne puis séparer leur
histoire », disait de Savigny, cité par M. Gustave Bressolles dans la
Revue de législation de Wolowski, t. 9, p. 313.

ce qu'a très-bien compris et expliqué M. Eschbach (1). Il dit d'abord du droit romain : « Ce droit, ayant eu force de loi en France jusqu'à la réforme législative introduite à la fin du XVIII⁰ siècle et au commencement du XIX⁰, la plus grande partie des lois civiles qui nous régissent actuellement ont été puisées dans celles de Justinien. Or comment faire comprendre nos lois si l'on ne remonte à la source ? Quel meilleur moyen de les interpréter que de les comparer aux lois romaines dont elles découlent ? « Qu'il me soit « permis de signaler ici une erreur répandue par l'ignorance, et « que la paresse pourrait peut-être accréditer : c'est qu'il suffira « désormais à ceux qui se destinent à l'étude des lois de connaître « le code civil. Nous ne pouvons assez leur répéter qu'à l'exemple « de nos plus grands magistrats et de nos plus célèbres jurisconsultes, ils doivent étudier le droit dans sa source la plus pure, « dans les lois romaines. Ce n'est que dans les recherches et dans « la méditation de ce monument immortel de sagesse et d'équité « que peuvent se former ceux qui aspirent à l'honorable emploi « d'éclairer leurs concitoyens sur leurs intérêts et de prononcer sur « leurs différends (2) ». Plus loin, M. Eschbach dit : « Un très-grand nombre de dispositions de notre droit civil ont une origine purement coutumière ou mélangée de droit coutumier. La coutume de Paris notamment est une des principales sources du code civil. » Dans le nombre de nos coutumes, il en est sans doute qui « portent l'empreinte de notre première barbarie; mais il en est « aussi qui ont formé le caractère national et qui sont dignes des « meilleurs temps. Nous n'avons renoncé qu'à celles dont l'esprit « a disparu devant un autre esprit, dont le texte n'est plus qu'une « source journalière de controverses interminables, et qui répu- « gnent autant à la raison qu'à nos mœurs (3) ». Dès lors la connaissance de ce droit est indispensable pour l'intelligence de l'interprétation de notre code actuel, même dans les questions qui y ont été décidées ». Enfin M. Eschbach dit : « Il est impossible de comprendre notre ancien droit français, si l'on n'est pas familiarisé avec cette organisation féodale qui avait jeté de si profondes racines, surtout dans les provinces septentrionales de la France. Le droit coutumier, appelé avec raison le droit civil de la féodalité, serait une énigme pour celui qui ne connaîtrait, au moins dans ses principaux rouages, le jeu de cette puissante machine politique. Il

(1) *Cours d'introduction générale à l'étude du droit*, §§ 62, 102 et 100, p. 145, 244, 245 et 200 de la seconde édition.
Voir aussi l'*Histoire du droit civil de Rome et du droit français*, par Laferrière, dont l'Introduction est intitulée : *Nécessité de l'histoire du droit romain et de l'ancien droit français, pour l'intelligence et l'explication du droit civil moderne.*

(2) Discours du tribun Gary au Corps législatif, dans la séance du 9 pluviose an XII (30 janvier 1804), t. 8, p. 300 de Locré. — La même pensée a été plusieurs fois exprimée par tous ceux qui ont coopéré à la rédaction du code civil, par exemple, par le conseiller d'État Treilhard, dans la séance du Corps législatif du 19 germinal an XI (9 avril 1803) et par Bigot-Préameneu, dans la séance du Corps législatif du 6 pluviose an XII (27 janvier 1804). — Voir Locré, t. 10, p. 202 et 203, t. 12, p. 313 et 314.

(3) Discours préliminaire du projet de code civil, dans Locré, t. 1, p. 271.

y a même, dans le code civil, tels articles qui resteraient inintelligibles sans la connaissance du droit féodal, par exemple les art. 638, 686, 732, 745, etc. »,

Nous allons donc examiner : 1° Quelles étaient, sur la question en litige, les règles du droit romain ; 2° quelles étaient celles du droit coutumier ; 3° enfin, si, et dans quelle mesure, le code civil s'est écarté ou rapproché de celles-ci ou de celles-là : nous examinerons ensuite quel est l'état de la jurisprudence, et enfin s'il y a, dans l'espèce, des circonstances qui soient de nature à faire rejeter la solution qui, en thèse générale, devrait être admise.

§ II

« Qu'est-ce d'abord, dit Troplong (1), que la famille romaine? A-t-elle pour fondement le sang et la nature? Non. C'est le lien civil de la puissance *(potestas, manus)* qui unit ses membres et maintient leur agrégation. C'est ce lien d'emprunt qui est leur signe de reconnaissance et leur point de ralliement. On n'est pas dans la famille parce qu'on est fils, ou épouse, ou parent, mais parce qu'on est fils en puissance, épouse en puissance, parent par la soumission à une puissance actuellement commune ou qui serait telle si le chef vivait encore (2). En un mot, la famille romaine, création d'un peuple né pour le pouvoir, n'est pas autre chose que l'ensemble des individus reconnaissant la puissance d'un seul chef. Quiconque relève de cette puissance est dans la famille. Quiconque en est affranchi par diminution de tête, fut-il enfant et descendant, n'est pas dans la famille ».

Et quelle puissance que celle du chef de cette agrégation, de ce *paterfamilias* (3)! Droit de vie et de mort sur ses esclaves ; droit de vie et de mort sur ses enfants ; droit de vie et de mort sur sa femme même, du moins lorsqu'elle était *in manu* (4) : telles sont les pré-

(1) *De l'influence du christianisme sur le droit civil des Romains*, p. 20 et 21 de l'édition de 1843, in-8°.

(2) G. Hugo, *Histoire du droit romain*, § 77.

(3) Nous sommes forcé d'employer le terme latin dont notre expression française de « père de famille » ne rendrait nullement l'idée.

(4) Une note de Pothier sur la loi des XII Tables *(Pandect. Justin.*, p. cxvii de l'édition de 1782) montre, qu'avant la découverte des Instilutes de Gaius, il avait deviné que les *justæ nuptiæ* des Romains étaient indépendantes de la *manus* ; mais de savants jurisconsultes tels que Brisson, Pierre Pithou, Antoine Hotman et Gravina, suivis dans cette voie par Gibbon, Terrasson et bien d'autres, ont cru que la confarréation, la cœmption et l'usucapion étaient les trois manières de contracter un mariage solennel chez les Romains, hors desquelles il ne restait plus d'autre union que le concubinat. Deux passages d'Arnobe et de Boëce mal compris et une note de Servius sur Virgile avaient été la cause de cette erreur, comme l'a montré Troplong, dans la *Revue de législation* de Wolowski, t. 21, p. 133 et suiv.

rogatives exhorbitantes de cette puissance. M. Laboulaye (1) en a douté en ce qui concerne la femme, mais Troplong (2) est d'un avis différent et nous croyons que c'est lui qui a raison. Telle était, paraît-il, aussi l'opinion d'un grammairien du V° siècle de notre ère (3) qui assimile la femme placée sous la puissance de son mari par l'un des trois modes autorisés chez les Romains (4) à un esclave volontaire en ces termes : *Coemptione facta, mulier in potestate viri cedit, atque ita sustinet conditionem liberæ servitutis;* assimilation d'autant plus significative qu'à Rome les esclaves étaient considérés comme n'existant pas dans l'ordre civil : *Quod attinet ad jus civile, servi pro nullis habentur,* disait Ulpien (5). Un autre mode de mise *in manu,* plus humiliante pour la femme, caractérisait encore mieux la nature de la puissance que son mari acquérait sur elle, car il l'assimile, non pas même à une personne, si humble que soit sa condition, mais à une chose inanimée. « D'après les Douze-Tables, dit Ortolan (6), les objets mobiliers s'acquéraient par l'usage, c'est-à-dire par la possession d'une année : ce mode d'acquisition *(usucapio)* fut appliqué même à la femme : elle était acquise à son mari et tombait en son pouvoir lorsque depuis le mariage elle avait été possédée par lui pendant une année sans interruption *(velut annua possessione usucapiebatur).* Si elle voulait éviter cette puissance, elle devait, chaque année, pour interrompre l'usucapion, s'éloigner trois nuits de suite du domicile conjugal *(usurpatum ire trinoctio).* Dans tous les mariages où l'on passait une année sans cette interruption, la puissance maritale avait lieu ».

Il était tout naturel, d'ailleurs, qu'on pût vendre une femme qu'on avait soi-même achetée *(coemptione)* ou usucapée, et on cite un illustre exemple de cette pratique qui prouve que les Romains qui se piquaient le plus de sévérité dans leurs mœurs, n'hésitaient pas à l'employer. « Caton, dit Troplong (7), transféra Martia, son épouse, à son ami Hortensius qui la reçut en légitime mariage pour en avoir des enfants ; et Strabon, qui rapporte ce fait, ajoute

---

(1) *Recherches sur la condition civile et politique des femmes*, p. 31 et 32 en note.

(2) *Loc. cit.*, p. 23 et 205.

(3) Servius, sur l'Enéide IV, 103.

(4) Gaius dit, dans ses Institutes, *Comm.* I, § 110 : *Olim tribus modis in manum conveniebant (feminæ) usu, farreo, cœmptione.*

(5) Loi 32 D. *de regulis juris* (L. 17).

(6) *Explication historique des Inst.*, t. 1, p. 228 de la 5° édition.

(7) *Loc. cit.*, p. 206. — Mais le même auteur dit, dans la *Revue de législation*, t. 21, p 154 : « Le mari ne pouvait vendre sa femme, quoiqu'il put vendre son fils, des raisons empruntées à la pudeur publique ont été cause de cette différence, aussi bien que le respect dû à la famille dont la femme était sortie ».

Cette assertion n'est-elle pas en contradiction avec l'exemple que Troplong cite ici ? Il est vrai qu'avant de le citer, il avait dit : « La femme n'était à vrai dire qu'une chose dont le mari avait la propriété ; et s'il ne pouvait la vendre, du moins lui était-il permis non-seulement de s'en séparer par le divorce, mais même de la céder solennellement à l'ami ou au rival qui convoitait sa main ».

Mais cette *cession solennelle*, qu'était-ce autre chose qu'une *vente* ou, si ce terme offusque, qu'une *aliénation ?* donc en tout cas la femme était traitée non comme une personne mais comme une chose.

que Caton ne fit que se conformer à une ancienne coutume, attestée d'ailleurs par Plutarque ». Ce n'était là, du reste, qu'une application particulière à la femme d'un principe commun à tous les *sujets* (le terme est ici à sa place) du *paterfamilias*. « Un chef de famille, dit Ortolan (1), pouvait vendre à un citoyen toutes les personnes soumises à sa puissance, ses esclaves, ses enfants, de quelque sexe qu'ils fussent, même sa femme lorsqu'il l'avait *in manu* ».

Il aurait été étrange que ceux qui se trouvaient ainsi la propriété d'autrui, pussent être eux-mêmes propriétaires; aussi ne le pouvaient-ils pas : *qui in potestate nostra est, nihil suum habere potest,* dit Gaius dans ses Instituts (2). « Par conséquent, dit Ortolan (3), ceux qui étaient *in potestate,* ce qui comprend les fils de famille et les esclaves; ceux qui étaient *in manu,* c'est-à-dire les femmes qui avaient passé sous la main de leur mari ; et ceux qui étaient *in mancipio,* c'est-à-dire les personnes libres soumises au droit de *mancipium,* ne pouvaient rien avoir en leur propriété : aussi disait-on de toutes ces personnes sans établir aucune différence entre elles, que tout ce qu'elles recevaient par mancipation ou par tradition, ce qu'elles stipulaient ou ce qu'elles acquéraient par une cause quelconque, était acquis non pour elles, mais pour le chef de famille. *Acquiritur autem nobis,* dit Ulpien dans ses Règles de droit (4), *etiam per eas personas quas in potestate, manu, mancipiove habemus. Itaque si quid mancipio puta, acceperint, aut traditum eis sit, vel stipulati fuerint, ad nos pertinet ».*

Aussi Justinien avait-il raison de dire dans ses Instituts (5) : *Jus autem potestatis quod in liberos habemus, proprium est civium romanorum; nulli enim alii sunt homines, qui talem in liberis habeant potestatem, quam nos habemus;* et Gaius qui avait dit la même chose avant lui (6), avait-il dit (7) également avec raison de la puissance maritale résultant de l'*in manu : et ipsum jus proprium civium romanorum est.*

Ces *principes familiæ suæ,* comme les appelle Gaius (8), devaient vouloir étendre, même au-delà de leur vie, les effets d'un pouvoir dont ils étaient si fiers. De là ce texte célèbre de la loi des Douze-Tables qui nous a été conservé par Cicéron (9), par l'auteur de l'ouvrage adressé *ad Herennium* (10), par les jurisconsultes Gaius (11),

(1) *Loc. cit.,* p. 220.
(2) *Comm.* II, § 87.
(3) *Loc. cit.,* p. 495 et 496.
(4) Titre XIX, § 18.
(5) *De patria potestate,* L. 1, tit. 9, § 2.
(6) Institut. 1, § 55.
(7) *Loc. cit.,* § 108.
(8) Loi 190, D. de *verborum significatione* (L. 16).
(9) *De inventione,* L. 2, c. 50.
(10) *Rhetorica,* L. 1, c. 13.
L'auteur de cet ouvrage serait Cornificius, d'après Bouchaud, *Commentaire de la loi des Douze-Tables,* t. 1, p. 489 en note ; mais le fait est que rien n'est moins certain. Voir la *Bibliotheca latina* de Fabricius, t. 1, p. 105 et 106 de l'édition de Venise, 1728, in-4o.
(11) Inst. *Comm.* II, § 224.

Ulpien (1), Paul (2), Pomponius (3), et enfin par l'empereur Justinien (4) : *Uti legassit super pecunia tutelave suæ rei, ita jus esto.*
Il y a sur ce texte plusieurs remarques à faire.

Celle-ci d'abord, que de même que la législation décemvirale
assimilait la femme *in manu* à un meuble susceptible d'être acquis
par l'usucapion, de même ici elle assimile l'enfant soumis à la
puissance du père de famille à une chose : il est de même que le
patrimoine du père *sua res*.

Remarquons en second lieu le sens large dans lequel est pris
le mot *pecunia*. Ce n'est pas là d'ailleurs un exemple isolé de
l'extension donnée à ce terme. Ainsi Hermogénien disait (5) :
*Pecuniæ nomine non solum numerata pecunia, sed omnes res tam soli quam
mobiles, et tam corpora quam jura continentur;* et nous voyons, dans
le même titre du Digeste (6), Paul, Celse et Ulpien employer
également ce terme *lato sensu*, à l'exemple de Proculus. Il y a
plus, ce ne serait qu'exceptionnellement, suivant Pothier, que
ce terme de *pecunia* aurait un sens juridique plus restreint :
*Interdum tamen pecuniæ significatio ad numeratam pecuniam restrin-
gitur, ut in senatusconsulto Macedoniano,* dit-il dans ses *Pandectæ
Justinianæ in novum ordinem digestæ* (7). Le mot *pecunia* est aussi
pris dans le sens de richesse de toute espèce par Cicéron (8) et par
Sénèque (9); et ce qui prouve surtout que ce terme avait, en général,
dans le langage usuel une étendue aussi grande que dans la langue
juridique, c'est ce passage de Saint-Augustin (10) : *Quidquid homines
possident in terris, omnia quorum domini sunt, pecunia vocatur : servus
sit, vas, ager, arbor, pecus; quidquid horum est pecunia vocatur.*

Ma troisième observation portera sur le mot *legassit* qu'il ne faut
pas prendre dans son sens restreint ni même y voir l'espèce de
trope que les grammairiens ont appelé « syncdoque de la partie »,
et qui consiste à prendre une partie du tout pour le tout lui-même.
Non, ce terme ne doit pas être pris au figuré mais au propre;
seulement il faut lui donner, non le sens qu'il a eu depuis, mais
le sens qu'il avait à l'époque où les decemvirs s'en servaient. « Le
mot *legassit*, dans sa force primitive, dit Grenier (11), emportait
l'idée d'une loi faite par le testateur. Le mot *legare* répondait à
ceux-ci : *legem dicere, legis modo aliquid præcipere,* et de là était
venue cette maxime : *Dicat testator et erit lex* (12). Ce n'a été que bien

---

(1) *Fragmenta libri regularum singularis,* tit. XI, § 14.

(2) Loi 53, D. *de verborum significatione.*

(3) Loi 120, D. au même titre.

(4) Inst. II, 22, *in pr.;* Novelle XXII, c. 2.

(5) Loi 222, D. *de verborum significatione.*

(6) Lois 4, 88, 97 et 178.

(7) L. 50, tit. 16, § 161, t. 3, p. 678 de l'édition de 1782.

(8) *Topic.* c. 6; *de finibus,* L. 1, c. 17, et *ad Quintum fratrem,*
L. 1, epist. 1.

(9) *De tranquillitate animi,* c. 3.

(10) *De discipl. christ.* 6.

(11) *Discours historique sur l'ancienne législation relative aux donations, testaments et à toutes autres dispositions à titre gratuit,*
sect. 2, § 1.

(12) « C'est absolument dans ce sens que s'explique la Novelle 22,
c. 2, qui rappelle la loi des Douze-Tables ».

longtemps après, que le sens de ce mot *legare* a été restreint à une libéralité particulière ». Du reste le dissentiment entre les anciens auteurs portait sur l'étymologie du mot et non sur le sens qu'il avait dans le texte précité. « Ce mot *legassit*, dit Terrasson (1), est mis pour *legem dixerit* selon quelques commentateurs. D'autres veulent que ce terme *legassit* soit mis pour *legarit;* et que *legarit* vienne du verbe *legare*, qui s'entend non-seulement de toutes les choses léguées par testament, mais aussi des charges testamentaires; en sorte qu'il signifie la même chose que *testari*, *testamento statuere* ou *decernere*. Cette explication me paraît préférable à la première ». De son côté, Bouchaud (2) dit : « *Uti* est mis pour *quocumque modo;* et cette particule donne au testateur le pouvoir le plus étendu de tester. Quant à l'étymologie du mot *legare*, quelques-uns dérivent ce mot *a lege*, en sorte qu'il ne signifie autre chose que statuer sur ses biens, rendre une ordonnance, dicter des lois. D'autres aiment mieux le faire venir *a desinere*, par la raison que *desinat in altero hæredilas*, c'est-à-dire que la succession revient à un autre (3)..... Quoiqu'il en soit, dans la loi décemvirale, *legare* a la signification la plus étendue et renferme toutes les dispositions (4) que fait un testateur pour être observées après sa mort, telles que sont les institutions d'héritiers, les libéralités qu'il fait, les affranchissements qu'il ordonne par son testament. Et dans ce sens, *legatum* est une disposition universelle du testateur : mais pour l'ordinaire ce mot se prend dans un sens plus strict, et désigne une disposition particulière du testament, par lequel le testateur fait une libéralité, qui diffère de l'institution d'héritier ».

Mais entre cette « disposition particulière » et « l'institution d'héritier », il y a connexité en ce sens que le sort de celle-là dépend du sort de celle-ci. L'institution d'héritier est, en effet, la clef de voûte du testament ou, pour mieux dire, la pierre angulaire de tout l'édifice, ou enfin si l'on nous permet d'employer une expression vulgaire mais énergique, sans cette institution le testament n'est plus qu'un corps sans âme dont la décomposition s'opère immédiatement.

En ce qui concerne les legs spécialement, ce résultat n'est pas difficile à expliquer. Qu'est-ce qu'un legs en droit romain ? Justinien (5) répond : *Legatum est donatio quædam a defuncto relicta ab herede præstanda*. Donc pas d'héritier, pas de débiteur et, par conséquent, pas de legs. Et quand nous disons pas d'héritier, nous entendons pas d'héritier institué, car comme le remarque Ducaurroy (6), « il n'y a point de legs *ab intestat* », et c'est ce que dit, d'ailleurs, Justinien lui-même (7) en ces termes : *Legata nisi ex testamento non valent*. Or, sans institution d'héritier pas de

(1) *Histoire de la jurisprudence romaine*, p. 119 de l'édition de 1750.

(2) *Loc. cit.*, p. 488 et 489.

(3) Voy. Paul Merula *de legibus romanor.* C. 12, p. 140.

(4) Cicéron, *pro Cæcina*, c. 4; Perse, *Satyra* VI, v. 66; Quintilien, *Instit. orator.* L. 5, c. 14; et la loi 120 au Digeste *de verbor. signif.*

(5) Instit. *de legatis*, § 1 (II, 20).

(6) *Institutes de Justinien nouvellement expliquées*, t. 2, n° 686, p. 170 de l'édition de 1833.

(7) Instit. *de fideicom. heredit.*, § 10 (II, 23). Voyez aussi les Institutes de Gaius, *Comm.*, II, § 270.

testament. *Ante omnia requirendum est, an institutio heredis solemni more facta sit*, du Gaius (1). « Suivant les règles de droit ancien, dit Furgole (2), les dispositions testamentaires dépendaient tellement de l'institution d'héritier, qu'il était nécessaire de commencer le testament par l'institution d'héritier, en sorte que les legs et autres dispositions qui étaient écrites avant l'institution étaient nulles et inutiles, *ante heredis institutionem inutiliter antea legabatur* (Instit. § 34 *de legatis*), ou selon les expressions d'Ulpien dans ses fragments (Tit. 24 *de legatis*, § 15), *ante heredis institutionem legari non potest, quoniam et potestatas testamenti ab heredis institutione incipit* ; cependant il était permis de faire des legs *inter medias heredum institutiones*, comme nous l'apprend le jurisconsulte Paul *(Sentent. L. 3, tit. 6, § 2)* ». Et si les Institutes de Gaius avaient été connues du temps de Furgole, il n'aurait pas manqué d'en citer ce passage (3) : *Ante heredis institutionem inutiliter legatur, scillicet quia testamenta vim ex institutione heredis accipiunt, et ob id velut caput et fundamentum intelligitur totius testamenti heredis institutio.*

Cet état de choses ne fut changé qu'en 528 par Justinien (4), c'est-à-dire en suivant la chronologie de Blair l'an 1280 à partir de la fondation de Rome et 977 ans après la promulgation de la loi des Douze-Tables ; mais Justinien se borna à laisser toute latitude au testateur quant à la place qu'occuperait l'institution d'héritier dans son testament ; de manière que depuis cette modification comme avant, cette institution fut indispensable pour la validité du testament, et il en était de même chez nous dans les pays de droit écrit.

« L'institution d'héritier dans les testaments, dit Serres (5), est requise dans les pays de droit écrit pour leur validité, en sorte que les testaments y prennent leur force de l'institution héréditaire qui est regardé *tanquam caput et fundamentum totius testamenti (§ 34, infra, de legatis)* et qu'un testament y devient nul et de nul effet, *in quo nemo heres instituitur (§ 2, infra, de fideicom. hered.)* ». Mais, de même que chez les Romains depuis Justinien, peu importait la place où cette institution était écrite dans le testament, comme l'a jugé un arrêt de la grand'chambre du parlement de Toulouse le 24 juillet 1728 (6).

« L'ordonnance de 1735, dit Furgole (7), n'a rien changé à la disposition du droit romain touchant la nécessité d'une institution d'héritier dans le testament par rapport au pays du droit écrit ; elle l'a au contraire confirmée par l'art. 50 ; ainsi un testament qui ne contiendrait point d'institution d'héritier, serait absolu-

(1) *Loc. cit.*, § 116.

(2) *Traité des testaments*, ch. 8, n° 36, t. 2, p. 517 de l'édition de 1779.

(3) *Comm.* 11, § 229.

(4) Loi 24, C. *de testamentis et quemadmodum testamenta ordinantur* (VI, 23).

(5) *Les Institutions du droit français suivant l'ordre de celles de Justinien*, p. 254 de l'édition de Paris.

(6) Cité par Serres, *ibid.*, p. 243 et 344.

(7) *Loc. cit.*, chap. 8, n° 33, p. 517.

ment nul et inutile pour toutes les dispositions qu'il renfermerait, *quand même il y aurait des legs universels* ».

Tous les commentateurs de l'ordonnance de 1735 sont d'accord sur ce point avec Furgole. Ainsi Aymar dit (1) : « Dans les pays qui se régissent par le droit écrit, l'institution d'héritier est essentiellement nécessaire pour la validité du testament » ; et Sallé (2) dit à son tour : « L'institution d'héritier est la base de tout testament en pays de droit écrit ». Quant à Rousseaud de Lacombe (3), il dit : « Par une règle générale de la France, le mort saisit le vif ; ce qui a lieu tant par rapport aux héritiers *ab intestat* qu'à l'égard des héritiers institués dans les pays de droit écrit » ; et nous verrons dans le paragraphe suivant qu'eu égard à la pratique Rousseaud de Lacombe n'a pas tort d'appliquer à ces derniers pays une maxime du droit coutumier (4), complétement étrangère au droit romain, et qui dérivait d'un ordre d'idées tout différent.

« En droit romain, dit M. Simonnet (5), la succession au point de vue des biens qui la composent, est essentiellement un droit universel : *Nihil est aliud hereditas quam successio in universum jus quod defunctus habuit* (6).

« Déférée *ab intestat* ou par testament, elle a le même caractère.

« A. *Homogénéité du patrimoine.* — Aucune partie du patrimoine ne peut rester en dehors de la vocation héréditaire : on ne distingue ni l'origine ni la nature des biens qui le composent ; il n'y a pas deux ordres de succession dans une même hérédité : *Qui totam hereditatem adire potest, is pro parte eam scindendo adire non potest* (7). Le testateur lui-même ne peut changer ce caractère : ses dispositions doivent embrasser toute l'hérédité ; l'interprétation légale supplée à la lettre d'un testament qui contient une répartition incomplète, irrégulière ou excessive. Tout héritier qui succède

(1) *Explication de l'ordonnance de Louis XV concernant les testaments*, p. 185 de l'édition de 1744.

(2) *L'Esprit des ordonnances de Louis XV*, p. 197 de l'édition de 1759, in-4°, ou t. 1, p. 391 de l'édition de 1774, in-12.

(3) *Commentaire sur les nouvelles ordonnances*, p. 160 de l'édition de 1753.

(4) *Le mort saisit le vif.* Dans son ouvrage intitulé : *Histoire et théorie de la saisine héréditaire*, p. 60, M. Simonnet dit que cette maxime est née des conflits entre le droit coutumier et le droit féodal. « C'est de plus, ajoute-t-il, une formule purement française, car les jurisconsultes étrangers la cotoyèrent de très-près sans jamais la rencontrer. Si l'on se demande à quelle époque cette fameuse maxime est entrée dans les monuments écrits, il faut reconnaître qu'on ne la rencontre pas avant la première moitié du XIII° siècle. Cependant un texte du XII° siècle suppose déjà que le fond que le fond était usitée : *Si quis pater mortuus fuerit, et filium vel filiam hereditandam reliquerit, usque ad quindecim ætatis annos nec causam prosequantur, nec judicium subeant, sed sub tutoribus et actoribus sint in parentum legitima custodia* SAISITI, *sicut pater eorum fuit in die mortis et vitæ suæ* ». Ce texte est tiré d'une loi du roi Henri, de l'an 1101, et se trouve dans l'*Appendix ad leges in Anglia conditas*, vol. 4 du recueil de Canciani intitulé : *Barbarorum leges antiquæ*.

(5) *Loc. cit.*, p. 12 et 13.—Cet ouvrage a été couronné par la Faculté de droit de Paris le 10 août 1850.

(6) Gaius, l. 24, D. *de verb. signif.* (L, 16).

(7) Paul, l. 1, D. *de adquir. vel omit. hered.* (XXIX, 2).

au défunt recueille non-seulement la portion qui lui est assignée,
mais encore toutes celles qui peuvent s'y trouver réunies à son
insu ou même malgré lui, par la répudiation de ses cohéritiers,
son titre étant nécessairement universel.

« B. *Unité, indivisibilité du titre.* — L'hérédité testamentaire et
l'hérédité légitime s'excluaient réciproquement. Tant que l'hérédité testamentaire était ouverte et possible, l'hérédité légitime
ab intestat était inadmissible. A défaut de testament, la succession *ab intestat* était ouverte, et toute l'hérédité légitime était
déférée aux héritiers de la loi ; ils ne tenaient rien de la volonté du
défunt ; ce dernier ne pouvait rien distraire de l'universalité du
patrimoine : *Jus nostrum non patetur eumdem in paganis* (1) *et
testato et intestato decessisse; earumque rerum naturaliter inter se
pugna est, testatus et intestatus* (2).

« C. *Unité, permanence du titre.* — Le testateur ne peut se
donner un héritier pour un temps déterminé, et laisser s'ouvrir
pour un autre temps la succession *ab intestat: non potest efficere
ut qui semel heres extitit desinat heres esse* (3). Aussi ne pouvait-il
instituer *ex certo tempore* ou *ad certum tempus;* une pareille disposition eût été exécutée comme pure et simple ».

Mais si ces règles étaient communes aux deux espèces d'hérédité,
leur application n'était pas aussi fréquente pour l'une d'elles que
pour l'autre.

« La loi des Douze-Tables, dit Bouchaud (4), traita de la succession testamentaire avant de parler de la succession *ab intestat* ou
légitime : c'est ce que nous ne pouvons révoquer en doute, tant à
cause de l'ordre naturel des successions, suivant lequel les légitimes
ne sont déférées qu'au défaut de testament, qu'à cause du témoignage
formel du jurisconsulte Ulpien (5). » Mais ce n'est pas seulement dans
la loi des Douze-Tables qu'on met ainsi les successions testamentaires
en premier ordre, la même place leur est également assignée dans le
code Théodosien, dans le Code, le Digeste et les Institutes de Justinien. Telle était aussi la place qu'elles avaient dans l'édit perpétuel
d'Adrien, dont l'ordre fut adopté par les auteurs du Digeste (6) ; et
il n'est pas jusqu'aux Novelles qui, malgré leur désordre et leur
incohérence (7), ne tiennent compte de cette priorité des successions testamentaires. Ainsi, dans la division qui en a été faite vers
le milieu du XIIe siècle, en neuf *collations* ou parties (8), c'est
dans la première qu'il est traité des successions testamentaires,

(1) Il en était autrement en effet pour le testament militaire. Voir
loi 5 et loi 17, § 1, D. *de testam. milit.* (XXIX, 1) et loi 1 C. au même
titre (VI 21).

(2) Pomponius, l. 7, D. *de reg. juris* (L, 17).

(3) Gaius, l. 88, D. *de hered. instituendis* (XXVIII, 5).

(4) *Loc. cit.*, p. 487.

(5) Loi 1, D. *Si tabulæ testam. nullæ extab.* (XXXVIII, 6).

(6) *Histoire du droit romain* par Berriat-Saint-Prix, p. 104.
Ulpien, dit, d'ailleurs, dans le texte précité : *Prætor cum ordinem
seculus quem et lex XII Tabularum secuta est ; fuit enim ordina-
rium, ante de judiciis testantium, dein sic de successione ab intestato loqui.*

(7) Berriat-Saint-Prix, *Loc. cit.*, p. 183.

(8) *Idem, ibid.*, p. 186.

et, dans la neuvième, des successions *ab intestat*. La première Novelle a pour rubrique : *de heredibus et Falcidia*, et la 118e : *de heredibus ab intestato venientibus*. Enfin dans les écrits des jurisconsultes romains qui sont parvenus jusqu'à nous, en sus des fragments qu'en a tiré le Digeste, le même ordre est adopté, et ils ne s'occupent des successions *ab intestat* qu'après avoir parlé des successions testamentaires. Ainsi font Gaius dans ses Instituts, Ulpien dans ses Règles de droit, Paul dans ses Sentences. Et, en cela, les législateurs et les jurisconsultes ne faisaient que se conformer à la tournure d'idées et aux préférences de leurs concitoyens. « En effet, dit M. Demolombe (1), d'après leurs mœurs et leurs idées particulières, les Romains considéraient qu'il y avait une sorte de déshonneur à mourir *intestatus* ».

De là, cette invention de l'*heres necessarius* : le Romain aimait mieux encore n'avoir pour héritier institué qu'un esclave que de n'avoir pas d'héritier institué du tout (2) ; et, dernier trait non moins caractéristique, la flétrissure légale que l'insolvabilité du testateur produisait (3), atteignait, malgré l'opinion contraire de Sabinus, comme Gaius nous l'apprend (4), non celui qui avait fait les dettes, mais celui qui était chargé de les payer.

De là, l'empressement à faire disparaître tous les obstacles qui auraient empêché le testament de sortir effet, si l'on n'avait pas considéré la volonté du testateur de ne pas mourir *intestat* comme son vœu suprême qu'il fallait exaucer, sans tenir compte des autres conditions de sa volonté, considérées comme secondaires. Ainsi Ulpien dit (5) : *Sub impossibili conditione vel alio mendo factam institutionem placet non vitiari*. Ainsi Paul dit (6) : *Conditiones contra leges et decreta principum vel bonos mores adscriptæ nullius sunt momenti*. Ainsi enfin Marcien dit de ces mêmes conditions (7) : *Pro non scriptis habentur, et perinde, ac si conditio hereditati adjecta non esset, capitur hereditas*.

De là, la loi Furia dite *testamentaria* dont Gaius (II, § 225) nous fait connaître à la fois les dispositions et l'insuffisance en ces termes : *Qua, exceptis personis quibusdam, ceteris plus mille assibus legatorum nomine mortisve causa capere permissum est. Sed et hæc lex non perficit quod voluit. Qui enim verbi gratia quinque millium æris patrimonium habebat, poterat quinque hominibus singulis millenos asses legando totum patrimonium erogare*.

De là encore, la loi Voconia dont Gaius (8) nous fait connaître également les prescriptions et les vices, en ces termes : *Qua cautum*

(1) T. 13 (1 du *Traité des successions*), n° 80. Voir également Marcadé, sur l'art. 900 du code civil, t. 3, n° 481, p. 381 de la 5e édition.

(2) Instit., § 1, *de heredum qualit. et differentia* (II, 19).

(3) Voir Ortolan, *Loc. cit.*, t 1, p. 622 et 623.

(4) Il nous dit (II, § 154) que cet expédient était employé *ut ignominia, quæ accedit ex venditione bonorum, hunc potius heredem quam ipsum testatorem contingat ; quamquam apud Fufidium Sabino placeat, eximendum eum esse ignominia, quia non suo vitio se necessitate juris bonorum venditionem pateretur. Sed alio jure utimur*

(5) Loi 1, D. *de condition. institut.* (XXVIII, 7).

(6) Sentent. L. 3, tit. 4 (b), *de institutione heredum*.

(7) Loi 14, D. *de condition. institut.*

(8) *Loc. cit.*, § 226.

est, ne cui plus legatorum nomine mortisve causa capere liceret, quam heredes caperent : ex qua lege plane quidem aliquid utique heredes habere videbantur, sed tamen fere vitium simile nascebatur; nam in multas legatoriorum personas distributo patrimonio, poterat adeo heredi minimum relinquere testator, ut non expediret heredi hujus lucri gratia totius hereditatis onera sustinere.

De là enfin, la loi qui fut rendue, l'an 714 de Rome, sous le consulat de Calvinus et de Pollion, sur la proposition du tribun Falcidius, et dont Justinien (1) nous explique la cause et l'objet en ces termes (2) : *Cum enim olim lege duodecim tabularum libera erat legandi potestas, ut liceret vel totum patrimonium legatis erogare..... visum est hanc legandi licentiam coarctare. Idque ipsorum testatorum gratia provisum est, ob id quod plerumque intestati moriebantur, recusantibus scriptis heredibus pro nullo aut minimo lucro hereditates adire. Et cum super hoc tam lex Furia quam lex Voconia latæ sunt, quarum neutra sufficiens ad rei consummationem videbatur, novissime lata est lex Falcidia, qua cavetur ne plus legare liceat quam dodrantem totorum bonorum ; id est, ut sive unus heres institutus sit sive plures, apud eum eosve pars quarta remaneret.* Et si cette loi était surtout dictée par l'intérêt du testateur, ainsi que le dit Justinien, elle avait également pour résultat, comme l'explique Ricard (3), de favoriser les légataires, puisqu'elle a été faite « afin que l'héritier, attiré par cet avantage que la loi lui donne, se porte à accepter l'institution qui a été faite de sa personne, cessant quoi tout le testament resterait sans effet ».

Cette connexité du testament et de l'institution d'héritier, cette subordination de la vie de l'un à celle de l'autre, voilà ce qui frappe tous ceux qui étudient le caractère de la succession testamentaire chez les Romains, de même que l'unité, l'indivisibilité et l'universalité du titre de l'héritier institué, bien qu'en concours avec d'autres héritiers testamentaires, et abstraction faite de l'importance de l'émolument qu'il recueille ou qu'il est appelé à recueillir.

Ainsi Vinnius (4) dit : *Quando unus tantum heres scriptus est, licet ex certa parte hereditatis, puta triente, semisse, vel etiam minima, is perinde ac si ex toto esse institutus esset, omnium bonorum hereditatem consequitur.*

« Dans tous les cas, dit Ducaurroy (5), quel que soit le nombre des institués, ils sont tous appelés à toute l'hérédité, pour la recueillir entière, soit concurremment, soit l'un à défaut de l'autre. Le droit civil ne permet pas au testateur de mourir partie *testat*, partie *intestat* (6) ; et, par conséquent, aucune portion de l'hérédité ne peut être déférée à d'autres héritiers que les institués, mais le testateur peut établir entre ces derniers tel partage que bon lui semble ».

(1) Instit. *de lege Falcidia* (II, 22) *in princ.*

(2) Voir aussi Gaius, *Loc. cit.*, § 224 et § 227, et Ulpien, *in libro Regul.*, tit. 24, § 32.

(3) *Traité des donations entre-vifs et testamentaires*, t. 1, p. 709 de l'édition de 1783.

(4) *In quatuor libros Institutionum imperalium commentarius*, L. 2, tit. 14, n° 2, p. 332 de l'édition de 1659.

(5) *Loc. cit.*, t. 2, n° 592, p. 65.

(6) Instit., § 5, *de hered. instit.* (XIV, 2).

De même, Ortolan dit (1) : « Le principe général qui doit dominer ici la matière, c'est que, sauf les privilèges militaires, le testateur ne peut pas mourir partie testat, partie intestat. L'institution de ses héritiers, soit qu'il en nomme un seul, soit qu'il en nomme plusieurs, doit donc comprendre forcément toute son hérédité ; aucune partie ne peut rester en dehors. A un tel point que, si le testateur instituant, par exemple, un seul héritier, ne l'a institué que pour une partie de sa succession, pour un tiers, pour un quart ou pour un objet déterminé, pour tel fonds de terre, l'institution vaudra pour toute l'hérédité, abstraction faite de ces désignations particulières qui seront non-avenues : *Si ex fundo fuisset aliquis solus institutus; valet institutio, detracta fundi mentione* (2) ».

Enfin, Grenier dit (3) : « Une chose essentielle qu'il faut remarquer, c'est que, dans tous les temps, l'institution d'héritier a été absolument nécessaire pour la validité du testament ; elle en était le fondement.... De là vient ce grand principe dans le droit romain, qu'on ne pouvait mourir comme ayant fait une disposition testamentaire d'une partie de ses biens, et n'en ayant point fait pour le surplus ; ce que les lois romaines rendaient par ces termes : *partim testatus, partim intestatus.* On ne pouvait être héritier que par la loi ou par un testament, et on ne pouvait l'être en vertu de l'un et de l'autre tout à la fois ; ce qui produisit cette conséquence, que l'institution d'héritier pour une partie de la succession, quelque modique qu'elle fut, avait l'effet d'attribuer le tout à l'héritier testamentaire (4) ».

Tout ce qui précède est résumé dans la définition que donne Pothier (5) de l'héritier testamentaire : *Est autem heres successor in universum jus quod defunctus habuit. Heredis vero institutio est, solennis ejus quam nobis heredem volumus designatio.* En d'autres termes, l'héritier testamentaire « représente la personne du défunt et prend sa place », comme dit Furgole (6), ou il est, comme le dit Ortolan (7), la *continuation de la personne juridique* du défunt. De son côté, M. Simonnet (8) part de cette idée que « la personne civile du *paterfamilias* ne pouvait rester vacante ». Mais il se demande alors : « Comment la personne du défunt était-elle conti-

(1) *Loc. cit.*, n° 1, p. 579 et 580.

(2) Ulpien, Loi 1, § 4, D. *de hered. instit.* (XXVIII, 5).

« Ce texte, ajoute en note Ortolan, porte *solus institutus*, parce que s'il y avait d'autres héritiers institués en termes généraux, le motif dont nous venons de parler n'existant plus, ceux-là seuls seraient héritiers ; et celui ou ceux qui auraient été institués pour un fonds ou pour tout autre objet déterminé, seraient simplement légataires de ce fonds ou de cet objet : le mot *institués*, dont se serait servi le testateur à leur égard, n'étant, dans ce cas, qu'une expression impropre ».

(3) *Discours historique sur l'ancienne législation* précité, sect. 2, § 1, *du testament dans les principes du droit romain.*

(4) Voyez Heineccius, *Elementa juris civilis secundum ordinem Pandectarum*, L. 28, tit. 1, § 2.

(5) *Pandectæ Justinianeæ*, L. 28, tit. 5, t. 2, p. 105 de l'édition précitée.

(6) *Traité des testaments*, chap. 10, sect. 3, n° 1, t. 3, p. 291 de l'édition précitée.

(7) *Loc. cit.*, t. 1, p. 572 et 695.

(8) *Loc. cit.*, p. 16 et 17.

nude dans l'intervalle qui séparait l'instant de la mort : 1o De l'instant où l'événement de la condition suspensive ouvrait la succession au profit de l'institué sous condition (car dans cet intervalle l'hérédité n'était déférée à personne) ; 2o de celui de l'adition d'hérédité par l'institué pur et simple, ou par l'*heres extraneus* (1) *ab intestat;* 3o de l'instant où il devient certain que le défunt n'aura point d'héritier testamentaire, l'hérédité se trouvant alors déférée *ab intestat,* soit à un *extraneus,* soit à un *suus heres* qui l'acquiert de plein droit ? — Dans ces divers intervalles de temps, on dit que l'hérédité est *jacente.* Il fallut donc admettre une fiction, au moyen de laquelle on pût reconnaître à l'hérédité une personnalité capable d'acquérir des droits : *Hereditas personæ vice fungitur, sicuti municipium, et decuria, et societas* (2). On admit qu'elle continuait la personne du défunt et non celle de l'héritier qui n'a pas fait adition : *Nondum enim adita hereditas personæ vicem sustinet, non heredis futuri, sed defuncti* (3). — Mais si l'on se place au point de vue de l'héritier, on reconnaîtra que, l'adition une fois faite, il est censé avoir succédé à son auteur au moment de la mort, de sorte que le patrimoine a changé de maître sans intervalle ». Et comme preuve, M. Simonnet cite ce texte de Florentin (4) : *Heres quandoque adeundo hereditatem, jam tunc a morte successisse defuncto intelligitur;* ce texte de Paul (5) : *Omnis hereditas, quamvis postea adeatur, tamen cum tempore mortis continuatur,* et ce texte de Celse (6) : *Omnia fere jura heredum perinde habentur ac si continuo sub tempus mortis heredes extitissent.*

Mais cette adition d'hérédité, qui a un effet rétroactif (7), peut-elle être partielle ? Furgole (8) répond : « L'adition doit être faite purement, et sans être compliquée d'aucune condition expresse, car l'apposition d'une condition la rendrait nulle : *Sed et si quis ita dixerit, si solvendo hereditas est, adeo hereditatem, nulla aditio est* (9)... L'adition est encore censée nulle et comme non-avenue lorsqu'elle est bornée à une portion moindre que celle en laquelle on est héritier, comme si l'on est institué en la moitié et qu'on accepte pour le quart : *Respondit, magis nihil actum esse, quemadmodum ex semisse scriptus heres, ex quadrante per errorem adiit hereditatem* (10) ».

(1) « La qualité de *suus heres et necessarius,* avait dit avant cela M. Simonnet (p. 15), donnait des droits plus immédiats à l'hérédité. Le fils de famille qui se trouvait dans ces conditions, se trouvait héritier instantanément au moment du décès de son auteur, quelle que fut sa volonté à cet égard. Il acquérait ainsi l'hérédité immédiatement avec toutes ses conséquences. Le principe était inflexible ; le droit prétorien y apporta seulement quelques tempéraments ».

(2) Florentin, L. 22, D. *de fidejus, et mandat.* (XLVI, 1).

(3) Instit. L. 2, tit, 14, § 2.

(4) Loi 54, D. *de adquir. vel omitt. hereditate* (XXIX, 2).

(5) Loi 138, D. *de regulis juris* (L. 17).

(6) Loi 193, au même titre.

(7) Constaté également par Furgole dans son *Traité des testaments,* chap. 10, section 1, no 158, t. 3, p. 205 de l'édition précitée.

(8) *Loc. cit.,* no 90, p. 174 et 175.

(9) Loi 51, § 2, D. *de adquid. vel omitt. hereditate.*

(10) Loi 75, D. au même titre.

Et, plus loin (1), après avoir parlé de trois conditions nécessaires pour que la répudiation d'une hérédité soit valable. Furgole ajoute : « Il y a une quatrième condition qui consiste en ce que la répudiation ne doit être scindée, et que celui qui est héritier pour le tout ne peut pas répudier une partie et retenir l'autre ; de même celui qui est institué en une ou plusieurs portions distinctes par des clauses séparées, ne peut pas retenir une de ces portions et répudier les autres, *aut totam agnoscat, aut a tota recedat*, comme s'explique la loi 55, D. *de adquir. hered.*, la loi 20, C. *de jure deliber.* et Cujas sur la loi 1, C. *de pactis.* On doit appliquer, à cet égard, à la répudiation, ce que nous avons dit dans la section précédente au sujet de l'adition, qui ne peut pas être faite pour partie de l'hérédité qui est déférée à la même personne ».

Or, voici ce qu'avait dit Furgole dans le passage auquel il renvoie (2) :

« Lorsque l'héritier accepte une partie, et répudie l'autre partie, doit-il être réputé héritier pour le tout, ou bien son acceptation est-elle nulle et inefficace ? Les docteurs cités par Grassus, liv. 2, article *acquisitio hereditatis*, qu. 16, n° 9, décident que l'acceptation d'une partie rend héritier pour toutes les autres parties qui sont déférées, et que celles qui sont répudiées doivent lui appartenir par droit d'accroissement : ils se fondent sur la loi *si ex asse*, 10, et la loi *si solus*, 80, D. *de adquir. hered* ; mais cette opinion me paraît contraire aux véritables règles. Il est vrai, comme nous venons de le remarquer, que, quand l'héritier a accepté la portion qui lui est déférée, si d'autres portions viennent à vaquer, elles doivent accroître à la portion acceptée ; il est encore vrai qu'un héritier qui fait des actes d'héritier en touchant à la plus petite partie de l'hérédité, devient héritier irrévocablement pour les portions qui lui sont déférées ; mais l'héritier institué pour le tout par une seule disposition, ou qui serait institué en plusieurs portions distinctes, qui n'accepterait qu'une portion, et répudierait les autres, ne ferait pas une acceptation valable, et il ne pourrait pas être considéré comme héritier. Cela est ainsi clairement décidé par la loi *ex semisse*, 75, D. *de adquir. hered.*, où il est dit que celui qui est institué en la moitié, n'acceptant que pour le quart, ne fait rien, *magis est nihil actum esse*: les raisons sont : 1° que celui qui est institué en une ou plusieurs portions, ne peut pas accepter les unes et répudier les autres ; 2° que l'adition est un acte légitime qui est nul et invalide toutes les fois qu'on y appose quelque condition expresse ou modification ; 3° qu'on ne peut devenir héritier que par la volonté et l'intention que l'on démontre ; en sorte que celui qui ne veut être héritier que pour une portion, ne témoignant cette volonté que pour la portion qu'il veut accepter, ne pourra, à la rigueur, devenir héritier que pour la portion acceptée, non pour les autres qu'il répudie ; et sa volonté ne pouvant pas être divisée, son acceptation doit nécessairement être inefficace, parce que son acceptation est indivisible ; qu'ainsi, ne pouvant valoir pour partie, elle ne vaut pour rien, l. 1, D. *de adquir. hered.* Lorsqu'après qu'une portion a été acceptée, quelqu'autre portion vient à vaquer, il est vrai qu'elle accroît ; mais on laisse à l'héri-

(1) Même chapitre, sect. 2, n° 24, p. 228.

(2) N° 153, p. 202 et 203.

tier la faculté de renoncer même à la portion acceptée, l. 55, D. *de adquir. hered.*, tant il est vrai qu'un héritier ne peut pas être oblige au-delà de la volonté qu'il a témoignée ; qu'ainsi il n'est pas vrai que celui qui accepte une portion, et répudie les autres, devienne héritier pour le tout : il est certain, au contraire, que, par une telle acceptation, il n'acquiert rien, et ne contracte aucune obligation. On ne peut pas être induit à penser le contraire, sous prétexte que la loi *si solus*, 80, § 1, D. *de adquir. hered.*, dit que celui qui est institué en plusieurs portions distinctes, *aliis mixtus heredibus*, et acceptant une de ces portions, les acquiert toutes ; car, cela est vrai, lorsqu'il ne paraît pas d'une volonté contraire de l'héritier qui témoigne, en acceptant, qu'il ne veut qu'une portion, et répudie les autres ; mais quand il montre une volonté précise qu'il ne veut accepter qu'une portion, et qu'il renonce aux autres, sa volonté ne pouvant pas être divisée, il ne peut rien acquérir, parce que l'acceptation est indivisible : ainsi ne valant pas pour les portions répudiées, elle est inutile pour la portion acceptée ; et ce n'est pas le cas du droit d'accroissement imaginé par les auteurs qui soutiennent l'opinion contraire. Les mêmes raisons servent de réponse à la loi *ex asse*, 10, D. *eod.*, qui dit que celui qui a intention de se porter pour héritier en partie tandis qu'il est héritier pour le tout, *videtur in assem pro herede gessisse;* car autre chose est se destiner pour recueillir une portion, autre chose est vouloir se rendre héritier pour partie, et ne pas vouloir l'être pour le sur-plus ; au premier cas, il n'y a pas une volonté contraire qui fasse obstacle à l'adition de l'entière hérédité ; au lieu qu'au second cas, la volonté expresse de ne prendre qu'une partie annule l'adi-tion, parce que celui qui peut acquérir toute l'hérédité ne peut pas diviser son acceptation, et faire une adition pour une partie, l. 1, D. *de adquit. hereditate* ».

Mais, cette règle, Furgole ne l'applique qu'aux institutions d'hé-ritiers, et c'est la règle inverse qu'il adopte quant aux legs.

« Le légataire, dit-il (1), ne peut pas répudier une partie du même legs et en accepter l'autre partie : *legatarius pro parte acqui-rere, pro parte repudiare legatum non potest,* l. 38, D. *de leg.* 1°, l. 4, D. *de leg.* 2°. Mais en acceptant le legs pour partie, il l'acquiert en entier, l. 58, D. *de leg.* 2° : *Si cui res legata fuerit, et omnino aliqua ex parte voluerit suam esse, totam acquirit :* Et cela a lieu non-seulement lorsque le legs est d'une seule chose, mais encore lorsque plusieurs choses sont renfermées dans un seul et même legs qui est fait d'une universalité de corps, comme d'un troupeau, d'un pécule, des meubles et autres semblables, l. *grege*, 6, D. *de legat.* 2° ».

Sur ce dernier point, Merlin est en désaccord avec Furgole. Après avoir cité (2) le texte de la loi 38, D. *de legat.* 1°, il pour-suit ainsi : « Mais l'acceptation partielle est-elle absolument nulle, ou s'étend-elle à la totalité du legs ? Ou, en d'autres termes, le léga-taire qui a limité expressément son acceptation à une partie acquiert-il le legs en entier, ou doit-il être regardé comme n'ayant rien accepté ? — La loi 75, D. *de acquirenda hereditate* dit que, si l'héritier institué dans la moitié, déclare n'accepter que pour un

(1) *Loc. cit.*, chap. 10, sect. 2, n° 41, t. 3, p. 246.
(2) *Répertoire*, V° *Légataire*, § 4, n° 5.

quart, il est censé ne rien faire, *magis est nihil actum esse* ; et il semblerait qu'il dût en être de même par rapport aux acceptations de legs. Cependant la loi 58, D. *de legatis* 2° paraît décider le contraire : *Si cui res legata fuerit*, dit-elle, *et omnino aliqua ex parte voluerit, suam esse totam acquirit*. Pourquoi donc cette différence entre l'acceptation d'une hérédité et celle d'un legs? Il serait très-difficile de la concevoir si elle existait réellement ; mais on doit la regarder comme chimérique. — La loi que nous venons de citer dit bien que celui qui accepte une partie de son legs, sans répudier expressément le reste, en acquiert la totalité ; mais elle ne parle point du cas où le légataire manifeste sa volonté précise de n'accepter qu'une portion et de renoncer aux autres : en effet, on ne peut acquérir un legs que par l'intention qu'on en témoigne ; par conséquent, celui qui ne veut être légataire que pour une seule portion, ne peut pas l'être pour les portions qu'il répudie ; et comme, d'un côté, le legs est indivisible, que, de l'autre, on ne peut pas étendre l'effet de la volonté du légataire au-delà des bornes dans lesquelles il l'a lui-même renfermée, il faut nécessairement regarder l'acceptation comme nulle et efficace. La loi 75, D. *de acquidenda hereditate* le décide formellement ainsi pour les acceptations d'hérédité ; pourquoi ne dirait-on pas la même chose des acceptations de legs ? »

Cela serait, en effet, d'autant plus naturel que si la crainte qu'avaient les Romains de mourir intestats est bien connue, la tendance qu'ils avaient à multiplier les legs dans leurs testaments n'est pas moins notoire, et les précautions successivement prises par la loi Furia, la loi Voconia et la loi Falcidia, sont la preuve irrécusable de cette tendance qui explique comment on en vint à mettre sur la même ligne les legs et les institutions d'héritier, même lorsqu'il n'y avait nulle raison de les soumettre aux mêmes règles. Ainsi les conditions qualifiées impossibles (1) furent réputées non écrites tout aussi bien dans les legs que dans les institutions d'héritier (2), établissant pour les uns et pour les autres la règle inverse de celle qui était admise pour les contrats (3), sans raisons suffisantes, suivant plusieurs jurisconsultes (4), règle

(1) Dans l'*Encyclopédie du droit* de Sebire et Carteret, V° *Conditions*, chap. 1, sect. 2, n° 19, t. 5, p. 512, Gauthier-la-Chapelle dit : « Il n'y a point de *condition impossible*, puisque toute condition suppose, entre l'accomplissement et le non-accomplissement d'un fait, une alternative qu'on ne peut concevoir lorsque ce fait ne doit pas se réaliser : dans ce cas, le non-accomplissement est certain et la disposition pure et simple. On a toutefois donné, par un fâcheux abus de mots, le nom de *condition impossible* à celle que les parties ont fait dépendre d'un événement contraire à l'ordre de la nature. V. Ducauroy, *Instit. expliquées*, n°s 597, 600 (599 et 602 de l'édition précitée) ».

(2) Instit *de hered. institut.*, § 10 (II, 14). Voir aussi les lois 1 et 14, D. *de condition. instit.* (XXVIII, 7) et la loi 3, D. *de condition. et demonst.* (XXXV, 1).

(3) Loi 1, § 9 et § 11, loi 31, D. *de obligat. et action.* (LXIV, 7); loi 7, loi 35, *in pr.*, loi 123 et loi 137, § 6, D. *de verbor. oblig.* (XLV, 1); loi 185, D. *regulis juris.*

(4) Grotius, *Introduction à la jurisprudence de Hollande* (en hollandais), L. 2, c. 23, n° 10 et c. 18, n°s 32 et 33 ; Paul Voet, qui cite en ce sens plusieurs auteurs, dans son commentaire des Institutes, L. 2, tit. 14, § 11, n° 2 ; Groenwegen, *Tractatus de legibus abrogatis in*

que notre code civil (art. 900) a étendue aux donations, tout aussi
bien qu'aux dispositions testamentaires, ce qui n'avait jamais eu
lieu sous notre ancienne législation même dans les pays coutumiers (1), extension dont le germe se trouve dans notre législation
intermédiaire (2), mais que plusieurs ont blamée (3) et que d'au-

Hollandia, *vicinisque regionibus*, p. 35 et 36 de l'édition de 1649;
Jean Voet, *Comment. ad Pandectas*, L. 28, tit. 7, n° 16; Heineccius,
Elementa juris naturæ et gent. L. 1, § 402; Toullier, t. 5, n°° 213-
217; Merlin, *Répertoire*, V° *Condition*, sect. 2, § 4, et V° *Filiation*,
n° 20; Gauthier-la-Chapelle, *Encyclopédie du droit* de Sebire et
Carteret, V° *Condition*, chap. 3, sect 2. n°° 203-216, t. 5, p. 536-538;
Marcadé, sur l'art. 900, t. 3, n°° 481 et 482, p. 384 et 385 de la
5° édition; Frédéric Taulier, *Théorie raisonnée du code civil*, t. 4,
p. 324 et 325; Bayle-Mouillard, sur Grenier, t. 1, p. 684 et 685.
  Se sont prononcés, au contraire, en faveur de la disposition de l'article 900 du code civil, tant pour les donations que pour les testaments:
Troplong, *Donat. et testam.*, t. 1, n°° 215-221; Demante, *Programme du cours de droit civil*, t. 2, n° 248, p. 118 de la 3° édition,
et *Cours analytique de code civil*, t. 3, n°° 15 et 16 *bis* iv; Bugnet,
cité par Mourlon dans ses *Répétitions écrites*, t. 2, p. 227 de la
seconde édition; Dalloz, *Répert.*, t. 16, p. 48 et 49, aux mots: *Dispositions entre-vifs et testamentaires*, n° 91; Saint-Espès-Lescot,
Des donations entre-vifs, t. 1, n° 113, et M. Demolombe, t. 18(1 du
Traité des donat. entre-vifs et des testaments), n°° 203-205; mais ce
dernier auteur reconnaît toutefois que les raisons données par Demante,
pour motiver une approbation semblable, sont insuffisantes.
  Quant à la distinction du droit romain entre les contrats et les dispositions testamentaires, elle est approuvée par Puffendorf, *Droit de
la nature et des gens*, liv. 3, chap. 8, § 5, t. 1, p. 379 et 380 de la traduction de Barbeyrac, édition de 1706, et *Devoirs de l'homme et du
citoyen*, liv. 1, chap. 9, § 20, t. 1, p. 275 et 276 de la traduction de
Barbeyrac, édition de 1741; par Vinnius, *Comment. in Instit.* L. 2,
tit. 14, § 10, n° 2, p. 344 de l'édition de 1659, et par le nouveau Denisart, V° *Condition*, § 2, n° 3, t. 5, p. 114.
  Enfin quant aux législations modernes, elles sont très-divisées sur ce
point. Ainsi, tandis que le code du canton de Vaud et celui des Deux-
Siciles sont conformes au nôtre, le code sarde admet la distinction
romaine entre les contrats, y compris les donations, et les testaments;
le code Frédéric et le code prussien déclarent nulles toutes libéralités
soit entre-vifs soit testamentaires auxquelles sont apposées des conditions physiquement ou légalement impossibles, et le code autrichien
distingue entre la condition suspensive et la condition résolutoire,
déclarant nulle la condition dans ce dernier cas et la libéralité elle-
même dans l'autre cas. Voir Gauthier-la-Chapelle, *Loc. cit.*, n° 212,
p. 537 et Demolombe, *Loc. cit.*, n° 201.

  (1) Ricard, *Traité des dispositions conditionnelles*, chap. 5. sect. 2,
n°° 223-227, p. 142 de l'édition de 1783; Poullain du Parc, *Principes
du droit français, suivant les maximes de Bretagne*, t. 7, p. 82,
n° 144; Pothier, *Introduction au titre XVI de la coutume d'Orléans*,
n° 64.

  (2) Lois du 5 septembre 1791, du 5 brumaire an II, art. 1 et du
17 nivose an II, art. 12. Voir Demolombe, *Loc. cit.*, n° 198, et Chabot,
Questions transitoires sur le code civil, aux mots *Conditions concernant les mariages*, n° 2, t. 1, p. 140-148 de l'édition de 1829.

  (3) Maleville, *Analyse raisonnée de la discussion du code civil*, t. 2,
p. 314 de la 3° édition; Zachariæ, Aubry et Rau, t. 5, § 692, p. 233,
note 2 de la seconde édition; Duranton, t. 8, n°° 105-110; Valette,
cité par Mourlon dans ses *Répétitions écrites*, t. 2, p. 226 et 227 de la
seconde édition; Molitor, *les Obligations en droit romain*, t. 1, n° 125,

tres (1) ont plutôt expliquée que justifiée (2). A Rome du moins, non-
seulement on ne songea jamais à appliquer aux donations entre-vifs
cette faveur accordée aux dispositions testamentaires, mais encore
ce ne fut que *post multas contentiones*, comme le dit Cujas (3),
qu'elle fut étendue indistinctement à toutes celles-ci. Les Sabiniens
voulaient que, dans les legs, les conditions impossibles fussent
considérées comme non écrites. Les Proculéiens soutenaient qu'elles
devaient y produire le même effet que dans les contrats, c'est-à-
dire entraîner la nullité du legs. Ce fut la première de ces
opinions qui prévalut. Mais Gaius, tout Sabinien qu'il était (4), ne
laisse pas de reconnaître que le triomphe de sa secte ne lui semble
pas suffisamment justifié. Voici ses termes (5) : *Legatum sub impossibili conditione relictum nostri præceptores proinde valere putant
ac si conditio adjecta non esset. Diversæ scholæ auctores non minus
legatum inutile existimant quam stipulationem ; et sane vix idonea
diversitatis ratio reddi potest.* Mais, remarquons-le bien, cette
diversité d'opinion n'eut jamais lieu qu'à l'égard des legs, et,
quant aux institutions d'héritier, Proculéiens et Sabiniens étaient
d'accord pour considérer comme non écrites les conditions impossibles qui auraient été ajoutées à ces institutions. Cette conformité
de doctrine des deux sectes dans ce dernier cas est d'ailleurs facile
à expliquer. Annuler un legs, c'est seulement dégrever d'une

---

p. 166 et 167. — M. Delsol, *Code Napoléon expliqué*, t. 2, p. 225, se
borne à indiquer les raisons pour et contre l'innovation faite par le
code quant aux donations entre-vifs ; mais en reconnaissant toutefois
que ceux qui la blâment sont les plus nombreux.

(1) Delvincourt, *Cours de code civil*, édition de 1831, t. 2, p. 189 et
190 des notes ; Delaporte, *Pandectes franç.*, t. 4, p. 85 et suiv. de la
2ᵉ édition ; Guilbon, *Traité des donations entre-vifs*, t. 2, n° 618,
p. 80 et 81 ; Favard de Langlade, *Répert. de la nouvelle législation*, à l'article *Donation entre-vifs*, sect. 1, § 2, n° 1, p. 181 ; Grenier, *Traité des donations*, etc., n° 150 ; Poujol, *Traité des donations entre-vifs et des testaments*, sur l'art. 900, n° 3, t. 1, p. 108 et
109 ; Coin-Delisle, sur le même article, n° 4, p. 70 ; Rolland de
Villargues, *Répert. de la jurisprudence du notariat*, V° *Condition*,
n° 143 ; Laurens, *Principes et jurisprudence du code civil*, t. 3,
n° 499, p. 268 et 269 ; Boileux, *Comment. sur le code civil*, t. 2, p. 249
de la seconde édition ; Rogron, *Code civil expliqué*, p. 570 de la
11ᵉ édition ; Félix Berriat-Saint-Prix, *Notes élémentaires sur le
code civil*, t. 2, p. 168, n° 3,221.

(2) Favard, notamment, explique fort mal cette innovation en disant
que « la stipulation d'une condition impossible, ou contraire aux lois ou
aux mœurs, est le fait exclusif et personnel du donateur, et ne doit pas
nuire au donataire, auquel il est absolument étranger ». Favard oublie
qu'aux termes de l'article 1105 du code civil la donation est un contrat,
et cet oubli est assez étrange de la part surtout d'un jurisconsulte qui,
comme tribun, avait pris une part active à la confection du code civil.

(3) Dans son commentaire du titre du Digeste *de verborun obliga-
tionibus* sur la loi 7 (T. 1, col. 1013 de ses œuvres, édition de Venise-
Modène) et dans ses *Recitationes solemnes* sur le Digeste, L. 28,
tit. 7 (T. 7, col. 920 de ses œuvres, édition précitée). Voir aussi
Janus a Costa (Jean la Coste), *Comment. ad Instit. L. 2, tit. 14, § 10*,
et Vinnius sur le même titre, n°ˢ 2 et 3.

(4) Troplong, *Donations et testaments*, t. 1, n° 214 ; — Berriat-Saint-
Prix, *Histoire du droit romain*, p. 130.

(5) Instit. *Comment. III, § 98.*

charge l'héritier institué chargé de l'acquitter ; tandis que, déclarer
nulle l'institution de celui-ci, c'est annuler le testament lui-même,
c'est-à-dire priver le testateur d'un héritier de son choix et abandonner à la loi la dévolution de sa succession : ce qui, comme nous
l'avons dit, était, d'après les idées des Romains, une sorte de
deshonneur pour la mémoire du défunt. C'est dans cet ordre
d'idées que s'est placé un jurisconsulte qu'on a appelé (1) « le chef
incontestable et incontesté de l'école dogmatique », ou encore (2)
« le plus mathématicien des jurisconsultes », l'associant ainsi à
l'éloge que Leibnitz avait fait des jurisconsultes romains (3).
Nous avons nommé Doneau qui « pose les principes, déduit et
pousse les conséquences en penseur profond et en logicien infati-
gable (4); » Doneau, qui, dans le siècle d'or de la jurisprudence
française, et dans cette école de Bourges, appelée la Béryte moderne (5), parvint au premier rang pour la synthèse comme Cujas
pour l'analyse : Doneau a dit (6) avec cette logique puissante qui le
distingue : *Herede sub impossibili conditione instituto, verba indi-
cant testatorem voluisse heredem esse eum qui instituit ; alioquin
non instituisset. Proinde vult ea quoque sine quibus ille heres esse
non potest.* (L. Illud, 77, D. de acquir. hered.) *Jam vero non potest
heres esse, nisi detracta conditione impossibili ; quare, hoc quoque
velle testator intelligitur, ut detrahatur.* Ricard (7) fait le même
raisonnement à l'égard des legs, sans qu'ici il puisse être tenu
compte de l'élément historique, à l'aide duquel s'explique si bien
la même décision lorsqu'elle s'applique à des institutions d'héritier.
« Dans le combat, dit-il, d'une prétendue condition qui ne peut
pas subsister, et d'un legs qui a pour fondement la volonté du
défunt, il n'y a pas de difficulté que la condition doit s'évanouir et
le legs demeurer en sa force, vu même que le testateur a témoigné
qu'il aimait mieux que la chose appartînt au légataire, qu'elle
demeurât dans sa succession ; de sorte que n'ayant eu la pensée de
lui ôter que dans l'événement d'une condition qui se détruit de
soi-même, il n'y a pas de doute qu'elle doit lui rester absolument,
*quoniam magis legatarium aliquod commodum testator in hoc legato
quam heredem habere voluisset,* dit la loi *si quis eum,* 37, D, de con-
ditionibus et demonstrationibus ».
Nous préférons cependant à cette opinion celle de Gaius, disant
qu'il ne voyait pas de bonne raison pour ne pas suivre quant aux
legs la règle qui était suivie quant aux stipulations. Est-ce à dire
toutefois qu'on en soit réduit ici à copier cet aveu souvent cité du

(1) M. Hureaux, *Revue critique de législation et de jurisprudence,*
t. 8, p. 333 en note.

(2) Eschbach, *Cours d'introduction générale à l'étude du droit,*
§ 85, p. 205 de la seconde édition.

(3) Dans sa *Methodus nova discendæ, docendæque jurisprudentiæ.*

(4) Lerminier, *Introduction générale à l'histoire du droit,* chap. 5.

(5) Heineccius, *de vita Balduini,* dans ses œuvres, t. 3, part. 1,
n° 17, p. 275 ; Mathieu Bodet, *Etude sur Doneau,* t. 1 (11e de la collection) de la *Revue de droit français et étranger* de Fœlix, p. 848.

(6) *Comment. de jure civili,* L, 6, c. 18, n° 16, t. 2, col. 177 de ses
œuvres, édition de Rome.

(7) *Des dispositions conditionnelles,* n° 223, t. 2, p. 142 de l'édition
précitée.

jurisconsulte Julien (1) : *non omnium quœ a majoribus constituta sunt ratio reddi potest?* Pas absolument, car si les Romains ont appliqué aux legs une règle qui d'abord n'avait été admise que pour les institutions d'héritier, c'est parce qu'ils ont étendu peu à peu à toutes les dispositions de dernière volonté des préceptes qui primitivement n'avaient pour objet que de laisser après eux comme *continuateurs* des héritiers de leur choix. De là, l'invention par Lucius Lentulus des codicilles (2) qu'Auguste approuva d'après le conseil de Trebatius et d'autres jurisconsultes (3). De là, l'usage des hérédités fidéicommissaires qui fut réglementé du temps de Néron (4) par le sénatus-consulte Trebellien (5). De là, la possession de biens *secundum tabulas*, qui, comme les autres possessions de biens, avait passé de l'usage dans l'édit du préteur et de celui-ci dans les constitutions impériales (6); laquelle possession de biens *secundum tabulas* avait été introduite, dit Ducauroy (7), « pour favoriser certaines institutions qui, d'après le droit civil, reste- raient inutiles, notamment lorsque le testament, conforme aux règles du droit prétorien, ne réunissait pas toutes les solennités requises par le droit civil (8), ou lorsqu'il aurait été infirmé par la diminution de tête du testateur (9). Il en est de même lorsqu'on a institué un posthum externe (10) ». Aussi Heineccius (11) définit-il ainsi cette possession de biens : *Hereditas, personis quibusdam jure civili inhabilibus, edicto arbitrioque Prætoris delata.* — De là encore l'extension à l'émolument des legs de l'indivisibilité attachée au titre de l'héritier institué (12). De là aussi l'indivisibilité de deux legs distincts. lorsque l'un d'eux étant grevé d'une charge, on veut accepter seulement l'autre (13). bien qu'en thèse générale, de deux legs distincts qui vous sont déférés, l'on puisse accepter l'un et répudier l'autre (14), à moins qu'il ne s'agisse d'un legs où plusieurs choses distinctes sont réunies sous forme collective, comme un troupeau, un pécule (15). De là enfin, à une époque plus ancienne,

(1) Loi 20, D. *de legibus* (I, 3).

(2) Cicéron *Epist. ad famil.* (IV, 12 et VI, 18) et Sénèque *(Epist. 55 in fine)* nous apprennent qu'on désignait par le nom de *codicilli* des tablettes destinées à un usage de chaque jour, comme à recueillir des notes, à écrire à ses amis, à ses voisins, etc.

(3) Instit. *de codicillis*, in pr. (II, 25).

(4) L'an de Rome 815, Trebellius et Sénèque étant consuls.

(5) Instit. *de fideicomm. heredit.* § 4, (II, 23).

(6) Gustave Hugo, *Histoire du droit romain*, § CCXI.

(7) *Institutes expliquées*, liv. 3, tit. 9 sur le *principium*, t. 2, n° 505, p. 384 et 385 de la première édition. Voir aussi Ortolan, *Explication historique des Inst.* t. 2, p. 77 et 78 de la 5e édition, et Gustave Hugo, *Loc. cit.*, § CCXXII.

(8) Ulpien, *Regul.* tit. 28, § 6.

(9) Instit. *quibus modis testamenta infirm.*, § 6. Voir aussi les Institutes de Gaius, *Comm.* II, § 128.

(10) Instit. *de bonorum possess.* in pr. (III, 9).

(11) *Antiquit. roman.* III, 10, § 2.

(12) Loi 38, D. *de legatis* 1o (XXX, 1).

(13) Loi 5, § 1, D *de legatis* 2o (XXX, 2).

(14) *Princ.* de la même loi.

(15) Loi 6 au même titre.

le legs d'une part de l'hérédité, sorte de legs *sui generis* dont Ortolan a très-bien discerné la nature. « Le testateur, dit-il (1), au lieu de léguer des objets précisés dans leur individualité *(speciem)*, ou dans leur genre *(in genere)*, ou des universalités particulières, telles qu'un troupeau, un pécule, etc., pouvait léguer même une partie quelconque de l'universalité de ses biens *(pars bonorum)*, une part de son hérédité : *heres meus cum Titio hereditatem meam partito, dividito*, telle est une des formules de ce legs qui nous a été transmise par Ulpien (2). La part était celle fixée expressément par le testateur : et, à défaut de fixation, la moitié (3). Cette sorte de legs se nommait *partitio (quœ species legati partitio vocatur)* ; et le légataire, légataire partiaire, *legatarius partiarius* (4). — Cette disposition du testateur, eût-il légué au légataire tous les biens, ne le rendait pas héritier, continuateur de la personne du défunt. L'héritier était celui qui avait été agréé comme tel par les Comices ; plus tard, celui qui avait acheté le patrimoine ; plus tard encore, celui qui avait été institué avec des formalités moins rigoureuses ; mais toujours fallait-il une institution en cette qualité et dans les formes voulues. Le légataire partiaire était un acquéreur de biens par universalité, mais non un successeur de la personne ; l'existence de son legs dépendait de l'existence de l'héritier. Si l'institution tombait pour une cause quelconque, la *partitio* suivait le même sort. — Il suit de là que les créances et les dettes, malgré l'existence d'un pareil legs, n'en passaient pas moins sur la tête de l'héritier ; c'était lui seul qui pouvait poursuivre les débiteurs du défunt ou être poursuivi par ses créanciers : d'où la nécessité pour l'héritier et pour le légataire partiaire de se tenir compte respectivement des conséquences de ces actions. Ils s'y engageaient l'un et l'autre, par des stipulations nommées *stipulationes partis et pro parte*, sur le gain ou la perte à communiquer entre eux *(de lucro et damno pro rata parte communicando)* à peu près en ces termes, selon les exemples que nous a laissés Théophile dans sa paraphrase : « Les sommes que tu auras obtenues de tout débiteur « héréditaire, promets-tu de m'en donner telle part ? Je promets. « — Les sommes que j'aurai été obligé de payer à tout créancier « héréditaire, promets-tu de m'en restituer telle part ? Je pro- « mets ». — Mais ces stipulations avaient toujours leur danger, tant pour l'héritier que pour le légataire ; car, en cas d'insolvabilité de l'un d'entre eux, l'autre perdait sa part, soit de la créance, soit de la dette, dont il était en droit de se faire tenir compte (5). — Du reste, l'héritier n'est pas absolument obligé de donner au légataire partiaire sa part des biens héréditaires en nature : à l'égard des choses qui ne pourraient se diviser sans dommage, il

(1) *Loc. cit.*, t. 1, p. 686 et 687, dans son commentaire du § 23 du titre *de legatis*.

(2) *Regul.*, tit. 24, § 25.

(3) Ulpien, *Loc. cit.*, et loi 164, § 1, D. *de verborum signif.* (L. 16).

(4) Ulpien, *Loc. cit.*, Gaius, II, § 254 ; loi 22, § 5, D. *ad senatusc. Trebell.* (XXXVI, 1).

(5) Sur ces stipulations, voir: Gaius, II, § 254 ; Ulpien, *Regul.*, tit. 25, § 15 ; Paul, *Sentent.* L. IV, tit. 3, § 1 ; Justinien, *Instit.*, L. 2, tit. 23, § 6, et la paraphrase du même § par Théophile (p. 231-233 de la traduction latine de Curtius, édition de Louvain, 1701).

donne l'estimation ; à l'égard des autres, il est libre de choisir entre la part en nature ou en estimation (1). — A l'époque où le legs partiaire était tout à fait distinct du fidéicommis d'hérédité (2), il parait avoir été d'un usage assez fréquent, à en juger par les écrits des jurisconsultes. A l'époque de Justinien, où ses effets se confondent entièrement avec le fidéicommis, il a presque disparu. Les Instituts n'en parlent plus ».

C'est cependant ce *legatum partitionis* que notre contradicteur a exhumé des antiquités du droit romain pour l'appliquer à notre espèce. Suivant lui, le legs fait par Mme Gando à son mari est un legs de cette espèce et la situation de M. Gando est celle du *legatarius partiarius*. Soit ; mais cette assimilation, dont nous prenons acte, n'est-elle pas imprudente? Si, elle l'est sans nul doute ; car enfin de quoi s'agit-il dans l'espèce? uniquement de savoir si M. Gando est ou n'est pas, par suite de la disposition testamentaire faite à son profit, le *continuateur de la personne de sa femme*, et dès lors, investi ou non d'un titre indivisible. Or que dit Ortolan (3) du *legatum partitionis?* « Cette disposition du testateur, eût-il légué au légataire tous les biens, *ne le rend pas* héritier, *continuateur de la personne du défunt* » ; et, que dit-il du *legatarius partiarius?* « Le légataire partiaire était un acquéreur de biens par universalité, *mais non un successeur de la personne* ».

Mais revenons à Merlin, dont l'auteur du mémoire auquel nous répondons, invoque également l'autorité. Pour savoir si ce n'est pas encore imprudemment, de même que lorsqu'il a recours à l'appui de M. Demolombe, comme nous le verrons plus loin (§ IV), il faut compléter la citation du *Répertoire* (4) que nous avons ci-dessus commencée.

« Lorsqu'un testateur, dit Merlin, fait, par un même acte, plusieurs legs distincts à une seule personne, le légataire peut en accepter un et répudier les autres : *Sed duobus legatis relictis, unum quidem repudiare, alterum vero amplecti posse respondetur.* (Loi 5, D. *de legatis* 2°). — Cette décision a lieu même dans le cas où une même personne est gratifiée de plusieurs legs par une seule et même disposition, comme lorsque le testateur dit : « Je lègue « une maison, un fonds de terre, un cheval et un tableau à « Sempronius ». Comme il y a, dans cette phrase, autant de legs que de choses léguées, le légataire peut diviser son acceptation, c'est-à-dire prendre les uns et rejeter les autres. C'est ce qui résulte clairement de la loi 2 du titre cité : *Quoties nominatim plures in legato exprimuntur, plura legata sunt. Si autem supellex, aut argentum, aut peculium, aut instrumentum legatum sit, unum legatum est.* Si cependant le testateur avait imposé quelque charge à l'un des legs seulement, le légataire ne pourrait pas répudier le legs onéreux pour s'en tenir aux autres; c'est ce que décide la loi 5, § 1, D. *de legatis,* 2°, en ces termes : *Sed si unum ex legatis onus habet et hoc repellatur, non idem dicendum est.* La loi 22, D. *de fidéicommis-*

---

(1) Loi 26, § 2 et loi 27, D. *de legatis* 1°.

(2) Voir une notable différence, dans la loi 22, § 5, D. *ad senatusc. Trebell.* (XXXVI, 1).

(3) Voir aussi Victor Rigaut, *Revue étrangère et française de législation* par Fœlix, t. 9, p. 46.

(4) V° *Légataire,* § 4, n° 5.

sariis libertatibus, nous en offre un exemple : elle porte que le légataire d'un fonds, et d'une somme d'argent à laquelle est attachée l'obligation d'affranchir un esclave, ne peut pas accepter le legs du fonds, sans se mettre dans la nécessité d'accepter pareillement celui de la somme d'argent ».

Ce passage de Merlin donne lieu à plusieurs remarques.

Et, d'abord, on ne s'explique pas très-bien comment notre contradicteur peut s'en prévaloir à l'appui de sa distinction, quant aux effets qu'ils produisent, entre les legs à titre universel et les legs particuliers. Est-ce que par hasard il s'imaginerait que cette distinction influerait en quoique ce soit sur celle que fait Merlin entre les legs dont aucun n'est grevé d'une charge et les legs dont l'un d'eux en est grevé? Croit-il, par exemple, que, dans la pensée de Merlin, il y aurait une différence à établir entre deux legs dont l'un serait ainsi conçu : « Je donne à Sempronius le quart de ma succession et de plus ma maison d'habitation, à condition qu'il paiera telle somme à Titius qui y est logé en ce moment », et dont l'autre porterait : « Je donne à Pierre ma bibliothèque et je lui donne aussi tous mes tableaux sous la condition qu'il remettra à Paul deux desdits tableaux, à son choix ? » Pothier ne fait, lui, aucune différence entre ces deux cas, et il dit d'une manière générale dans son *Traité des donations testamentaires* (1) : « Il nous reste à observer que, quoiqu'un légataire, à qui le testateur a fait deux ou plusieurs legs, en puisse accepter l'un et répudier l'autre, néanmoins, si l'un desdits legs a été fait sous certaines charges, le légataire ne peut pas, pour se soustraire aux charges qui lui sont imposées, le répudier et accepter celui qui est fait sans charges, (L. 5, pr. et § 1, D. *de leg.* 2° et l. 22, D. *de fideic. libert.*) » Et, dans l'*Introduction au titre XVI de la coutume d'Orléans*, n° 135, alinéa 4, Pothier dit encore, toujours sans distinction, et en citant les mêmes textes du Digeste : « Celui à qui le testateur a fait plusieurs legs peut accepter l'un et répudier l'autre. Si néanmoins l'un des legs était fait sous certaines charges, il ne pourrait pas, pour s'y soustraire, le répudier, et accepter celui fait sans charges ».

Fort bien sous l'ancien droit ; mais, sous l'empire du code civil, tout le monde, je pense, sera disposé à accepter la doctrine que M. Demolombe (2) formule en ces termes : « Lorsque deux legs ont été faits au même légataire, il doit pouvoir accepter celui qui est fait sans charges et répudier celui qui est fait avec charges ; et cela, non-seulement lorsque les legs sont portés dans deux testaments différents, mais encore lorsqu'ils se trouvent dans le même testament, si d'ailleurs aucun lien de connexité ne les réunit, de manière à en faire une seule disposition indivisible. — C'est ainsi du moins que nous paraît devoir être interprétée, en général, l'intention du testateur, qui a fait deux legs séparés et distincts ; en exceptant, bien entendu, le cas où une intention contraire résulterait des termes du testament, de la nature du legs, et des circonstances du fait (Comp. *supra*, n° 276 ; Bayle-Mouillard sur Grenier, t. 3, n° 348, note *a*). »

Veut-on une nouvelle preuve que Merlin, dans tout le passage

(1) Chap. 6, sect. 3, § 3, alinéa 8.

(2) T. 22 (5 du *Traité des donations entre-vifs et des testaments*) n° 331.

précité, a en vue, non la législation actuelle, mais celle qui l'a
précédée ? on la trouvera dans ces mots, par lesquels il débute :
« Lorsque le testateur fait, *par un même acte*, plusieurs legs
distincts à une seule personne ». Si, en effet, Merlin avait écrit en
vue de la nouvelle législation, il ne se serait nullement préoccupé
de cette circonstance que les legs aient été faits par un même acte,
c'est-à-dire soient contenus dans le même testament ; car, sous
l'empire du code civil, cette circonstance devient insignifiante,
puisque, aux termes de l'art. 1036, dont le texte est absolument
contraire à celui que proposait le tribunal de cassation (1), « les
testaments postérieurs qui ne révoqueront pas d'une manière
expresse les précédents, n'annulleront, dans ceux-ci, que celles
des dispositions y contenues qui se trouveront incompatibles avec
les nouvelles, ou qui seraient contraires ». Dans les pays coutumiers on suivait les mêmes règles (2) ; mais dans les pays de droit
écrit il en était tout autrement. La règle suivie était celle que
consacre Justinien dans ses Institutes (3) : *Posteriore testamento,
quod jure perfectum est, superius rumpitur.* « L'institution d'héritier,
dit Ducaurroy (4), est un acte qui dispose de tous les droits d'une
personne dans leur ensemble. Il est donc aussi impossible de
mourir avec deux testaments, que de donner deux fois la même
chose en totalité ». Et Furgole, déduisant les conséquences de ce
principe, dit (5) : « Le premier testament est rompu de plein droit
par le dernier ; non-seulement pour l'institution, mais encore
pour les substitutions directes, pour les fidéicommis universels et
particuliers, et pour toutes les autres dispositions comme le décident les auteurs ; en sorte que le premier testament est considéré
comme s'il n'avait jamais été fait. Ceci résulte clairement de la
rupture du premier testament par le postérieur, déclarée par le
§ 2 Instit. *quibus modis testamenta infirm.* Et cela a lieu, quoique
le testateur n'ait pas fait une institution universelle, et qu'il ait
simplement institué un héritier *in re certa* dans le testament postérieur ; parce que cet héritier, qui semble d'abord particulier,
devient héritier universel, *nullo dato coherede universali,* l. 1, § 4,
l. 9, § 1 et l. 10, D. *de hered. instituendis,* ainsi que nous l'avons

(1) A l'art. 125 du projet rédigé dans le même sens que notre article 1036,
le tribunal de cassation proposait de substituer cette disposition :
« Tout testament postérieur révoque de droit celui ou ceux faits antérieurement, s'il n'en contient expressément la confirmation ». Voir
l'*Analyse des observations des tribunaux d'appel et du tribunal de
cassation sur le projet de code civil* (par Crussaire), p. 740.

(2) Cyprien Regnier, *Censura belgica in Instit.,* § 2 du titre *Quibus
modis testamenta infirmantur :* Argou, *Institution au droit français,*
liv. 2, chap. 17, t. 1, p. 407 et 408 de l'édition de 1762 ; Prevôt de la
Jannès. *les Principes de la jurisprudence française,* t. 1, n° 131, p. 152
de l'édition de 1750 ; Pothier, *Traité des donations testamentaires,*
chap. 6, sect. 1, 3e alinéa ; Bourjon, *le Droit commun de la France,*
liv. 5, tit. 9, partie 6, chap. 2, nos 1 et 2, t. 2, p. 385 de l'édition de
1770.

(3) Au titre *Quibus modis testamenta infirmantur* (II, 17), § 2. Voir
aussi la loi 27, C. *de testam. et quimed. testam. ordin.* (VI, 23) et les
Institut. de Gaius, *Comm.* II, § 144.

(4) *Loc. cit.,* t. 2, n° 629, p. 112.

(5) *Loc. cit.,* chap. 11, n° 85, t. 3, p. 413 et 414 de l'édition de 1779.

expliqué dans le chapitre 8, nombre 30 et suivants. Notre extension de la règle qui veut que le testament postérieur révoque le précédent où un héritier *in re certa* est institué, est établie sur une disposition expresse du § *sed si*, 3, Inst. *quib. mod. testam. infir.* et sur la loi 29, D. *ad. sinalesc. Trebell.* » — L'application de ces règles du droit romain ne fait d'ailleurs de doute pour aucun des auteurs des pays de droit écrit. « Un premier testament parfait, dit Serrés (1), est révoqué et annulé par un second qui se trouve aussi parfait ; ce qui a même lieu quoique ce second testament ne révoque pas nommément le premier : cela est sans difficulté ». Julien (2) dit à son tour : « Un testament est infirmé par un second testament fait dans les formes prescrites par le droit, § 2, Inst. *quibus mod. testam. infirm.* Le premier testament est révoqué de plein droit par le second ; de manière que la clause de révocation du premier testament, insérée dans le second, est une précaution surabondante, comme dit Godefroy sur ce § 2. *Ipso jure*, dit-il, *ut superflua sit notariorum cautio qui prioris testamenti revocationem secundo ingerunt.* Et il n'importe que l'héritier institué par le second testament, ne veuille pas se porter pour héritier, comme s'il répudie l'hérédité, ou qu'il ne le puisse pas, comme s'il est mort avant le testateur, ou qu'il soit incapable, le premier testament est annulé ; et il y a ouverture à la succession *ab intestat*, parce qu'il n'y a point d'héritier testamentaire, *dict.* § 2 ».

Si notre contradicteur avait fait les remarques qui précèdent; si seulement il avait pris garde au titre et au contenu de l'ouvrage de Merlin qu'il citait : titre (3) qui annonce un champ d'exploration plus vaste que le titre employé pour un ouvrage du même genre par Favard de Langlade (4) ; contenu, dans lequel l'ancien et le nouveau droit se confondent ou tout au moins se mêlent, sans que la place occupée par celui-ci soit aussi ample que la place assignée à celui-là; si, disons-nous, notre contradicteur avait pris garde à ces choses, peut-être se serait-il avisé, afin de compléter ces indices, de recourir au *Répertoire* de Guyot, et alors il y aurait vu que l'article *Légataire* signé par Merlin, qui fut l'un des plus actifs collaborateurs de ce recueil, ne différait en rien, à une addition près (5), de l'article reproduit depuis dans le *Répertoire* de Merlin (6) et que notamment les passages de cet article que notre contradicteur a cités et que nous avons cités nous-même, s'y trouvent mot pour mot, t. 10, p. 57, 58 et 59.

---

(1) *Les Institutions du droit français*, p. 232 de l'édition de Paris.

(2) *Eléments de jurisprudence, selon les lois romaines et celles du royaume*, p. 247.

(3) *Répertoire* UNIVERSEL *et raisonné de jurisprudence.*

(4) *Répertoire de la* NOUVELLE LÉGISLATION, *civile, commerciale et administrative.*

(5) Aux sept sections ou paragraphes qui se trouvent dans le *Répertoire* de Guyot, Merlin a ajouté un huitième paragraphe, ayant pour objet de déterminer « quels droits sont dus pour l'enregistrement des legs, et de quelle manière ils doivent être liquidés ».

(6) Publié en 1807 et années suivantes, 13 vol. in-4° avec le titre de *troisième édition.* Merlin, qui était devenu propriétaire de l'ouvrage de Guyot, comprend comme siennes les deux éditions dudit ouvrage, publiées l'une en 1775 et années suivantes, 64 vol. in-8° et 17 de supplément, l'autre en 1784 et 1785, 17 vol. in-4°.

Cette découverte aurait vraisemblablement fait renoncer notre contradicteur à se prévaloir de l'autorité de Merlin. Les règles que ce jurisconsulte traçait en 1785 (car telle est la date de la publication du t. 10 du *Répertoire* de Guyot), étaient alors parfaitement exactes. Oui, il avait raison de dire à cette époque qu' « il faut pour la régularité d'une acceptation de legs, qu'elle ne soit pas divisée, en sorte que le légataire ne peut pas accepter une partie du même legs et répudier l'autre partie » ; car cette décision était justifiée par le texte de la loi 38, D. *de legatis* 1o, disant : *Legatarius pro parte acquirere, pro parte repudiare non potest.* Oui encore, Merlin avait raison de dire à cette époque, que si, en général, plusieurs legs distincts faits a une même personne, laissaient à celle-ci toute liberté pour accepter les uns et répudier les autres, il n'en était pas de même lorsque le testateur avait imposé quelque charge à l'un des legs seulement, et qu'alors le légataire ne pouvait pas répudier le legs onéreux, pour s'en tenir à l'autre ou aux autres qui n'étaient soumis à aucune charge ; car cette décision était fondée sur la loi 5. § 1, D. *de legatis* 2o, disant : *Sed si unum ex legatis onus habet, et hoc repellatur, non idem dicendum est.*

Mais ces textes ne tiraient leur autorité que de leur caractère législatif, car leurs prescriptions n'auraient pu se justifier par d'autre raison que celle donnée par Montaigne lorsqu'il dit (1) : « Les lois se maintiennent en crédit, non parce qu'elles sont justes, mais parce qu'elles sont lois. C'est le fondement mystique de leur authorité : elles n'en ont point d'autre. Qui bien leur sert ».

En effet, comment expliquer sans cela que le lien qui existe entre un legs et sa charge, ce qui fait que l'émolument qui résulte de l'un ne puisse être acquis sans supporter l'inconvénient qui résulte de l'autre, c'est-à-dire sans accomplir la condition qui est inséparable de la disposition ; comment, disons-nous, ce lien s'étendrait-il à un autre legs fait à la même personne sans aucune condition ? Sans doute le testateur aurait pu faire dépendre la validité de tous les legs de l'accomplissement de la charge imposée à l'un d'eux, et alors la scission entre les divers legs, bien que distincts, ne serait pas possible, puisque le testateur n'aurait pas voulu, et avait droit de ne pas vouloir que cette scission eût lieu ; mais lorsque cette volonté n'est pas exprimée ou, tout au moins, indiquée de manière à ce qu'elle apparaisse bien clairement, par quel tour de force parviendrait-on, par voie de doctrine, à établir une connexité juridique entre deux dispositions indépendantes l'une de l'autre ? Et, lorsqu'elles ne sont pas indépendantes l'une de l'autre d'après la volonté du testateur, comment ne pas s'apercevoir alors, que les legs ne sont distincts qu'en apparence, et en ce sens seulement qu'ils ont des choses differentes pour objet, mais qu'ils sont en réalité connexes quant à leur exécution que le testateur n'a pas admis pouvoir être partielle ?

Et, d'un autre côté, s'il est tout simple qu'un héritier institué qui *représente* le défunt, qui le *continue*, ne puisse pas ne le représenter qu'en partie, ne le continuer qu'en partie, n'est-il pas étrange qu'on étende cette indivisibilité de qualité en matière

(1) *Essais*, liv. 3, chap. 13, t. 3, p. 430 do l'édition de 1659.

d'institution, au légataire qui ne représente, ni ne continue le
défunt? Quel rapport, en effet, y a-t-il entre l'indivisibilité du
titre et l'indivisibilité de l'émolument? Aucun : on ne peut pas dire
du simple légataire ce que dit du continuateur du défunt Dantoine
dans ses *Règles du droit civil* (1) : « Un héritier n'a pas la faculté
d'accepter une portion de l'hoirie sous prétexte qu'il lui est permis
de l'accepter tout entière, parce qu'il ne s'agit pas alors du plus
au moins, mais d'une qualité indivisible qui est celle d'héritier ».

À l'inverse lorsque cette considération manque, sur quel intérêt
pourrait-on se fonder pour interdire l'acceptation partielle d'un
legs ? Sur l'intérêt du testateur ? mais on risque par là de rendre
inutile sa bonne volonté pour le légataire, puisque si celui-ci aime
mieux répudier le legs en entier que de l'accepter en entier, le
résultat sera que l'intention bienveillante du testateur à son égard
restera complètement inefficace, tandis qu'elle ne le serait qu'en
partie, la scission du legs une fois admise. — Sur l'intérêt de
l'héritier qui doit acquitter le legs ? mais alors c'est le risque
inverse qu'on lui fait courir, c'est-à-dire celui que le légataire ne
pouvant plus opter que pour une acceptation totale ou une répudiation totale, ne se décide pour l'acceptation. Enfin, quant au
légataire lui-même, il est de toute évidence que le mieux est pour
lui que sa liberté ne soit gênée en rien, et qu'il puisse dès lors,
à son choix, ou accepter pour le tout ou répudier pour le tout, ou
accepter en partie et répudier en partie le bénéfice de la disposition
dont il a été l'objet. Sous tous les rapports donc, c'est le cas
d'invoquer ici la maxime d'Ulpien qui forme la loi 21, D. *de regulis
juris* (L, 17) : *non debet cui plus licet, quod minus est non licere.*

Enfin l'art. 7 de la loi du 30 ventose an XII, qui a ordonné la
réunion des divers titres du code civil en un seul corps de lois,
porte: « A partir du jour où ces lois sont exécutoires, *les lois romaines*,
les ordonnances, les coutumes générales ou locales, les statuts, les
règlements cessent d'avoir force de loi générale ou particulière dans
les matières qui sont l'objet desdites lois composant le présent
code ». Donc, depuis la loi du 13 florial an XI (3 mai 1803), relative
aux donations et testaments, ou, pour mieux dire, depuis le
23 florial an XI (13 mai 1803) date de la promulgation de cette
loi, les lois romaines sur lesquelles Merlin fondait son opinion
relativement, soit à l'indivisibilité d'un seul legs, soit à l'indivisibilité de plusieurs legs dont l'un serait grevé d'une charge, ces
lois, disons-nous, ont cessé d'être en vigueur. Donc depuis cette
époque, vu leur défaut de valeur intrinsèque, elles ont perdu le seul
mérite qui leur donnât droit au respect d'après cette maxime de
Pascal (2) : « Il est dangereux de dire au peuple que les lois ne
sont pas justes ; car il n'obéit qu'à cause qu'il les croit justes ».
Donc enfin, notre contradicteur en se prévalant de ces lois, ou,
ce qui est la même chose, en se prévalant de l'opinion de Merlin
fondée sur elles, a procédé comme celui qui, voulant connaître
l'heure, en demanderait l'indication à une montre, une pendule
ou une horloge qui serait arrêtée : seulement ici l'horloge à laquelle
on a eu recours est arrêtée depuis plus de soixante-quinze ans.

(1) P. 110 de l'édition de 1710.
(2) *Pensées*, première partie, art. 9, n° 10, t. 2, p. 141 de ses
Œuvres, édition de Lefèvre, 1819.

§ III [1]

Nous avons dit au commencement du paragraphe précédent combien
était énorme la puissance paternelle chez les Romains; et, qu'on ne
croie pas, en ce qui concerne le plus exhorbitant de ses attributs,
c'est-à-dire le droit de vie et de mort sur ceux qui y étaient soumis,
que ce fut là un vain épouvantail qui, dans la pratique, ne parvenait
jamais à se transformer en un danger réel et moins encore en un
spectacle sanglant. Cette hypothèse serait hautement démentie par les
exemples célèbres des fils de Brutus (2), du fils de Cassius (3), de celui
de Manlius Torquatus (4) et de celui d'Aulius Fulvius (5); sans compter
ceux dont la sévérité paternelle causa la mort, tels que le fils d'un
autre Manlius Torquatus (6) qui. chassé de la maison de son père , à
cause des exactions qu'il avait commises en Macédoine, se pendit la

---

(1) Nous avons rejeté à la fin du Mémoire un certain nombre de notes
qui, soit par leur nature, soit par leur étendue, auraient pu faire perdre
de vue l'enchainement des idées du texte si elles y avaient été jointes.
Ces notes supplémentaires sont indiquées par des lettres majuscules.

(2) Dont leur père fit trancher la tête par ses licteurs parce qu'ils
s'étaient associés à une conjuration en faveur des Tarquins. (Tite-Live,
liv. 2, § 5).

(3) Qui, étant consul, avait établi la loi agraire. Mais Tite-Live,
après avoir dit (Loc. cit., § 41) que ce fut son père qui le fit mettre à
mort dans sa propre maison, ajoute : « Je trouve dans d'autres auteurs,
cette version qui me paraît plus probable, que ce furent les questeurs
Cœso Fabius et Lucius Verus qui le poursuivirent pour crime de haute
trahison; qu'il fut condamné par l'assemblée du peuple et qu'on fit raser
sa maison ». Telle est aussi la version que Denys d'Halicarnasse se
montre disposé à adopter dans le liv. 8 de ses *Antiquités romaines*
(t. 2, p. 272-276 de la traduction de Lejay et t. 5, p. 193-207 de la traduction de Bellanger, édition de l'an VIII). Mais Valère Maxime (l. 5,
c. 8, § 2) n'admettait pas cette version. Voici ses termes : *Affectati
regni crimine domi damnavit, verberibusque affectum necari jussit ;*
et Pline (l. xxxiv, c. 4) confirme complétement cette dernière version
en disant : *Romæ simulacrum ex ære factum primum reperio ex peculio
Sp. Cassii, quem regnum affectantem pater ipsius interemerat.*

(4) Dont la tête tomba pour avoir violé la discipline militaire en com-
battant contre la défense expresse de ses généraux (Tite-Live, liv. 8,
§ 7).

(5) Envers qui son père ne se montra pas moins impitoyable, bien
qu'il n'eut pas pris part à la conjuration de Catilina, mais uniquement
parce qu'il s'était mis en route pour aller le rejoindre, témoin ce passage de Salluste (*Bellum Catilinarium*, § 39) : *fuere tamen extra con-
jurationem complures qui ad Catilinam ab initio profecti sunt. In
his erat Fulvius, senatoris filius : quem retractum ab itinere parens
necari jussit.*

(6) Comme le remarque Pighius dans une de ses notes sur Valère-
Maxime (p. 469 de l'édition de 1660) ce surnom de Torquatus fut
attribué à tous les descendants de Manlius Torquatus *qui Capitolinus
et Imperiosus vocatur.*

nuit suivante (1), ou que le jeune Scaurus à qui son père avait intimé la défense de se présenter jamais devant ses yeux, parce qu'il était du nombre de ceux que la cavalerie des Cimbres avait chassés devant elle jusques sous les murs de Rome, et qui s'arracha la vie avec la même épée dont il n'avait pas su faire usage contre les Cimbres (2).

Chardon (3) dit en parlant de ce pouvoir du père de famille romain sur ses enfants : « La loi, en les abandonnant ainsi à sa juridiction, supposait que la conscience d'un père assurait à son enfant plus de garantie que celle de tout autre homme. On finit cependant par s'apercevoir que c'était trop exiger des bons pères, et trop permettre aux méchants. Cette législation barbare de la république romaine fut modifiée sous les empereurs, surtout depuis qu'ils eurent embrassé la religion chrétienne ; et sous Justinien elle se trouva réduite à ce qu'elle était dans nos provinces méridionales avant le code civil. Cependant, sous la seconde race de nos rois, l'idée qu'un enfant appartient à son père, comme son ouvrage, était encore si dominante, qu'il lui était permis de le vendre pour subvenir à ses nécessités. »

L'exactitude de cette dernière assertion est prouvée par un capitulaire de Charles-le-Chauve, de l'an 864 (4), qui porte que les pères qui, dans une nécessité pressante, auraient vendu leurs enfants, ont le droit de les racheter en payant une indemnité que ledit capitulaire détermine. Et, dans son *Glossaire du droit français* (T. 1, p. 378), après avoir cité comme preuve de cet usage de vendre ses enfants les *formulæ andegavenses*, no 48 (5), de Laurière ajoute : « Non-seulement les pères parmi nous avaient ce pouvoir, mais aussi les mères », ce qu'il induit d'un passage de la vie de saint Junien (6), publiée par le père Labbe (7).

Mais si, en ce qui concerne les mères, le témoignage d'un hagiographe anonyme est, comme de Laurière le donne lui-même clairement à entendre, insuffisant pour que ce pouvoir leur soit reconnu, à l'égard des chefs de famille, au contraire, le moindre doute n'est pas possible.

Ainsi c'est d'eux que parle Paul, qui florissait au temps d'Alexandre Sévère (8) dans ce texte (9) : *Qui contemplatione extremæ necessitatis, aut alimentorum gratia filios suos vendiderint, statui ingenuitatis corum non præjudicant; homo enim liber nullo pretio æstimatur. Iidem nec pignori ab his, aut fiduciæ dari possunt; ex quo facto sciens creditor deportatur. Operæ tamen eorum locari possunt.*

A cet égard le premier empereur chrétien n'est pas plus libéral que l'éminent jurisconsulte païen que nous venons de citer.

« Constantin, dit Laferrière (10), par une loi de 329, insérée au code

(1) Valère-Maxime, *Loc. cit.*, § 3.

(2) *Id. ibid.* § 4.

(3) *Traité des trois puissances*, t. 2, p. 3.

(4) Baluze, *Capitularia regum francorum*, t. 2, col. 192 et 193 de l'édition de 1780.

(5) Cette formule se trouve dans le recueil de Canciani intitulé : *Barbarorum leges antiquæ*, t. 3, p. 478.

(6) Mort le 13 août 587.

(7) *Nova bibliotheca manuscriptorum librorum, seu collectio variarum historiæ ecclesiasticæ monumentorum ex manusc. codic. eruta.* Paris, 1657, 2 vol. in-fol., t. 2, page 573.

(8) Qui a régné de l'an 975 de Rome à l'an 988, ou, en d'autres termes, de l'an 222 de notre ère à l'an 235.

(9) *Sentent. recept.*, L. 5, tit. 1, § 1.

(10) *Histoire du droit civil de Rome et du droit français*, t. 2, p. 478 et 479.

d'Alaric (1), et suivie d'une interprétation conforme, permet aux parents
de vendre l'enfant nouveau-né (2). L'ingénuité de l'enfant ainsi vendu
n'était pas toutefois irrévocablement perdue ; le vendeur, ou tout
autre, l'enfant lui-même, un jour, pouvait revendiquer l'ingénuité, en
offrant un prix convenable ou un esclave en échange. Théodose-le-
Grand, en 391, rendit une loi plus digne sans doute de l'inspiration
chrétienne ; il voulut qu'on rappelât l'enfant vendu à son état d'ingénuité, sans aucune restitution de prix, parce que l'ingénu qui avait
subi un seul jour de servitude était censé, par cela même, avoir satis-
fait à toute indemnité (3). Mais cette générosité de la loi devint fatale
aux enfants du pauvre ; ils furent en plus grand nombre exposés, c'est-
à-dire livrés le plus souvent à la mort et à *la dent des chiens*, selon
l'expression d'un concile. — Afin d'arrêter le fléau meurtrier de l'exposition, une novelle de Valentinien III, adressée en 451 au célèbre Aétius,
patrice des Gaules, et insérée au code d'Alaric, donne des garanties
aux acheteurs. Elle établit que les enfants vendus recouvreraient leur
ingénuité, mais que l'acheteur recevrait les deniers payés, augmentés
d'un cinquième du prix (4). D'un autre côté, les conciles provinciaux,
profondément émus à l'idée de l'exposition, et d'accord avec les constitutions impériales de Constantin et d'Honorius, encouragèrent les fidèles
à recueillir les enfants ; et ceux qui les avoient recueillis et sauvés
pouvoient les retenir contre tout réclamant, en l'état d'adoption ou de
servitude qu'ils leur avoient d'abord destiné. — Aux IVe, Ve et VIe
siècles, la société romaine et gallo-romaine était donc tombée à cet
état de misère que les évêques, comme les empereurs, se voyoient obligés de vouer des enfants à la servitude pour les arracher à la
mort (5). »

Voilà donc l'assertion de Chardon, en ce qui concerne la persistance
de l'usage de la vente des enfants, amplement justifiée, et son assertion
en ce qui concerne le maintien de la législation de Justinien dans nos
pays de droit écrit, n'est pas moins exacte, comme nous le verrons
bientôt ; mais cet auteur n'a pas été aussi heureusement inspiré, soit
lorsqu'il ne fait pas remonter au-delà de l'établissement de l'Empire
les atteintes portées à la législation des Douze-Tables, soit lorsqu'il
attribue aux empereurs chrétiens surtout, le mérite des adoucissements
apportés à « la législation barbare de la République romaine. » Il y a
ici une lacune à combler et une erreur à rectifier, en prenant soin de
ne pas perdre de vue que, comme le remarque Laferrière (6), suivant

(1) Connu aussi sous le nom de *Breviarium Aniani*, parce qu'il était
signé par Anien, référendaire d'Alaric, et aussi sous celui de *Breviarium Alaricum*, à partir du XVIe siècle, suivant la dénomination qui
lui avait été donnée par Leconte (*Contius*).

(2) *Codex Theodosianus eum perpetuis commentariis Jacobi Gotho-
fredi*, l. 5, tit. 8, t. 1, p. 490 de l'édition de 1736-1745, publiée par
Ritter.

(3) *Codex Theodosianus*, l. 3, tit. 3, t. 1, p. 296 de l'édition précitée.

(4) *Cod. Theodos. nov. Valent.* XI (Ritter, t. VI, p. 129).

(5) « Les constitutions de Constantin et d'Honorius sont de 331 et de
412. Cette dernière veut qu'il y ait attestation par l'évêque et les
clercs que l'enfant était exposé à la mort. Une des formules, *secundum legem romanam*, dans le recueil de Bignon, se rapporte à ce
point. Les conciles provinciaux qui s'occupent de l'exposition sont principalement ceux de 442 et de 500. »
Le premier de ces conciles fut tenu à Bazas et le second à Agde. Voir
le recueil intitulé : *Conciliorum Galliæ tam editorum quam ineditorum
collectio, opera et studio monachorum congregationis S. Mauri* (P.
Dan. Labat). Paris, 1789, in-fol.

(6) *Loc. cit.*, t. 1, p. 69.

la loi des Douze-Tables, « la puissance paternelle réunit tous les attributs de la souveraineté domestique sur les *personnes* et sur les *biens* pendant la vie et même après la mort du père. »

Ainsi, sous la république, cette omnipotence du chef de la famille romaine avait été atteinte et réduite quant aux donations entre vifs par la loi Cincia ; quant aux legs par la loi Furia, puis par la loi Voconia et enfin par la loi Falcidie ; quant aux exhérédations par l'usage de ne plus les admettre qu'autant qu'elles fussent formelles, et par la plainte d'inofficiosité, institution d'origine prétorienne qui trouva sa garantie et sa sanction dans la création du tribunal de Centumvirs ; enfin la puissance paternelle reçut une limitation plus directe et plus immédiate encore par l'invention des possessions de biens ou successions prétoriennes qui valent aux fils émancipés, bien que sortis de la famille de leur père par cette émancipation, d'obtenir la possession de biens, *contra tabulas* (1). Justinien a donc eu raison de dire (2) : *Angustissimis finibus constitutum per legem duodecim tabularum jus percipiendarum hereditatum prætor ex bono et æquo dilatavit* ; de même qu'avant lui Gaius avait eu raison de dire après avoir exposé le système de la loi des Douze-Tables (3) : *Hæ juris iniquitates edicto prætoris emendatæ sunt.*

Mais si les atteintes portées à la puissance paternelle des Romains sous la république sont incontestables, bien que Chardon n'en parle pas, il est tout aussi incontestable que, malgré son dire, ce ne furent pas les empereurs chrétiens qui lui portèrent les plus rudes coups, mais bien les empereurs païens, et parfois même les plus odieux de ces derniers, ce qui faisait que Baudoin s'écriait (4) : *Leges honestissimas dedit (Deus) per impios tyrannos !*

Auguste fut le premier qui entra dans cette voie, tantôt résolùment et tantôt avec ces détours dans lesquels son génie politique se complaisait.

« Auguste, dit Chrestien de Poly (5), saisit d'abord le tribunal domestique de la connaissance des accusations portées par les pères contre leurs enfants, et ensuite, comme pour honorer ce tribunal et donner plus de poids à ses arrêts, il vint s'asseoir au nombre des juges, dicter, sous la forme d'un simple avis, une sentence qui ne condamnait le coupable qu'à une peine légère (6) , » et « couvrir ainsi d'un respect » apparent pour les anciennes lois le moyen même qui préparait leur » ruine (7). »

Le même empereur porta également atteinte à la puissance paternelle

(1) Laferrière, *Loc. cit.*, t. 1, p. 241-252.

(2) Inst. *de honor. possess.* (III, 9), § 2.

(3) Inst. *Comm.* III. § 25.

(4) Dans les proligomènes de son commentaire des Institutes, § *Cornelium*, n° 30. Voir aussi Arthur Duck, *De usu et autoritate juris civilis Romanorum per dominia principum christianorum*, L, 1, c. 3, n° 9; Hoffman, *Historia juris romani*, p. 414 et 415, note 8; Schomberg, *Précis historique et chronologique sur le droit romain*, traduit par Boulard, p. 185, note g; Pasquier, *Lettres*, liv, 19, lettre 14; Berriat-Saint-Prix, *Histoire du droit romain*, p. 47.

Ce phénomène a été aussi signalé par Edgard Quinet dans la seconde édition de son livre sur le *Génie des religions*, au chapitre nouveau intitulé : *Les Césars. — La religion du droit. — Fin de la cité antique.*

(5) *Essai sur la puissance paternelle*, t. 1, p. 21.

(6) « Sénèque, de la Clémence, à Néron, César, traduction de Pierre Duryer, t. 2, édition in-folio, p. 196. — Sénèque semble louer l'action d'Auguste; mais il parle à Néron, dont il a démêlé le caractère violent, et qu'il essaie de porter à la clémence. »

(7) Linguet, *Théorie des lois civiles*, t. 2, p. 180.

en attribuant aux fils, sous le nom de *peculium castrans*, la pleine propriété des biens qu'ils acquéraient par le service militaire (1) et dont ils purent désormais disposer soit entre vifs, soit par testament, d'après cette règle passée à l'état d'axiome (2) : *Filiifamilias in castrensi peculio vice patrumfamiliarum funguntur.* « En effet, dit Ortolan (3), il faut remarquer que, dès cette époque, reconnaître aux fils de famille la capacité d'être propriétaires, d'avoir des choses à eux, par conséquent d'en disposer et de faire les actes que le commerce de ces choses comportait, ce fut leur constituer une personnalité à eux, une personne civile distincte de celle des chefs de famille ; et que, dès lors, ce principe du droit primitif, que les fils de famille n'ont pas de personne, que leur individualité s'absorbe dans la personne du chef dont ils ne sont qu'une dépendance, qu'un instrument, commença à devenir faux. »

Mais Auguste ne s'en tint pas là, et il brava ouvertement les anciennes lois et coutumes romaines lorsque, sous prétexte qu'il était le père de la patrie, il annula, par un décret, le testament de Tettius, qui lui parut avoir prononcé un exhérédation injuste contre son fils (4). César, devenu dictateur, voulut, il est vrai, contraindre Cæsetius à prononcer contre son fils qui lui avait fait une vive opposition durant son tribunat, la peine de l'abdication (5) ; mais Cæsetius n'y consentit pas, et tout se borna à une tentative de tyrannie restée sans effet (6).

Ce fut l'exemple, non de César mais d'Auguste que les successeurs de ce dernier suivirent (7), que c'est qu'ils dégagèrent à l'envi la puissance paternelle du caractère absolu que lui avait imprimé l'ancien droit civil (8).

Ainsi, Trajan obligea un père à émanciper son fils auquel il avait infligé une correction trop dure (9).

Ainsi, Adrien relégua dans une île un père qui avait tué, à la chasse, son fils convaincu d'un commerce criminel avec sa belle-mère (10).

Ainsi, Antonin-le-Pieux autorisa par plusieurs décrets des mères à garder auprès d'elles leurs enfants à cause de la méchanceté ou des mauvaises mœurs du père, *ob nequitiam patris* (11).

Ainsi, Sévère et Caracalla décidèrent que les proconsuls et les présidents des provinces pourraient contraindre des pères à marier et à doter leurs enfants (12).

Ainsi, Alexandre Sévère, tout en réservant au père de famille le droit

(1) Nougarède, *Essai sur la puissance paternelle*, 2e édition, dans les *Lois des familles*, chap. 2, § 8, p. 51-54.

(2) Loi 2, D. de senatusc. *Macedoniano* (XIV, 6).

(3) *Explication historique des Inst.*, t. 1, p. 436 et 497 de la 5e édition.

(4) Valère-Maxime, L. 7, c. 7, § 3.

(5) Dans une note d'Oliverius, recueillie par Thysius dans l'édition de Valère-Maxime de 1660, p. 494, le sens du mot *abdicare* est ainsi déterminé : *Familia ejicere, patrimonio privare, et a bonis repellere. Est enim abdicare, filium a bonis repellere, dum vivit pater ; exheredare vero post mortem.*

(6) Valère-Maxime, L. 5, c. 7, § 2.

(7) Nougarède, *Loc. cit.*, p. 54.

(8) Laferrière, *Loc. cit.*, p. 476.

(9) Loi 5, D. *si a patri quis manum. sit* (xxxvii, 12).
L'émancipation ne fut plus même le résultat de la volonté souveraine du père de famille, *filiusfamilias emancipari invitus non cogitur*, dit Paul dans ses Sentences, L. 2, tit. 25, § 5.

(10) Loi 5, D. *de lege Pompeia* (xlviii, 9).

(11) Loi 3, § 5, D. *de liber. exhib.* (xliii, 30).

(12) Loi 19, D. *de ritru nuptiarum* (xxiii, 2).

de simple correction, conféra au président de la province celui de prononcer la sentence dans les cas graves (1).

Ainsi, Djoclétien, cet impitoyable persécuteur des chrétiens, effaçant
toutes les traces de l'ancien *mancipium*, défendit de vendre, de donner, de livrer à titre de gage ses enfants, sous aucun prétexte (2).

Ainsi, enfin, Constantin fit subir un double échec à la puissance des
pères de famille : d'une part, en décidant formellement qu'ils ne pourraient plus disposer de la vie de leurs enfants, et que les peines réser-
vées aux parricides leur seraient applicables s'ils leur donnaient la
mort soit en secret, soit en public (3) ; d'autre part en créant au profit
des fils de famille le pécule quasi-castrans (4) et le pécule adventice (5).
Mais les constitutions qui statuent sur ces deux derniers points furent
rendues l'une en 320, l'autre en 319, et ce fut aussi en 319 que fut
rendue la constitution protectrice de la vie des fils de famille, et l'on
peut se demander si, à ces dates, Constantin était, je ne dirai pas
chrétien (6), mais converti au christianisme (A).

Ce progrès incessant de l'affaiblissement du pouvoir des chefs de
famille, qu'il était si simple d'attribuer à l'adoucissement des mœurs,
aurait eu une autre cause suivant Chrestien de Poly. « La tyrannie
ombrageuse des triumvirs, des Tibère, des Caligula, des Claude et des
Néron voulut, dit-il (7), se ménager des auxiliaires dans les esclaves et
dans les fils de famille: de là cette tendance continuelle de leur part à
restreindre et à rendre dépendante de leur caprice la puissance des
maîtres et des pères sur les uns et sur les autres. »

Mais cette explication ne vaut rien pour deux motifs. D'abord, parce
que si elle peut s'appliquer aux monstres qui viennent d'être cités, en
y ajoutant même l'astucieux Auguste, elle n'est pas admissible pour de
meilleurs princes, tels que Trajan, Adrien et surtout Antonin-le-Pieux
et Alexandre Sévère. Ensuite, parce qu'à côté de cette explication
incomplète s'en présente une plus ample et de tout point acceptable, à
savoir l'influence qu'exerçaient sur la législation des jurisconsultes qui
n'étaient pas seulement des légistes, mais aussi des philosophes et, qui
mieux est, pour la plupart, appartenaient à la secte philosophique dont
la morale était la plus pure, l'humanité la plus grande, la conformité
des actions aux principes la moins contestable (8). Ces jurisconsultes

(1) Loi 3, C. *de patria potest.* (VIII, 47).

(2) Loi 1, C. *de patribus qui filios suos destrux.* (IV, 43).

(3) Loi unique C. *de his qui parentes vel liberos occiderunt* (IX, 17).

(4) Loi unique C. *de castrensi omn. palat. peculio* (XII, 31).
Ce pécule quasi-castrans fut successivement étendu par Théodose et
Valentinien, par Honorius et Théodose, par Léon et Anthemius, et enfin
par Justinien. Voir Ortolan, *Loc. cit.*, t. 1, p. 497.

(5) Loi 1, C. *de bonis matern.* (VI, 60).
Ce pécule adventice fut successivement étendu par Arcadius et Honorius, puis par Théodose et Valentinien, et enfin par Justinius, d'après
la constitution duquel il comprit tout ce que les fils de famille acquéraient par une cause quelconque, sauf ce qui provenait de la chose du
père. Voir la loi 2, C. *de bonis matern.* et les lois 2 et 6 C. *de bonis
quæ liberi in potest. patris* (VI, 61).

(6) Il ne reçut le baptême qu'à la veille pour ainsi dire de sa mort
qui eut lieu le 2 mai 337. L'historien Zosime, païen zélé qui est fort
défavorable à Constantin, prétend que ce prince n'aurait pas pu trouver
de prêtres païens qui consentissent à le purifier et à l'absoudre de ses
crimes.

(7) *Essai sur la puissance paternelle*, t. 1, p. 21.

(8) Voir *Prolusio de philosophia Papiniani a J. Philippo Slevogtio;
Justi Henningii Boehmeri programma de philosophia jurisconsultorum stoica; Everhardi Ottonis oratio de stoica veterum jurisconsul-*

ont toujours occupé à Rome des fonctions dignes de leur mission, à commencer par ceux que le président Favre (1) appelait *tres maximi et primi duces*, c'est-à-dire Labéon, Julien et Papinien. Si Labéon ne fut pas consul, c'est qu'il ne voulut pas l'être, regrettant toujours la perte de la liberté romaine à laquelle son père n'avait pas voulu survivre après la perte de la bataille de Philippe, où il avait bravement combattu. La rigidité stoïcienne du fils allait jusqu'à ne pas tenir compte des décisions nouvelles dictées au peuple ou au sénat par Auguste qu'il considérait comme un usurpateur (2). Julien fut préteur, préfet de la ville et deux fois consul ; il obtint l'amitié de Marc-Aurèle, et son arrière-petit-fils, Didius Julianus, parvint à l'empire. Papinien fut successivement avocat du fisc, *magister libellorum* de Sévère, place qui répondait à peu près à celle de secrétaire d'État chez nous, et enfin préfet du prétoire, dignité la plus éminente de l'empire, où on lui donna pour assesseurs ses anciens condisciples Paul et Ulpien. Ce dernier fut, comme Papinien, *magister libellorum* et, après avoir été exilé par Héliogabale, il fut nommé préfet du prétoire par Alexandre Sévère qui en fit son conseil et pour ainsi dire son tuteur. Paul fut successivement avocat du fisc, *magister memoriæ*, c'est-à-dire secrétaire particulier du prince, tandis que le *magister libellorum* était plutôt le secrétaire du tribunal du préfet du prétoire; Paul fut ensuite préteur, préfet de prétoire et l'un des principaux conseillers d'Alexandre Sévère, qui le rappela de l'exil où l'avait également envoyé Héliogabale, quoique celui-ci fut son gendre (3). Quant à l'autorité qu'avaient les ouvrages de ces jurisconsultes dont Leibnitz (4) comparait les procédés à ceux des géomètres pour la rigueur des déductions logiques (5), il suffit de dire que, d'après un rescrit d'Adrien, leur opinion avait force de loi quand ils étaient unanimes sur un point de droit, et que ce n'était que lorsqu'ils étaient en désaccord que le juge restait libre de préférer l'avis qui lui paraissait le meilleur (6) ; que Constantin détermina, dans deux constitutions, quels étaient les jurisconsultes de l'opinion desquels il n'était pas permis au juge de s'écarter (7); que Théodose-le-Jeune,

torum philosophia ; Ejusdem oratio secunda de vera non simulata jurisconsultorum philosophia ; Cornelis van Eck oratio academica de religione et pietate veterum jurisconsultorum ; J. Sam. Hering dissertatio de stoica veterum Romanorum jurisprudentia. Tous ces opuscules ont été réunis dans le volume publié à Iéna en 1721 par Gottl. Slevogt sous ce titre : *De sectis et philosophia jurisconsultorum opuscula.* Voir aussi, sur la philosophie de Papinien, le huitième chapitre de l'ouvrage d'Everard Otton, intitulé : *Papinianus*, publié à Leyde en 1718.

(1) Dans l'épître qui précède ses *Conjecturæ juris civilis.*

(2) Loi 2, § 47, D. *de origine juris* (1, 2) ; Dion Cassius, p. 531 de l'édition de 1606; Appien, *de bello civili*, L. IV; Aulu-Gelle, L. 13, c. 10 et 12; Mérille, *Observat.* L. 3, c. 3, 8 et 20 de l'édition de 1636; Hoffman, *Historia juris romani*, p. 317; Gravina, *Orig. jur. civ.*, L. 1, c. 73; Brunquel, *Historia juris*, p. 115 de l'édition de 1730; Pothier, préface des Pandectes, p. xvii, n° 13 et p. xx et xxi, n° 25 de l'édition de 1782; Berriat-Saint-Prix, *Histoire du droit romain*, p. 125 et 126.

(3) Berriat-Saint-Prix, *Loc. cit.*, p. 119, 120, 122 et 123.

(4) *Methodus nova discendæ docendæque jurisprudentiæ*, t. 1, partie 3 du recueil des œuvres de Leibnitz, par Dutens.

(5) Voici ses termes : *Dixi sæpius post scripta geometrarum nihil extare quod vi ac subtilitate cum romanorum scriptis comparari possit : tantum nervi inest, tantum profunditatis.*

(6) Inst. de Gaius, *Comm.* 1, § 7.

(7) Ortolan, *Histoire de la législation romaine*, n° 77, p. 331 de la 3e édition.

dans une constitution célèbre de 426, connue sous le nom de *loi des citations*, confirma l'autorité des écrits de Papinien, de Paul, d'Ulpien, de Modestin et de Gaius, ainsi que les décisions que ces auteurs avaient insérées dans leurs ouvrages en les empruntant à Scévola, Sabinus, Julien, Marcellus ou autres; qu'en cas de désaccord entre ces jurisconsultes l'opinion émise par la majorité d'entre eux l'emporterait; qu'en cas de partage ce serait l'opinion de Papinien qui prévaudrait et que si Papinien ne se prononçait pas, le juge déciderait lui-même (1) ; qu'enfin, dans son Digeste, Justinien donna force de loi à vingt-huit à trente mille décisions des cent vingt jurisconsultes dont Tribonien et ses collaborateurs avaient recueilli les fragments (2).

Cette autorité dont jouissaient les jurisconsultes romains explique comment, sous leur inspiration, d'excellentes lois furent faites par de détestables princes. « Il faut en donner toute la gloire, après Dieu, dit Arthur Duck (3), aux jurisconsultes qui étaient les ministres des empereurs, et dont nous avons encore les écrits dans les livres du droit romain. » Et Berriat-Saint-Prix (4) fortifie cette remarque en disant des empereurs : « Ni la naissance, ni le crédit, ni la fortune n'étaient d'aucun poids dans le choix de leurs *conseils législatifs*. Ces places étaient dévolues par l'usage aux jurisconsultes les plus distingués par leur sagesse, leurs lumières et leur expérience. »

La persistance de l'influence de ces jurisconsultes, qui se confond avec celle du droit romain, a été démontrée par de Savigny dans sa savante *Histoire du droit romain au moyen âge*. Quant à son influence spéciale sur notre pays, voici ce que dit un collaborateur accidentel de la *Thémis* (5), E. V. Godet (6) : « La longue domination des Romains dans la Gaule eut pour effet important d'effacer presque entièrement la différence qui existait dans le principe entre les anciennes coutumes gauloises et le droit des Romains. Ce dernier absorba les coutumes et devint la commune loi..... Si l'on pense, en effet, que lors de la conquête des Romains, le droit gaulois était encore informe tel qu'il devait l'être chez un peuple à demi-barbare; que la conservation de ce droit était confiée à la mémoire des hommes ; que les Druides qui en étaient dépositaires et à qui était remis le soin de l'appliquer (7), furent abolis et remplacés dans l'emploi de rendre la justice par des magistrats romains (8), enfin que la langue, la religion, les institutions, les mœurs du pays et toutes les circonstances qui tenaient à son ancien Etat, vinrent se perdre dans la civilisation romaine (9), alors il sera impossible

(1) *Id., ibid.*, n° 93, p. 353 et 354. Voir aussi Haubold, *Exercit. de emend. jurisprud. ab imperatore Valentiniano III instituta*, 2° vol. de l'édition de Wenck et les additions de l'éditeur dans la préface, p. 3-23.

(2) Berriat-Saint-Prix, *Histoire du droit romain*, p. 350 et 366.

(3) P. 41 de la traduction française de son ouvrage, publiée en 1689.

(4) *Loc. cit.*, p. 47.

(5) T. 10, p. 114 et 115.

(6) Qui fut professeur extraordinaire à l'université de Liége, et publia dans cette ville, en 1830, in-8°, un *Essai sur l'histoire externe du droit en Gaule et en Belgique, sous la période franque et la période féodale.*

(7) César, *de bello gallico* I, princ. et VI, 13 ; Tacite, *Annales*, III, 44.

(8) Suétone, *Vie de Claude* ; Pline, *Hist. natur.*, III, 1.

(9) « Cent ans seulement après la conquête de César, l'empereur Claude, pour engager le sénat à ouvrir son sein aux Gaulois et à les admettre à toutes les dignités, lui disait entre autres choses (Tacite, *Annales*, XI, 24) : *Jam moribus, artibus, affinitatibus nostris mixti, aurum et opes suas inferant potius quam separati habeant.* »

de concevoir que ce droit ait pu ne pas être en vigueur dans la Gaule (1). »

Mais il n'y jeta pas partout des racines également profondes.«Avant 1789, dit le professeur de Valroger (2), il n'y avait qu'une partie de la France qui fut, comme on disait alors, pays coutumier ; le Midi était pays de droit écrit, c'est-à-dire de droit romain. On voit, dès l'époque franque, les choses prendre cette tournure. Un capitulaire fameux de 864, l'édit de Pistes, fait déjà cette distinction en opposant, dans plusieurs articles, les pays où la justice s'administrait surtout d'après le droit romain aux pays où il en était autrement (3). Ces pays de droit romain, c'était certainement le Midi ; l'ensemble du capitulaire le prouve (4). Au Nord, au contraire, le droit romain avait conservé si peu de cours que, dans une circonstance où il en eût été besoin, on ne put pas trouver de juges capables de l'appliquer (5). — D'où vient cette différence de situation juridique entre le Nord et le Midi? Montesquieu (6) imagine une explication tirée de la prétendue faculté que chacun aurait eue de choisir sa loi. Système ingénieux, mais qui n'en tombe pas moins avec l'idée qui lui sert de base (7). Les causes de la diversité qui s'établit doivent donc être cherchées ailleurs. Il n'est pas besoin d'aller loin pour les trouver. Le Midi resta pays de droit romain parce que, sous l'empire, il avait été plus pénétré par la civilisation romaine et parce que, à l'époque franque, il fut bien moins pénétré par les mœurs germaniques. Dans le dépècement de l'empire romain une grande partie du Midi avait passé sous la domination des Goths; après que les princes francs y eurent établi leur autorité, les Goths conservèrent le droit d'être jugés d'après leurs lois, comme les autres peuples incorporés dans la monarchie franque (8); mais les Goths s'étaient initiés avec une promptitude

(1) On trouve de nombreux documents à l'appui de cette vérité dans l'*Histoire du droit municipal en France*, par Raynouard, et dans l'*Histoire de la civilisation en France*, par Guizot, où une leçon est consacrée à la perpétuité du droit romain (t. 1, p. 313-337 de l'édition de 1840), et où (p. 333) le professeur dit de la Gaule : « Il n'y avait guère plus de cinq siècles (lors de l'invasion des Francs) qu'elle était tombée au pouvoir des Romains, et déjà il n'y restait plus de trace de l'ancienne société gauloise. La civilisation romaine a eu cette terrible puissance d'extirper les lois, les mœurs, la langue, la religion nationales, de s'assimiler pleinement ses conquêtes. Toutes les expressions absolues sont exagérées; cependant à considérer les choses en général, au vi° siècle toute la Gaule était romaine. »

(2) Dans un article intitulé : *Origines de nos institutions coutumières*, inséré dans la *Revue critique de législation et de jurisprudence*, t. 10, p. 253-256.

(3) Baluze, *Capitul. regum franc.*, t. 2, p. 173, c. 13, 16, 20 et 31.

(4) Ce point a été bien démontré par M. Wenck, *Franck. reich nach dem vertrage von Verdun*, p. 503 et suiv.

(5) Dans une note trop longue pour être reproduite ici, M. de Valroger justifie cette assertion en citant après M. Roth, *Beneficial Wesen*. Erlang, 1850, p. 97, des passages des *Miracula sancti Benedicti*, œuvre de l'hagiographe Adrevald, moine de Fleury qui écrivait sous Charles-le-Chauve.

(6) *Esprit des lois*, livre 28, chap. 4.

(7) La fausseté de ce système venait d'être précédemment démontrée par M. de Valroger, p. 240-247.

(8) « Ce point a été mis en doute. Il avait été nié par Dubos, *Histoire critique de l'établissement de la monarchie française*, t. 2, p. 465 et suiv. de l'édition in-4°. Les diplomes et les jugements que j'ai cités ci-dessus (p. 252, note 1), où figurent des juges goths à côté de juges romains et francs suffisent pour dissiper le doute. »

merveilleuse à la civilisation romaine, et leurs coutumes avaient été profondément transformées par l'influence romaine et ecclésiastique (1). À la suite de la conquête du Midi par Clovis, des Francs s'y établirent et y portèrent leur droit; mais le fond de la population resta Romain. La domination franque ne s'établit même que d'une manière très-superficielle sur le Midi. Il conserve toujours une espèce de séparation qui témoigne de la différence des mœurs (2). — Il est vrai que ces deux langues ne différaient qu'en ce que l'une resta plus latine que l'autre. Il ne faudrait pas non plus croire que le droit romain se conserva sans altération dans le Midi, tandis qu'au Nord la connaissance s'en serait complétement perdue. La différence juridique des deux parties de la France ne fut point, à beaucoup près, aussi profonde. Toute connaissance du droit romain ne périt point dans le Nord, c'est ce qui a été bien prouvé par les recherches de M. de Savigny; le clergé surtout en conserva quelque peu. D'un autre côté, ce qui subsista dans le Midi, ce ne fut point une connaissance parfaite, une appréciation exacte, scientifique du droit romain; mais plutôt une pratique confuse, grossière de ce droit, passé, pour ainsi dire, à l'état de coutume. Les usages juridiques des Germains ne furent point d'ailleurs sans pénétrer dans le Midi, quoiqu'à un bien moindre degré. Les pays de droit écrit eux-mêmes, avant 1789, avaient quelques coutumes qui étaient un pâle reflet de celles du Nord. Au fond, il n'y eut donc, entre le Nord et le Midi, qu'une différence de plus ou moins sous le rapport du droit comme de la langue. La langue du Midi resta plus latine, tandis qu'au Nord les formes s'altéraient davantage. De même, dans le Midi, la pratique du droit resta romaine, quoiqu'en s'altérant beaucoup, et non sans qu'il se superposât quelques coutumes d'origine germanique. Au Nord, la révolution fut tout autrement profonde; la pratique fut presqu'entièrement envahie par les coutumes territoriales qui se formèrent, sans cependant que le droit romain ait été complétement étouffé. »

Voyons maintenant la différence qui existait, en particulier, entre les pays de droit écrit et les pays coutumiers relativement à la puissance paternelle.

« Après la conquête romaine, dit Laferrière (3), les colonies fondées par César et par Auguste dans la Narbonnaise y développèrent le principe de la puissance paternelle selon le droit civil de Rome; et la doctrine exprimée par les monuments juridiques de la Gaule méridionale est que les enfants nés d'un légitime mariage et les enfants adoptés ou affiliés sont sous la puissance du père ou de l'aïeul; que le fils marié reste de plein droit, malgré sa majorité de vingt-cinq ans, sous la puissance de son père, avec les enfants issus de son propre mariage, et que l'aïeul est vraiment le chef de la famille. L'Abrégé de Gaius, pour Toulouse et les deux Narbonnaises; la loi romaine des Burgondes pour une partie de la Lyonnaise; et les écrits de Prosper d'Aquitaine, pour l'Aquitaine sa patrie, attestent, aux Ve et VIe siècles, l'absence d'émancipation par mariage et le principe romain de la puissance paternelle (4). »

(1) « Il suffit pour s'en convaincre d'ouvrir le code visigoth. Il se compose, il est vrai, de lois rendues pour la plupart après que les Visigoths eurent été refoulés en Espagne. Mais le même esprit avait, dès les premiers temps, animé la législation visigothique. On en a eu une nouvelle preuve par un fragment de cette législation, retrouvé de nos jours dans un palimpseste déchiffré par un savant allemand (*Die Vestgothische antiqua.... herausgegeben* von Fr. Blume, Halle, 1847). »

(2) V. l'*Histoire de la Gaule méridionale*, par M. Fauriel.

(3) *Histoire du droit civil de Rome et du droit français*, t. 2, p. 473.

(4) « *Epitome Gaii*, tit. III, IV, VI. Conf. *Comm.* I, § 127. — La loi romaine des Burgondes n'a pas de titre au sujet de la puissance paternelle, mais elle la suppose expressément au titre XIV, de *oblig. pignor.*

Ces principes, sauf en ce qui concerne l'adoption, qui n'était pas admise chez nous (1), se maintinrent jusqu'à la Révolution, et Chrestien du Poly (2) dit : « La puissance paternelle n'était b,en reconnaissable que dans les provinces où les lois romaines formèrent le droit commun pour les cas non prévus par les coutumes et dans celles que ces lois régissaient exclusivement et qu'on appelait pays de droit écrit ».

Comment en était-il autrement dans nos pays coutumiers? C'est ce qu'il ne faut pas demander à ceux qui, dans la controverse qui s'est élevée sur l'origine de nos coutumes (3), se sont prononcés en ce sens que nos coutumes ne seraient autre chose que celles de nos ancêtres, les Gaulois. Telle est l'opinion de Grosley, de Bernardi et de l'auteur de l'ouvrage portant ce titre suffisamment significatif : *Les coutumes considérées comme lois de la nation dans son origine et dans son état actuel*, par P. G. M. (4). Paris, 1783, in-8º.

Dans ses *Recherches pour servir à l'histoire du droit français* (5), Grosley dit (6) : « L'histoire nous offre partout les Romains uniquement occupés et excessivement jaloux de la grandeur et de la souveraineté de leur empire; mais elle ne nous les représente point travaillant à y établir l'uniformité ni de culte ni de loi : *Apud eos, comme je l'ai déjà dit (p. 24) d'après Tacite (Annal. L. v). jus valebat imperii, cœtera*

et fidej. : nec filiumfamilias in damnum PARENTUM *in eadem regione positorum posse pacisci. —* L'expression *parentum* suppose l'aïeul comme le père ».

(1) Bugnyon, *De legibus abrogatis*, L. 4, § 90 ; Bouteric, *Institutes de Justinien conférées avec le droit français*, p. 72 et 73 de l'édition de 1740; Serres, *Institution du droit français*, liv. 1, tit. 11, p. 63 de l'édition de Paris; Julien, *Eléments de jurisprudence*, p. 103, nº 3 ; le nouveau Denisart, Vº *Adoption*, § 3, nᵒˢ 4, 5 et 6, t. 1, p. 257.

(2) *Essai sur la puissance paternelle*, t. 1, p. 61 et 62.

(3) Voir, sur ce problème historique, Bouhier, *Observations sur la coutume de Bourgogne*, t. 1, chap. 8, p. 241-248 de l'édition de 1742-1746; la préface des *Œuvres de Cl. Henrys*, par Bretonnier ; les *Conjectures sur l'origine du droit français*, par Loger, qui devaient servir de préface à un nouveau coutumier général et ont été insérées par Berroyer et de Laurière dans leur *Bibliothèque des coutumes*. Paris, 1699, in-4º, p. 1-48; le *Mémoire sur l'origine du droit coutumier en France et sur son état jusqu'au XIII« siècle*, par Pardessus, inséré dans les *Mémoires de l'académie des Inscriptions*, 1833, t. 10, p. 666-765.

Quant à M. Eschbach, dans son *Cours d'introduction générale à l'étude du droit*, § 61 et § 63, p. 142, 143 et 247 de la seconde édition, il considère comme l'opinion la plus plausible celle qui fait découler nos coutumes de l'ancien droit germanique. « En effet, dit-il, nos coutumes, en y regardant de près, ne sont que les *leges Barbarorum*, tombées en désuétude comme droit écrit, et redevenues ce qu'elles étaient avant la rédaction, c'est-à-dire un droit non écrit que de nouveaux usages vinrent compléter et modifier en partie ».

(4) Cet ouvrage superficiel et tout aussi dépourvu d'esprit critique que dénué d'érudition, a pour auteur un procureur au Châtelet nommé Michaux. Voir le *Dictionnaire des anonymes et pseudonymes* de Barbier, t. 1, p. 244, nᵒˢ 3, 166 de la seconde édition.

(5) Paris, 1752, in-12 et non pas in-8º comme le disent Barbier (*Loc. cit.*, t. 3, p. 125, nᵒˢ 15, 853), et Quérard dans sa *France littéraire* (t. 3, p. 489). Cet ouvrage, qu'on dit avoir été revu par le procureur-général Joly de Fleury, est très-supérieur, sous tous les rapports, à celui du procureur Michaux, cependant il serait moins recherché s'il était moins rare. Aussi ne croyons-nous pas à sa prétendue réimpression en 1787, qui est indiquée par Dupin dans sa *Bibliothèque choisie de livres de droit*, nº 901.

(6) P. 46, 72, 73 et 74.

transmittebantur..... Les peuples septentrionaux qui se partagèrent les débris de l'empire romain faisaient consister la liberté dans l'exemption de toutes lois, et ils ne furent longtemps gouvernés que par des coutumes non écrites..... De tels législateurs n'étaient pas en état de renverser les lois et les coutumes qu'ils trouvèrent établies dans la Gaule septentrionale..... Aux raisons d'impossibilité se joignait une raison politique. Les Français (1), en conservant les lois de la Gaule septentrionale, répandaient, dans les pays dont ils méditaient la conquête, un préjugé favorable à leurs desseins. Notre Gaule, en un mot, avait conservé ses coutumes sous les Romains dont elle avait été la dernière conquête; elle les conserva sous les Français qui y avaient débuté, pour ainsi dire ».

M. Victor Rigaut adresse un premier reproche à l'auteur des *Recherches*. « Grosley, dit-il (2), essaya de compléter, par les usages des Germains, le petit nombre de notions que César a données sur les usages civils des Gaulois. Il admit une similitude presque uniforme entre les coutumes germaniques et celles de la Gaule. Mais une observation remarquable faite par César *(de bello Gallico*, L. 6, c. 21), paraît contraire à cette assimilation : *Germani multum ab hoc consuetudine differunt*, dit-il, après avoir consacré huit chapitres à l'exposition des coutumes gauloises ».

De son côté, M. Giraud dit (3) : « La sagacité de Jules César avait parfaitement saisi ce qu'il y avait de différent dans les institutions des Celtes et des Germains. Strabon (4) n'a pas été aussi exact ou aussi bien renseigné. Son erreur, relativement à l'identité d'origine et d'organisation des deux peuples, a été suivie, chez les modernes, par un grand nombre d'écrivains (5). De bons esprits avaient cependant indiqué une meilleure voie (6). Il n'est permis à personne aujourd'hui de s'y méprendre. La constitution druidique, le régime des mariages, la puissance paternelle, le droit de propriété, le droit des serfs, les habitudes de famille sont autant de points capitaux sur lesquels les coutumes celtiques diffèrent essentiellement des coutumes germaniques ».

Pas plus, d'ailleurs, que Godet et Guizot, M. Giraud n'admet (7) la persistance des coutumes gauloises sous la domination romaine, à laquelle, avant Grosley, de la Thaumassière (8) et Pithou (9), et, après lui,

(1) Pour parler exactement, Grosley aurait dû dire les Francs, car ce n'est qu'à partir du commencement du IXe siècle qu'un autre nom leur convient, « puisque, comme le remarque Sismondi, dans son *Histoire des Français* (t. 3, p. 10), à dater de cette époque seulement le nom de *Franci* désigne, dans les historiens latins, les peuples qui faisaient usage de la langue *française*, par opposition aux anciens *Franci*, aux Germains, qui faisaient usage de la langue teutonique ».

(2) *Revue étrangère et française de législation*, etc., par Fœlix, t. 0, p. 63.

(3) *Essai sur l'histoire du droit français au moyen âge*, t. 1, p. 38 et 39.

(4) *Geogr.*, L. IV, p. 299 de l'édition de Casaubon.

(5) Pelloutier, Reynier, Perreciot, tombent perpétuellement dans la même confusion.

(6) « Voyez Neller, *De jurisprudentia Trevirorum belgica*, § xxvii, p. 258-271, dans le tome 1 de ses *Opuscula*. — Conf. Eduard Arnd *Geschichte des ursprungs und der entwickelung des französischen volkes*, 1er vol., Leipsig, 1844, ouvrage plein de vues neuves et ingénueuses, mais empreint d'une malveillance trop déclarée contre la nation française ».

(7) *Loc. cit.*, p. 16, 39, 40, 60 et 76.

(8) *Les anciennes et nouvelles coutumes du Berri*. Bourges, 1679, in-fol., p. 5, 552 et *alibi*.

(9) *Les coustumes du bailliage de Troyes en Champagne*. Troyes, 1600, in-4o, *passim*.

Chabrit (1) avaient cru. « En général, dit-il, la domination romaine offrit aux peuples plus de sûreté intérieure, plus d'avantages réels qu'ils n'en avaient sous la domination druidique ou sous le joug des factions gauloises (2). La prospérité de la Gaule n'avait jamais été aussi brillante que sous l'administration habile et modérée du vainqueur. Une certaine liberté fut laissée au pays vaincu, mais cette liberté même hâta et facilita la transformation d'un peuple éminemment sociable et doué d'une remarquable flexibilité... Dans la Gaule, comme dans l'Espagne et ailleurs, la société fut donc comme absorbée par la civilisation romaine. Dans tous les services publics, dans tous les actes de la vie sociale, le régime romain fut successivement substitué au régime gaulois. L'usage du latin dans les divers actes de l'autorité civile et judiciaire rendit indispensable pour les habitants l'étude de cette langue. La propriété territoriale reçut l'organisation italique, soit dans les mains des anciens propriétaires, soit dans les mains des nouveaux possesseurs d'origine italienne ; et les classes supérieures subirent, recherchèrent même une transformation qui s'accommodait à leurs intérêts et qui flattait leur goût... De l'ancienne civilisation celtique, il ne resta, pour vrai dire, rien de considérable, sinon le caractère propre des Gaulois sous la forme romaine ».

Quant à Bernardi, il est, comme nous l'avons dit, du même avis que Grosley, et il expose son opinion dans des termes non moins formels. « L'origine de notre droit coutumier, dit-il (3), remonte jusqu'aux usages des anciens Gaulois. Outre les vestiges qui restent encore de ces usages dans quelques coutumes, nous avons vu (p. 16) qu'ils furent respectés par les Romains qui laissèrent aux Gaulois la liberté de vivre suivant leurs lois. Les Francs eurent la même condescendance ».

Deux lignes des commentaires de César suffisent pour donner un démenti éclatant à cette théorie de Bernardi et de Grosley, de même qu'à cette assertion de Justinien (4), exagérant en le copiant un texte de Gaius (5) : *Nulli allii sunt homines qui talem in liberos habeant potestatem qualem nos habemus*. La puissance paternelle des Gaulois n'était pas moindre : *Viri in uxores, sicuti in liberos, vitæ necisque habent potestatem*, dit César (6). Ainsi les descendants des farouches compagnons de Brennus n'avaient rien à envier à cet égard aux descendants des compagnons du chef qui, suivant la légende, avait eu une louve pour nourrice. Mais les uns et les autres étaient, sous ce rapport, très-inférieurs en civilisation aux Barbares du Ve siècle (7). « La

(1) *De la monarchie française et de ses lois*. Bouillon, 1783, 2 vol. In-8o, discours préliminaire du 2e volume.

(2) *Defessam tot adversis prœliis Galliam, conditione parendi meliore, facile in pace continuit*. Hirtius, cont. Bell. gall, viii, 49. — Voyez aussi le discours de Cerealis aux Belges insurgés, dans Tacite, *Histor*. L. iv, § 73.

(3) *Essai sur les révolutions du droit français*. Paris, 1785. In-8o, p. 143 et 144.

(4) Inst. de patria potestate, § 2 (I, 9).

(5) Lequel atténue (I, 55), en la faisant précéder de l'adverbe *fere*, la proposition qui suit.

(6) *De bello gall.*, L. 6, c. 19.

(7) « Nous savons qu'à cette époque, dit Guizot, dans son *Histoire de la civilisation en Europe* (p. 60 de l'édition de 1840), les conquérants de l'Europe étaient presque tous ou sous la même race, tous Germains, sauf quelques tribus slaves, par exemple celle des Alains. Nous savons, de plus, qu'ils étaient tous à peu près au même état de civilisation. Quelque différence pouvait bien exister entre eux, selon le plus ou moins de contact que les différentes tribus avaient eu avec le monde romain. Ainsi, nul doute que la nation des Goths ne fût plus avancée,

loi par laquelle Théodoric fit défendre aux parents de vendre leurs enfants eut, disent Toulotte et Riva (1), plutôt pour but de prémunir les sujets barbares de ce prince contre l'introduction d'une coutume romaine, que de leur enlever une faculté dont ils avaient déjà joui »

Accurse qui écrivait, non pas au XIIe siècle, comme l'a dit Chrestien de Poly (2), mais au XIIIe (3), a été frappé de la douceur de la puissance paternelle dans nos provinces septentrionales, et, dans sa glose sur le texte des Institutes précité (3), il oppose à cette douceur qui reduit cette puissance presqu'à rien, la rigueur de la puissance paternelle chez les Esclavons : *Aliæ vero gentes ut servos tenent filios, ut Sclavi ; aliæ vero prorsus absolutos, ut Francigenæ.*

Les témoignages des auteurs des pays coutumiers abondent pour justifier cette assertion.

« Droit de puissance paternelle n'a lieu », dit Loisel dans ses *Institutes coutumières* (4).

« On ne doit trouver estrange, dit Bacquet (5), si puissance paternelle n'est reçue en France, attendu que le royaume de France n'est point sujet à l'empire romain et ne dépend aucunement d'icelui. Tellement que l'émancipation de laquelle aucuns usent en la coutume de Paris, n'est qu'une ombre, vestige et figure de l'antiquité faite pour plus grande asseurance de seurcté : ainsi qu'Alciat a annoté *in lib. 2 Dispunct. cap. 23, post Accursium* ».

Coquille, qu'on appelle d'habitude, à l'exemple de Pothier, « le judicieux Coquille » ; Coquille, « excellent jurisconsulte très-versé dans les antiquités du droit », dit M. Eschbach (6) ; Coquille n'est pas moins explicite à cet égard que Bacquet. Après avoir parlé de la puissance paternelle chez les Romains, il ajoute (7) : « Mais cette puissance paternelle n'est que superficiaire en France, et par nos coutumes en ont seulement été retenues quelques petites marques avec peu d'effet. Pourquoi ne faut trouver étrange si ces coutumes en ont parlé diversement, et si les cérémonies requises par le droit romain ès émancipations ne sont observées ».

Ricard, sur l'art. 221 de la coutume de Senlis (8), dit : « Cet article et les autres semblables de quantité de nos coutumes qui disposent de même, sont conformes à la glose d'Accurse, laquelle glose est alléguée par tous les docteurs, et Jason la tient singulière pour montrer que le roi de France est indépendant de l'empire romain. Ce n'est pas pourtant que les pères n'aient puissance sur leurs enfants, cela serait contraire au droit naturel... Mais c'est d'autant que cette puissance naturelle n'est point telle parmi nous, ni de tel effet que chez les Romains. »

Pocquet de Livonière que son *Traité des fiefs* a placé parmi nos feu-

n'eut des mœurs plus douces que celles des Francs. Mais à considérer les choses sous un point de vue général et dans leurs résultats quant à nous, cette diversité dans l'état de civilisation des peuples barbares, à leur origine, est de nulle importance ».

(1) *Histoire de la barbarie et des lois au moyen âge*, t. 3, p. 121 et 122.

(2) *Essai sur la puissance paternelle*, t. 1, p. 46.

(3) *Corpus juris civilis cum glossis*, édition de Lyon, 1827, dite du lion moucheté, dernière partie du t. 5, col. 46.

(4) Liv. 1, tit. 1, règle 37.

(5) *Traité des droits de justice*, chap. 21, nos 58 et 59.

(6) *Cours d'introduction générale à l'étude du droit*, § 101, p. 254 de la seconde édition.

(7) *Institution au droit français* au titre : *De l'état des personnes* dans ses *Œuvres*, édition de 1703, t. 2, p. 86.

(8) Portant que « la puissance paternelle n'a point de lieu audit bailliage ».

distes les plus distingués (1) et ses *observations sur la coutume d'Anjou*, parmi les auteurs coutumiers recommandables (2), Pocquet de Livonière dit, dans ses *Règles du droit français* (3) : « La puissance paternelle en France n'emporte aucun domaine sur la personne ni sur les biens, elle ne consiste qu'en obéissance et révérence que les enfants doivent à leurs pères ».

Argou, qui écrivait avant Pocquet de Livonière, entre à cet égard dans plus de détails. Il dit, dans son *Institution au droit français* (4), si souvent réimprimée (5) : « Dans la coutume de Paris et dans la plupart des autres, les pères n'ont guère plus de pouvoir sur leurs enfants que les tuteurs sur leurs pupilles : ils ont le soin de leur éducation et de l'administration de leurs biens jusqu'à ce qu'ils soient majeurs ou émancipés d'âge par des lettres du prince ; mais ils n'ont pas l'usufruit de leurs biens ; car la garde noble et bourgeoise est commune au père et à la mère et ne leur donne que l'usufruit de certains biens jusques à un certain âge et à des conditions dont nous parlerons dans la suite (6). — Dans quelques autres coutumes comme Auvergne, Bourbonnais, Rheims, Berry, etc., les pères ont la même puissance sur les enfants qui ne sont pas émancipés que dans les pays de droit écrit ; mais elle finit à un certain âge suivant les diverses coutumes. Il y en a même quelques-unes comme celle de Bourgogne où la puissance paternelle finit dès le moment que les enfants sont hors de la maison de leur père et qu'ils tiennent un ménage à part ».

Prévôt de la Jannès, grâce auquel l'université d'Orléans « reprit l'ancien éclat un peu affaibli dont elle avait brillé autrefois (7) », dit dans ses *Principes de la jurisprudence française* (8) : « La puissance paternelle par le droit naturel consiste : 1o dans le pouvoir qu'ont les pères et mères de gouverner avec autorité la personne et les biens de leurs enfants, jusqu'à ce que la maturité de l'âge les ait rendus capables de se conduire eux-mêmes ; 2o dans les devoirs de reconnaissance, de respect et d'amitié qu'ils ont droit d'exiger de leurs enfants après même que ceux de l'obéissance et de la soumission n'existent plus (9). — Dans nos mœurs la puissance paternelle, bien différente de ce qu'elle était chez les Romains, où elle n'avait point de bornes, ne consiste aussi que dans ces deux points. C'est par suite du premier que dans plusieurs coutumes les pères et mères sont de plein droit les tuteurs naturels de leurs enfants mineurs auxquels il est échu des biens par le décès de l'un des conjoints ou autrement (10) ; que les coutumes mêmes qui ne leur donnent pas de plein droit l'administra-

(1) Voir la quatrième lettre de Camus sur la profession d'avocat.

(2) Voir les *Mémoires* de Nicéron, t. 14, p. 72, et t. 18, p. 383.

(3) Liv. 1, tit. 2, sect. 1, p. 30 de l'édition de 1768.

(4) Liv. 1, chap. 4, t. 1, p. 26 et 27 de l'édition de 1762.

(5) La première édition fut publiée en 1692 ; l'édition de 1762 que nous citons est la neuvième, et Dupin (*Loc. cit.*, no 915) indique encore deux autres éditions plus récentes publiées l'une en 1771 et l'autre en 1787.

(6) Tel est l'objet du chap. 6 du même livre de son ouvrage.

(7) Bimbenet, *Histoire de l'université de lois d'Orléans*, p. 382. Voir également l'*Éloge de Pothier* (par Jousse), en tête de l'ouvrage de Pothier sur les *Coutumes d'Orléans*, édition de 1772, p. vii en note. — Cet éloge se trouve aussi en tête des *Traités de la possession et de la prescription*, éditions de 1772, 1776 et 1777, in-12.

(8) T. 1, p. 12-14 de l'édition de 1759.

(9) Grotius, *de jure belli et pacis*, l. 2, c. 5.

(10) Cout. d'Orléans, art. 23 et 178 ; d'Anjou, art. 85 et 88, et du Maine, art. 98 et 101.

6

tion de ces biens, leur laissent toujours le soin de la personne et de l'éducation (1) ; qu'ils ont un droit de correction modéré sur leurs enfants, et peuvent, lorsqu'ils sont indociles, les faire enfermer dans des maisons de force, le père de sa seule autorité, s'il n'est marié en secondes noces, la mère en vertu d'une ordonnance du juge (2). — Une suite du second point est que les enfants, à quelqu'âge qu'ils soient, ne peuvent se marier sans requérir l'avis et le consentement de leurs père et mère (3), et que, lorsqu'ils violent avec excès les devoirs de la révérence et de la piété paternelle les pères et mères peuvent, par la foudre de l'exhérédation que la loi leur met en main, priver leurs enfants de tout droit à leur succession (4) ».

Enfin Pothier, qui, après la mort de Prévôt de la Jannès, le remplaça dans sa chaire de droit français, et jeta sur la vieille université d'Orléans (C) le vif éclat que donne souvent une lampe qui va s'éteindre (D), Pothier dit dans son *Introduction au titre IX de la coutume d'Orléans*, nos 1 et 2 (5) : « Il paraît par la rubrique de ce titre que notre coutume reconnaît une puissance paternelle : mais elle est très-différente de celle du droit romain, soit pour la nature, soit pour les effets, soit pour la durée.— Par le droit romain, la puissance paternelle établie uniquement en faveur des pères, était une espèce de *jus dominii* que la loi donnait aux pères sur leurs enfants, presque semblable à celui d'un maître sur ses esclaves. De là vient que tout ce que les enfants acquéraient, était acquis à leur père (ce qui avait néanmoins été beaucoup modifié par le nouveau droit) : cette puissance durait jusqu'à la mort du père, à moins qu'il ne plût au père de mettre ses enfants hors de sa puissance par un acte solennel, qui s'appelait *émancipation*. — Au contraire, notre puissance paternelle, plus semblable à celle d'un tuteur qu'à celle d'un maître, n'est autre chose que le droit qu'ont les parents de gouverner avec autorité la personne et les biens de leurs enfants ; et, comme c'est plutôt en faveur des enfants qu'elle est établie qu'en faveur des parents, elle finit lorsque les enfants sont réputés en état de se gouverner par eux-mêmes, c'est-à-dire lors de leur majorité ou de leur mariage ».

Merlin (6) dit que l'on reconnaît universellement que quant au pays de droit écrit « la puissance paternelle y produit presque encore les mêmes effets que dans le dernier état de la jurisprudence romaine » ; mais il avoue qu'en pays coutumier il n'en est pas de même et qu'on y suit généralement la règle que Loisel aurait empruntée, suivant lui, à Dumoulin, c'est-à-dire au jurisconsulte dont, en matière de droit coutumier, l'autorité était sans réserve. Mais, à l'exemple de Bretonnier et de Laurière (E), Merlin soutient que tels n'étaient pas les usages primitifs des pays coutumiers et il cite trois chartes qui, suivant lui, « sont là-dessus de la plus grande évidence (F) ».

Bornons-nous à remarquer que, en admettant cela, le problème qui nous occupe ne serait pas par suite résolu, mais que la difficulté qu'il présente se bornerait à changer de face. Il y aurait à se demander alors comment ces coutumes dont la rédaction officielle ne remonte pas, il est vrai, au-delà du XVe et du XVIe siècle, mais qui n'ont fait que constater des usages de beaucoup antérieurs, ont, à l'égard de la

(1) Cout. de Paris, art. 270, 271, 265, 266 et 267.

(2) Arrêt de règlement de 1606, *Journal des audiences*, t. 5, liv. 12, ch. 25.

(3) Ordon. de 1556, 1639, édit. de mai 1697.

(4) Novelle 115, c. 3.

(5) Voir aussi son *Traité du contrat de mariage*, no 589, et son *Traité des personnes et des choses*, première partie, tit. 5, 4e alinéa, et tit. 6, sect. 2, 2e, 3e, 4e, 10e et 12e alinéas.

(6) *Répertoire*, à l'article *Puissance paternelle*, sect. 1, no 3.

puissance paternelle, un esprit si différent de celui du droit romain qui servait de loi municipale dans les pays de droit écrit; car ici encore, quant aux coutumes, on remarque cette « identité de leur esprit » qui, dit Klimrath (1), est « incontestable pour quiconque en a fait une étude approfondie ».

Toutefois, pour se rendre compte de cet esprit, il ne faut pas s'en tenir à l'adage de Loisel, qui, comme toutes les maximes générales, pèche par son exagération, et il ne faut pas prendre à la lettre ce que dit Ricard que « quantité de nos coutumes » ont des dispositions semblables à celles de l'art. 221 de la coutume de Senlis. Non, la maxime de Loisel n'est vraie qu'en ce sens que la puissance paternelle des pays coutumiers différait totalement de la puissance paternelle des pays de droit écrit; et l'assertion de Ricard n'est exacte que dans le même sens.

Aussi d'Argentré (2) reprend-il vivement Balde, qui avait nié que cette puissance existait chez les Bretons, et, pour prouver le contraire, il fait intervenir César et Prosper d'Aquitaine. Il aurait pu citer plus naturellement les très-anciennes coutumes de Bretagne, rédigées au commencement du XIVe siècle, vers l'an 1330 (3). Il est vrai qu'en même temps qu'elles constatent l'existence de la puissance paternelle, elles constatent aussi sa cessation par le mariage de celui qui y était soumis. « Puisque, disent-elles, l'enfant est marié ô (avec) l'assentement de son père, il est émancipé par la coutume, quant à jouir de ses biens; car le père ne le pourrait rapeler à soy ». Tels sont les termes du chapitre 203 de ces coutumes (4).

« Cette puissance, dit Chrestien de Poly (5), avait été reconnue et consacrée par le texte de plusieurs autres coutumes, dont quelques-unes régissaient de grandes provinces. De ce nombre étaient la coutume de Normandie, art. 421; celle de Bretagne, art. 526 et suiv.; celle du Berri, art. 3, 4 et 5 du titre 1er; celle du Nivernais, chap. 22, art. 2; celle du Poitou, titre 9; celle de Saintonge, art. 2; celle de La Rochelle, art. 21; celle de Blois, art. 1 et 2; celle de Montargis, chap. 7, art. 2 et 3; celle d'Orléans, art. 180 et 185; celle de Chartres, art. 103; celle de Lorraine, titre 1, art. 16; celle de Sedan, art. 5; celle de Lille, titre 4, art. 2, et celle d'Orchies, chap. 6, art. 3 (6); mais c'était moins une puissance qu'une autorité tutélaire; et d'ailleurs cette autorité était circonscrite à un tel point, par le texte même des coutumes et par la jurisprudence interprétative, qu'elle n'était plus que l'ombre de la puissance paternelle établie chez les Romains et chez nos ancêtres ».

Mais d'où provient cet adoucissement des rigueurs ou, pour mieux dire, des cruautés de la loi des Douze-Tables et des coutumes gauloises? Serait-ce de l'influence du christianisme qui a inspiré chez nous, à Châteaubriand, de brillantes tirades (7), en Allemagne, un poème à Herder (8) et dont l'action sur la législation, en général, a été signalée

(1) Dans ses *Études sur les coutumes*, t. 2, p. 183 de ses *Travaux sur l'histoire du droit français*.

(2) Sur l'art. 493 de la coutume de Bretagne.

(3) Hévin sur Frain, *Arrêts du parlement de Bretagne*, t. 2, chap. 98. Voir aussi la note du *Coutumier général* de Bourdot de Richebourg, t. 4, p. 190, et Laferrière, *Loc. cit.*, t. 2, p. 56.

(4) *Coutumier général*, t. 4, p. 215.

(5) *Essai sur la puissance paternelle*, t. 1, p. 54 et 55.

(6) Merlin, *Loc. cit.*, no 4 du *Répertoire* de Guyot, t. 14, p. 91, ajoute un grand nombre d'autres coutumes à celles-ci qu'il cite également.

(7) Dans ses *Études historiques* (3e, 4e et 5e).

(8) *Idées sur la philosophie de l'histoire de l'humanité*, t. 3 de la traduction d'Edgar Quinet.

dans les ouvrages d'Otto, de Walch et de Gruner (1), et sur la puissance paternelle, en particulier, par Troplong (2) et M. Théophile Huc (3).

Sans doute, cette action du christianisme sur la législation n'est pas niable, mais à deux conditions : c'est, d'abord, qu'on ne la fasse pas remonter trop loin, c'est qu'ensuite on ne la sépare pas des éléments étrangers qui lui sont venus en aide.

Jusqu'à la conversion de Constantin au christianisme « la seule influence du christianisme sur les institutions romaines fut, dit M. Giraud (4), de les pousser à la violence ». En effet, l'antipathie réciproque des jurisconsultes romains à qui la législation impériale était due et des chrétiens que cette même législation souvent n'épargnait guère, est manifeste ou plutôt leur animosité respective est flagrante. *Sceleratissimi homines contra pios jura impia condiderunt*, écrivait Lactance (5) au IV⁰ siècle, et il accuse nominativement Ulpien d'avoir composé un recueil de lois et de règlements contre les chrétiens (6) ».

D'autre part, M. Giraud dit (7) : « Gardons-nous d'attribuer à l'influence chrétienne toutes les améliorations que le droit de la famille va bientôt recevoir. Le droit germanique est pour beaucoup dans la grande œuvre de la modification des mœurs romaines à cet égard ». Aussi M. Huc, qui reconnaît que c'est dans les pays coutumiers que l'adoucissement de la puissance paternelle s'est surtout produit, se garde-t-il bien de donner l'explication de ce phénomène qui ne serait, en effet, explicable par l'influence dont il parle qu'autant que le christianisme, s'étant établi d'abord dans la partie septentrionale de la France, y aurait eu des racines plus profondes. Or, c'est précisément le contraire qui a eu lieu. » L'histoire, dit M. Giraud (8), ne nous apprend pas d'une manière précise à quelle époque eut lieu la première apparition du christianisme dans les Gaules, mais il est certain que, dès le IIᵉ siècle, et surtout au IIIᵉ, il était fort répandu *dans le midi de notre patrie* (9) ».

(1) M. Ch. Giraud qui les cite, dans son *Essai sur l'histoire du droit français au moyen âge* (t. 1, p. 283), note 3), n'aurait pas manqué de citer aussi, s'il l'avait connu, l'ouvrage de Corneille-Guillaume de Rhoer, publié, dans le même titre, sous ce titre : *Dissertationes de effectu religionis christianæ in jurisprudentiam romanam*. Groningue, 1776, in-8° de 313 pages, non compris les 6 pages de l'épître dédicatoire. Il est également certain que le baron de Reiffenberg, qui a fourni une notice de quelques lignes sur de Rhoer à la *Biographie universelle* (t. 79, p. 30), n'a pas connu non plus cet ouvrage ; sans cela il n'aurait pas donné à son auteur les prénoms de Charles-Guillaume au lieu de Corneille-Guillaume, et surtout il n'aurait pas dit qu'on avait de lui « *une* dissertation dans laquelle il expose l'influence du christianisme sur le droit romain », car le volume ci-dessus cité contient *six* dissertations, et encore n'était-ce là que le commencement d'un travail qui n'a pas été achevé, témoin cette indication de *fasciculus primus* que porte le titre.

(2) *De l'influence du christianisme sur le droit civil des Romains*, partie 2, chap. 9, p. 253-281.

(3) *Influence du droit canonique sur la constitution juridique de la famille*, t. 9, p. 241 de la *Revue critique de législation et de jurisprudence*.

(4) *Loc. cit.*, p. 292.

(5) *Divinar. instit.*, l. v, c. 11.

(6) Il reste des fragments de cet ouvrage d'Ulpien dans le titre du Digeste *de officio proconsulis* (l, 16).

(7) *Loc. cit.*, p. 320.

(8) *Loc. cit.*, p. 288.

(9) Voyez sur les traditions de ces premiers temps, *Ecclesiæ gallicanæ historia a primo J.-C. Evangelio in Gallia usque ad datam a Constantino imperatore Ecclesiæ pacem*, auctore *Francisco Bosqueto Narbonensi*. Paris, 1636, in-4°.

De son côté, après avoir cité cette phrase des *Réponses du droit français* (1) de Charondas : « Puisque le droit romain ne décide en termes exprès cette question si, par le mariage, la puissance paternelle est solue, il faut avoir recours au *droit universel des chrétiens* (2) », Laferrière ajoute (3) : « Mais si l'émancipation par mariage avait été le résultat du christianisme tout seul, elle se serait établie dans les provinces méridionales aussi bien que dans les autres ; car les provinces méridionales n'étaient pas moins chrétiennes que celles du nord et du centre. La diversité du droit dans les deux vastes contrées du nord et du sud, malgré la généralité des maximes chrétiennes, suppose donc, dans ces contrées, un principe préexistant, que nous trouvons dans la différence caractéristique du droit romain et du droit gallique (G) sur l'étendue de la puissance paternelle, et sur l'effet du mariage par rapport à l'état des enfants qui se marient.—A ces antiques racines du droit gallo-romain doit se rattacher la diversité de doctrine, qui a toujours persisté entre les pays de droit écrit et les pays de droit coutumier sur l'émancipation des époux. — Les pays de droit écrit ont maintenu la puissance du père sur la personne et les biens des enfants, nonobstant leur mariage (4). — Les pays de droit coutumier ont pratiqué l'émancipation par le seul effet de l'union conjugale : et la coutume

(1) Livre IX, Rép. 2, folio 328 verso, de l'édition de 1605, ou p. 415 de l'édition de 1637.

(2) En s'en tenant à cette citation tronquée, on pourrait croire que Charondas décide d'une manière générale que le mariage a pour effet de produire l'émancipation des deux époux; mais Charondas examine uniquement « si la fille mariée en pays de droit écrit est en la puissance de son père » ; et c'est pour motiver une solution négative qu'il dit que « il faut avoir recours au droit universel des chrétiens qui veut, selon la parole de Dieu, que la femme quitte père et mère pour adhérer à son mari et estre avec lui une même âme, chair et volonté, le mari lui estant maître et seigneur (Matt. 19; Paul *ad Roman. 7, ad Ephes. 7, ad Corint. 7*), laquelle ordonnance a telle force qu'elle retire la femme de la puissance du père pour la mestre sous celle du mari ». Quant au silence du droit romain dont se prévaut Charondas, il n'existe plus pour nous. Grâce à la découverte des Institutes de Gaius (1, 108-115), nous savons maintenant d'une manière positive ce qu'on pouvait à peine conjecturer autrefois, c'est-à-dire que, d'après le droit romain primitif, la femme mariée était sous la puissance de son mari ou restait sous celle de son père, suivant qu'elle était ou non *in manu*.

(3) *Histoire du droit civil de Rome et du droit français*, t. 2, p. 473 et 474.

(4) « La constitution d'Antonin, qui limitait la puissance du père sur la *personne* de la fille mariée, était suivie aussi dans les pays de droit écrit. »
Laferrière a raison de souligner ce mot *personne*, car quant aux biens, c'était tout différent, comme on le voit, dans *les Institutions du droit français* de Serres, qui, comme nous l'avons déjà dit, était professeur de droit à l'université de Montpellier. « La coutume de la ville de Toulouse et celle de la ville de Montpellier, qui veulent que le mariage émancipe, ne sont pas même, dit-il (p. 28 et 65 de l'édition de Paris), observées pour ce point en cette province; du moins celle de Toulouse et par voie de suite celle de Montpellier ne l'est-elle pas à l'égard des filles mariées, et on ne l'observe tout au plus qu'à l'égard des garçons mariés, à qui le père a fait une donation, et qui ont vécu quelque temps séparément de leur père, ou qui ayant vécu dans la maison du père ont agi néanmoins comme pères de famille et chargés du soin et de la conduite de la maison (V. Maynard, liv. 5, chap. 2; Catellan, liv. 4, chap. 51) ». Voyez aussi les *Questions de droit* de Bretonnier, p. 267-280 de l'édition de 1783.

gallique, fortifiée par les préceptes de l'Evangile, a dû même se
conserver et se perpétuer d'autant mieux dans les provinces du Nord,
qu'elle s'est trouvée d'accord avec le *mundium* germanique ou la
mainburnie des pères et mères (1), qui finissait aussi par le mariage (2). »

Mais Laferrière ne mérite-t-il pas ici l'un des reproches qui lui
furent autrefois adressés (3) ? et la raison subsidiaire qu'il donne
de la différence qu'il signale entre les pays de droit écrit et les pays
coutumiers relativement à l'émancipation de la puissance paternelle
produite par le mariage, ne devrait-elle pas être considérée, au contraire, comme la raison principale ou, pour mieux dire, unique de
cette différence ? Rendons-lui cette justice cependant que sa prédilection pour les origines celtiques n'a pas été jusqu'à lui faire interpréter un passage de César (4), de façon à y trouver l'origine de notre
communauté conjugale, ainsi qu'ont fait plusieurs auteurs anciens (5) et

(1) Charondas, dans son *Commentaire sur la coutume de Paris*,
(fol. 150 recto de l'édition 1618), cite un ancien manuscrit de *pratique*
où se trouve cette maxime : *Mariage oste bons et fame de mainbur-
nage de père et mère et autre mainbour.*

(2) « L'émancipation par mariage a toujours été repoussée par les
parlements de Provence, de Toulouse et de Bordeaux. — Le parlement
de Paris avait fini par imposer sa jurisprudence aux autres pays de
droit écrit dépendant de son ressort, le Forez et le Lyonnais ».

(3) « L'auteur n'a pas mis assez en relief l'importance des sources de
l'élément germanique », disait dans la *Revue de législation* de
Wolowski, t. 16, p. 161, M. Kœnigswarter, en parlant d'un *Mémoire sur
un projet de collection des monuments relatifs à l'histoire du droit
civil français,* publié par Laferrière dans la *Revue bretonne* et reproduit
par Wolowski, dans sa *Revue de législation*, t. 12, p. 221-238. Et,
avant cela (t. 14, p. 38, de ladite *Revue),* M. Kœnigswarter avait dit
en parlant de la première édition de l'*Histoire du droit français* de
Laferrière : « Cet auteur si brillant et si remarquable d'ailleurs, ne
reconnaît au droit germanique aucun intérêt historique pour l'étude du
droit français, et c'est pour cela qu'il se dispense de le mettre au rang
des éléments de ses travaux. M. Laferrière, au lieu de s'initier aux
savants travaux des Mittermaier, des Eichorn et autres jurisconsultes
distingués de l'Allemagne, qui reconnaissent tous la parenté du droit
français et du droit germanique, au lieu de suivre les errements de
M. Pardessus, dans son beau mémoire, a persisté dans l'ancien préjugé
des auteurs français, et s'est contenté de donner à l'appui de son
système quelques arguments négatifs qui ont été réfutés aussi simplement que victorieusement par Klimrath dans sa critique de l'ouvrage de
M. Laferrière (t. 4, p. 48-62 de la *Revue* de Wolowski, ou dans les
Travaux sur l'histoire du droit français, t. 1, p. 113-131). »

(4) *Comm. de bello gallico,* l. vi, c. 19.

(5) Grosley, *Recherches pour servir à l'histoire du droit français,*
p. 8, 9 et 18 ; Renusson, *Traité de la communauté,* partie 1, chap. 1,
n° 3 ; Coquille, *Questions et réponses sur les articles des coutumes,*
n° 64, p. 169 de l'édition de 1703 ; Lebrun, *Traité de la communauté*
chap. 3, n° 25 (cependant *ibid.,* n° 4, il ne repousse pas l'origine
germanique de cette institution). Mais dans ses *Recherches de la France,*
liv. 4, chap. 21, page 388 de l'édition de 1621, Etienne Pasquier n'admet
pas cette origine de la communauté. « Ceux, dit-il, qui pensent fouiller
bien avant dedans l'ancienneté, la vont chercher dans les Gaules,
esquelles lorsqu'on se marioit, chacun apportoit du bien de son costé,
auquel succédoit celui qui estoit survivant des deux. Qui n'est pas
représenter la communauté dont nous parlons. » Et dans l'édition de
1560, fol. 216 recto, il avait désavoué moins nettement qu'ici cette
origine en se bornant à dire : « Cela n'est pas proprement la communauté dont nous usons, ains seulement une image ».

modernes (1) dont l'erreur partagée par les rédacteurs du code civil (2)
a été depuis, à son exemple (3), refutée par des arguments sans
réplique (4). Mais, parmi ces arguments, il s'en trouve un qu'on peut
opposer ici à Laferrière avec un plein succès. « Si, dit Troplong (5),
la communauté était un de ces débris vivaces du droit celtique, pourquoi ne se serait-elle maintenue que dans les pays coutumiers ?
pourquoi pas aussi dans les pays du Centre et du Midi? pour quelle
raison aurait-elle absolument péri ici, tandis que là elle aurait poussé
des racines qui auraient étouffé le régime dotal ? » De même on pourrait dire à Laferrière : Si l'émancipation par le mariage était un débris
de droit gallique, comment se fait-il que cette institution se soit maintenue exclusivement dans les provinces septentrionales de la France,
c'est-à-dire dans les provinces qui avaient reçu plus anciennement et
plus profondément l'empreinte des coutumes germaniques ? Pour expliquer ce phénomène, il faudrait, ou à l'exemple de Grosley, confondre
lesdites coutumes avec celles des Gaulois, nonobstant l'assertion
négative de César, ou à l'exemple de Saint-Foix, dans ses *Essais
historiques sur Paris* (6), dire que « les Francs, en conquérant les
Gaules, ne firent que rentrer dans la patrie de leurs ancêtres » ; et

(1) Guichard, *Dissertation historique sur les communes de France*,
p. 7 ; Amédée Thierry, *Histoires des Gaulois*, t. 2, p. 69 ; M. Mignet,
dans la séance de l'académie des sciences morales et politiques du 11 juin
1835, t. 2, p. 221 de la *Revue de législation* de Wolowski.
Dans l'ouvrage intitulé : *De l'origine et des progrès de la législation
française*, p. 6 et 7, Bernardi dit que César fait mention de la communauté de biens entre mari et femme. « Elle n'est pas, ajoute-t-il,
exactement la même que celle qui s'est conservée parmi nous ; mais
elle en a été incontestablement le modèle ».
Dans son *Précis historique sur l'ancienne Gaule*, p. 276, Théoph.
Berlier dit, après avoir cité le passage de César : « Voilà un certificat
de bien ancienne origine pour notre communauté conjugale ».
Enfin, dans son *Mémoire sur l'origine du droit coutumier* (t. 10,
p. 606 des *Mémoires de l'Institut*), Pardessus, après avoir cité le
même passage, dit : « Nous voyons ici la communauté conjugale
clairement établie : ce système qui a traversé tant de siècles et qui
nous est parvenu *tel qu'il existait du temps de César*, devait frapper
son attention, puisqu'il était entièrement inconnu aux Romains ».
Depuis, il est vrai, dans sa xiiie *Dissertation sur la Loi salique* (p. 674-
675), Pardessus a vu dans l'institution gauloise dont parle César
l'origine, non de notre communauté légale, mais d'une communauté
d'acquêts, dont le produit appartient à l'époux survivant : ce qui réduit
son erreur sans l'effacer.

(2) Voir dans Locré, t. 13, p. 431, le discours prononcé au Tribunal
par Abisson, dans la séance du 10 pluviose an XII (5 février 1804).
Voir aussi le discours prononcé par Berlier, orateur du gouvernement,
au Corps législatif, dans la séance du 10 pluviose an XII (31 janvier
1804), *Ibid.* p. 272 et 273.

(3) Avant de combattre cette opinion dans son *Histoire du droit
civil de Rome et du droit français*, Laferrière l'avait déjà combattue
dans son *Histoire du droit français*, publiée en 1836, p. 170.

(4) Ginoulhiac, *Histoire du régime dotal et de la communauté en
France*, p. 161 et 162; Kœnigswarter, *Revue de législation* de Wolowski,
t. 17, p. 428 et 429 ; Giraud, *Essai sur l'origine du droit français au
moyen âge*, t. 1, p. 35 et 36 ; Aug. Dubois, *Revue* de Wolowski, t. 30,
p. 370-373, Troplong, *Du contrat de mariage*, préface, p. xcviii-c.

(5) *Loc. cit.* p. xcix.

(6) T. 4, p. 23 de ses *Œuvres complètes*, édition de 1778 in-8°, ou
t. 4, p. 22 de l'édition in-12 publiée la même année.

encore, cette dernière conjecture, outre qu'elle n'est justifiée par rien (1), reculerait la difficulté au lieu de la faire disparaître, puisqu'il resterait à expliquer comment, après un aussi long séjour en Germanie, les Francs en seraient revenus avec leurs mœurs d'autrefois, sans avoir reçu l'empreinte de celles du pays qu'ils auraient si longtemps habité ; tandis qu'au contraire il n'est pas admissible que les coutumes gauloises, ayant survécu, durant plusieurs siècles, fussent encore en vigueur lors de l'invasion des Francs (2) qui au besoin eût achevé leur ruine si déjà elle n'avait été consommée.

Mais si, au lieu de nous perdre dans la recherche de ces prétendues origines gauloises si éloignées de nous et si obscures, nous nous attachons aux origines germaniques, qui remontent moins loin et nous sont mieux connues, le jour remplace les ténèbres, et nous parvenons facilement, non-seulement à expliquer la différence qu'il y avait entre nos provinces septentrionales et nos provinces méridionales quant à l'étendue et à la durée de la puissance paternelle, mais encore à discerner la cause primitive de la plupart des institutions capitales et caractéristiques de notre droit coutumier.

« On ne peut pas confondre, dit M. Laboulaye (3), la puissance paternelle *(patria potestas)* des Romains et la puissance paternelle des barbares, le *mundium*. Il y a un abîme entre ces deux pouvoirs. *Jure Longobardorum non sunt filii in potestate patris*, dit un vieux commentateur des lois lombardes, et cependant, en ce qui concerne l'autorité paternelle, ces lois sont les plus sévères parmi celles de la conquête..... Le chef n'est point, comme le *paterfamilias*, le maître de la femme et des enfants, il n'est que leur gardien, *mundoaldus ;* sa puissance est toute de protection, faite pour le protégé et non pour le protecteur. Aussi ne faut-il pas songer à cette rigueur romaine qui ne laissait au fils aucune personnalité et transformait l'enfant en instrument de travail, incapable d'acquérir, sinon pour le maître qui l'exploitait ; rien de pareil dans les coutumes germaniques : la femme et le fils sont des personnes bien distinctes du mari et du père, et rien de plus fréquent que de voir les enfants acquérir une fortune indépendante, et en disposer à leur gré (4). — Une telle puissance paternelle

(1) Saint-Foix conclut de deux passages l'un de Grégoire de Tours et l'autre d'Agathias sur la chevelure des rois francs, et d'un passage de Tacite sur la chevelure des Suèves que les Francs « faisaient partie de la nation des Suèves » ; mais loin qu'il résultât de là que les Francs étaient originaires de la Gaule, ce serait tout le contraire qu'il faudrait en conclure, car il est certain que les Suèves étaient en Germanie des aborigènes. C'est ce qui est prouvé par le triple témoignage de César *(de Bello gallico*, l. 1, c. 7 vers la fin et c. 11 vers la fin, l. 4, c. 1 et l. 6, c. 5 au commencement) ; de Tacite *(de moribus Germanorum*, c. 2 et 38) et de Pline *(Histor. natur.*, l. 4, c. 12 et c. 14, t. 1, p. 100 et 106 de l'édition de Lyon, 1601-1602).

(2) Aux auteurs que nous avons déjà cités sur ce point, nous ajouterons l'abbé Fleury, *Précis historique du droit français*, § 3, p. 5-11 de l'édition publiée par Dupin en 1826 avec une continuation depuis 1674 jusqu'à 1789 ; Raynouard, *Histoire du droit municipal en France*, t. 1, Introduction, p. VIII, IX ; Edouard Gans, *Histoire du droit de succession en France au moyen âge*, p. 4 de la traduction de M. de Loménie.

L'ouvrage de l'abbé Fleury précité, après avoir été publié séparément, fut inséré en tête de toutes les éditions de l'*Institution au droit français* d'Argou, y compris la première publiée en 1692, et il a été aussi réimprimé dans les *Opuscules* de son auteur, publiés à Nîmes, 1781, 5 vol. in-8°.

(3) *Recherches sur la condition civile et politique des femmes*, p. 80-82.

(4) *Formulæ Sirmondicæ*, IX, 11 ; Schwabenspiegel, c. XVI ; Sachsenspiegel, II, 19.

cesse naturellement quand l'enfant n'a plus besoin de protection, quand il devient majeur, par exemple, ou qu'il va s'établir hors de la maison commune. Le mariage de la fille l'émancipe également ». Il n'en était pas ainsi dans les pays de droit écrit où se maintint le régime dotal. « La fille ne passant pas, dit M. Laboulaye (1), en puissance du mari, reste soumise à la puissance paternelle (2) ». Et, au XIVe siècle, Jean Desmares signalait cette différence dans ses *Décisions* (3) en ces termes (4) : « De coutume la femme est en la puissance du mari; autrement est de droit écrit ».

Du reste, tous les auteurs qui se sont occupés des origines germaniques de notre droit donnent du *mundium* la même idée que M. Laboulaye.

« La protection spéciale accordée aux faibles est, dit Pardessus (5), un caractère des codes germaniques et surtout dans la loi des Saliens ».

« Le *mundium*, en général. comme principe de protection et comme caractère de l'autorité paternelle, était, dit Laferrière (6), tout dans l'intérêt du protégé ; ce qui fait la grande différence entre la puissance de chef de famille à Rome et l'autorité du père chez les Germains ».

M. Kœnigswarter développe la même idée en ces termes (7) : « On pourrait dire que la famille romaine n'existe que pour le *paterfamilias* auquel elle appartient , tandis que la famille germanique est une association *sui juris*, dont le chef n'est investi de droits que pour mieux défendre et gérer les personnes et les intérêts qui lui sont confiés ; en un mot la famille des Douze-Tables est la famille politique, celle des bords du Rhin et du Danube est la famille naturelle. L'une représente le système despotique, le père de famille dit : *l'Etat, c'est moi* ; dans l'autre, le chef de la famille n'a qu'une autorité tutélaire, ce n'est, comme le roi constitutionnel des états modernes, que le premier magistrat..... Les coutumes de France, quoiqu'en employant quelquefois les termes de *puissance paternelle*, qui correspondent à ceux de *patria potestas*, ont universellement confirmé le droit de garde, le *mundium* germanique... A Rome, le chef de la famille tenait en son pouvoir tous ses descendants, à quelqu'âge qu'ils fussent parvenus. Parmi les peuples de la Germanie, où l'autorité du père de famille était d'une nature essentiellement protectrice, elle devait nécessairement cesser aussitôt que l'âge ou les circonstances rendaient cette protection superflue. C'est donc par la majorité et par l'émancipation que l'autorité paternelle finissait chez les peuples de la race germanique..... Mais ne nous figurons pas une émancipation romaine, qui, tout en donnant à l'émancipé les droits d'un *homo sui juris*, le privait en même temps de la succession paternelle. Dès que les circonstances démontraient que les enfants savaient ou pouvaient gérer leurs biens eux-mêmes, l'auto-

(1) *Loc. cit.*, p. 215.

(2) Dall' Olio, *Leggi civili rom.*, l. 1, t. 11 ; *Rota romena, decis.*, 496, t. 2, p. 18 : *Etiansi agatur de filia nupta, quæ licet subjiciatur viro quoad obsequia matrimonialia, ut innuit apostolus in Epist. I ad Corinth., nihilominus quoad alios effectus civiles, remanet sub patris potestate quæ per matrimonium non solvitur.*

(3) Imprimées à la fin du t. 2 du *Commentaire sur la coutume de Paris* de Brodeau, qui dit, t. 1, p. 11 de l'édition de 1658 qu'il les a fait imprimer « parce qu'elles contiennent les principaux articles de la coutume de Paris, c'est-à-dire du droit commun et coutumier de la France ».

(4) Décision 35.

(5) *Loi salique*, 8e dissertation, p. 451.

(6) *Loc. cit.*, t. 3, p. 155 et *Revue de droit français et étranger* de Fœlix, t. 4 (14e de la collection), p. 858.

(7) *Revue de législation* de Wolowski, t. 16, p. 325, 333, 334 et 338.

rité paternelle cessait : ainsi pour les filles, quand elles se mariaient, le *mundium* passant à leur mari, pour les fils aussitôt qu'ils avaient formé un ménage séparé, ne vivant plus en commun avec leurs père et mère ; le mot *émancipation* était complétement étranger au droit germanique [1] et ne fut introduit dans les coutumes de France et d'Allemagne que par une confusion d'idées romaines appliquées à une institution purement germanique. On la nomma dans le droit coutumier « émancipation par le mariage, par la séparation de demeure ; *feu et lieu font mancipation,* était une règle de droit coutumier [2] ».

La différence qui existait entre les pays de droit écrit et les pays de droit coutumier quant à l'étendue et à la durée du pouvoir paternel est incontestable [3], ce que nous nions seulement c'est que l'émancipation de ce pouvoir par le mariage soit « un principe d'origine gallique », comme le dit Laferrière [4] ; et il n'a pas été mieux inspiré lorsqu'il a considéré [5] *l'affectation du patrimoine à la famille* comme « le principe caractéristique du droit gallique, celui qui le distinguera également du droit romain et du droit germanique », et enfin comme « le lien qui unit le droit coutumier de la France au droit primitif des peuples de la Gaule ».

Si Laferrière s'était rappelé ce qu'il avait dit lui-même [6] de l'institution gauloise, en matière de régime conjugal, dont parle César, il aurait vu combien ce lien était fragile ou, pour mieux dire, hypothétique. « En voici, dit Troplong [7], le mécanisme : la femme apporte une dot, le mari fait de son côté une mise égale. Après une estimation, qui a pour but de constater cette égalité, on fait masse de ce double apport ; on en met les fruits en réserve. Le survivant gagne le tout, avec les fruits du temps écoulé. Qu'y a-t-il de semblable entre cette combinaison aléatoire, ce gain réciproque de survivre et la communauté ? Et cette totalité des fruits que l'on met en réserve, par une conception tellement singulière, qu'on ne voudrait pas le croire, si César n'en était le garant, quel rapport a-t-elle avec la communauté, qui consacre au contraire les fruits aux dépenses quotidiennes du ménage ? » Aucun, sans nul doute ; mais cette combinaison singulière n'a pas plus de rapport avec l'esprit de conservation des biens dans les familles qui serait d'après Laferrière « le principe caractéristique du droit gallique ». Que cette combinaison soit aléatoire, peu importe ; elle n'en aura pas moins pour résultat inévitable ou de priver la femme de ses biens si c'est le mari qui survit, ou de priver la famille de celui-ci de ses biens si c'est lui qui prédécède ; donc dans tous les cas de porter atteinte à « l'un des caractères essentiels du droit gallique ».

Cela n'empêche pas Laferrière de dire [8] : « Cet antique esprit du droit gallique attesté par les lois de Howel et le vieux coutumier de

---

(1) Grimm, *Antiq. allem.*, p. 462 ; Mittermaier, *Droit commun allemand*, § 324.

(2) Elle se trouve en effet dans les *Institutes coutumières* de Loisel, liv. 1, tit. 1, règle 38 ; mais M. Kœnigswarter cite en note la coutume de Châlons dont l'art. 7 porte : « Les enfans sont en la puissance des pères, et n'en sortent qu'ils ne soient âgés de vingt ans, ou tenant maison et faisant fait à part, au sceu et veu de leurs pères ».

(3) Voir aussi Edouard Gans, *Histoire du droit de succession en France au moyen âge*, p. 166 et 167 de la traduction de M. de Loménie.

(4) *Loc. cit.*, t. 2, p. 74.

(5) *Ibid.*, p. 85.

(6) *Loc. cit.*, p. 81.

(7) *Du contrat de mariage*, préface, p. xcix et c.

(8) *Loc. cit.*, p. 96 et 97.

Bretagne, il était encore vivant dans le pays de Galles et dans la Bretagne au milieu du XVIIIe siècle, avec son énergie native ».

Et, pour justifier cette assertion, Laferrière cite, d'un côté, un passage du glossaire de Wotton (1) qu'il traduit ainsi : « Les Gallois, par caractère et par une tradition immémoriale, ont été attachés à la conservation des successions de familles ; et ils lo sont encore, et ils se montrent encore, sur ce point, aussi curieux et diligents qu'autrefois ».

D'un autre côté, Laferrière cite ce passage de Poullain du Parc (2) : « Le vœu général de notre coutume est de conserver, autant qu'il est possible, les biens dans les familles et les propres dans chaque ligne dont ils viennent. Si elle autorise les donations entre-vifs et à cause de mort, elle favorise beaucoup plus les héritiers que les donataires... L'objet si juste de conserver les biens dans les familles ne fait voir qu'à regret une portion de ces biens passer en des mains étrangères, dans le temps même où le droit du donateur s'éteint par sa mort et passe de plein droit à ses héritiers. — Tel est, en général, l'esprit de nos maximes sur les donations. Je ne m'arrête pas à en prouver l'équité ; la conservation des biens dans les familles est un des plus grands avantages que les lois puissent produire ».

Si cette manière de voir avait été particulière à la Bretagne on pourrait croire qu'elle provenait des Gaulois, cette province étant plus apte que toute autre, par sa tournure d'esprit, à conserver des tendances qui partout ailleurs se seraient perdues. Il s'agirait alors seulement d'admettre, ce qui serait facile, que les habitants de cette contrée avaient à l'égard de ses coutumes la même propension à l'immutabilité que pour ses formes de langage dont Augustin Thierry (3) disait : « Le peuple breton les conservait, à travers les siècles, avec la ténacité de mémoire et de volonté qui est propre aux hommes de la race celtique ».

Mais cet argument fait complétement défaut et, par suite, la base du système de Laferrière se dérobe si l'on trouve dans des contrées moins réfractaires au changement les mêmes tendances qu'en Bretagne. Or, ce qui frappe tous ceux qui sont quelque peu familiers avec notre droit coutumier, c'est cet esprit de conservation des biens dans les familles qui s'y montre partout sous les formes les plus diverses.

De là, les fidéicommis graduels qui, d'après l'art. 59 de l'ordonnance de 1560, ne pouvaient s'étendre à l'avenir au-delà de deux degrés sans y comprendre l'institution ou première disposition, restriction qui fut confirmée par l'ordonnance de Moulins de 1566, laquelle « l'amplifiant pour le fait des substitutions auparavant faites », déclara qu'elles seraient réduites au quatrième degré outre l'institution. Mais, avant ces ordonnances, Dumoulin (4) admettait que le fidéicommis graduel *potest in infinitum extendi si sit voluntas testatoris*, et même depuis l'ordonnance de 1747 qui dans son article 30 renouvela les prohibitions des ordonnances d'Orléans et de Moulins, les substitutions perpétuelles furent maintenues dans certaines provinces, telles que la Franche-Comté et l'Alsace (5), en vertu de l'article 32 de ladite ordonnance, ainsi

<hr>

(1) V^o *Ach ac Edryd*. Ach, *series Majorum*.

(2) *Principes du droit français, suivant les maximes de Bretagne*, t. 7, p. 3 et 4.

(3) *Histoire de la conquête de l'Angleterre par les Normands*, t. 3, p. 101 de l'édition de 1826.

(4) *Consilium* 1, n° 46; *Consilium* 51, n°s 23 et 32, t. 2, p. 810, 816, 957 et 958 des œuvres de Dumoulin, édition de 1681.

(5) *Traité des substitutions fidéicommissaires* par Thevenot d'Essaule de Savigny, p. 465. Voir aussi le *Commentaire de l'ordonnance de Louis XV sur les substitutions* par Furgole, p. 132 de l'édition de 1775, et l'*Esprit des ordonnances de Louis XV* par Sallé, p. 206 de l'édition de 1758, in-4°.

conçu : « N'entendons rien innover quant à présent à l'égard des provinces où les substitutions n'ont pas encore été restreintes à un certain
nombre de degrés ».

De là, dans les successions, la règle *paterna paternis, materna
maternis* qui, suivant Dumoulin (1), provenait des Francs et des Bour-
guignons et avoit été étendue par Charlemagne au pays des Saxons ;
règle qui formait le droit commun des pays coutumiers et qui, à ce
titre, recevait son application là où la coutume était muette sur ce
point, au lieu de la proscrire explicitement, comme avaient fait quelques coutumes exceptionnelles (2).

De là les réserves coutumières, c'est-à-dire les biens ou portions de
biens déclarés indisponibles au préjudice des héritiers du sang ;
réserves qui, sauf de rares exceptions (3), existaient partout dans les
pays coutumiers (4), avec cette différence seulement que d'après certaines coutumes ces réserves ne portaient que sur les propres (5) ;
que, suivant d'autres, elles étaient appliquées indifféremment aux
propres et aux acquêts (6); que, suivant d'autres encore, les meubles
mêmes y étaient assujettis (7), et qu'enfin, suivant quelques-unes, les
acquêts n'y étaient soumis qu'à défaut des propres, et les meubles
qu'à défaut des acquêts (8).

De là, la différence, d'après plusieurs coutumes, de la quotité disponible suivant qu'il s'agissait de donations entre-vifs ou de donations à
cause de mort, différence qui n'avait pas lieu en Bretagne (9), c'est-à-
dire là précisément où Laferrière va chercher la preuve de la persistance des institutions gauloises sur la conservation des biens dans les
familles. Quant aux coutumes qui disposaient autrement, Argou (10) les
explique ainsi : « La raison de ces coutumes est la conservation des
propres dans les familles ; elles ont permis de disposer de tous les
propres par donation entre-vifs, parce qu'il arrive rarement qu'un
homme veuille se dépouiller lui-même pendant sa vie, et s'ôter la liberté
de disposer de son bien ; et néanmoins, s'il le veut faire, la coutume
le lui permet, ne voulant pas l'obliger à avoir plus d'égard pour ses
héritiers qu'il n'en a pour lui-même. Mais la coutume ne permet de
disposer par testament que d'une partie de ses propres. »

De là également, la diversité de régime des pays de droit écrit et
des pays de droit coutumier relativement aux donations faites durant
la dernière maladie du donateur. Ainsi sur l'article 4 de l'ordonnance de

(1) *Consilium* 7, n° 48.

(2) Bacquet, *Du droit de deshérence*, chap. 4, n° 2 ; Chopin sur la
coutume de Paris, liv. 2, titre 5; Lebrun, *Traité des successions*, liv. 2,
chap. 1, sect. 2, n° 9 ; Merlin, *Répertoire*, à l'article *Paterna paternis*,
sect. 2, § 2.

(3) Indiquées par Merlin dans son *Répertoire* à l'article *Réserve coutumière*, au commencement.

(4) Elles comprennent les quatre cinquièmes des propres du défunt
d'après la coutume de Paris et plusieurs autres.

(5) Merlin, *Loc. cit.*, § 1, art. 1.

(6) *Id. ibid.*, art. 2.

(7) *Id. ibid.*, art. 3.

(8) *Id. ibid.*, art. 4.

(9) « Dans notre coutume, dit Poullain du Parc *(Loc. cit.*, t. 7, n° 36,
p. 23), la loi est égale sur la capacité de donner entre-vifs ou à cause
de mort, et sur l'étendue de l'une ou l'autre donation ». Voir aussi
ibid., n° 2, p. 3.

(10) *Institution au droit français*, liv. 2, chap. 11, t. 1, p. 272 de
l'édition de 1762.

1731 (1), Furgole disait (2) : « La disposition de cet article regarde entièrement les pays gouvernés par les coutumes..... La même difficulté ne peut pas se présenter dans les pays gouvernés par le droit écrit, où l'on juge, selon la loi romaine, qu'un malade, même à l'extrémité, peut valablement donner entre-vifs, et la donation est irrévocable tout de même que si elle avait été faite en santé, suivant la loi 42, § 1, D. *de mortis causa donat.* La raison en est, parce qu'on ne peut pas dire que ce soit une donation à cause de mort, mais bien une donation entre-vifs faite par un mourant, ce qui n'en change pas la nature ». Au contraire, dans ses *Institutions coutumières* (3), Loisel établissait cette règle : « Donation entre-vifs par personnes malades de la maladie dont elles décèdent, est réputée à cause de mort » ; et cette règle était adoptée en Bretagne (4), bien que, comme le remarque Poullain du Parc (5), il n'y eût pas la même raison de l'admettre que dans les pays où la liberté de disposer par testament était moindre que celle qu'on avait en matière de donations entre-vifs. « Dans les pays coutumiers, dit Troplong (6), on prenait le mot vif dans le sens le plus restreint ; on voulait que le testateur fût dans son assiette ordinaire de santé, et qu'il ne flottât pas entre la vie et la mort ; on voulait qu'une maladie mortelle ne fît pas présumer que sa prévoyance s'exerçait plutôt pour régler la disposition de ses biens après sa mort que pendant sa vie. Les coutumes, et notamment celle de Paris (art. 277), prohibaient donc comme donation entre-vifs les dispositions qualifiées entre-vifs par une personne malade de sa maladie mortelle ; elles voulaient que la disposition fut réputée à cause de mort et revêtue des formalités testamentaires, sans quoi elles étaient nulles (7) ». Mieux que cela, depuis l'ordonnance de 1731 elles étaient nulles, même étant revêtues de ces formalités. « L'esprit de l'ordonnance, dit Boutaric (8), n'est autre que d'abroger l'article 277 de la coutume de Paris, c'est-à-dire de ne pas laisser subsister une donation entre-vifs faite à l'extrémité de la vie, même à titre de donation à cause de mort ou testamentaire ». Et, dit Sallé (9), « la raison de cette décision, c'est qu'alors le donateur *fecit quod non potuit,* et n'ayant point fait une disposition testamentaire *quod potuit non fecit.* C'était même, avant l'ordonnance, la dernière jurisprudence du Châtelet et du Parlement de Paris. « Enfin Rousseaud de la Combe (10) dit : « La différence en ce point entre les pays de droit écrit et coutumiers, est qu'en pays de droit écrit les réserves coutumières n'ayant point lieu, il importe peu que la donation soit réputée entre-vifs ou à cause de mort, au lieu qu'en pays coutumier, l'on ne peut disposer pour cause de mort que d'une partie de ses biens : même dans les coutumes qui admettent les réserves coutumières en donation entre-vifs aussi bien qu'en testament, il y a toujours quelque diffé-

(1) Cet article porte : « Toute donation entre-vifs qui ne serait valable en cette qualité, ne pourra valoir comme donation de disposition à cause de mort, ou testamentaire, de quelque formalité qu'elle soit revêtue ».

(2) P. 30 et 31 de son commentaire, édition de 1761.

(3) Liv. 4, titre 4, n° 12.

(4) D'Argentré, sur l'art. 223 de la coutume de Bretagne, gl. 2, nos 4 et 5; Hévin, *Consultations et observations sur la coutume de Bretagne,* cons. 41.

(5) *Loc. cit.,* t. 7, p. 23 et 24.

(6) *Des donations entre-vifs et des testaments,* t. 1, n° 58.

(7) Coquille, *Quest.* 162.

(8) *Explication de l'ordonnance du mois de février 1731, concernant les donations,* p. 16 de l'édition de 1744.

(9) *Loc. cit.,* p. 11.

(10) *Commentaire sur les nouvelles ordonnances,* p. 48.

rence entre la faculté de disposer entre-vifs ou pour cause de mort. Voyez la coutume de Poitou, art. 204 ». En sorte qu'ici encore c'est l'esprit de conservation des biens dans les familles qui se révèle dans le droit coutumier, puisqu'ici se trouve de nouveau justifiée cette observation de Ricard (1) : « La jurisprudence coutumière a voulu borner la libéralité des hommes lorsqu'ils ont attendu à donner leurs biens dans la vue de leur mort prochaine, et ayant prévu que les plus avares deviennent prodigues, lorsqu'ils voient qu'ils ne peuvent plus posséder leurs biens et qu'il ne s'agit que d'en priver leurs héritiers, elle a, par une prudence qui lui est propre, interdit au donateur de disposer d'une partie de ses biens, qu'elle réserve aux héritiers du sang ». En appliquant ainsi l'adage : *Lex strictius prohibet quod facilius fieri putat*, notre droit coutumier avait suivi l'exemple que lui avaient donné nos maîtres en jurisprudence, les Romains, lorsque, par la loi Julia, ils avaient défendu au mari d'hypothéquer le fonds dotal avec le consentement de sa femme, bien qu'il pût l'aliéner alors avec ce consentement (2), et lorsque, par la loi Fusia (3) Caninia, ils avaient limité le nombre des affranchissements qui seraient faits par testament (4), en laissant toute latitude à la volonté du maître pour ceux qui seraient faits par actes entre-vifs (5).

Le retrait lignager nous offre un nouvel exemple de l'esprit de conservation des biens dans les familles. Bien que le retrait féodal fut favorable (6) et qu'on le crut « d'une institution beaucoup plus ancienne que le retrait lignager (7) », à moins de faire remonter celui-ci jusqu'à Moïse (8), néanmoins, si le retrait féodal est préféré au retrait lignager

(1) *Traité des donations*, partie 1, chap. 2, n° 53, t. 1, p. 12 de l'édition de 1783.

(2) Instit. *quibus alienare licet*, pr. (II, 8). Voir aussi Gaius, II, § 63; Paul, *Sentent.*, l. 2, tit. 21 (*bis*), § 2; la loi 4, D. *de fundo dotali* (XXIII, 5) et la loi 1, § 15, C. *de rei uxoriæ act.* (V. 13.)

(3) Ou plutôt Furia, comme l'appellent Gaius et Ulpien. Cette loi fut rendue l'an 701 de Rome, sous le consulat de Furius Camillus et de C. Caninius Gallus.

(4) Gaius, Inst. 1. §§ 42 et suiv.; Ulpien, *Regul.*, tit. 1, §§ 24 et 25; Justinien, Instit., liv. 1, titre 7.

(5) *Licet iis qui vindicta, aut censu, aut inter amicos manumittunt, totam familiam suam liberare*, dit Gaius, *Loc. cit.*, § 44.

(6) Dumoulin sur la coutume de Paris, § 20, gl. 4, n° 8, t. 1, p. 321 de ses œuvres, édition de 1681; Brodeau sur l'article 4 de la coutume de Paris, n° 3; Breyé, *Traité du retrait féodal et du retrait lignager*, première partie, p. 21 et seconde partie, p. 209-211.

(7) *Répertoire* de Guyot, t. 15, p. 437.

Dans son *Essai sur les institutions de Saint-Louis*, p. 340 et 341, M. Arthur Beugnot fils, ne fait pas remonter la réglementation du retrait lignager au-delà de ce prince. « Pasquier (*Recherches de la France*, liv. 2, chap. 14) prétend, dit-il, que le retrait commença à s'établir en France sous Hugues Capet vers l'an 990; mais David Houard (*Anciennes lois des Français conservées dans les coutumes anglaises*) démontre (t. 1, p. 256 et 257) qu'il n'existait ni en France ni en Normandie sous Guillaume-le-Conquérant (mort en 1087). Entre ces deux opinions, l'on doit se décider pour celle de Houard qui est appuyée sur des preuves, celle de Pasquier n'étant qu'une simple assertion. Mais toujours est-il certain que les Établissements de Saint-Louis sont le premier code de lois où des dispositions sur le retrait aient trouvé place ».

(8) « Les premières lois qui ont établi le retrait lignager, dit Merlin (*Répert.* à l'article *Retrait lignager*, n° 1), sont celles de Moïse; telle est du moins l'opinion commune. Cujas la traite d'erreur et prétend

dans les pays de droit écrit (II), c'était au contraire le retrait lignager qui était préféré au retrait féodal dans les pays coutumiers (1), et il en était déjà ainsi du temps de Beaumanoir, c'est-à-dire au XIIIe siècle, témoin ce passage de ses coutumes de Beauvoisis (1) : « Quant li sires tient en sa main le saisine d'aucun heritage vendu, qui de li muet, li parent ou vendeur qui peussent venir à le rescousse contre estranges persones, n'ont pas perdu lor droit de le rescousse, por ce, si li sires en a retenu le saisine en se main par le bourse ; ançois le poent aussi bien rescorre contre le segneur comme il feroient contre une autre persone ; et aussi bien ont-il l'an et le jor contre le segneur, comme il aroient contre estrange persone ». A l'égard du délai dans lequel le retrait devait être exercé, de même qu'à l'égard des personnes qui pouvaient s'en prévaloir et qu'à l'égard des biens qui pouvaient en être l'objet, les coutumes n'étaient pas uniformes (2) ; mais, sauf un petit nombre d'entr'elles qui le rejetaient (3), toutes les autres l'avaient admis plus ou moins largement par les mêmes motifs. « Il faut confesser, dit Grimaudet (4), que la loi du retrait a esté faite pour la faveur des familles, pour remettre en icelles les biens qui en sont partis. Ce qui est fort favorable : car comme par nature nous sommes plus enclins à aimer ceux qui sont de nostre sang, aussi naturellement nous souhaitons à retirer les choses qu'ils ont possédées et souffrons deuil de les voir estre tenues par estrangers, pour la mémoire de nostre parentelle et de nous-mesmes qui est imprimée en icelles choses ». Mais cette raison sentimentale serait encore plus de mise relativement aux meubles qu'aux immeubles et c'est cependant à cette dernière espèce de biens seulement que Coquille la limite. « Le droit lignager, dit-il (5), est propre des François, qui ont en recommandation de conserver en la famille et lignage les biens immeubles ». Pothier dit, d'une manière

que toute la jurisprudence des Hébreux sur cette matière se réduisait à défendre la translation des héritages d'une tribu à l'autre. Cette défense existait vraiment ; mais elle n'excluait point le retrait lignager. Quoiqu'un bien ne fût pas sorti d'une tribu, il était permis au parent le plus proche de le retirer sur le plus éloigné qui s'en était rendu acquéreur. C'est ce que prouvent le chapitre 25 du Lévitique et le chapitre 27 du livre de Ruth ».

Voir aussi sur le retrait lignager chez les Juifs, Pastoret, *Moïse considéré comme législateur et comme moraliste*, p. 229 et 230, et *Histoire de la législation*, t. 3, p. 414-418. — Dans son *Traité du droit lignager*, liv. 1, chap. 1, Grimaudet examine sérieusement si ce retrait « est introduit de droit divin ou humain ».

(1) Chap. 51, § 22, t. 2, p. 285 de l'édition publiée par le comte Beugnot en 1842.

(2) *Répertoire* de Guyot, t. 15, p. 468-479, 530-534, 551-556. Voir aussi Laferrière, *Histoire des principes, des institutions et des lois pendant la révolution française*, p. 239 de la 2e édition.

(3) Merlin, dans son *Répertoire*, à l'article *Retrait lignager*, no 4, ne cite comme telles que la coutume locale d'Hesdin, art. 13 et les coutumes d'Arras, art. 4 ; de la cité d'Arras, art. 1 ; des ville et bailliage de Bapaume, art. 9 ; de Douai, chap. 3, art. 4, et de Cambrai, tit. 2, art. 13. « La coutume de Saint-Sever, ajoute-t-il, qui admet le retrait lignager, porte cependant, chap. 6, art. 16, qu'il n'est point reçu dans cinq paroisses de son ressort, qui sont Geno, Buanes, le Château-Neuf en Tursan, Bahus et Subitan. La coutume du Berri déclare pareillement, titre 13, art. 30, qu'en la ville, châtel et chatellenie d'Issoudun, retrait lignager n'a lieu ».

(4) *Traité du droit de retrait lignager*, liv. 1, chap. 3, p. 84 de ses *Œuvres*, édition de 1670, in-fol.

(5) *Institution au droit français*, p. 89 de l'édition de 1703.

plus générale (1) : « Le droit de retrait lignager a son fondement dans l'attachement qu'avaient nos pères aux biens qui leur étaient venus de leurs ancêtres. C'est cet attachement qui a fait naître plusieurs de nos lois coutumières, dont la fin principale est de conserver ces biens dans les familles, telles que sont celles qui restreignent la faculté de disposer de ces biens par testament, et même dans quelques provinces par donations entre-vifs, celles qui en attribuent la succession aux parents de la famille dont ils sont provenus, à l'exclusion des plus proches parents du défunt qui ne seraient pas de cette famille ».

Tout cela n'était, suivant M. Kœnigswarter, que la conséquence de l'ancien *condominium* germanique, et le retrait lignager spécialement n'en serait qu'un dernier vestige et, par conséquent, ce retrait aurait, contrairement à l'opinion autrefois généralement admise, une origine plus ancienne que le retrait féodal.

« Afin, dit-il (2), de garantir aux membres de la famille leur part d'héritage dans les biens propres, leur consentement était déclaré nécessaire pour que le propriétaire pût les aliéner, ou en disposer valablement. Les formulaires de Marculfe, de Sirmond, de Lindenbrog, abondent en actes où les héritiers du sang figurent comme parties consentantes à la disposition ou à l'aliénation des propres. Une impérieuse nécessité, une misère authentiquement attestée, ce que nos anciens jurisconsultes appelaient une *pauvreté jurée*, faisait la seule exception à cette règle, qui fut même confirmée par quelques-unes de nos coutumes réformées (3). — « Li hom puet vendre son hiretage, qui « venus li est de père ou de mère, par III manières de raison : la première « si est par l'assentement et le gré de son hoir, la seconde par povreté, « la tierce por achater plus suffisant hiretage (4) ». — Or, ce dernier cas n'était pas une aliénation réelle, et les droits éventuels des parents n'en pouvaient pas souffrir, puisque le bien acquis devenait propre a la place du bien échangé. — Néanmoins ce droit absolu de la famille s'affaiblit à partir du XIIIᵉ siècle, dans une grande partie de la France : les parents ne peuvent plus empêcher l'aliénation des biens propres, mais ils ont la faculté de les acquérir à l'exclusion de tout étranger, et de les retraire même, si l'aliénation a été consommée, en restituant le prix à l'acquéreur. Ce droit de *retrait*, de *rétractation*, de *premesse*, de *prisme*, connu plus généralement sous le nom de retrait successoral ou lignager..... était une institution générale à tous nos pays de coutumes. Les plus anciens monuments de droit national (5), comme les coutumes réformées, l'ont consacrée en termes formels. Le retrait lignager, qui, jugé avec nos idées modernes, est si contraire à l'équité, à la sainteté des transactions et à la sûreté du commerce, était une institution tellement puisée dans les entrailles de l'ancienne famille germanique, que même quelques provinces de droit écrit, comme la Guyenne, la Provence, l'Auvergne, l'ont introduit dans leurs lois (6).

(1) *Traité des retraits*, n° 6.

(2) *Histoire de l'organisation de la famille en France*, p, 239-242.

(3) Anjou, 245-246 ; Artois, 70 ; Boulenois, 92, 124 ; Loudunois, xxvi, 4 ; Maine, 362 ; Ponthieu, 19 ; Touraine, 251-253.

(4) Maillart, *Cout. d'Artois*, édition in-folio. *Anciens usages d'Artois*, tit. 24.

(5) *Assises de Jerusalem*, Cour des bourgeois, chap. 28, Cour des barons, chap. 36 ; *Etablissements de Saint-Louis*, liv. 1, chap. 154 ; Recueil des *Olim* (édition Beugnot), t. 1, p. 329, 444 et 666, t. 2, p. 426 et 737.

(6) « Le retrait lignager n'est pas une institution exclusivement propre à la race germanique qui s'est conservée dans les coutumes d'Allemagne, de France, d'Angleterre, de Suisse et des Pays-Bas et d'où elle s'est propagée dans les fueros d'Espagne, dans les statuts des villes d'Italie, et dans quelques coutumes de nos pays de droit écrit. Les lois des

L'événement qui faisait sortir de la famille un bien qui s'y trouvait depuis longtemps était considéré comme un malheur ; l'empêcher par tous les moyens était la préoccupation constante des lois de cette époque ; et, pour conserver les fortunes, on n'hésitait point à frapper une grande portion de la richesse d'indisponibilité et d'entraver la liberté des transactions ».

C'est aussi cet esprit de conservation des biens dans les familles qui avait fait interdire par les coutumes les donations entre époux. Il est vrai que cette interdiction existait déjà chez les Romains ; mais elle n'y existait ni de la même manière ni à cause des mêmes motifs. « Pour la femme *in manu*, dit de Savigny (1), la prohibition des donations était aussi inutile que pour le fils sous la puissance paternelle. La donation était impossible en soi, puisqu'on ne saurait lui assigner aucun effet imaginable. La femme ne pouvait rien donner à son mari car elle n'avait rien ; le mari ne pouvait rien donner à la femme : en effet, il se serait donné à lui-même, puisque toute chose acquise par la femme appartenait au mari ». Mais lorsque les époux étaient unis par un mariage où la même impossibilité n'existait pas, pourquoi ne pouvaient-ils pas se faire de donations ? « Les jurisconsultes de l'école classique, dit Troplong (2), ont donné plusieurs raisons de cette coutume. Suivant Ulpien (3), c'est pour empêcher les époux de céder trop facilement à un amour mutuel et de se dépouiller de leurs biens. Suivant Paul (4), ce serait pour que le soin d'un vil intérêt ne les détournât pas du soin d'élever leurs enfants. Mais, suivant Sextus Cæcilius (5), qui a bien mieux touché le vif de la question, on a voulu que l'avidité de l'un ne fût pas contre l'autre une cause de divorce, et que le mariage ne se passât pas en convoitises, en marchés, en menaces de se séparer ou en séparations consommées pour des prétentions non satisfaites : *Quia sæpe futurum esset ut discuterentur matrimonia, si non donaret is qui posset, atque ea ratione eventurum ut venalicia essent matrimonia.* Voilà, il n'en faut pas douter, la véritable origine de la prohibition ». Telle est également la manière de voir de deux professeurs de droit romain à la faculté de droit de Paris (6), et elle est certainement préférable à celle de Pothier (7) qui trouve « très-belles », les raisons de la prohibition données par Ulpien ; à celle de Furgole (8) qui y voit des « raisons de politique », sans dire lesquelles, et à celle de Coquille qui dit dans son *Institution au droit français* (9) : « La raison du droit romain est pleine d'honneur, à ce qu'il ne semble que l'amitié, concorde et gracieux traitement soit à vendre, et pour faire connaître qu'au cœur est le vrai amour et non en l'extérieur. » Mais je crois que cette dernière considération qui ne figurerait pas mal dans une idylle, aurait peu touché les Romains, et je crois même que le motif de la prohibition donné par Sextus Cæcilius, quoique meilleur,

Hébreux, des Grecs, des Scandinaves, le code Théodosien (t. 1, p. 285 de l'édition de Ritter ; loi 14, C. *de contrah. empl.* IV, 38), le *Livre des fiefs* (V. 13) avaient établi des institutions analogues pour conserver les biens dans les familles ».

(1) *Traité de droit romain*, traduit par Guénoux, t. 4, p. 170, en note.

(2) Préface du *Contrat de mariage*, p. LVIII, LIX.

(3) Loi 1, D. *de donat. inter vir. et uxorem* (XXIV, 1).

(4) Loi 2 au même titre.

(5) Même loi.

(6) Pellat, *Textes sur la dot traduits et commentés*, p. 356 et 357 ; M. Machelard, *Textes du droit romain sur la possession, les hypothèques et les donations entre époux, suivis d'un commentaire*, p. 205.

(7) *Traité des donations entre mari et femme*, n° 1.

(8) Sur l'art. 46 de l'ordonnance de 1731, p. 293 de l'édition de 1761.

(9) Au titre : *Des droits de mariés*, p. 66 et 67 de l'édition de 1703.

7

n'est pas le seul ni même le principal. Celui-là était indiqué par Cara-calla lorsqu'il fut décidé que le prédécès du donateur confirmerait ces donations si elles n'avaient pas été révoquées, ou en d'autres termes, les transformait en donations à cause de mort, *ne melior in paupertatem incideret, deterior ditior fieret* (1). Or, comment l'époux ruiné aurait-il pu satisfaire ce désir impérieux des Romains de laisser après leur mort un héritier choisi par eux ? Tandis qu'après l'innovation admise, la crainte de ce péril était écartée pour le donateur, puisque comme le disait encore Caracalla (2), cette innovation avait précisément pour objet *ut sit ambulatoria voluntas ejus usque ad vitæ supremum exitum.*

Ce n'est pas par des raisons de ce genre que les donations entre époux ont été interdites par nos coutumes.

Lorsque nous parlons, d'ailleurs, de donations, nous entendons parler de donations proprement dites et non du don mutuel qui était d'usage général dans les pays coutumiers. « Quelques coutumes, dit Edouard Gans (3), prohibent expressément le don mutuel, mais elles sont très-rares (J) et contraires à l'esprit général du droit coutumier ». Cette institution, d'où provenait-elle ? L'auteur de l'article *Don mutuel,* dans le *Répertoire* de Guyot (t. 6, p. 143), répond : « Il paraît que l'usage du don mutuel nous est venu des Germains ; en effet, on le pratiquait déjà en France sous la première race de nos rois, comme on le voit par le chapitre 12 du livre premier des formules de Marculfe ». Et Bignon, de son côté, dans ses notes sur les dites formules (4), dit, à l'occasion de celle précitée et de la septième du second livre : *Quæ donationis inter virum et uxorum mutuæ species apud nos observatur, easdemque plane ei leges constituit Parisiorum consuetudo, c. 280* ». Sans donc nous arrêter aux variétés nombreuses qu'offrent les coutumes sur cette mati re (5), bornons-nous à reproduire la définition que donne Pothier du don mutuel, en prenant pour type la coutume de Paris (6). « On peut définir, dit-il (7), le don mutuel dont nous traitons, un don entre-vifs égal et réciproque que deux conjoints, par mariage, se font réciproquement l'un à l'autre, à défaut d'enfants de l'un et de l'autre, et en cas de survie, de l'usufruit des biens de leur commu-nauté, aux charges portées par les coutumes ». Est-ce là une libéralité ? Ferrière (8) et Furgole (9) font remarquer qu'autre chose est une dona-tion mutuelle et autre chose le don mutuel. « Quand la parité est par-faite, dit Coquille (10, ce n'est pas proprement donation mais permuta-

(1) Loi 3, D. *de donate inter vir. et uxorem.*

(2) Loi 32, § 3, D. au même titre.

(3) *Histoire du droit de succession en France au moyen âge,* p. 165 de la traduction de M. de Loménie.

(4) P. 271 de l'édition de 1665, ou t. 2, p. 197 du recueil de Canciani, intitulé : *Barbarorum leges antiquæ.*

(5) *Institution au droit coutumier* de Coquille, au titre : *Des droits de mariés,* p. 67 et 68 de l'édition de 1703; Fortin, *La coutume de Paris conférée avec les autres coutumes de France,* fol. 332 verso à fol. 334 verso de l'édition in-folio de 1699; Pothier, *Traité des dona-tions entre mari et femme,* nos 118-127; *Répertoire* de Guyot, *Loc. cit.,* p. 143 et 144.

(6) Voir les autres coutumes semblables dans Fortin, *Loc. cit.,* fol. 332 verso.

(7) *Loc. cit.,* no 129.

(8) Sur l'art. 280 de la coutume de Paris, glose 2, nos 1 et 2.

(9) Sur l'art. 46 de l'ordonnance de 1731, p. 293 de l'édition de 1761.

(10) *Loc. cit.,* p. 67.

tion d'espérance ». Et ailleurs (1), renouvelant la même observation, il ajoute : « Et nul ne peut dire qu'il reçoit avantage, à cause du douteux événement ». D'un autre côté, dans ses traités sur la coutume de Paris(2), Duplessis dit : « La raison de cette liberté que la coutume donne aux conjoints, est que ce don mutuel est plutôt un jeu de hasard et un traité d'aventure qu'une donation, où quoique ce soit la réciprocité y est égale, tant aux biens que dans l'incertitude de l'événement ». Enfin Ricard, dans son *Traité du don mutuel* (3), développe le même sentiment en ces termes : « Je dis que si le don mutuel est égal de part et d'autre en toutes ses circonstances, qu'il ne retient rien de la qualité des donations que le nom; que c'est un contrat irrégulier, *do ut des*, une espèce d'échange fait avec le hasard de la survie, et un moyen d'acquérir de part et d'autre, qui doit, par conséquent, passer au rang des contrats onéreux, d'autant que les parties en le faisant n'ont nullement pour motif la libéralité, qui est l'âme de la donation; mais, au contraire, elles y sont portées par un esprit de profiter au préjudice l'une de l'autre, ce qui est entièrement opposé à la donation; et celui qui, par l'événement, parvient à la qualité de donataire, peut dire qu'il ne possède pas les biens par la libéralité de celui que l'on appelle *donateur*, mais par l'espérance que celui-ci s'était proposée qu'il profiterait d'autant de biens du donataire, en cas qu'il le survécut. C'est le hasard auquel s'est mis le donataire de perdre autant de ses biens en cas de prédécès, qu'il fait qu'il profite de ceux du donateur par la survie; c'est ce qui fait le prix du contrat et qui est cause qu'il doit être placé au nombre des contrats onéreux ».

Troplong (4) fait remarquer, il est vrai, que Ricard écrivait avant l'ordonnance de 1731; mais nous croyons qu'il n'y a pas lieu de s'arrêter à cette observation : d'abord, parce que des auteurs qui ont écrit depuis cette ordonnance n'en ont pas moins professé la même opinion que Ricard. Ainsi Prévôt de la Jannes (5) dit : « Tous les avantages étant interdits entre conjoints, le don mutuel n'est permis par la coutume qu'autant qu'il n'est point un avantage », et plus loin (6) : « Les dons mutuels que deux personnes se font au survivant d'eux des biens de leur succession, ou d'une partie de ces biens, ne sont pas proprement des donations, parce que chacun y est payé de ce qu'il donne, et paie ce qu'il reçoit par l'échange mutuel de leurs espérances ». Et Bourjon, qui écrivait plus récemment encore, disait du don mutuel (7) : « Tel don est regardé comme modification du droit de communauté, et moins comme acte de libéralité que de commerce; en effet, par cet acte chacun des deux conjoints ne donne que dans l'espérance de recevoir et pour s'assurer de la jouissance des biens provenant de leur collaboration, en quoi tel acte est modification de communauté; par conséquent, considéré justement plus comme un acte de commerce que comme acte de pure libéralité, duquel acte de commerce chacun des conjoints se promet l'avantage, ce qui fonde la validité et fait sortir un tel acte de la prohibition générale ». Mais un second motif plus décisif encore de ne pas tenir compte de l'observation de Troplong, c'est que

(1) *Questions, réponses et méditations sur les articles des coutumes*, n° 149, p. 223.

(2) *Traité XIV des donations entre-vifs et testamentaires*, chap. 3, p. 558 de l'édition de 1709 ou de celle de 1754.

(3) Chap. 1, n° 2, t. 2, p. 2 du *Traité des donations*, édition de 1783.

(4) *Donations et testaments*, t. 3, n° 1892, et t. 4, n° 2683 en note.

(5) *Les principes de la jurisprudence française*, t. 2, n° 477, p. 207 de l'édition de 1759.

(6) N° 559, p. 291 et 292.

(7) *Le droit commun de la France*, liv. 5, titre 7, partie 1, chap. 1, n° 2, t. 2, p. 246 de l'édition de 1770.

l'insinuation du don mutuel était obligatoire avant l'ordonnance de 1731, suivant l'art. 281 de la coutume de Paris, dont le prescrit avait été étendu à toutes les coutumes, même à celle du Poitou, d'après la déclaration du 5 décembre 1622 (1) ; en sorte qu'à l'égard du don mutuel, il ne fut « rien innové », comme dit l'art. 46 de l'ordonnance de 1731. Il est vrai que Pothier (2) prétend que « la principale intention de chacune des parties, en faisant ce don mutuel, a été de faire après sa mort au bien à l'autre partie », que « c'est l'affection réciproque qu'elles avaient l'une pour l'autre qui les a portées à faire ce don mutuel », après avoir dit : « Ces donations ne sont pas, à la vérité, ni si pures, ni si parfaites que l'est une donation pure et simple ; mais elles ne laissent pas d'être de véritables donations ». Telle est également l'opinion professée par Levasseur dans le nouveau Denisart (3). Mais n'allez pas croire pour cela que cette divergence d'opinion quant à la nature en don mutuel s'étende aux effets de ce mode de disposition ; il n'en est rien. Ainsi en cette matière se présente la question de savoir si, lorsque le don mutuel comprend des objets que les époux peuvent se donner et des objets qu'ils ne peuvent se donner, il est nul pour le tout, ou bien doit être seulement réduit aux objets qu'ils peuvent se donner. Pothier (4) et Levasseur (5) n'hésitent pas à déclarer qu'il est nul pour le tout et, ce qu'il y a de plus curieux, c'est qu'ils se prévalent l'un et l'autre de l'autorité de Ricard (6) qui, lui, d'après la nature qu'il assigne au don mutuel, est parfaitement conséquent en fondant sa décision sur ce motif que « pour ce qui est des contrats, comme ils ne subsistent que par la volonté des deux parties, s'il se rencontre de part et d'autre quelque chose de considérable qui ne puisse pas avoir son effet, celui qui en reçoit préjudice peut rétracter sa volonté, comme ne l'ayant accordée qu'avec toutes clauses et conditions contenues au contrat ». Bourjon dit de même (7) : « Le don mutuel fait entre les conjoints pendant le mariage ne peut embrasser que la jouissance des biens qui composent la communauté ; il serait nul, et même pour le tout, si sa lettre allait au-delà, parce qu'alors on aurait fait ce que la coutume défendait et non ce qu'elle permettait ; ce qui le vicierait non-seulement dans la partie excédant la disposition de la coutume, mais encore dans tous le surplus, tel acte étant indivisible, et le consentement qui en est la base tombant sur la totalité ». Au contraire, par une inconséquence inverse de celle de Pothier et de Levasseur, Coquille et Duplessis, tout en partageant l'opinion de Ricard quant à la nature du don mutuel, ne la partagent pas quant à son indivisibilité. Ainsi Coquille (8) dit : « En toutes ces coutumes du don mutuel doit être entendu qu'il doit être égal, et qu'il n'y ait pas plus d'avantage d'un côté que de l'autre : pourquoi, si les mariés n'étaient pas communs par moitié, je crois que le don mutuel ne vaudrait que jusqu'à concurrence de la moindre portion » ; et Duplessis dit (9) : « Le don mutuel ne sau-

(1) Ricard, *Traité des donations*, partie 1, nᵒˢ 1000-1003, t. 1 de l'édition précitée, et *Traité du don mutuel*, chap. 4, nᵒˢ 74-76, t. 2, p. 19 ; Pothier, *Traité des donations entre mari et femme*, nᵒ 171.

(2) *Loc. cit.*, nᵒ 130.

(3) A l'article *Don mutuel*, § 1, nᵒ 2, et à l'article *Donation mutuelle*, § 1, nᵒ 4, t. 6, p. 714, et t. 7, p. 78 et 79.

(4) *Loc. cit.*, nᵒ 67. Voir aussi *Introduction au titre XV de la coutume d'Orléans*, nᵒ 125.

(5) A l'article *Don mutuel*, § 4, nᵒ 5, p. 721.

(6) *Traité du don mutuel*, chap. 5, sect. 6, nᵒ 217.

(7) *Loc. cit.*, partie 2, chap. 1, nᵒ 5, t. 2, p. 251 et 252. Voir également Prévôt de la Jannès, *Loc. cit.*, t. 2, nᵒ 478, p. 207 et 208.

(8) *Institution au droit français*, p. 67 du titre précité.

(9) *Loc. cit.*, chap. 2, sect. 2, p. 559.

rait être fait ni comprendre absolument que les effets de la communauté, et non point aucuns propres des conjoints, ni acquêts d'auparavant le mariage, et s'ils y en avaient compris, ils en seraient rejetés et le don réduit ».

Mais, ce qu'il importe de remarquer surtout, c'est que le don mutuel, tel qu'il était réglementé par la coutume de Paris et les autres coutumes semblables, ne portait pas atteinte à la conservation des biens dans les familles, puisqu'il ne consistait qu'en un droit d'usufruit. De plus, comme le remarque Argou (1) : « Les héritiers collatéraux du prédécédé n'ont pas sujet de se plaindre que leur parent ait laissé au survivant la jouissance d'un bien qui avait été acquis en commun et où tous les deux conjoints avaient contribué, l'un par son travail et son industrie, l'autre par son économie ». En ajoutant à cette considération la réciprocité et l'égalité du don, qui semblaient écarter suffisamment les dangers de la captation et des abus du pouvoir (2), on s'expliquera pourquoi le don mutuel était permis, tandis que toutes les donations entre-vifs et même testamentaires étaient défendues d'après le droit commun des pays coutumiers (3). « La raison, dit Ferrière (4), pour laquelle nos coutumes se sont écartées des lois romaines, en défendant aux conjoints par mariage toutes espèces d'avantages et de donations, est fondée sur le soin et le désir de conserver les biens dans les familles, qui a servi de fondement à la plus grande partie des dispositions coutumières......; on a considéré que l'État ne peut se maintenir que par ce moyen ; autrement, les conjoints par mariage qui n'auraient pas d'enfants se donneraient tous leurs biens l'un à l'autre et feraient passer des successions opulentes dans des familles étrangères ». Et, tout en ayant trouvé « très-belles » les raisons qu'avait donné Ulpien pour interdire aux époux les donations entre-vifs, Pothier (5) n'en reconnaît pas moins que « la vue de conserver les biens dans les familles, en empêchant les conjoints par mariage de priver de leurs biens leurs héritiers par des donations qu'ils se feraient l'un à l'autre (ce qui aurait pu arriver trop souvent), ait été un des motifs qui ont porté la coutume à défendre les donations entre mari et femme ».

Cet esprit de conservation des biens dans les familles qui apparaît partout et qui, durant des siècles, est pour ainsi dire l'âme de notre droit coutumier, d'où procède-t-il lui-même ? Il semble qu'on peut en dire ce qu'a dit Montesquieu (6) de la féodalité : « Un grand chêne s'élève ; l'œil en voit de loin les feuillages ; il approche ; il en voit la tige, mais il n'en aperçoit point les racines : il faut percer la terre pour les trouver ».

C'est ce qu'a fait l'auteur de l'article *Don mutuel*, dans le *Répertoire* de Guyot, et il a trouvé ainsi que la racine de cette institution provenait des Germains.

C'est ce qu'a fait Bignon, et il a trouvé ainsi dans les formules de Marculfe l'application anticipée de l'article 280 de la coutume de Paris.

(1) *Institution au droit français*, liv. 3, chap. 22, t. 2, p. 224 de l'édition de 1762.

(2) Boutry-Boissonade , *Essai sur l'histoire des donations entre époux* (K), chap. 1, nos 182 et suiv.; Troplong, *Donations et testaments*, t. 4, no 2682 ; Demolombe, t. 23 (6 du *Traité des donat. et des testam.*), no 436.

(3) Voir la conférence de Fortin sur l'art. 282 de la coutume de Paris, folio 335 recto à folio 336 verso de l'édition précitée; Pothier, *Traité des donations entre mari et femme*, nos 7 et suiv.; Troplong et Demolombe, *Loc., cit.*; Toullier, t. 5, no 912.

(4) Sur l'art. 282 de la coutume de Paris, gl. 2, no 6.

(5) *Traité des donations entre mari et femme*, no 59.

(6) *Esprit des lois*, liv. 30, chap. 1.

C'est ce qu'a fait Merlin à l'égard du retrait lignager « qui est, disait Montesquieu (1), un des mystères de notre ancienne jurisprudence française », et Merlin a trouvé ainsi que la racine du droit lignager était la même que celle du don mutuel. Il disait dans son rapport à l'Assemblée constituante le 17 juillet 1790 (2) : « Ouvrez Tacite, vous y verrez que les Francs l'apportèrent de la Germanie. Parmi eux, tous les individus d'une même famille soutenaient la querelle de la famille; on se battait pour la possession d'un champ, pour l'enlèvement d'une fille, et de là les familles étaient des espèces de républiques. Est-il étonnant qu'elles eussent adopté un usage qui empêchait les biens de passer en une autre famille ? De là encore l'exclusion des filles (3), parce qu'elles ne pouvaient figurer dans ces combats (4) ».

De là, ajouterons-nous, tout notre régime coutumier en matière de succession.

« Lors de la première apparition des Germains sur la scène de l'histoire, dit M. Kœnigswarter (5), chaque famille formait en elle-même une société indépendante ainsi que cela arrive toujours à ce degré de civilisation où la famille n'a pas encore été absorbée par l'État (6). Les terres qui formaient naturellement la presque totalité des fortunes chez des peuples qui ne connaissaient ni commerce ni industrie, étaient, pour ainsi dire, la propriété de toute la famille, non dans le sens du *condominium* romain, mais de manière que chaque membre avait un droit éventuel selon son degré de parenté (L); droit qui ne pouvait lui être enlevé sans son consentement. Le principe unique sur lequel reposait ainsi la succession chez les Germains, était la proximité de la parenté ou du sang ; et le propriétaire ne pouvait se dessaisir de ses biens en faveur d'étrangers sans le consentement de ses héritiers légitimes (7) ». Et plus loin (8), M. Kœnigswarter dit : « Le *condominium*, cette copropriété que les parents avaient sur les biens de la famille dans la race germanique, est aussi la source de la saisine héréditaire ».

(1) *Esprit des lois*, liv. 31, chap. 34.

(2) *Journal des États-Généraux*, par Lehodey, t. 13, p. 371; *Moniteur universel* de 1790, nº 199.

(3) Qu'on trouve en effet reproduite dans toutes les lois des barbares restées fidèles au vieil esprit germanique, telles que la loi des Thuringes, la loi salique et la loi ripuaire. Voir les *Recherches sur la condition civile et politique des femmes*, par M. Laboulaye, p. 90 et 91.

(4) « Succéder, dit M. Laboulaye (*Loc. cit.*, p. 87), c'est le privilège des membres actifs de la famille, des braves qui tiennent l'épée (*schwert-magen*) ; la défense commune est la condition de ce privilège ».

(5) *Revue de législation* de Wolowski, t. 19, p. 323 et 324.

(6) M. Kœnigswarter cite en note un passage de l'article de Lehuérou : *De la famille et de la propriété germaniques*, inséré dans la *Revue bretonne*, juin 1842, p. 333, et nous pouvons citer également M. Poulhaer, disant, dans son *Essai sur l'histoire générale du droit*, p. 350 : « Dans la période barbare, les biens, fruits de la collaboration commune, sont la propriété collective des membres de la famille..... Ainsi s'établit une *communauté de famille* administrée par le père ».

(7) On trouve une prohibition semblable, mais seulement quant à la ligne directe, dans la partie du recueil de Howel, intitulée les Triades : « Le propriétaire d'un fonds qui a des enfants ou descendants ne peut le donner, même par acte entre-vifs, à qui que ce soit: il ne peut l'aliéner, à titre onéreux, sans le consentement de son héritier, à moins qu'il n'y soit forcé par nécessité, c'est-à-dire pour vivre ou pour payer ses dettes. Il ne peut exhéréder ses descendants ». Telle est la traduction que donne de ce texte Laferrière, *Loc. cit.*, t. 2, p. 89.

(8) *Loc. cit.*, p. 523.

Sur ces deux points M. Kœnigswarter est en complet accord avec ceux qui ont approfondi les antiquités germaniques pour y trouver les origines de notre droit coutumier.

« Longtemps après, dit M. Lehuërou [1], que la terre fut devenue une propriété transmissible par vente, donation, succession et hérédité, elle resta comme suspendue entre deux principes, entre deux tendances contraires qui se la disputaient. Elle touchait, d'un côté, à l'époque où elle appartenait encore à tout le monde, et de l'autre à celui où elle n'appartiendrait plus qu'à un seul; mais elle avait cessé d'être commune sans devenir pour cela une chose individuelle. Tans cet état de transition qui lie le régime actuel de la propriété à celui où l'histoire nous la montre au berceau des nations germaniques, il n'y avait point de biens personnels, il n'y avait que des biens de famille. Tous les membres de la famille, sur toutes les branches et à tous les nœuds de l'arbre généalogique, étaient copropriétaires à des degrés différents mais en réalité au même titre ».

« On a déjà fait la remarque [2], dit M. Henri Zœpfl [3], professeur de code civil à Heidelberg, que le droit des *héritiers* repose sur un principe du vieux droit germanique, le *condominium* entre les membres de la famille : cette remarque est juste ; mais il faut bien comprendre que cette communauté, imaginée par les feudistes il y a deux siècles, n'est autre chose que le droit de saisine et de réserve. Ces droits ne sont donc pas, comme quelques-uns le pensent encore, les conséquences d'un *condominium*, ils sont ce *condominium* lui-même, et ont leur première racine dans le *jus sanguinis*, origine première de tout le droit de succession ».

« Toute l'intelligence du système de l'ancienne saisine, dit M. Victor Rigaut [4], est dans les principes du vieux droit germanique ».

« La règle *le mort saisit le vif*, dit M. Renaud, professeur à Berne [5], a son fondement dans deux institutions fondamentales de l'ancien droit germanique : la garantie *familiale* (qu'on nous passe le mot) et la saisine ».

Mais comment cette règle a-t-elle été déduite de ces institutions ? c'est ce qu'explique M. Simonnet dans son *Histoire et théorie de la saisine héréditaire*.

« La saisine, dit-il [6], est un mot français par excellence, qui n'a jamais été traduit qu'incomplètement ; l'origine de l'institution est germanique.

« On a dit jusqu'ici qu'elle découlait naturellement de la copropriété attribuée à tous les membres de la famille germanique sur l'ensemble du patrimoine, et qu'il n'y avait rien de plus simple qu'à la mort de l'un des membres de l'association ses successeurs continuassent une possession qu'ils avaient toujours eue : ils conservaient ainsi la part du défunt *jure non decrescendi*, plutôt qu'ils ne faisaient une nouvelle acquisition. Mais si l'on se place précisément sous le régime barbare et à une époque où la copropriété de famille prend un caractère quelque peu légal, où l'on devrait supposer que ses effets se rencontrent sans altération, on est tout surpris, au contraire, de remarquer que, dans la personne des successibles, la saisine proprement dite vient restreindre l'influence du principe de la copropriété. Ainsi, lorsque le chef de

(1) *Histoire des institutions mérovingiennes et carlovingiennes*, t. 2, p. 52.

(2) Zachariæ, *Manuel du droit civil français*, t. 4, § 589.

(3) *Revue étrangère et française de législation*, etc., par Fœlix, t 9, p. 176.

(4) Même *Revue*, même volume, p. 37.

(5) *Revue de législation* de Wolowski, t. 29, p. 75.

(6) P. x-xii de l'*Introduction*, où il condense les idées éparses dans son ouvrage.

famille vient à mourir, si nous nous demandons ce que devient la propriété du patrimoine, d'une part, et de l'autre la saisine dont il jouissait, nous trouvons que la propriété ne passait que sous certaines restrictions aux filles, qu'elle se partageait entre tous les descendants mâles *indistinctement*; mais que la saisine proprement dite n'appartenait jamais aux filles et n'était attribuée qu'aux enfants mâles *capables*. Les incapables, bien que copropriétaires, n'avaient point de saisine personnelle, et se trouvaient corps et biens dans la saisine d'autrui. Il est donc nécessaire de trouver le principe de l'institution que nous étudions ailleurs que dans la copropriété familiale, car il importe, encore une fois, de bien se convaincre que ces deux principes étaient, sinon en lutte, du moins indépendants, quoique coordonnés entre eux. C'est dans l'organisation même de la famille germanique et dans les rapports personnels aujourd'hui bien connus qu'ils ont leur source commune.

« Chaque famille était une association solidaire et permanente. Toute atteinte dont un de ses membres était victime, dans ses droits ou dans sa personne, était réparée à la diligence de ses coassociés. Ils poursuivaient en expiation l'offenseur et toute sa famille personnelle, et les membres de celle-ci répondaient de ces griefs *in ære et in cute*, sur leur tête et sur leurs biens. Comme toute réparation était évaluée en argent, tous les biens de la famille de l'offenseur contribuaient à la payer, et le produit se partageait dans certaines proportions entre les membres de l'association offensée. Voilà l'origine de la copropriété.

« Cependant, comme la réparation des griefs dont on avait à se plaindre se poursuivait originairement par les armes, sauf à l'offenseur à répondre de la même manière, il est clair que de pareils rapports ne pouvaient s'établir ni entre les femmes, ni entre les mineurs, ni entre les infirmes. Et d'ailleurs, du moment où il était établi que ces personnes appartenaient à l'association familiale, elles y étaient placées sous la protection et sous la surveillance des autres membres capables; elles étaient, en un mot, sous le *mundium* de ces derniers. Lorsque, à une époque plus juridique, les biens devinrent engagés pour les personnes, ceux des incapables ayant, comme tous les autres, cette destination, partagèrent le sort de leurs propriétaires. De même que ceux-ci étaient *personnellement irresponsables*, de même qu'ils n'avaient pas l'exercice indépendant de leurs facultés, de même leurs biens se trouvèrent frappés à leur égard d'indisponibilité. En un mot, ils tombèrent dans la *saisine* du *mundoald*, bien que la propriété demeurât aux incapables. C'est ainsi que la saisine dérive directement du *mundium*; elle est synonyme de défense, et se traduit en latin par *defensio*, en allemand par *gewere*; elle n'appartient qu'aux personnes capables de se défendre elles et leurs biens ».

Mais de là il résulte que si la saisine est indépendante du *condominium* en ce sens qu'on peut avoir celui-ci sans avoir celle-là, elle se confond avec le *condominium*, au contraire, en ce sens que ceux qui l'acquièrent à titre successif continuent une possession précédente plutôt qu'ils ne font une acquisition nouvelle.

Une pareille organisation de la propriété ne semble pas compatible avec la puissance donnée au chef de famille de se donner un héritier par testament. Aussi les Germains ne connaissaient-ils point la succession testamentaire : *Heredes*, dit Tacite (1), *successoresque sui cuique liberi, et nullum testamentum* (2). *Si liberi non sunt, proximi gradus in successione, fratres, patrui, avunculi.*

---

(1) *De moribus Germanorum*, c. 20.

(2) Malgré cette assertion si formelle de Tacite, ce fait a été mis en doute par des savants allemands qu'a réfutés Heineccius dans sa Dissertation sur le droit de tester d'après les lois germaniques. Voir aussi ses *Elementa juris germanici*, l. 2, tit. 6, § 142.

« Cette prohibition de tester, dit M. Kœnigswarter (1), fut longtemps un des traits fondamentaux de la succession germanique : l'Allemagne, la Suisse et l'Angleterre, ces pays où l'élément germain résista le plus longtemps, ont conservé ce principe jusque dans le moyen âge : tandis qu'en Espagne, en Italie, en France, où l'élément romain et canonique prépondérait, les testaments entrèrent bientôt en usage, sous le bras protecteur des clercs (2). — Ainsi voyons-nous le principe antique conserve dans toute sa pureté dans les lois des Saxons et des Frisons : les coutumes des Francs Saliens et Ripuaires, celles des Lombards mêmes ignorent encore le testament quoiqu'elles connaissent déjà les donations à cause de mort : le véritable testament commence à se trouver dans les lois des Allemands, des Bavarois et des Burgondes ; mais ce n'est que dans celles des Goths, sur la confection desquelles le clergé a eu la plus grande influence, que le testament romain a été reçu complétement. En effet, le clergé ne parvint à établir le testament qu'après la conquête des provinces romaines, quand les Germains commencèrent à se relâcher de l'ancien esprit de famille, et qu'ayant habité parmi les anciens sujets de l'empire, ils finirent par adopter les institutions des vaincus, qui convenaient aux nouveaux besoins d'un état social plus avancé (3)..... En jetant un coup d'œil sur les lois germaniques, nous y verrons la confirmation de ce que nous venons de dire sur l'absence du testament dans l'ancien droit germanique. Ainsi, les lois des Saxons, des Frisons, des Angles et des Varnes (4), ne font aucune mention des dispositions après la mort, ce qui indique que le *nullum testamentum* de Tacite était pleinement applicable, à cette époque, aux nations du nord de la Germanie ».

Laferrière (5) s'appuie sur un passage de César pour établir par induction que l'usage des testaments était aussi ignoré dans les Gaules, à l'époque de la conquête des Romains, et l'état de civilisation de ce pays à cette époque était tel que c'est ce qu'on pourrait admettre facilement, sans recourir à ce témoignage indirect. « Cette présomption seule, ajoute Laferrière, serait insuffisante ; mais un passage de Symmaque, préfet de Rome au IVe siècle, vient confirmer notre induction et la changer en preuve. Ce magistrat écrivant au poète Ausonne, né dans la Gaule, lui disait (6) : Les héritiers sont engendrés et non institués, *gignuntur heredes et non scribuntur* ; maxime évidemment opposée à celle du droit romain. — Nous ne voulons pas dire, toutefois, que la faculté de tester ne fut pas pratiquée par les Celtes. Nous avons la preuve du contraire. Les Galates de l'Asie-Mineure avaient obtenu du sénat de Rome, en 586, l'autorisation de vivre selon leurs propres lois et coutumes (7) : or, saint Paul, dans l'épitre aux Galates (III, 15, 17, 18),

(1) *Revue de législation* de Wolowski, t. 10, p. 325-327.

(2) Voir aussi M. Laboulaye, *Recherches sur la condition civile et politique des femmes*, p. 96 et 100, et les autorités qu'il cite.

(3) Voir aussi Troplong, *Donations entre-vifs et testaments*, préface, p. xcix-ci, et les nombreuses autorités qu'il cite.

(4) Quant à ces derniers, ils auraient connu l'usage des testaments, suivant M. Lehuérou, *Loc. cit.*, t. 2, p. 56 ; mais M. Kœnigswarter, *Loc. cit.*, p. 327 en note, montre que dans le titre 13 de la loi des Varnes, il s'agit non d'un testament mais d'une institution contractuelle, et la confusion qu'a faite M. Lehuérou entre ces deux modes de disposition est d'autant plus excusable qu'à une époque même plus récente il est souvent difficile de distinguer une donation d'un testament, comme Troplong, *Loc. cit.*, p. ci et cii en note, le prouve par de nombreux exemples.

(5) *Loc. cit.*, t. 2, p. 86-88, et aussi p. 521.

(6) *Epist.* I, 13, édition de 1580, in-4o.

(7) *Ut suis legibus uterentur* (Polybe, ex excerptis legationibus, no ciii).

cite pour se faire comprendre de ces peuples l'exemple du testament ; ce qui suppose nécessairement dans les coutumes des Gaulois de l'Asie l'existence du droit de tester. De même, dans les lois galloises et la très-ancienne coutume de Bretagne (art. 256), on trouve des dispositions relatives aux legs ou donations testamentaires. — Mais la faculté de disposer, de faire des legs par testament, était chez les nations celtiques un droit partiel ou secondaire, et non le droit tout-puissant d'instituer ou de créer un héritier (1) ».

Quoiqu'il en soit, il n'est pas admissible, d'après ce que nous avons déjà dit, que les Gallo-Romains ne connussent pas et ne pratiquassent pas l'usage des testaments à l'époque où Symmaque écrivait, c'est-à-dire au IVe siècle. L'effet de la conquête avait dû alors déjà se faire assez sentir pour qu'ils eussent adopté, avec bien d'autres, cette institution de leurs vainqueurs que l'influence et l'intérêt du clergé tendiront ensuite à propager (2). « Les testaments des évêques, dit Bernardi (3), étaient rédigés dans les formes romaines. Grosley (4) qui paraît n'avoir connu que celui de saint Remi (5), voudrait en faire suspecter l'authenticité (6) ; mais en le mettant de côté, il en resterait beaucoup d'autres. On en trouve près de vingt dans le recueil des diplômes de MM. de Bréquigny et du Theil (7). Quelques-uns à la vérité sont supposés ; mais le plus grand nombre est à l'abri de la critique. Ce ne sont pas seulement des testaments d'évêques ou d'autres gens d'église ; on y voit celui d'une dame riche et puissante qui faisait sa résidence à Paris, et celui d'un nommé Abbon, qui est qualifié de patrice dans la chronique de Novalèse (8). La forme et les clauses sont celles du droit romain. Les auteurs de ces testaments vivaient donc sous cette loi ».

Mais ici la question intéressante est bien moins de savoir jusqu'à quel point l'usage des testaments s'était étendu que de savoir quel effet ils produisaient là où l'on était resté fidèle à l'esprit des coutumes germaniques, ou, pour généraliser la question, jusqu'à quel point on retrouve longtemps après les invasions des Germains les traces de leur *condominium*.

Or, ces traces apparaissent partout et sous toutes les formes.

« En Bretagne, dit Laferrière (9), les enfants concouraient à la vente

---

(1) « En gallois, le même mot *cliffedd* signifie héritier et fils, *cliffedd-djaeth* signifie hérédité, *cliffedda*, posséder par droit héréditaire (*Gloss.* de Wotton) ».

(2) Kœnigswarter, *Revue de législation* de Wolowski, t. 19, p. 326.

(3) *De l'origine et des progrès de la législation française*, p. 13 et 14.

(4) *Recherches pour servir à l'histoire du droit français*, p. 139 et 140.

(5) Ce testament est le premier qui figure dans le *Codex donationum piarum* d'Aubert le Mire, p. 1-6 de ses *Opera diplomatica et historica* publiés par Foppens en 1723.

(6) Mais Grosley n'est pas le seul qui mette en doute cette authenticité qu'admettent Mabillon, Ducange et Ceillier (*Biogr. univ.*, t. 87, p. 317). Ce testament est considéré comme supposé par dom Rivet, dans l'*Histoire littéraire de la France*, t. 3, p. 160; par le père Suyskens dans les *Acta sanctorum*; par l'abbé Bye, savant Bollandiste, dans une dissertation intitulée : *Réponse aux mémoires de M. des Roches*, Bruxelles, 1780, in-8, et par l'abbé Ghesquière dans les *Acta sanctorum Belgii selecta* (Voir Oudin, *in supplem. ad Bellarm.*, p. 113; Chaudon et Delandine, édition de 1789, t. 8, p. 78, et Feller, 7e édition, t. 14, p. 353, 354).

(7) Tome 1, *Prolegom.*, p. 236.

(8) Duchesne, *Historiæ Francorum scriptores cœtanci*, t. 2, p. 227.

(9) *Loc. cit.*, t. 2, p. 99 et 100.

des fonds patrimoniaux ; le cartulaire de Redon contient une vente consentie, au IXe siècle, par un frère et une sœur, avec le concours des fils et des filles de l'un et de l'autre : « Il est constant, dit l'acte de 814, « que nous avons vendu et que nous vendons ainsi la chose faisant « partie de nos propres, *rem proprietatis nostræ* (1) ». — Cette nécessité se retrouve aussi dans le plus ancien droit coutumier de la France, attesté surtout par les actes des Cartulaires. Il nous suffira de rappeler, en ce moment, les conclusions de Galland, sur ce point, dans son *Traité du franc-alleu* (2) : « La décision est justifiée par « nombre de titres de l'antiquité, qu'il ne fût pas loisible de disposer « de son aleu, c'est-à-dire de son propre ancien, sans le consentement « de l'héritier ».

S'il en était ainsi pour les aliénations à titre onéreux, il devait en être de même, à plus forte raison, pour les aliénations à titre gratuit. « On voit, dit Troplong (3), fréquemment intervenir, dans les actes de donation, les fils du donateur, qui approuvent la disposition et renoncent à la critiquer. Voyez la donation faite par Godefroid, duc de Lorraine, au monastère de Florine, en 1055, *confirmantibus uxore sua filioque suo* (4), et la donation de la comtesse Sophie à l'abbaye de Saint-Mihiel, en 1078 (5), et la donation de Othon, comte de Chiny, à l'abbaye d'Orval, en 1124 (6), et celle de Bencelinus Trucliston à l'église de Senones, en 1128 (7), etc. ».

Ce concours était-il, d'ailleurs, nécessaire pour toute espèce de biens ? Non. « Il faut remarquer toutefois, dit M. Lehuërou (8), que cette restriction apportée au droit de donner et de vendre ne concernait que le patrimoine proprement dit, c'est-à-dire l'héritage qu'on avait reçu de ses ancêtres, et qu'à ce titre on devait transmettre à ses enfants. Mais il n'en était pas de même des acquêts, de quelque source qu'ils provinssent. C'étaient là des biens *personnels*, les seuls, en quelque sorte, que l'ancienne loi germanique ait reconnus ; et chacun pouvait en disposer librement. C'est la fameuse distinction de Guillaume-le-Conquérant sur son lit de mort : il laissa la Normandie à Robert, son aîné, parce qu'il l'avait lui-même reçue de son père ; mais il donna l'Angleterre à Guillaume, son favori et son cadet, parce qu'il ne la devait qu'à son épée ».

D'un autre côté, au XIIe siècle, le Grand-Justicier d'Angleterre sous Henri II, Glanville (9), proclamait cette maxime (10), qu'on trouve aussi dans *Regiam majestatem* (11) : *Solus Deus heredem facere potest, non*

---

(1) *Mémoires pour servir de preuves à l'histoire de Bretagne*, par D. Morice, t. 3, col. 265.

(2) Chap. 1, n° 13, p. 21 et 22. — Galland cite comme exemple des actes des cartulaires de Vendôme, de Saint-Martin-des-Champs, du XIe siècle.

(3) *Des donations entre-vifs et des testaments*, préface, p. cv, en note.

(4) *Preuves de l'histoire ecclésiastique et civile de la Lorraine*, t. 1, p. 446.

(5) *Ibid.*, t. 1, p. 476.

(6) *Ibid.*, t. 2, p. 274.

(7) *Ibid.*, t. 2, p. 285, etc.

(8) *Histoire des institutions mérovingiennes et carlovingiennes*, t. 2, p. 50.

(9) Il mourut en 1190.

(10) *Tractatus de legibus et consuetudinibus regni Angliæ, tempore regis Henrici II*, l. 7, c. 1, t. 1, p. 464 des *Traités sur les coutumes anglo-normandes*, publiés par Houard.

(11) l. 2, c. 20, § 4, t. 2, p. 119 du recueil d'Houard précité.

homo ; et Niebuhr (1) nous montre un curieux exemple de la persistance de cette maxime jusqu'à nos jours sur l'extrême frontière de la
Germanie : « Dans l'île de Fehmern (2), dit-il, quiconque appartient à
une *parenté* ne peut tester qu'en lui payant une certaine somme ».

En France, la maxime de Glanville est traduite par cette règle de
droit coutumier recueillie par Loisel (3) : *Institution d'héritier n'a
point lieu.* « Elle signifiait, dit le professeur Renaud (4), non-seulement que l'institution d'héritier, dans le sens romain du mot, n'est pas
nécessaire pour la validité du testament, mais encore que nul ne pouvait, par un acte de sa volonté, se faire un héritier ».

Elle signifiait même plus que cela encore, d'après certaines coutumes. « Car, dit Furgole (5), il y a des coutumes où l'institution d'héritier ne vaut pas, même à titre de legs. Telles sont celle du Nivernais,
chap. 33, art. 10; celle du Bourbonnais, art. 321; celle de Vitry, art.
191, et celle de Montargis, chap. 13, art. 1. Il en est de même dans
toutes les autres coutumes où l'institution d'héritier est expressément
défendue, suivant la remarque de Legrand sur l'art. 96 de la coutume
de Troyes (6), et lorsque la coutume porte que l'institution n'a point
lieu au préjudice des plus prochains habiles à succéder ; ainsi que le
parlement de Paris l'a jugé dans la coutume de Meaux, par arrêt du
31 août 1658, rapporté par Ferrière sur l'art. 299, § 1, n° 14 de la coutume de Paris ; mais il est remarquable que, selon la coutume du
Nivernais, quoique l'institution d'héritier soit de nul effet, les autres
dispositions du testament ne laissent pas de valoir, *en manière que lesdites institutions et substitutions nonobstant, l'héritier habile à succéder héritera, et sera saisi de ladite succession ; en manière aussi
qu'un testament est valable, posé qu'il y ait institution d'héritier, et,
combien que la dite institution ne vaille, ne sera pourtant vicié ledit
testament en autres choses.* »

Mais Furgole a exagéré (7) le nombre des coutumes qui ne voulaient
pas que les institutions d'héritier pussent valoir même comme legs.

Quant à la coutume du Nivernais, il est bien excusable, car le texte
qu'il cite tranche la question dans le sens qu'il lui donne. Aussi Merlin, dans les deux premières éditions du *Répertoire de jurisprudence*,
avait-il, de même que Furgole, décidé que l'institution testamentaire ne
produisait aucun effet dans cette coutume ; mais la question de savoir
si cette opinion devait être suivie fut posée, en 1785, par la *Gazette des
Tribunaux,* t. 16, p, 30, et, ayant été résolue négativement dans le
même recueil, t. 18, p. 361, par Guyot Sainte-Hélène, qui avait exercé,
pendant plus de cinquante ans, la profession d'avocat à Nevers (8), Merlin crut devoir se départir de sa première opinion, dans l'édition suivante de son *Répertoire,* où, après avoir cité le texte de l'article de la

---

(1) *Histoire romaine,* t. 4, p. 88 de la traduction de M. de Golbéry.

(2) Sa population passe pour une colonie de Ditmarschen.

(3) *Institutes coutumières,* liv. 2, titre 4, règle 5.

(4) Dans l'analyse que donne Victor Chauffour de son travail, t. 30,
p. 57 de la *Revue de législation* de Wolowski.

(5) *Traité des testaments,* chap. 8, n° 6, t. 2, p. 502 de l'édition de 1779.

(6) N° 4, partie 2, p. 41 de l'édition de 1681.

(7) Cette exagération a été encore dépassée par Rousseaud de Lacombe
dans son *Recueil de jurisprudence civile,* V° *Institution,* sect. 1, n° 3,
partie 1, p. 876 de l'édition de 1773, qui comprend dans cette classe sept
coutumes, à savoir : celles du Nivernais, de Montargis, de Vitry, de
Meaux, de Blois, de Senlis et de Clermont, et par de la Laude, qui,
dans son commentaire de la coutume d'Orléans, art. 287, n° 5, t. 1,
p. 613 de l'édition de 1704-1705, ajoute, aux coutumes de Blois, de Montargis et de Senlis, celles de Bourbonnais et d'Auvergne.

(8) Voir les *Questions de droit* de Merlin, V° *Héritier,* § 7.

coutume, il dit (1) : « Ses derniers termes paraissent annoncer que l'institution testamentoire ne produit aucun effet dans cette coutume. Cependant Coquille, sur cet article même, décide, sans hésiter, que les institutions d'héritier valent, en Nivernais, comme legs; et tel est l'usage constant du pays ».

Quant à la coutume du Bourbonnais, Furgole n'a pas la même excuse. « Il est bien vrai, dit Merlin (2), qu'elle déclare, art. 324, que « substi-« tution d'héritier, faite en testament ou autre disposition de dernière « volonté, n'a lieu, et ne vaut aucunement audit pays par légat ni au-« trement en quelque manière que ce soit, et n'a aucun effet de légat »; mais cette disposition ne peut être étendue aux institutions, par la rai-son que toute dérogation au droit commun doit être resserrée dans ses termes précis : aussi a-t-il été jugé par un arrêt du 30 juillet 1657, rap-porté par Ricard (3), que cet article n'empêche pas l'institution testa-mentaire de valoir *per modum legati* ».

Telle est, d'ailleurs, l'opinion unanime de tous les commentateurs de la coutume du Bourbonnais. « L'institution d'héritier, dit Auroux des Pomniers (4), n'a point de lieu dans notre coutume par testament, mais elle y vaut comme legs, ainsi qu'il résulte de l'art. 291 *supra*, et telle est la disposition précise de la coutume d'Auvergne, tit. 12, art. 40, de celle de la Marche, art. 250. Tel est aussi le sentiment de nos commen-tateurs, de Papon, du président Duret, de M. Jean Decullant, et, après lui, de M. Decullant, son fils, et de M. Jacques Potier. *Statutum*, dit Jean Decullant sur notre article, *rejecit paragrapho 291 supra, omnem heredis institutionem factam in testamento ex asse, et reducit eam ad legatum quartæ; ita ut heres institutus in testamento sit tantum lega-tarius, et hoc clarius explicatur in paragrapho 40 consuetudinis Averniæ, tit. 12 et paraphrasi Basmaison* ». Enfin, le dernier com-mentateur de la coutume du Bourbonnais (5) dit aussi : « Une substitu-tion est une seconde institution; cependant la substitution testamentaire *ne vaut par légat*, quoique l'institution d'héritier par testament vaille comme legs, art 291 ».

Furgole a-t-il eu également tort de comprendre dans sa nomencla-ture la coutume de Montargis ? Voici ce que dit à cet égard Merlin, *Loc. cit.* : « L'art. 1 du titre 13 de la coutume de Montargis dit simple-« ment qu'on ne peut instituer héritier ou substituer par testament et « ordonnance de dernière volonté ne autrement ; car, ajoute ce texte, « institution d'héritier n'a point de lieu selon la coutume ». — Nous ne voyons rien dans cet article qui puisse nous obliger à regarder les ins-titutions testamentaires comme incapables de produire l'effet d'un legs. L'ancienne coutume de Paris, art. 120, portait aussi : *Institution d'hoirie n'a point de lieu*, sans ajouter, comme la nouvelle, que « ne laisse de « valoir la disposition jusques à la quantité des biens dont le testateur peut valablement disposer ». Néanmoins on pensait, même avant la réformation de cette coutume, que l'institution y valait comme legs ; témoin cette apostille de Dumoulin : *Elle* (l'institution) *n'est néces-saire et ne saisit, mais vaut comme un simple legs : recours à mon commentaire.* La coutume de Montargis s'explique dans les mêmes termes que l'ancienne coutume de Paris ; on doit donc appliquer à celle-là ce que Dumoulin a écrit sur celle-ci, et conséquemment don-ner aux institutions testamentaires qui se font dans l'une, l'effet qu'on

(1) V° *Héritier*, sect. 1, § 1, n° 7.

(2) *Répertoire*, à l'endroit cité.

(3) *Coutumier général* de Bourdot de Richebourg, t. 3, p. 1257, note n.

(4) Sur ledit article 324, n° 9.

(5) *Coutumes générale et locales de Bourbonnais*, avec notes par Ducher, Paris, 1781, in-12, p. 220.

leur a toujours attribué dans l'autre. C'est aussi ce que pense l'Hoste, auteur dont l'opinion mérite ici d'autant plus de considération qu'il était lieutenant-général du bailliage de Montargis, et par conséquent bien pénétré de l'esprit de sa coutume ». Mais, dans son *Répertoire*, à l'article *Substitution fidéicommissaire*, sect. 1, § 5, après avoir cité textuellement l'opinion de l'Hoste, Merlin ajoute : « Nous pensions de même en rédigeant l'article *Héritier*, sect. 1, § 1, n° 7 ; mais depuis nous avons découvert un arrêt du 31 août 1722 qui juge le contraire, en confirmant une sentence des requêtes du palais, rendue après partage. Il est rapporté au *Journal des audiences* dans l'ordre de sa date. Brillon, au mot *Testament*, n° 15, en fait aussi mention, et dit qu'il a jugé la question *in terminis*, contre l'avis de tout le Palais ».

Quant à la coutume de Vitry, dont l'art. 101 porte « qu'institution d'héritier par testament, n'autrement, n'a lieu au préjudice de l'héritier prochain habile à succéder ». Dumoulin avait déterminé la portée de cet article dans cette apostille : *Et sic nec in vim quidem legati valet sub hac consuetudine*. « C'est aussi, dit Merlin, ce que pense Chopin sur la coutume de Paris, liv. 2, tit. 4 (n° 8), et c'est ce qu'a jugé un arrêt de la prononciation solennelle de Pâques 1567 (24 mars) ». Ajoutons avec Chabrol (1) : « Signy paraît du même sentiment, et c'est celui de Durand, dernier commentateur de la même coutume ».

« Il en est de même, ajoute Merlin, de la coutume de Meaux, dont la disposition est absolument conforme à celle de Vitry : *Institution d'héritier n'a point de lieu au préjudice des plus prochains habiles à succéder*. Ce sont les termes de l'art. 28 de cette loi municipale. Ricard y a mis cette note (2) : « Jugé en cette coutume, par arrêt du 31 août « 1658, rendu en la quatrième chambre des enquêtes, au rapport de « M. Bernard de Rezé, entre M. l'évêque d'Auxerre et M. le marquis de « Fosseux, qu'une institution d'héritier ne vallait *ne quidem in vim* « *legati*, conformément à l'apostille de Dumoulin sur l'art. 101 de « Vitry (M) ».

« L'article 83 de la coutume de Chaumont (3), poursuit Merlin, porte également qu'*institution d'héritier n'a point de lieu à ce que le testament soit vaillable, n'au préjudice des plus prochains habiles à succéder*. Il faut donc appliquer à cette coutume ce que nous venons d'établir par rapport à celles de Meaux et de Vitry, à moins que l'usage ne lui ait donné la même interprétation qu'à celle du Nivernais. Mais ce qui prouve que, bien loin de l'interpréter comme cette dernière coutume, l'usage l'a maintenu dans son sens littéral, c'est que, dans son commentaire sur cet article même, Delaistre dit : « Par la coutume de « Paris, article 289, ces institutions ne laissent pas d'avoir quelque « effet, puisqu'on les autorise comme legs universels...; mais, en ce « bailliage, elles ne sont d'aucun effet, et ne portent aucun préjudice « aux héritiers habiles à succéder au testateur ».

Les coutumes qui ne donnaient pas même l'effet d'un legs à une institution d'héritier, n'ont pas été atteintes, nonobstant l'opinion

(1) Sur les coutumes d'Auvergne, chap. 12, art. 40. t. 2, p. 3.

(2) *Coutumier général* de Bourdot de Richebourg, t. 3, p. 384, note c.

(3) Cette coutume est également assimilée à celles de Vitry et de Meaux par Ricard dans son *Traité des substitutions*, chap. 4, partie 1, n° 161, t. 2, p. 259 de son *Traité des donations*, édition de 1783. De Laurière, dans ses savantes notes sur les *Institutes coutumières* de Loisel, t. 1, p. 318 de l'édition de 1783, se contente de citer ces deux dernières coutumes et l'interprétation qui leur a été donnée non-seulement par Dumoulin et Chopin, mais aussi par de Saligny dans son commentaire de la coutume de Vitry, par Bobé, sur celle de Meaux, art. 28, et par de la Theaumassière, sur celle de Lorris, chap. 13, art. 1.

contraire de Sallé (1) par l'article 68 de l'ordonnance de 1735 (2) ; mais ces coutumes formaient-elles le droit commun de la France, ou, au contraire, y dérogeaient-elles ? C'est là une question qu'il faut se poser chaque fois qu'il s'agit de nos coutumes dont la variété était aussi grande que le nombre en était considérable. « Il y a, dit-on, écrivait Voltaire (3), cent-quarante-quatre coutumes en France qui ont force de loi ; ces lois sont presque toutes différentes. Un homme qui voyage dans ce pays change de lois presque autant de fois qu'il change de chevaux de poste ». Mais Voltaire réduisait beaucoup le nombre de nos coutumes en n'en comptant que cent quarante-quatre. « Il y a en France plus de quatre cents coutumes tant générales que locales », disait Denisart (4). « On compte, disait Garran de Coulon (5), environ soixante coutumes générales, c'est-à-dire qui sont observées dans une province entière, et environ trois cents coutumes locales, qui ne sont observées que dans une seule ville, un seul bourg ou village (6). — Il n'y a point de province où il y ait autant de bigarrure à cet égard que dans la province d'Auvergne : chaque ville, bourg ou village y a pour ainsi dire sa coutume particulière ». Laferrière entrant dans plus de détails à cet égard dans son *Histoire du droit français*, t. 6, p. 435, dit : « La France, avant 1789, est divisée en 32 provinces ou 32 gouvernements, dont 23 dans les pays de droit coutumier, et 9 dans les pays de droit écrit. — Mais, abstraction faite de la division politique ou administrative, il y a 66 provinces, plus ou moins étendues, ayant un nom propre et un territoire plus ou moins divisé, dont 43 en pays de droit coutumier, et 23 en pays de droit écrit. — Enfin, il y a 60 coutumes *générales*, proprement dites, en pays de droit coutumier, et 11 coutumes de *bailliages* ou de *prévôtés*, dites aussi coutumes générales, mais dont le territoire est plus borné. — Il y a aussi, dans le recueil de Richebourg, 13 coutumes générales en pays de droit écrit. — Total : 84 coutumes générales et de bailliages. — Les coutumes locales *approuvées* qui figurent dans le recueil de Richebourg (et sans y joindre les nombreuses coutumes locales du Berry, de l'Auvergne, de la Picardie, publiées par Lathaumassière, Chabrol, M. Bouthors, etc.) sont au nombre de 284, dont 41 sont encore très-étendues ; et le total des coutumes *approuvées* avant 1789, pour la France, d'après les limites actuelles, est, savoir : 84 coutumes générales, 284 coutumes locales, en tout 368 coutumes ».

Cette nomenclature est-elle du moins complète ? non vraiment ; car 1° elle ne comprend pas un assez grand nombre de coutumes ou de statuts publiés par M. Giraud dans son *Essai sur l'histoire du droit français au moyen âge* ; 2° les coutumes *approuvées*, c'est-à-dire homologuées, n'étaient pas les seules qui fussent obligatoires (7) et reconnues comme telles par les cours et tribunaux. « C'est ainsi, dit Merlin (8), que le conseil souverain de Brabant a toujours reconnu la

---

(1) *L'Esprit des ordonnances de Louis XV*, p. 225 de l'édition de 1759, in-4°.

(2) Rousseaud de Lacombe, *Recueil de jurisprudence civile*, V° *Institution*, sect. 1, n° 3, partie 1, p. 576 de l'édition de 1753, et surtout Merlin, *Répertoire*, V° *Héritier*, sect. 1, § 1, n° 8.

(3) *Dictionnaire philosophique*, V° *Coutumes*, t. 28, p. 220 de ses *Œuvres*, édition Beuchot.

(4) V° *Coutume*, n° 47, t. 1, p. 747 de l'édition de 1771.

(5) *Répertoire* de Guyot, t. 5, p. 145.

(6) C'est ce que dit également M. Eschbach, dans son *Cours d'introduction générale à l'étude du droit*, § 108, p. 248 de la seconde édition.

(7) Merlin, *Répertoire*, V° *Coutume*, § 2.

(8) *Questions de droit*, V° *Coutume*, § 2.

coutume de Bruxelles, qui cependant n'a jamais été homologuée par
l'ancien gouvernement de Belgique (N). C'est ainsi que tous les jours
on citait et l'on suivait au parlement de Flandre les coutumes de la
gouvernance de Douai (O), du Tournesis (P), des villes de Saint-Amand
et de Mortagne (Q), quoiqu'elles n'eussent été, ni rédigées par les commissaires du prince, ni revêtues de lettres-patentes, ni enregistrées au
grand conseil de Malines qui était, aux époques de leur rédaction, le
tribunal supérieur de leurs ressorts respectifs » ; 3° non-seulement on
donnait force de loi à des coutumes non homologuées mais encore à
des coutumes qui n'étaient pas écrites, telles que celles des pays de
Bresse, Bugey, Valromey et Gex (1), la coutume de Gerberoy, locale
d'Amiens, les coutumes de Bapaume, locales d'Artois (2), et la coutume
de Watrelos (3) : 4° ce n'était pas seulement quant à la situation, mais
encore quant à la nature des biens sis dans une même localité que les
coutumes variaient. Ainsi le Hainaut se divisait en neuf districts particuliers qui étaient le chef-lieu de Valenciennes, le chef-lieu de la Cour,
le chef-lieu de Mons, le chef-lieu de Binche, le chef-lieu de Chimay,
le chef-lieu du Vermandois ou de Laon, le chef-lieu de Cambrai, le
chef-lieu de la Bassée et le ressort de la coutume de Lessines. Quant
à ce dernier district, les chartes générales du Hainaut n'y faisaient pas
loi même pour les fiefs qui étaient, comme tout le reste, régis uniquement par la coutume susdite. Quant au chef-lieu de la Cour, c'étaient
au contraire ces mêmes chartes qui régissaient tous les biens, y compris les mainfermes ou censives. Mais quant aux sept autres districts
ils étaient régis par les chartes générales s'il s'agissait de fiefs ou de
francs-aleux, mais par leurs coutumes particulières s'il s'agissait de
mainfermes (4). En ce qui concerne le district de Valenciennes, il y
avait une autre distinction à faire. « Il faut prendre garde, dit Merlin (5),
de confondre ce qu'on appelle *chef-lieu* de Valenciennes avec la ville et
banlieue du même nom. — Le *chef-lieu* est une partie considérable de
la province du Hainaut, qui, en matière de meubles et de rotures dits
mainfermes, suit la coutume de Valenciennes, et, dans tous les autres
points, est assujettie aux chartes générales. — La ville au contraire
et *son ancienne banlieue* suivent aussi les chartes générales, mais
dans une seule matière, celle des fiefs. » Et Merlin a raison de distinguer l'ancienne banlieue de la nouvelle, car, quant à celle-ci, elle
continua à suivre la coutume du *chef-lieu* (6), laquelle avait bien les
effets ci-dessus déterminés, comme le constatent deux actes de notoriété du 18 janvier 1752 reproduits par Merlin, *Loc. cit.*, et dont l'un
émane des avocats et l'autre des juges municipaux de Valenciennes. —
En avons-nous fini avec toutes ces disparates ? non, et nous ne pou-

(1) Le président Bouhier sur la coutume de Bourgogne, chap. 1, n° 4.

(2) Arrêts des 14 août 1621 et 30 juin 1738, cités par Levasseur dans
le nouveau Denissart, V° *Coutume*, § 6, n° 2, t. 5, p. 676 et 677. —
L'arrêt de 1738 se trouve dans le *Recueil d'arrêts* de Lépine de Grain-
ville, p. 585-594.

(3) Arrêt du parlement de Flandre du 3 février 1735, rapporté par
Merlin dans ses *Questions de droit*, V° *Coutume*, § 2. « Il y a, ajoute
Merlin, des décisions contraires, nous le savons ; mais elles sont
intervenues pour des coutumes qui n'étaient pas *notoires*, et dont la
pratique n'était ni uniforme ni constante ».

(4) Levasseur, dans le nouveau Denissart, V° *Hainaut*, § 3, n° 2, t. 9,
p. 576 et 577 ; Merlin, *Répertoire*, V° *Hainaut*, § 2.

(5) *Répertoire*, V° *Valenciennes*, n° 2.

(6) Suivant un édit du mois de juillet 1679 qu'on trouve dans le
Recueil des édits, etc., *enregistrés au parlement de Flandre* (par
Six et Plouvain), t. 1, p. 298 et suiv., ainsi que dans le *Recueil des
édits*, etc. *qui sont propres et particuliers aux provinces du ressort
du parlement de Flandre* (par Vernimmen), p. 51 et 82.

vous passer sous silence la plus exhorbitante d'entre elles : « En la ville d'Ath, dit M. Britz (1), une partie des maisons était régie par le statut du chef-lieu de Mons et une autre partie par celui de Valenciennes ».

Cette diversité de coutumes était d'ailleurs telle, qu'il n'était pas de règle si généralement admise à laquelle il ne fut dérogé par quelque coutume excentrique. Ainsi, s'il y avait un principe universellement admis sous notre ancienne jurisprudence, c'est à coup sûr celui qu'a consacré l'article 1395 du code civil, c'est-à-dire le principe de l'incommutabilité des conventions matrimoniales. A la différence du droit romain, qui permettait des pactes matrimoniaux postérieurs au mariage (2), règle adoptée dans les pays de droit écrit (R), notre droit coutumier voulait que ces pactes précédassent le mariage (3) et ne pussent être changés après sa célébration (S). Cette règle étendit même son empire sur les pays de droit écrit, en ce sens d'abord qu'on n'y permit plus les constitutions de dot après le mariage (4), en ce sens encore que les parlements de Toulouse, de Bordeaux, de Provence et de Grenoble avaient pris des précautions pour que les augmentations de dot faites durant le mariage (5), ne portassent pas autant que possible

(1) *Code de l'ancien droit belgique*, p. 451, note 3.

(2) Paul, *Sentent.*, l. 2, tit. 21 (ni, § 1 ; Javolenus, lois 1, 12, D. *de pact. dotal.* (xxiii, 4) ; Justinien, Inst., *de donat.*, § 3 (ii, 7), C. *de donat. ante nupt.*, lois 19 et 20 (v. 3), nov. 97, c. 2 ; Voët, *ad. Pand.*, liv. 23, tit. 4, n° 1.

(3) Cout. d'Orléans, art. 202 ; de Blois, art. 161 ; de Normandie, chap. 23, art. 27 ; de Bourbonnais, art. 226 ; Louet, lettre M, somm. 4 ; Brodeau sur Louet, *Loc. cit.*; Brillon, *Dictionnaire des arrêts*, V° *Contrat*, n° 14 ; Pothier, *Traité du contrat de mariage*, n° 48 ; *Introduction au traité de la communauté*, n° 11, *Introduction au titre X de la coutume d'Orléans*, n° 33.

(4) C'est du moins ce qu'affirme Benoît dans son *Traité de la dot*, t. 1, p. 45 ; mais son assertion ne doit pas être admise pour le parlement de Toulouse, d'après ce que disent Despeisses, qui était avocat à Montpellier, Ranchin et Serres qui y étaient professeurs, Boutaric qui professait à Toulouse ; ni pour le ressort du parlement de Provence, suivant Julien qui était professeur à Aix ; ni pour le ressort du parlement de Grenoble si l'on s'en rapporte à Duport-Lavillette qui y était avocat (voir ces auteurs aux passages cités note R) ; enfin l'assertion de Benoît est également démentie par de Salviat dans sa *Jurisprudence du parlement de Bordeaux* (p. 191 de l'édition de 1787). « Quoiqu'on ne puisse, dit-il, rien changer à un contrat de mariage après la célébration dudit mariage, on peut cependant constituer une dot à la femme déjà mariée, ou augmenter celle qui était déjà constituée. »

(5) « Observez, dit Roussilhe, dans son *Traité de la dot* (t. 1, n° 84, p. 100), qu'il n'y a que les avantages que les futurs se font hors de la présence des parents, et les actes qui tendent à diminuer la dot, qui soient regardés comme contre-lettres ; les dons pour augmenter les biens du futur époux, quoique faits hors le contrat de mariage, et en l'absence des parents, sont valides. Arrêt du parlement de Provence, du 6 mars 1714, rapporté par M. de Bezieux, liv. 5, chap. 2, p. 556, où il observe qu'il n'y a que les actes qui sont contre la substance et la teneur du contrat, et qui dénaturent les clauses ou y dérogent, qui soient défendus, *quando nempe deterior sit conditio dotis per pactum* ». — Voir dans le même sens Brodeau sur Louet, lettre E, sommaire 28, n° 5, t. 1, p. 259 de l'édition de 1742, et l'arrêt du 16 mars 1618, *ibi cit.*, Despeisses, t. 1, p. 430 des éditions de 1750 et 1778 ; l'apostillateur de Lapeyrère cité par Tessier dans son *Traité de la dot*, t. 1, note 75, p. 51, et Merlin, *Répertoire*, V° *Dot*, § 4, n° 3.

d'atteinte à l'intérêt des tiers (1) ; en ce sens enfin qu'abstraction faite de cette augmentation, l'immutabilité des conventions matrimoniales étant reconnue dans ces pays comme dans les pays coutumiers. Ainsi non-seulement Maynard (2) cite un arrêt du parlement de Toulouse du mois de septembre 1585 qui a jugé nulle, sur son rapport, une contre-lettre postérieure à la célébration du mariage, mais encore Lapeyrère, Serres et Salviat reconnaissent d'une manière plus générale l'immutabilité des contrats de mariage. « Pactes mutuels faits après le contrat de mariage dérogeant aux pactes premiers ne valent, dit Lapeyrère (3), nonobstant l'incertitude de l'événement. Ils ne peuvent se changer même du consentement des deux conjoints ». Serres est plus explicite encore. « Les donations, dit-il (4), ou les institutions contractuelles faites en faveur du mariage sont au surplus si fort irrévocables, qu'il n'y peut être dérogé par aucune convention particulière des parties, *non plus qu'à aucun article des conventions matrimoniales* concernant l'avantage des mariés ou de leurs enfants : ces changements ou ces dérogations sont appelées des contre-lettres, parce qu'elles se font contre la lettre du contrat de mariage, et on les casse sur ce fondement que tout ce qui est porté par les contrats de mariage, est immuable, suivant la coutume générale de ce royaume ». Enfin Salviat (5) cite un acte de notoriété du parlement de Bordeaux attestant, le 4 décembre 1686, « que pendant le mariage le mari et la femme ne peuvent ni conjointement ni séparément faire aucun acte qui puisse nuire à la dot *ni aux conventions matrimoniales* ».

Seulement il y avait, dans les pays coutumiers, une raison de plus que dans les pays de droit écrit pour qu'on tînt à l'immutabilité des conventions matrimoniales, à savoir le même motif qui y avait fait proscrire les donations entre époux, c'est-à-dire le désir de conserver les biens dans les familles, motif qui faisait également annuler les contre-lettres antérieures au mariage lorsqu'elles n'avaient pas été faites avec le concours de toutes les personnes qui avaient figuré dans le contrat de mariage (T). « Cette nécessité de la présence des parents aux conventions matrioniales des époux remonte, dit Toullier (6), à une haute antiquité ; car elle paraît nous être venue des peuples d'origine germanique qui vinrent s'établir dans les Gaules, et qui nous apportèrent un si grand nombre de leurs institutions avec le régime de la communauté (U). Chez ces peuples, on ne pouvait donner ses immeubles sans le consentement de ses héritiers (7). De là la nécessité d'appeler les parents des deux familles aux fiançailles et aux conventions matrimoniales, pour veiller à leurs intérêts, sans quoi elles étaient nulles (8). — Plusieurs de nos anciennes coutumes prouvent que cet usage avait passé en France, et qu'il s'y maintint. L'ancienne coutume de Bourgogne, rédigée en 1459, tit. 4, art. 7, et la nouvelle réformée en 1570, art. 26, exigent le consentement des plus proches parents *habiles*

(1) Benoît, *Traité de la dot*, t. 1, n° 26, p. 44-47 ; Catellan, Lapeyrère, de Cormis, *Maximes du Palais* (par Bonnemant), *Jurisprudence de la cour de Grenoble* par Villars, *ibi citatis*. Voir aussi note R.

(2) *Notables et singulières questions de droit écrit jugées au parlement de Toulouse*, liv. 3, chap. 9, t. 1, p. 232 et 233 de l'édition de 1751.

(3) *Décisions sommaires du palais*, au mot *Mariage*, n° 2, t. 2, p. 248 de la 7e édition.

(4) *Institutions du droit français*, liv. 2, tit. 14, p. 256 et 257 de l'édition de Paris.

(5) *Jurisprudence du parlement de Bordeaux*, p. 199 de l'édition de 1787.

(6) T. 12, n°s 27-32.

(7) Heineccius, *Elementa juris germanici*, liv. 2, § 254.

(8) *Ibid.*, liv. 1, §§ 188, 190, 193.

à succéder aux époux, pour la *validité de leurs conventions et donations*. — Ce fut donc pour l'intérêt des familles que fut introduite la
nécessité des parents aux conventions matrimoniales. — Ce fut encore
par cette raison que la nécessité de la présence des mêmes parents fut
exigée pour la validité de tous les contrats ou traités faits entre époux,
dont l'un d'eux pouvait retirer quelque profit, comme nous l'apprend
encore l'art. 26 de la coutume de Bourgogne : « Le mari et la femme ne
« peuvent faire traité, donation, confession ou autres contrats, con-
« stant leur mariage, par testament ou ordonnance de dernière volonté,
« ou autrement, si ce n'est du *consentement des plus prochains*
« *parents vivants, qui devraient succéder au mari ou à la femme* ».—
Cette disposition finale fait bien voir que la présence des parents
n'était exigée que pour les mettre à même de veiller à leurs intérêts et
à ceux de leur famille. Aussi le savant Bouhier, sur cet article, adopte
le sentiment de Dumoulin, ce grand oracle du droit coutumier. « Ce
« consentement est requis, dit-il, *non solo favore mulierum, sed etiam*
« *favore agnatorum et cognatorum, ne hereditaria bona diriperentur.* »
— Même raison d'exiger la présence des parents pour la validité des
contre-lettres. La coutume de Paris portait, art. 258 : « Toutes contre-
« lettres faites à part, et hors la présence des parents qui ont assisté
« aux contrats de mariage, sont nulles ». Ferrière, sur cet article, n° 5,
observe que « quoique cet article semble restreint aux contre-lettres
« faites après le contrat de mariage, il a lieu pour celles qui sont
« faites avant ». Aussi voyons-nous qu'un arrêt du 19 février 1716 (1)
jugea nulle une donation faite entre les futurs époux, sans y avoir
appelé leurs parents, la veille de leur contrat de mariage (2). — Cet
arrêt était conforme aux anciens principes, qui avaient fait introduire
la nécessité de la présence des parents aux conventions matrimoniales
des époux, et aux usages que nous avaient anciennement apportés les
peuples d'origine germanique, qui s'étaient établis dans les Gaules.
C'est de là que nous vient ce vœu si prononcé des coutumes pour la
conservation des biens dans les familles, cette aversion pour les donations, que nous avons déjà remarquée ailleurs (3)..... Ce qui prouve
bien qu'on reconnaissait que la présence des parents n'était exigée que
pour l'intérêt des familles, c'est que si l'avantage résultant d'une contre-
lettre n'intéressait qu'un seul des époux, il suffisait de la présence
des parents de l'autre. L'époux avantagé n'avait pas besoin de l'autori-

---

(1) Il est rapporté dans le *Traité des contrats de mariage*, t. 1, p. 212;
dans le *Répertoire*, V° *Contre-lettre* (n° 6), p. 116 de la 4ᵉ édition, et
par Pothier, *Introduction au traité de la communauté*, n° 14.

(2) Indépendamment de cet arrêt de 1716, Toullier aurait pu citer un
arrêt de la grand'chambre du 21 mai 1759, mentionné par Roussilhe,
dans son *Traité de la dot*, t. 1, n° 79, et dont Denisart, à l'article *Contrat de mariage*, n° 21, t. 1, p. 709 et 710 de l'édition de 1771, nous fait
connaître l'espèce. Cet arrêt, qu'on trouve aussi dans le *Répertoire* de
Merlin, V° *Contre-lettre*, n° 6, annule une contre-lettre à laquelle
n'avaient pas concouru *tous* les parents qui avaient signé le contrat
de mariage. « Mais voyez, ajoute Denisart, un arrêt du 21 juin 1701,
rendu sur les conclusions de M. Joly de Fleury; il est au *Journal des
audiences*, tome 5 (liv. 1, chap. 34) ». — Il ne faut pas croire toutefois
que ce dernier arrêt soit en contradiction avec les arrêts précités de
1716 et 1759. Qu'a jugé, en effet, l'arrêt de 1701, d'après l'analyse
exacte de Nupcid (*Loc. cit.*, p. 107)? Ceci seulement, qu' « une apostille mise dans la minute du contrat de mariage à côté du texte,
et qui détruit une des clauses principales du contrat, n'est point censée être une contre-lettre, lorsque cette apostille n'est point signée des
parents qui ont assisté au contrat, mais qu'elle se trouve paraphée des
deux notaires et de l'un des conjoints majeurs, l'autre ayant déclaré
au bas du contrat de mariage qu'il ne savait point signer ».

(3) T. 5, p. 171 (n° 98).

sation de ses parents pour rendre sa condition meilleure et augmenter par là la masse des biens de sa famille (1). — Telle est l'origine de ce principe si souvent rappelé par nos anciens auteurs, que les contrats de mariage sont irrévocables : *quorum œterna et perpetua debet esse autoritas* ; qu'ils sont censés intervenus non-seulement entre les deux conjoints, mais entre leurs familles respectives ; lesquelles avaient intérêt que les clauses n'en fussent pas changées, pour empêcher *les biens d'une famille de passer dans une autre*, dit Pothier (2). — Ces principes, et les conséquences qui en dérivent, conservèrent longtemps toute leur force, et un arrêt du mois de juin 1640, rapporté par Ferrière (3), jugea valable la clause d'un contrat de mariage où il était stipulé que les futurs, en quelque lieu qu'ils eussent leur domicile, ou que leurs biens fussent situés, ne pourraient se faire aucune donation entre-vifs ou par testament, et qu'en conséquence ils n'avaient pu se faire, pendant le mariage, même le don mutuel et autorisé par la coutume de Paris. — « Cette décision, dit Pothier (4), ne pouvait souffrir « aucune difficulté lorsqu'on regardait les conventions des contrats de « mariage comme des conventions qui étaient censées intervenir, non-« seulement entre les deux futurs conjoints, mais encore entre leurs « familles respectives, lesquelles avaient intérêt de faire cette conven-« tion, pour empêcher que les biens d'une famille ne passassent à « l'autre ». — Mais tout change avec le temps. Les préjugés se dissi-pent, et la raison prend enfin le dessus. Pothier, au même endroit, nous apprend qu'un siècle après, un arrêt de règlement, du 17 mai 1762, qu'il rapporte dans son *Traité de la communauté*, n° 389, « établit « pour principe que les conventions matrimoniales *ne doivent plus « être regardées que comme des conventions entre les seules parties « contractantes* », ce qui est entièrement conforme à la raison et aux principes du droit. — Ainsi s'évanouit sans retour cette vieille maxime à laquelle nos anciens auteurs attachaient tant d'importance : « Le « contrat de mariage établit une loi immuable entre les deux familles ». Il est enfin reconnu, dès le siècle dernier, que le contrat de mariage, comme tous les autres contrats, ne forme de loi et n'a de force qu'entre *les seules parties contractantes* ».

Sans doute Toullier a eu tort de ne voir d'autre motif à l'immuta-bilité des contrats de mariage que l'intérêt des familles des conjoints, et la crainte que, sans elle, les époux ne pussent se faire des donations nuisibles à l'intérêt desdites familles, comme aussi de ne voir aucune raison de maintenir cette immutabilité dans une législation comme la nôtre qui, depuis la loi du 17 nivose an II (art. 11) et le code civil (art. 1094), en autorisant les donations entre époux, ne permet plus, suivant lui (5), de considérer maintenant les contrats de mariage comme des pactes de famille. Il a été fait justice de cette théorie par Plas-man (6) et par Troplong (7) ; mais est-ce à dire que Toullier n'ait pas

---

(1) Voyez le nouveau Denisart, V° *Contrat de mariage*, § 4, n° 11 (t. 5, p. 481 et 482) ; le *Répertoire* de Merlin, V° *Contre-lettre* (n° 6). A ces autorités citées par Toullier, nous ajouterons celle de Dela-lande qui dans son commentaire de la coutume d'Orléans, art. 223, n° 8 (p. 480 et 481 de l'édition de 1704-1705), cite en ce sens deux arrêts rendus, l'un le 5 août 1595 et qui est rapporté par Tournet dans son commentaire de la coutume de Paris, § 258, et l'autre du 27 mars 1607 qui est mentionné par Fortin (p. 289) de l'édition de 1686).

(2) *Traité des donations entre mari et femme*, n° 27.

(3) Sur l'art. 280 de la coutume de Paris, glose 2, n° 26.

(4) *Loc. cit.*, n° 27.

(5) *Loc. cit.*, n°s 35-41.

(6) *Des contre-lettres*, troisième partie, § 30, p. 120-137, 200-204 de l'édition de 1889.

(7) *Contrat de mariage*, t. 1, n°s 201-203, 228, 229, 210 et 211.

ou raison de soutenir que la raison principale de l'immutabilité des contrats de mariage avait été autrefois la crainte que les époux ne se fissent des avantages que la coutume interdisait, s'il leur avait été permis de déroger à leur contrat de mariage par des dispositions ultérieures ? Nullement.

Ainsi, après avoir cité de nombreux arrêts d'après lesquels les époux ne peuvent changer leurs conventions matrimoniales « quoique même la dernière convention contraire au contrat de mariage soit faite en présence des parents des conjoints, et qu'elle remette les choses dans le droit commun de la communauté », Boucheul (1) ajoute : « Mais comme ces arrêts ont été rendus dans la coutume de Paris et autres, qui ne permettent pas aux conjoints de se faire aucun avantage pendant le mariage ; ce qui en serait un s'il leur était permis de se réapeler au douaire, à la communauté et autres avantages auxquels il était dérogé par leur contrat de mariage, cette raison cessant dans les coutumes où les donations ne sont pas défendues entre mari et femme, comme en la coutume de Poitou, art. 209 et autres, il semble aussi que les conjoints pendant leur mariage peuvent déroger aux clauses de leur contrat de mariage, en tant et jusqu'à concurrence de ce dont ils se peuvent avantager par la coutume. Maichin l'a remarqué sur le titre 8, art. 4, chap. 1, de la coutume de Saintonge, puisque le mari et la femme se peuvent avantager (2) ».

Ainsi, de son côté, Pothier dit (3) : « Les conventions matrimoniales sont tellement irréformables, que les parties ne peuvent pas, par leur contrat de mariage, se réserver la faculté de changer ou réformer quelqu'une desdites conventions, *parce que ce serait se réserver la faculté de s'avantager durant le mariage,* ce qui n'est pas permis. — Suivant ce principe, Lebrun, *Traité de la communauté,* liv. 1, chap. 3, n° 9 (4), décide que des parties qui se marient avec clause d'exclusion de communauté, ne peuvent pas valablement se réserver, par leur contrat de mariage, la faculté de déroger par la suite, pendant leur mariage, à cette clause, et d'établir entr'elles la communauté telle qu'elle est réglée par la coutume (5). Dumoulin, sur l'art. 110 de la coutume de Paris, n° 4, décide la même chose, et dit que c'était de son temps l'avis du barreau (6). Lebrun convient néanmoins que, par un arrêt du 27 juillet 1634, rendu dans la famille de M. Thiersault, rapporté par Brodeau, sur Louet, lettre M, chap. 4, cette réserve a été confirmée; mais il ne croit pas qu'on doive suivre la décision de cet arrêt ».

Enfin, avant Boucheul, Lebrun et Pothier, Ricard avait dit, dans son *Traité des donations* (7) : « Les arrêts réprouvent toutes les pactions

(1) *Traité des conventions de succéder,* chap. 7, n°s 15, 16 et 17, p. 84.

(2) Non-seulement par donations à cause de mort, mais aussi par donations entre-vifs, ainsi que l'a jugé un arrêt du parlement de Bordeaux du mois de mai 1612, que cite, d'après ledit Maichin, Pothier, dans son *Traité des donations entre mari et femme,* n° 14.

(3) *Introduction au traité de la communauté,* n° 19.

(4) Où il cite Bacquet, *Traité des droits de justice,* chap. 21, n° 73, et d'Argentré sur l'ancienne coutume de Bretagne, art. 221, glose 3, n° 1.

(5) C'est ce que Lebrun avait déjà dit, *loc. cit.,* chap. 2, n° 64.

(6) Sur l'art. 156 de la coutume de Paris, n° 9, Dumoulin décide de même que *Vir et uxor non possunt in contractu matrimonii reservare sibi invicem donare ;* et l'un des annotateurs de Lapeyrere, V° *Mariage,* n° 2, t. 2, p. 248 de la 7e édition, dit aussi : « Il faut que la donation soit parfaite par le contrat de mariage, sans qu'il dépende des parties de la faire valoir ou de la rendre nulle après le mariage, par la raison que *paria sunt aliquid fieri tempore prohibito aut conferri in tempus prohibitum ».*

(7) Première partie, n°s 179-181, t. 1, p. 90 de l'édition de 1783.

et accommodements faits entre les conjoints dès lors qu'ils contiennent
quelque avantage indirect entr'eux, encore que la paction soit fondée
sur l'équité, et qu'elle réduise les choses au droit commun. En effet,
par arrêt rendu en la coutume de Paris, et prononcé à Pâques de
l'année 1605, la cour a déclaré nul un acte passé entre un mari et une
femme, par lequel, dérogeant à ce qui avait été convenu dans leur
contrat de mariage, qui donnait au survivant les meubles, acquêts et
conquêts en propriété, ils avaient stipulé que la moitié de la propriété
des acquêts appartiendrait aux héritiers de celui qui viendrait à décéder
le premier, l'usufruit seulement étant réservé au survivant. — De même,
par autre arrêt d'audience du 16 janvier 1592, a été cassée une convention
faite entre conjoints, par laquelle il était stipulé que, conformément à la
coutume des lieux, la femme prendrait moitié en la communauté, contre
ce qui avait été convenu en leur contrat de mariage, qu'elle se conten-
terait du quart. — Nous ne souffririons pas même dans notre droit
français, du moins pour les coutumes dont nous parlons, et qui prohibent aux conjoints la faculté de se donner, qu'ils puissent valablement
se réserver la liberté de contrevenir à cette prohibition, et de s'avantager
pendant leur mariage, parce qu'il ne dépend pas des particuliers de
déroger au droit public : et cette convention ne détruit pas les raisons
pour lesquelles la loi a interdit, pour le bien des familles, ces sortes de
donations et d'avantages ».

Cependant une coutume anormale, celle d'Angoumois, contient les
dispositions suivantes, art. 40, 43 et 47 : « Par la coutume d'Angoumois,
mari et femme conjoints ensemble par loyal mariage, dès la bénédiction
nuptiale sont communs et font société en biens meubles et acquêts
immeubles faits durant et constant leur mariage. — Par la coutume
d'Angoumois, les meubles après le décès de l'un des conjoints par
mariage, nobles ou roturiers, se divisent par moitié et d'iceux le survivant prend la moitié, et l'autre appartient aux héritiers du décédé si
autrement il n'avoit pourvu ; toutefois la femme après le décès de son
mari a son choix de prendre ladite moitié desdits meubles et acquêts
faits durant leur dit mariage, et en ce faisant payer la moitié des dettes,
ou bien se tenir à son dot et mariage sans payer aucune portion desdites
dettes (1) après le décès de son dit mari. — Par la coutume d'Angoumois gardée entre roturiers, le mariage solu, la femme à son choix de
prendre la moitié des meubles et acquêts faits durant ledit mariage, ou
bien les meubles ou deniers et biens immeubles qu'elle y aura portés ;
auquel dernier cas, elle aura lesdits deniers par elle portés en faveur
de son mariage, et pour son douaire, ou elle aura le tiers des deniers
seulement en montant : et ce outre les domaines et deniers par elle
baillés et payés ». Et, s'inspirant de l'esprit de ces dispositions exceptionnelles, la cour de Bordeaux a, par son arrêt du 27 juillet 1875, rendu
dans l'affaire Charicaud contre les époux Siret, validé la clause d'un

_____

(1) « Si elle n'y est expressément obligée, auquel cas elle a son recours
pour le tout contre les héritiers de son mari, sinon que la dette soit
tournée à son profit. _Dixi supra_, Sens, art. 213 (214), Amiens, art. 90,
Montdidier, art. 119 ».

Telle est la note de Julien Brodeau qu'on trouve dans le _Coutumier
général_, de Bourdot de Richebourg, t. 4, p. 814 ; mais les coutumes de
Sens, d'Amiens, de Péronne, Montdidier et Roye ne donnent, conformément au droit commun, d'autre option à la femme que d'accepter la
communauté ou d'y renoncer. Mieux que cela les coutumes de Poitou
et de Saintonge, malgré leur parenté avec la coutume d'Angoumois
(Voir Laferrière, _Histoire du droit français_, t. 6, p. 246-249), n'admettent
pas l'option que celle-ci accorde à la femme, mais s'en tiennent au
partage égal des biens de la communauté. Voir les art. 197, 282, 288,
289, 294 et 296 de la coutume de Poitou de 1514, les art. 229, 238,
239 et 243 de la coutume réformée de 1559, et les art. 62 et 80 de la
coutume de Saintonge.

contrat de mariage qui stipulait conjointement une communauté universelle de tous biens et une communauté réduite aux acquêts, laissant
à la future épouse le droit d'opter à la dissolution du mariage entre ces
deux communautés ; mais cet arrêt a été cassé le 15 mai 1878 (1) par
la cour suprême qui a déclaré nulle une telle clause, comme contraire
à la règle de l'incommutabilité des conventions matrimoniales.

Citons un autre exemple de coutume excentrique.

Lorsque les avantages de la vassalité l'emportaient, dans des temps
de barbarie, sur le stérile honneur d'une liberté qui n'était qu'illusoire,
c'est-à-dire à l'époque où, comme le dit Robertson (2), « les citoyens
étaient exposés à l'oppression et à la rapine sans pouvoir attendre
aucun secours du gouvernement, chaque individu sentit la nécessité de
chercher un protecteur puissant, sous le drapeau duquel il put se
ranger et trouver un défenseur contre des ennemis auxquels il ne
pouvait résister avec ses propres forces (3) ». De là la transformation
volontaire des alleux en fiefs et en censives qui fut si fréquente au
Xe siècle (4), et dont on trouve plus tard de nombreux exemples (5).
« Ce changement de la propriété allodiale en propriété féodale devint,
dit Hervé (6), si général dans quelques provinces du royaume, qu'on
ne laissa plus au possesseur de terres la liberté du choix ; on l'obligea
de reconnaître quelque seigneur et de relever de lui. Beaumanoir (7)
nous apprend que dans les comtés de Beauvaisis et de Clermont, si le
seigneur ou le comte vient à découvrir quelques terres de sa juridiction, pour la possession desquelles on ne lui fît aucun service et l'on
ne payât aucune taxe ou redevance, il pouvait s'en emparer sur le
champ ; car, dit-il, suivant notre coutume, personne ne peut posséder
en propriété allodiale (8). C'est de là sans doute qu'est venue la maxime

(1) *Gazette des tribunaux* du 23 dudit mois.

(2) Introduction à l'*Histoire de Charles-Quint*, t. 2, p. 61 de la traduction de Suard, édition de 1771, in-12.

(3) Voir Lambert d'Ardres cité par Ducange dans son Glossaire au
mot *Alodis*.

(4) Chronique de Reginon, sous l'année 940 ; Laferrière, *Histoire du
droit français*, t. 4, p. 416, Brodeau, Dominicy, Furgole et de Laurière,
ibi citatis.

(5) Ordonnances du Louvre, t. 1, p. 7 ; Galland, *Du franc-alleu*,
p. 15 et 16 ; Brussel, *Nouvel examen de l'usage général des fiefs en
France*, p. 126 et 127 ; Muratori, *Antiq. ital. medii ævi*, t. 1, p. 610, etc.

(6) *Théorie des matières féodales et censuelles*, t. 1, p. 108 et 109.—De
son côté, dans ses *Mélanges historiales des fiefs*, p. 688, Saint Julien,
que Furgole (*Traité du franc-alleu*, chap. 4, p. 390 de l'édition de
1775) appelle un « auteur très-versé dans la connaissance de l'antiquité »,
remarque « qu'il y avait plus de fiefs que les propriétaires avaient mis
en l'obéissance du roi qu'il n'y en avait d'établis en leur faveur par
concession directe ».

(7) *Coutumes de Beauvaisis*, chap. 24, no 5, p. 123 (de l'édition de
Lathaumassière, t. 1, p. 316 de l'édition de Beugnot).

(8) Le franc-alleu est également proscrit par dix de nos coutumes
officielles, à savoir celles d'Angoumois, de Bretagne, de Blois, de la
Rochelle, de Meaux, de Melun, du Poitou, de Péronne, de Touraine et
de Senlis. Voir les excellentes *Dissertations féodales* d'Henrion de
Pansey, Vo *Aleu*, ¶ 18, t. 1, p. 44.
Mais il faut ajouter à ces coutumes l'usance de Saintonge dont
l'art. 18 porte : « Tout seigneur de fief se peut dire et porter seigneur
de toutes et chacunes les choses situées en son fief, dont il ne lui est
fait hommage, devoir ou redevance ; excepté des choses enclavées au
dedans de sondit fief, et tenues d'autrui, ou par gens d'église en
franche aumône, ou autre titre particulier ».

nulle terre sans seigneur ». Et Henrion de Pansey dit (1) : « Qu'est-ce que cette prétendue règle ? un simple brocard de droit sans aucune espèce d'authenticité, également contraire et à la loi naturelle et aux monuments de notre histoire et à l'ancien état de choses, reçu par tradition, adopté sur parole, et dans tous les temps combattu par les hommes les plus éclairés ». Comment cette règle s'est-elle introduite et propagée ? par une confusion entre les droits de justice et les droits de fief (2), nonobstant la maxime : *fief, ressort et justice n'ont rien de commun ensemble* (3) ; confusion que les avocats des seigneurs et du domaine (4), Galland en tête (5), se sont efforcés d'entretenir et de faire prévaloir (6), non sans succès. « Quelle que soit, dit Henrion de Pansey (7), l'origine de la règle *nulle terre sans seigneur*, elle forme aujourd'hui (en 1780) notre droit commun ; reçue depuis des siècles (V), l'usage l'a conservée..... Il résulte de la qu'il faut la suivre dans tous les pays qui n'ont pas de loi contraire, dans toutes les coutumes qui ne la rejettent pas, ou dont les dispositions combinées ne supposent pas la maxime *nul seigneur sans titres*. — Du moins telle est l'opinion de la très-majeure partie des auteurs, de ceux surtout qui ont écrit dans

(1) A la fin de l'article *Enclave*, dans le *Répertoire* de Guyot, t. 6, p. 702.

(2) Voir le savant travail de Championnière intitulé : *De la propriété des eaux courantes*, nos 151-192, p. 263-327.

(3) Loisel, *Institutes coutumières*, liv. 2, tit. 2, règle 41, et les notes de Laurière sur cette règle, t. 1, p. 314 et 315 de l'édition de 1783 où il cite comme contraires à cette règle quelques coutumes, entr'autres celles d'Anjou et du Maine.
Mais cette règle est également professée par Masuer, Pontanus, Dumoulin, Charondas, Philippi, Pocquet de Livonière et Salvaing, cités par Furgole dans son *Traité du franc-alleu*, chap. 13, no 186, p. 464 de l'édition de 1775.

(4) Notamment de Fréminville, dans son ouvrage intitulé : *Les vrais principes des fiefs*, spécialement t. 1, p. 130 et suiv., 395 et suiv., où il s'appuie sur beaucoup de faits inexacts ou sur des textes mal compris ou sans autorité.

(5) Lequel aurait plus exactement intitulé son livre : *Traité contre le franc-alleu*. Ni la science ni l'habileté n'y manquent, mais ce n'est après tout « que le factum des traitants qui avaient un intérêt pécuniaire à combattre le franc-alleu », comme l'a dit Furgole dans son *Traité de la seigneurie universelle et du franc-alleu naturel*, p. 232 de l'édition de 1767, in-12.

(6) La thèse soutenue par Galland a été solidement réfutée par Caseneuve dans son traité intitulé : *Le franc-alleu du Languedoc établi et défendu*; par Furgole, dans son ouvrage précité ; par Henrion de Pansey dans le *Répertoire* de Guyot, t. 6, p. 699-702, et quelques pages ont suffi à Hervé pour la ruiner de fond en comble dans sa *Théorie des matières féodales et censuelles*, t. 6, p. 101 et suiv. Voyez aussi p. 49 et suiv.
Galland a d'ailleurs été combattu dans deux traités *ad hoc*, dont l'un parut après la première édition de son ouvrage qui vit le jour en 1629, et l'autre après la seconde édition qui eut lieu en 1637. Le premier de ces traités est de David de Fos, et il fut imprimé à Toulouse en 1633, sous ce titre : *Traité du comté de Castres, des seigneurs et comtes d'icelui, et du franc-alleu sans titre, prétendu contre le roi par ses sujets de la province du Languedoc*. L'autre traité est d'Antoine Dominicy, professeur de droit à Bourges, et il fut publié à Paris, en 1645, sous ce titre : *De prorogativa allodiorum in provinciis quæ jure scripto reguntur, Narbonensi et Aquitanica*.

(7) *Dissertations féodales*, t. 1, p. 42.

les provinces coutumières ». Et Henrion de Pansey cite ensuite Bacquet, Basnage, Pocquet de Livonière, Brodeau, Lalande, Coquille, Duplessis et Argou (1). « Cependant, dit Henrion de Pansey (2), cette règle, quoique générale, n'est heureusement pas universelle. Elle reçoit des exceptions, même en très-grand nombre » ; et, pour justifier cette assertion, Henrion de Pansey passe en revue (3) les coutumes de Troyes et de Chaumont en Bassigni, du Nivernais, d'Auxerre, de Vitri, du Bourbonnais, d'Auvergne, de Bourgogne, pays de Bresse, Bugey, Valromey et Gex, de la Franche-Comté, de la Lorraine, de Ribemont, du Berri, des châtellenies de Sezanne, Trefou et Chantemerle, des provinces du Lyonnais, du Forez, du Beaujolais et du Mâconnais, du Languedoc, du comté de Foix, du Dauphiné, de la Guienne, des parties de l'ancienne sénéchaussée de Toulouse réunies à la Guienne, de la Provence, de la Navarre et du Roussillon. D'un autre côté, Furgole, dans son *Traité du franc-alleu* (4), cite de nombreuses autorités (5) pour établir « que toutes les terres qui sont situées en pays de droit écrit, doivent jouir de la liberté du franc-alleu. C'est une vérité si constante que... les magistrats les plus attentifs à la conservation des droits de Sa Majesté l'ont reconnue ; tel est M. de Basville, intendant du Languedoc, dans ses *Mémoires*, p. 139 et 140 ». De même l'allodialité de tous les biens de pays de droit écrit est également soutenue avec un grand renfort d'autorités et d'arrêts par Despeisses (6) ; et enfin dans ses *Arrêtés* (7) le président Lamoignon formulait ces deux règles : « Es provinces régies par le droit écrit, tout héritage est réputé franc-alleu, s'il n'y a titre ou reconnaissance au contraire. — Es pays de coutumes, le franc-alleu n'a point de lieu, s'il n'y a titre ou reconnaissance, ou autre acte fait avec le seigneur cent ans avant la publication des presentes » Mais si, quant à cette dernière règle, ce projet de loi avait été admis, il aurait dérogé à la coutume de Troyes, disant, article 51 : « Tout héritage est franc, et réputé en franc-alleu » ; à la coutume de Chaumont, disant, article 62 : « L'on tient audit bailliage que tout héritage est réputé franc » ; à la coutume du Nivernais, disant, titre 7, article 1 : « Tous héritages sont censés et réputés francs et allodiaux », et à la coutume d'Auxerre, disant, article 23 : « Tous héritages sont réputés et tenus pour francs et libres de censives, s'il n'appert du contraire ». Mais dans le conflit entre ces coutumes (8) et les autres,

---

(1) Voir, en outre, Jean Favre, sur la loi *Cunctos populos* et sur la loi 1, C. *de jure emphit.*, et Guillaume Durand, *ibi cit.* ; Pierre Jacobi *in arbore* Je *success. reg.* au titre *de civ.* ; Bœrius, *Décisiones Burdigalenses*, 229, 31 et 263 ; Maynard, liv. 4, chap. 35 ; Socin en son Conseil 36 du livre 1 ; Boucheul, sur l'art. 52 de la coutume de Poitou ; Sainxon sur la coutume de Tours, au titre : *Des droits de basse-justice*, art. 3 ; Pocquet de Livonière, sur l'art. 140 de la coutume d'Anjou ; Auzanet, sur l'art. 124 de la coutume de Paris ; Louet lettre C, Somm. 21, et Bourjon, *Droit commun de la France*, liv. 2, tit. 2, chap. 2 et 4, t. 1, p. 147 et 149 de l'édition de 1770.

(2) *Loc. cit.*, p. 42.

(3) *Loc. cit.*, p 45-102.

(4) Chap. 11, n° 164, chap. 12, n° 177, chap. 13, n° 181, p. 456, 460 et 463 de l'édition de 1775.

(5) *Speculator* (c'est-à-dire Guillaume Durand), Jean Favre, Pierre Jacobi, Benedicti, Dumoulin, Ferron, François Marc, Chopin, Bodin, Duarein, Denis Godefroy, « avec, ajoute-t-il, une foule d'autres qu'il serait trop long de rapporter ».

(6) *Traité des droits seigneuriaux*, tit. 2, n° 5, t. 1 de ses *Œuvres*, p. 4 des éditions de 1750 et de 1778.

(7) Titre 19, art. 1 et 2.

(8) Auxquelles on peut ajouter les coutumes de Langres (locales de Sens), art. 4. Voir le *Coutumier général* de Bourdot de Richebourg, t. 3, p. 528 et 529.

quel parti prendre ? L'abbé Remy, avocat au parlement et feudiste estimé, répond (1): « Entre les coutumes allodiales qui n'admettent aucune présomption de féodalité, et les coutumes féodales ou censuelles qui n'admettent aucune présomption d'allodialité, il en existe qui forment pour ainsi dire la nuance entre les unes et les autres; ce sont des coutumes qui sans proscrire ou admettre le franc-aleu, reconnaissent néanmoins une directe universelle. Dans les premières, c'est au seigneur à prouver la servitude; dans les secondes, personne ne peut tenir un aleu sans un titre formel émané du seigneur; et, dans les troisièmes, des indices, des reconnaissances, des titres quels qu'ils soient, la prescription même accompagnée de certaines circonstances, suffisent pour établir la franchise ». Autre difficulté, dans le doute entre la tenure féodale et la tenure censuelle, quelle est celle des deux qu'on devait supposer ? Thourette (2) veut que, dans ce cas, on donne le choix au vassal entre les deux tenures ; de Fréminville (3) croit que, dans la même hypothèse, l'héritage doit être considéré comme de la même qualité que ceux dont il est entouré. Enfin Duplessis (4) dit : « Je commencerais par examiner la disposition de l'héritage, son étendue, sa circonférence, ses édifices et autres choses qui s'y trouvent, pour voir si dans le tout il s'y rencontrerait quelque marque et vestige de noblesse, afin de le présumer en ce cas féodal ; mais cela cessant, je présumerais pour la tenure censive. » Mais Billecoq (5) se détermine pour la tenure censuelle, indépendamment soit du vœu du vassal, soit de la qualité des héritages voisins, soit de l'aspect de la propriété. « Quand, dit-il, on doute si une terre est tenue en fief, il faut le prouver, parce que toute terre est réputée roture » : et il cite, comme ayant consacré cette opinion un arrêt rendu, en faveur des roturiers du Berri, par le conseil d'État, le 14 novembre 1724. Hervé (6), Levasseur (7), Preudhomme (8), Henrion de Saint-Amand (9), enseignent la même doctrine à laquelle Bourjon a, avec raison, donné place dans son *Droit commun de la France* (10). « Double raison, dit-il, de cette présomption : 1o cette tenure est la plus commune dans le royaume, et par conséquent celle pour laquelle on doit présumer ; 2o elle est moins onéreuse au propriétaire, et on présume dans le doute pour la décharge et la libération; c'est disposition de droit, c'est équité, c'est raison écrite ». Duplessis et Proudhomme donnent les mêmes motifs à l'appui de la même opinion. Hervé et Levasseur se prononcent pour la tenure censuelle par cette seule considération qu'elle est moins onéreuse que la tenure féodale. La remarque en avait déjà été faite, dès le temps de saint Louis, par Pierre Defontaines, qui, dans son *Conseil* (11), s'exprime ainsi : « Molt plus est tenuz li frans homs à son seigneur par la reson del omage, que li vilains par ses rentes payanz », remarque que Loisel (12) a transformée en cette règle : « Moult plus est tenu le franc homme à son seigneur par l'hommage et honneur qu'il lui doit,

(1) *Répertoire* de Guyot, Vo *Fief*, t. 7, p. 373.
(2) Sur l'article 8 de la coutume de Montfort.
(3) *Les vrais principes des fiefs*, t. 1, p. 139.
(4) *Traité des héritages tenus en franc-alleu*, liv. 2, chap. 2, *in fine*.
(5) *Traité des fiefs*, p. 4 et 28, note *a*.
(6) *Théorie des matières féodales et censuelles*, t. 6, p. 343.
(7) Dans le nouveau Denisart, t. 7, p. 585.
(8) *Traité des droits appartenants aux seigneurs sur les biens possédés en roture*, p. 10.
(9) *Répertoire* de Guyot, à l'article *Franc-fief*, t. 7, p. 617 et 618.
(10) Liv. 2, tit. 2, chap. 3, no 4.
(11) Chap. 10, no 4, p. 55 et 56 de l'édition de M. Marnier.
(12) *Institutes coutumières*, liv. 1, tit. 1, no 30.

que n'est le vilain pour ses rentes payant ». Beaumanoir, qui était contemporain de Defontaines, dit (1) que les héritages censuels valent un sixième de plus que les fiefs. Voici ses termes : « Comme les vingt saudées de fief sont prisés dix livres, heritage qui sont tenu en vilenage, quant il vienent en pris por vente, les vingt saudées doivent estres prisés douze livres, car li fiés doit estre mains prisiés pour les services et les autres redevances c'on en doit as segneurs, li quel service sont grief ». De là, l'usage de condamner à des dommages-intérêts le vendeur qui avait vendu comme rotures des fiefs. Du temps de Dupineau (2), ces dommages-intérêts consistaient dans la diminution d'un huitième ou d'un sixième du prix (3). « Par l'usage présent, dit Pocquet de Livonière (4), on fait diminution du cinquième en faveur d'un acquéreur roturier ; apparemment parce que dans les derniers temps les droits de francs-fiefs ont été exigés avec beaucoup de dureté. Si l'acquéreur était noble les dommages-intérêts seraient moins grands, selon mon avis, parce qu'il est exempt des francs-fiefs (5) ». Dans le Poitou, on était encore plus large qu'en Anjou sur la taxation de ces dommages-intérêts. « Il y en a, dit Harcher (6), qui portent le dédommagement jusqu'au tiers du prix de l'acquisition, surtout quand l'acquéreur n'est pas noble, à cause des francs-fiefs auxquels il est assujetti ». Cette différence de valeur entre les biens de roture et les fiefs, tenait à ce que ces derniers étaient, outre le droit de francs-fiefs, soumis à une multitude d'obligations et de charges qui ne pesaient pas sur les biens de roture : tels étaient les droits de ban, arriere-ban, relief, commise, prise par défaut d'hommage, saisie et perte de fruits, aveu, dénombrement, etc. (7), « tandis que, disait l'rudhomme, ceux qui possèdent les héritages en roture ne sont tenus qu'aux droits de

(1) *Coutumes du Beauvoisis*, chap. 27, n° 27, *in fine*, t. 1, p. 300 de l'édition Beugnot.

(2) Il mourut le 15 octobre 1641.

(3) Voir ses observations sur l'article 470 de la coutume d'Anjou, au mot *Aliénation*, vers la fin.

(4) *Traité des fiefs*, liv. 6, chap. 1, sect. 1, p. 526 de la 5e édition publiée en 1771.
Pocquet de Livonière est mort le 31 mai 1726.

(5) Henrion de Pansey, dans ses *Dissertations féodales*, t. 2, p. 2, définit le droit de franc-fief : « Taxe ou finance que le roi exige des roturiers qui possèdent des fiefs ou biens nobles ».
Cette taxe, qui consistait en une année du revenu du fief, était due tous les vingt ans et à toute mutation de propriétaire, soit qu'elle arrivât par donation, par succession directe, collatérale ou autrement. Voir Preudhomme, *Loc. cit.*, p. 29.

(6) *Traité des fiefs sur la coutume de Poitou*, chap. 6, sect. 1, § 2, t. 2, p. 2.

(7) Pocquet de Livonière, *Loc. cit.*; Preudhomme, *Loc. cit.*, p. 12 et 13 ; le nouveau Denisart, t. 7, p. 585 ; *Traité historique des droits du souverain en France et principalement des droits utiles et domaniaux* (par François-de-Paul La Garde), t. 1, p. 663 et 664.
Ce dernier auteur, après avoir énuméré complaisamment toutes les charges qui pèsent sur les fiefs et dont les biens de roture sont exempts, et entr'autres que « les droits de mutation dus aux ventes de fiefs excèdent de plus de moitié ceux dus aux ventes d'héritages roturiers », termine en disant : « Cependant plusieurs veulent avoir des fiefs, et quand ils ne sont pas à portée d'en acquérir, ils tâchent d'y faire ériger leurs rotures ». Et Pocquet de Livonière, après avoir dit que les dommages-intérêts sont moindres lorsque l'acheteur est noble, ajoute : « Il est même des lieux, comme en Guienne, où un gentilhomme qui a acquis un héritage comme hommagé, demanderait des dommages-intérêts s'il se trouvait censif ».

lods et ventes, qu'ils ne paient qu'une fois, et à la censive qui est une
modique redevance annuelle , pour raison de laquelle il n'y a aucune
perte de fruits ». Toujours est-il que, d'après la présomption que nous
avons fait connaître , la maxime *nulle terre sans seigneur* équivalait,
dans les pays où elle était le plus rigoureusement observée, à celle-ci :
Tous les biens sont supposés avoir été donnés à ceux par le seigneur.
Mais s'il en était ainsi partout, il en était autrement en Hainaut.
L'article 2 du chapitre 45 des chartes générales de ce comté était ainsi
conçu : « De droit commun et général, tout est et sera tenu et réputé
fief, s'il n'y a limitation ou comprendement (W) du fief, ou fait spécial
au contraire ». Et l'article 2 du chapitre 102 desdites chartes répète
plus succinctement : « Tous biens immeubles seront réputés fiefs, si par
fait spécial n'appert du contraire ». Une règle semblable était-elle admise
dans les provinces limitrophes ? Tout au contraire , la tenure qui y
était préférée était celle que Loisel définit en disant (1) : « Tenir en
franc-aleu est tenir de Dieu tant seulement (2), fors quant à la justice (3)». Ouvrez les *Diplomatica belgica* d'Aubert le Mire et de Foppens,
et vous y trouverez nombre de chartes qui ont pour objet des aleux.
Non-seulement dans le Brabant, dans la Flandre, dans le Luxembourg
et dans le pays de Liége, la présomption de l'allodialité avait prévalu (4),
mais il en était de même dans tous les Pays-Bas. Tulden, professeur
à Louvain, dit (5) : *Prædium in dubio præsumitur liberum, nec censui
aut emphiteusi aut jure clientario obnoxium.* La même décision est
admise par Zypœus (6), bien qu'il reconnaisse que dans la majeure
partie de la Belgique les francs-aleux soient plus rares que les fiefs et
les biens censuels. Méan, dans son savant commentaire sur la coutume de Liége (7), cite Gaill (8), Mynsinger (9), Rosenthal (10), Cance-
rius (11), et, comme eux, il se prononce pour la présomption de l'allodialité. De Ghewiet dit enfin (12) : « Lorsqu'on doute de quelle nature
est un immeuble, on présume qu'il est allodial et libre plutôt que main-

(1) *Institutions coutumières*, liv. 2, titre 1, règle 19.

(2) Cette partie de la règle a été tirée par Loisel de la *Somme rurale*
de Bouteiller, et Benedicti sur le chapitre *Raynutius X de testam.*, aux
mots : *et uxorem nomine Adelasiam*, dec. 2, n° 5, dit à son tour :
*Sunt allodia bona alicujus quæ proprie dicuntur bona sua : quia
alodium est ita proprium alicujus patrimonium , quod a nemine alio
tenetur, nec recognoscitur, nisi a solo Deo.*

(3) « Sans cette exception, dit Laurière, la règle serait fausse ».
Mais cette exception n'était niée par personne. Dans mon *Examen du
périmètre de la concession de Condé*, p. 622 et 623, j'ai cité *le Grand
coutumier*, Chopin, Papon, Dumoulin, Guyot, Renauldon, Furgole,
Hervé, Jean Favre, Guillaume Durand, Jacobi, Masuer, Pocquet de
Livonière, l'Hommeau, Preudhomme, de la Touloubre, Casencuve,
Henriquez, Loyseau, Harcher, Boucheul, Ferrière, Billcart, la Villette,
le Roy, Buridan, Lafons, Henrion de Pansey, Bosquet, Bourjon,
l'*Encyclopédie méthodique* et le *Répertoire* de Merlin ; et j'aurais pu
y ajouter Bannelier sur Davot, t. 1, p. 599, n° 4 de l'édition in-4°, et
bien d'autres encore.

(4) Britz, *Code de l'ancien droit belgique*, p. 593.

(5) *Jurisprudentia extempor.*, l. 3, c. 19.

(6) *Notitia juris belgici*, l. 4, au titre : *De jure emphyteutico*, n° 1.

(7) *Observ.* 44, partie 1, n° 1 ; *Observ.* 358, partie 3, n° 1.

(8) L. 2, *Observ.* 69, n° 4.

(9) Cent. 5, *Observ.* 25, n° 1.

(10) *De feudis*, c. 12, concl. 14, n°s 10 et suiv.

(11) *Variar. resolut.*, t. 1, c. 11, de emphit., n° 9.

(12) *Institution du droit belgique*, partie 2, tit. 3, § 6, n° 2.

ferme ou fief ». De même Voët, marchant sur les traces de Bort (1) et de Rittershusius (2), dit également (3) : *Si quidem incertum fuerit, utrum res aliqua feudalis au allodialis sit, in dubio præsumendum magis eam allodialem quam feudalem esse, cum pro libertate cujusque rei, tamquam statu naturali ejus præsumendum sit.* Christinen, dans son commentaire sur la coutume de Malines, titre 12, article 1, n° 15, émet une opinion semblable, et, dans ses *Décisions* (4), il cite un arrêt eu ce sens rendu par le grand conseil de Malines le 24 septembre 1558, et l'on trouve un arrêt semblable rendu par ledit conseil le 10 mars 1684, dans le recueil de Cuvelier (n° 10) et de Grispere (n° 45). — Quant à l'Artois, Gosson dit, dans son commentaire sur l'article 11 de la coutume : « Si l'on doute de quelle nature est l'héritage féodal ou roturier, celui qui prétend qu'il est fief doit le prouver, *car le fief est un titre particulier qui ne se présume point s'il n'est justifié.* Autrement on doit le considérer comme allodial ou roturier et partageable également entre les cohéritiers ». Mais Gosson ne se préoccupe ici de la nature du bien qu'au point de vue successoral, c'est pourquoi il ne se prononce pas sur la question de savoir si, au point de vue seigneurial, le bien sera considéré comme bien censuel ou comme bien allodial, tandis qu'au contraire, Desmasures, dans ses Observations manuscrites sur la coutume d'Artois (5), liv. 2, tit. 3, n° 4, s'attachait entièrement à ce dernier point de vue en disant « que le seigneur du fief doit vérifier que les terres sont tenues de lui en fief ou en cotterie, parce que, en cas de doute, toutes choses sont réputées libres, allodiales, et non féodales ou cottières, cessant la preuve du contraire, eu égard que les choses féodales ou cottières sont tenues et mouvantes par quelque espèce de servitude ». — Enfin, quant au Cambresis, le seul commentateur de la coutume ne laisse aucun doute sur les règles qui y étaient suivies. « La liberté, dit Pinault-Desjauneaux (6), est toujours favorable aussi bien pour les choses que pour les personnes ; ainsi, dans le doute, la présomption est toujours en faveur de la liberté contre la servitude : d'où il s'ensuit que tout héritage est de soi réputé libre, sinon ès provinces qui n'admettent point de terres sans seigneur, comme dans la coutume de Bretagne, art. 277 ; celle de Poitou, art. 52 et suivants ; d'Angoumois, art. 20; de Blois, art. 35 et autres. Mais partout ailleurs où il y a des alloëts, le possesseur d'un héritage n'est pas obligé d'en vérifier la qualité : mais celui qui prétend que ledit héritage dépend de lui. *In dubio*, dit Julius Clarus (7), *omnis res*

(1) *De feudis Hollandiæ*, part. 1, c. 2, n° 4 et suiv.

(2) *De feudis*, l. 2, c. 2, n° dernier.

(3) *Digressio de feudis*, n° 4, dans son commentaire des Pandectes, liv. 38.

(4) Vol. 1, dec. 224, n° 3.

(5) Il y avait en Artois comme en Hainaut, un assez grand nombre de commentaires manuscrits de la coutume du pays. Dans la préface de ses *Observations notables sur les règles et principes du droit coutumier*, Brunel cite ceux de Doré, Hobert, Pronger, Rouget, Prevost et surtout celui de Desmasures mort procureur-général au conseil d'Artois, mais qui n'en remplit pas longtemps les fonctions, car nous voyons dans les *Notes historiques relatives aux offices et aux officiers du conseil d'Artois* (par Plouvain), p. 49 et 117 que sa nomination eut lieu le 20 août 1637 et sa mort le 17 septembre 1638. Son commentaire fort volumineux (il ne se compose pas de moins de 9 vol. in-folio dans notre exemplaire) était tenu en haute estime et dans la préface de la première édition de ses *Coutumes générales d'Artois avec des notes*, publiée en 1704, Maillart exprimait le désir qu'il fut enfin imprimé.

(6) Sur l'art. 1 du titre 2, p. 102.

(7) *Quest.* 18, n° 1, l. 4.

præsumitur allodialis, quia feudum est quædam servitutis species ».
Ainsi la législation du Hainaut qui aurait déjà fait tache dans les pays
coutumiers où la règle *nulle terre sans seigneur* signifiait que tous les
immeubles étaient censés des biens de roture qui devaient le cens,
cette législation, disons-nous, fait tache bien plus marquée lorsqu'elle
apparaît au milieu des coutumes allodiales qui l'entouraient de tous
côtés. Il ne faut donc pas se borner à dire avec Laferrière (1), d'après
Stockmans, que le droit de cette province est *exotique* et *anormal*, il
faut dire que ce qui lui donne surtout ce caractère, ce sont ses tendances ultra-féodales. Aussi croyons-nous avec Merlin (2) qu'en Hainaut, la présomption édictée par les articles 2 du chapitre 46 et 2 du
chapitre 102 des chartes générales venant à cesser, cela ne suffirait
pas encore pour que le lien d'où on recherchait la nature fut déclaré
un franc-alleu ; une fois reconnu qu'il n'était pas fief on le rangeait
alors parmi les mainfermes. Autre indice significatif : en France si le
retrait censuel était admis dans certaines coutumes (3), c'était par
exception au droit commun qui ne le permettait pas (4) ; en Hainaut,
ce droit était reconnu en principe par les chartes générales, chap. 130,
art. 4, seulement il paraît à peu près tombé en désuétude à l'époque où
écrivait Boulé (5), c'est-à-dire vers la fin du XVIIe siècle ou au commencement du XVIIIe (6). Autre symptôme plus significatif encore :
nous avons déjà vu qu'en France, dans les pays coutumiers, le retrait
lignager avait la préférence sur le retrait féodal ; aussi trouve-t-on dans
les Instituts de Loisel (7) cette règle, à l'appui de laquelle de Laurière
cite de nombreuses autorités (8) : « Le seigneur n'a retenue sur le
lignager ; ains retrait lignager est préféré au seigneurial ». En Hainaut,
c'est tout le contraire qui avait lieu. « Le retrait féodal l'emporte sur
le retrait lignager », disait Dumées (9). « Ce n'est, disait Raparlier (10),
que lorsque le seigneur dominant n'use pas du retrait féodal dans les
quarante jours que le retrait lignager peut s'exercer dans l'an et jour

(1) *Histoire du droit français*, t. 6, p. 18.

(2) *Répertoire*, Vo *Franc-alleu*, § 30.

(3) De Laurière, dans son *Glossaire du droit français*, t. 2, p. 322,
cite celles du Berri, de Montreuil, de Péronne, du Boulenois et de
Saint-Omer.

(4) Loisel, *Institutes coutumières*, liv. 3, tit. 5, règle 3 ; Guyot,
Traité des fiefs, t. 4, p. 2 et 7 ; Hervé, *Théorie des matières féodales
et censuelles*, t. 5, p. 66 et 69, Preudhomme, *Traité des droits appartenants aux seigneurs sur les biens possédés en roture*, p. 473 ;
Renauldon, *Dictionnaire des fiefs*, partie 2, p. 203 ; Lerasle, *Encyclopédie méthodique.— Jurisprudence*, t. 7. p. 427 et 428 et t. 2, p. 359,
où il cite comme exemple de coutumes exceptionnelles celles du Maine
et du Berri.

(5) Voir son *Institution au droit coutumier du pays de Hainaut*, t. 2,
p. 142 et 143.

(6) Il naquit à Valenciennes le 2 juin 1640 et y mourut le 5 novembre
1707. Son *Institution*, dont les exemplaires manuscrits étaient nombreux, ne fut imprimée à Mons, par Hoyois, que vers la fin du siècle
dernier. La permission d'imprimer porte la date du 8 mai 1780.

(7) Livre 3, titre 5, règle 4.

(8) Les coutumes du Berri, d'Angoumois, de Paris et de Touraine,
Beaumanoir, Jean Favre, Cujas, Dumoulin, Odofredus, le président
Duranti.

(9) *Jurisprudence du Hainaut français*, p. 374.

(10) *Exposition de la lettre et de l'esprit des Chartes générales du
Hainaut*, p. 401.

de la vente » ; et, avant eux, Cogniaux avait dit (1), après avoir cité le
texte de l'art. 3 du chap. 95 des Chartes générales : « De ses termes
on voit clairement que le retrait féodal est toujours préférable , parce
qu'il descend de la convention primitive apportée au contrat d'inféo-
dation, et qu'il est conforme à la loi, au lieu que les autres n'ont pour
fondement que la coutume sans aucune condition préexistante » Mais
la législation du Hainaut quant aux personnes ne déparait pas ses
prescriptions quant aux choses. Très-dure pour les tenanciers, elle
était impitoyable pour les justiciables, témoin l'art. 1 du chap. 130 des
Chartes générales ainsi conçu : « Haute-justice et seigneurie s'extend
et comprend de faire emprisonner, pilloriser, eschaffauder, faire exécution par pendre, décapiter, mettre sur roue, bouillir, ardoir, enfouir,
flastrir, exoriller, couper poing, bannir, fustigier, torturer ! ! » En
vérité, on se demande si c'est bien là un article d'un code du
XVIIe siècle, ou si ce ne serait pas plutôt le menu d'une horde de
sauvages ou le programme des fonctions d'un exécuteur des hautes-
œuvres du Saint-Office.

Après des exemples aussi frappants de l'excentricité de certaines
coutumes, on sera moins surpris d'en trouver qui offrent un complet
contraste avec celles de Vitry, de Meaux, de Chaumont et de Lorris
précitées, c'est-à-dire des coutumes qui tandis que celles-ci ne veulent
pas que l'institution d'héritier puisse valoir même comme simple legs,
exigent au contraire cette institution pour que le testament soit valable.
Furgole (2) cite comme telles les coutumes de Bordeaux, art. 74 ; de
Berri, tit. 18, art. 7 et 19 et titre 19, art. 28 ; du duché de Bourgogne,
chap. 7, art. 4, et celle du comté de Bourgogne, art. 1 du titre des successions. « Dans ces coutumes et autres ...nblables, dit-il, non-seulement
l'institution d'héritier est valable, mais encore elle saisit l'héritier institué,
tout de même que dans le cas de succession *ab intestat*, en vertu de
la maxime *le mort saisit le vif*. Les coutumes de Bordeaux, de Berri
et du duché de Bourgogne sont expresses (3).— Mais dans les coutumes
où l'on a conservé l'usage de l'institution d'héritier, c'est une formalité
nécessaire pour la validité du testament, tout de même que dans les
pays du droit écrit, auquel la coutume n'a point dérogé à cet égard (4).
Il faut donc que le testament contienne une institution universelle, et,
par voie de conséquence, que les enfants du testateur y soient institués
en ce qui leur est laissé, suivant l'art. 50 de l'ordonnance de 1735,
à moins que le testament n'eût été fait dans une coutume où l'institution
n'est pas nécessaire, quoiqu'il (le testateur) eût son domicile et ses biens
dans un pays où l'institution est nécessaire ; auquel cas, il suffit qu'on
ait observé les formalités requises dans le lieu où le testateur a disposé (5). Taisand sur la coutume de Bourgogne, titre 7, article 4,

(1) *Pratique du retrait et reprise selon l'esprit des lois, coutumes
et usages de la province et comté du Hainaut*, chap. 3, no 31, p. 64.

(2) *Traité des testaments*, chap. 8, nos 7-9, t. 2, p. 502-504 de l'édition
de 1779.

(3) Celle du comté de Bourgogne ne l'est pas moins en ce qui concerne
la saisine ; voici ses termes : « Le mort saisit le vif son héritier testamentaire institué en testament solennel ou nuncupatif ; et aussi le mort
saisit le vif son plus prochain héritier habile à lui succéder *ab intestat* ».

(4) Aussi dans les *Traités sur diverses matières de droit français
à l'usage du duché de Bourgogne*, par Davot, Bannelier dit-il, t. 3, p. 25
de l'édition in-4o, que pour qu'il y ait un *vrai* testament il faut qu'il
contienne une institution d'héritier, « c'est-à-dire la désignation d'une
personne qui, recueillant l'universalité de nos biens et de nos droits,
puisse en quelque sorte nous représenter » ; et, plus loin, p. 73, que
l'institution en Bourgogne est « de la *substance* même du testament ».

(5) Voir aussi Bannelier sur Davot, *Loc. cit.*, p. 72 et 73.

note 17, rapporte deux arrêts du parlement de Dijon, des 2 décembre 1699 et 26 juillet 1677 qui l'ont ainsi jugé. — Boucheul, sur l'art. 272, n° 116 de la coutume de Poitou, prétend que dans les coutumes de Bordeaux et de Berri elle est reçue mais qu'elle n'est pas nécessaire pour la validité du testament ; cependant il ne rapporte ni autorité ni arrêt pour appuyer son sentiment. Je ne voudrais pas contester cet auteur par rapport à la coutume de Berri qui est dans le centre du pays coutumier (1) où l'institution n'est pas nécessaire ; mais il est certain que dans la coutume de Bourgogne, non-seulement l'institution est admise, mais encore elle est nécessaire pour la validité du testament, puisque l'art. 3 du titre 7 veut que tout testateur laisse la légitime à ses vrais héritiers à titre d'institution, comme le supposent les auteurs du parlement de Dijon. La raison est que la Bourgogne est un vrai pays de droit écrit, vu que par les lettres-patentes de confirmation de l'an 1459, on renvoie à la décision du droit romain, tout ce qui ne se trouve point décidé par la coutume, laquelle doit être déclarée et interprétée selon le droit romain et non autrement (2) ; et comme Bordeaux et tout le ressort de son parlement est aussi régi par la loi romaine qui exige l'institution d'héritier, il suffit que la coutume de Bordeaux n'ait pas déclaré en termes diserts que l'institution n'est pas nécessaire, et qu'elle l'ait même admise et supposée en usage par l'art. 74, afin qu'on puisse dire que l'institution est une formalité essentielle et nécessaire du testament dans tout le ressort du parlement de Bordeaux, qui se règle par le droit romain, d'autant mieux que cette coutume ne fixe point la formalité du testament ; elle la laisse donc dans la disposition du droit commun, qui est la loi romaine ».

Mais ces coutumes de Bordeaux, du Berri, de Bourgogne et de Franche-Comté n'étaient que des dérogations au droit commun des pays coutumiers, tout aussi bien que, dans un autre sens, celles de Vitry, de Meaux, de Chaumont et de Lorris. C'est entre ces deux extrêmes qu'il faut se placer si l'on veut trouver ce droit commun, et ce terme moyen se rencontre dans l'art. 199 de la coutume de Paris, ainsi conçu : « Institution d'héritier n'a lieu, c'est-à-dire qu'elle n'est requise ni nécessaire pour la validité d'un testament ; mais ne laisse de valoir la disposition jusques à la quantité des biens dont le testateur peut valablement disposer par la coutume ».

« Cet article, dit Merlin (3), ne décide pas si c'est comme institution ou comme legs qu'il fait valoir la disposition dont il parle ; mais tous les auteurs s'accordent à dire qu'elle ne vaut que comme legs, et c'est ce qui résulte de l'art. 318, suivant lequel « le mort saisit le vif, son « hoir plus proche et habile à lui succéder ». — En effet, si l'héritier ab intestat est seul saisi, comme le fait voir ce dernier texte, il faut nécessairement que l'institué par testament soit obligé de lui demander délivrance, et, par conséquent, que l'institution ne soit considérée que comme un legs et l'institué comme un légataire. Telle est, d'ailleurs, la décision expresse de plusieurs coutumes, et, entre autres, de Sens, art. 70; d'Auxerre, art. 227; du Grand-Perche, art. 121; d'Auvergne, chap. 12, art. 40; de Rheims, art. 285, etc. ».

_____

(1) Cela est vrai, mais ce qui ne l'est pas moins, c'est que la coutume de Berri de 1539 a été rédigée principalement par le premier président Liset, très favorable au droit romain, et qui, par suite, y a introduit, notamment en matière de testament, des innovations qui ont été blâmées par les jurisconsultes coutumiers. *Putant sententiam bene latam reformatam fuisse in pejus*, disait de la Thaumassière. Voir l'*Histoire du droit français*, par Laferrière, t. 6, p. 278.

(2) Il en est de même quant à la coutume du comté de Bourgogne (la Franche-Comté) qui fut rédigée en décembre de la même année que celle du duché qui fut rédigée au mois d'août. Elle porte en effet dans son préambule qu'on devra se *régler au surplus*, et *en tous autres cas, selon raison écrite et la disposition du droit civil.*

(3) *Répertoire*, V°, *Héritier*, sect. 1, § 1, n° 7.

Il était, d'ailleurs, si bien reconnu que c'était la coutume de Paris qui formait à cet égard le droit commun des pays coutumiers que, sans s'occuper des deux espèces de catégories de coutumes excentriques ci-dessus indiquées, on se bornait à mettre ladite coutume de Paris en regard et en opposition avec les règles suivies en pays de droit écrit.

Ainsi, après avoir exposé ces règles d'après Lapeyrère, Despeisses, Serres et Furgole, Salviat disait [1] : « Dans la coutume de Paris, au contraire, et dans presque toutes les autres, l'héritier légitime et *ab intestat* est le seul saisi de droit. Le testamentaire et le légataire universel sont obligés de faire assigner l'héritier du sang, pour se voir condamner à leur faire délivrance de l'hérédité et du legs universel : ce qui occasionne des frais inutiles ».

De même, Aymar disait [2] : « Dans les pays qui se régissent par le droit écrit, l'institution d'héritier est essentiellement nécessaire pour la validité du testament ; il n'en est pas de même dans les pays coutumiers : le plus proche parent du défunt, en qualité d'héritier légitime, est toujours saisi de la succession par la règle *le mort saisit le vif* ; en sorte qu'une disposition qualifiée d'institution ne peut jamais valoir que comme legs, à concurrence des biens dont le testateur peut disposer »

De son côté, Jérôme Mercier disait des pays coutumiers [3] : « Ce qu'on y appelle testaments n'est, à vrai dire, que des codicilles, comme il se voit dans le droit, quand il dit que les codicilles ne sont autre chose *quam brevis quædam scriptura et dispositio ultimæ voluntatis sine heredis institutione*. Cette définition se peut d'autant mieux accommoder aux testaments qui se pratiquent en pays coutumiers, qu'on peut leur rapporter ce que Justinien dit des codicilles dans ce titre, *codicillis hereditas neque dari neque adimi potest* ».

De même Ricard dit en parlant des pays coutumiers [4] : « Toutes les dispositions qui sont faites par nos testaments, en tels termes qu'ils soient conçus, ne peuvent avoir force que de legs et de fidéicommis, qui doivent être pris de la main de l'héritier. C'est pourquoi nos testaments et nos codicilles ne diffèrent en rien les uns des autres [5], ce que quelques-unes de nos coutumes ont expressément déclaré, comme celles de Sens, art. 81 ; de Chaumont-en-Bassigny, art. 86 ; de Bourbonnais, art. 230, et de Bar, art. 94. Tellement que nous ne distinguons le testament d'avec le codicille qu'en ce que celui-ci a son rapport au premier et en est une dépendance ; au lieu que les testaments se détruisent l'un l'autre, le premier se trouvant révoqué par le dernier ».

Enfin Pothier disait [6] : « Selon nos coutumes, qui n'ont point admis l'institution d'héritier, il n'y a aucune différence entre testaments et codicilles, et les testaments ne sont parmi nous autre chose que ce qui est appelé par le droit romain *codicille*. — Néanmoins, selon l'usage ordinaire de parler, nous appelons ici testament l'acte qui contient les principales dispositions du défunt ; et codicilles, les actes par lesquels

---

(1) *Jurisprudence du parlement de Bordeaux*, p. 257 et 258.

(2) *Explication de l'ordonnance du mois d'août 1735 concernant les testaments*, p. 135 de l'édition de 1741.

(3) *Remarques du droit français sur les Institutes de l'empereur Justinien*. Paris, 1655, in-4°, p. 257, au titre : *de codicillis*.

(4) *Traité des donations*, partie 1, n° 1482, t. 1, p. 365 de l'édition de 1783.

(5) Furgole dans son *Traité des testaments*, chap. 8, sect. 1, n° 9, t. 2, p. 583 de l'édition de 1779, dit la même chose, et Loisel formule cette règle dans ses *Institutes coutumières*, liv. 2, tit. 4, n° 1 : « Entre testament et codicille n'y a point de différence ».

(6) *Traité des donations testamentaires*, article préliminaire, 3e et 4e alinéas.

il y a ajouté quelques autres dispositions : mais cette différence n'est que dans les mots, et il n'y a aucune différence selon notre droit coutumier, entre testament et codicille ».

Donc notre droit coutumier persiste à reconnaître, comme Glanvile au XII° siècle, que *solus Deus heredem facere potest, non homo*. Il admet que le testateur puisse choisir des successeurs à ses biens ; il n'admet pas qu'il puisse créer des continuateurs de sa personne. Il réserve la saisine aux héritiers du sang ; c'est à leur profit et uniquement à leur profit qu'il invente l'adage : *le mort saisit le vif*. Sans doute ce résultat du *condominium* germanique n'est pas particulier à la France coutumière. Ainsi on le rencontre dans une ordonnance de police de Magdebourg, dont la découverte est récente, et qui s'exprime ainsi (1) : « Nous voulons qu'à l'avenir dans notre duché de Magdebourg la possession des biens immeubles et meubles passe sans appréhension physique aux parents du défunt en ligne descendante ». Ainsi l'ancien adage anglais : *Saisina facit stipitem*, signifie que, dans le cas où le défunt ne laisse pas de descendants, le passage immédiat de la saisine à ses plus proches parents lui fait une postérité (2). Ainsi l'on trouve dans un acte de notoriété du Holstein, de 1448, l'équivalent de notre proverbe de droit coutumier (3) ; mais, quant à sa formule, elle a une allure trop rapide et, dans son énergique précision, trop de clarté pour être d'origine allemande. « Les Allemands, dit M™° de Staël (4), se plaisent dans les ténèbres, souvent ils remettent dans la nuit ce qui était au jour, plutôt que de suivre la route battue ; ils ont un tel dégoût pour les idées communes que, quand ils se trouvent dans la nécessité de les retracer, ils les environnent d'une métaphysique abstraite qui peut les faire croire neuves jusqu'à ce qu'on les ait reconnues (5) ». Et, à coup sûr, M™° de Staël n'aurait pas changé d'avis si, prolongeant sa carrière, elle avait été à même de lire les ouvrages de Schopenhauer et d'Hartmann. Il est vrai que Henri Heine a prétendu que M™° de Staël avait calomnié l'Allemagne ; mais lui-même il n'épargne pas plus les penseurs célèbres de ce pays : « Quand, dit-il (6), Reinhold pensait comme lui, Fichte déclarait que personne ne le comprenait mieux que Reinhold. Plus tard celui-ci s'étant séparé de sa doctrine, Fichte dit : « Il ne m'a jamais compris ». Lorsqu'il s'éloigna de Kant, il imprima que Kant ne se comprenait pas lui-même. Je touche ici, ajoute Heine, le côté comique de nos philosophes. Tous ils font entendre la même plainte » ; et, aurait-il pu ajouter, tous à cet égard ont raison. L'exemple d'Hegel, que cite également Heine, en est une nouvelle preuve. « On a dit qu'avant de mourir, il avait témoigné de l'inquiétude sur le sort de sa doctrine, disant que de tous ses élèves un seul l'avait compris, et que celui-là encore l'avait mal entendu (7) ». Est-il besoin d'ailleurs de corroborer l'appréciation

---

(1) *Revue de législation* de Wolowski, t. 29, p. 79.

(2) Philips, *Revue* de Savigny, t. 7, p. 10.

(3) *Revue* de Wolowski, *Loc. cit.*, p. 80.

(4) *De l'Allemagne*, seconde partie, chap. 1, t. 1, p. 197 de l'édition de 1818.

(5) Ajoutons que les Allemands n'aiment pas plus ce qui est simple que ce qui est clair. C'est une remarque qu'a faite M. G. Valbert dans la *Revue des Deux-Mondes* (3° période, t. 28, p. 219, livraison du 1er juillet 1878). « Le trait distinctif des Allemands, dit-il, est qu'ils ont en toute chose le goût du compliqué, même quand ils font des lois de salut social. Leurs gouvernements s'avisent-ils d'étrangler les libertés publiques, on peut d'avance être certain que le nœud de la corde sera très-savant ».

(6) *Les deux Allemagnes*, par M. Caro, *Revue des Deux-Mondes*, livraison du 1er novembre 1871, t. 227 (96° de la seconde période), p. 10.

(7) Depping, *Biographie univ.*, t. 67, p. 24.

de Mme de Staël ? Interrogeons un allemand et, qui mieux est, un disciple
d'Hegel sur le caractère du génie de ses concitoyens et des nôtres.
« La France, dit Edouard Gans (1), se distingue des peuples du nord, en
ce qu'elle a pu corriger les élans incertains du génie germanique, par
la fusion de l'élément formel romain, essentiellement doué de netteté et
de précision. Le Français n'aime guère à s'égarer au milieu des épais
brouillards des rêveries allemandes. S'il agit, son point de départ est
toujours une réalité, son but il l'aperçoit devant lui, laissant à d'autres
la tâche de scruter les mystères du possible ».

Or l'adage *le mort saisit le vif* a au suprême degré ce caractère
« de netteté et de précision » dont Gans nous loue, tandis que le dicton
allemand : *der todte erbt den lebendigen* (2), qu'on trouve dans l'acte
de notoriété de 1418, a besoin, pour être compris, qu'on lui donne pour
paraphrase ce texte de la coutume de Bruxelles (art. 274) : « Le mort
saisit le vif, son plus proche héritier capable de succéder, et *la possession du défunt se continue dans l'héritier* ».

Mais s'il est facile d'assigner une origine française à cette maxime
qui joue un si grand rôle dans notre système de succession, il ne l'est
pas de déterminer à quelle époque elle prit naissance. Il en est d'elle
comme de ces fleuves dont la source reste cachée et qui, lorsqu'ils en
sont déjà bien loin, enrichissent leurs rives des principes de fécondité
de leur limon. Tout ce que nous savons, c'est que la maxime dont
s'agit avait cours non-seulement au commencement du XIVe siècle
mais même vers le milieu du XIIIe. Dans un diplôme de Charles-le-Bel,
de 1322, recueilli par Aubert le Mire (3), on lit : *Cum Robertus de
Flandria miles, filius defuncti Roberti, quondam comitis Flandriæ,
tanquam proximior et unicus superstes ejus filius, ut dicebat, diceret
se esse saisitum per consuetudinem patriæ notoriam, qua dicitur quod
MORTUUS SAISIT VIVUM de comitatu et patria Flandriæ.* De même,
dans les *Etablissements de Saint-Louis* qui, nonobstant les doutes
émis par Ducange (4) et les conjectures hasardées par Montesquieu (5)
dont il a été fait justice (6), furent bien sanctionnées, comme le dit
leur *prologue*, en 1270 (7), on lit, liv. 2, chap. 4 : « Li usages de Paris
et d'Orliens si est tieux que *li mort sesi le vif*, et que il doit avoir
sesine, si autres ne se tret avant qui eut plus grand droit en la chose
que cil ». Enfin dans un arrêt du parlement de Paris, de 1259, on
lit (8) : *Cum per consuetudinem terræ mortuus debebat vivum saisire.*

---

(1) *Histoire du droit de succession en France au moyen-âge*, trad.
par de Loménie, p. 236.

(2) C'est-à-dire, en prenant le mot *erben* dans le sens de *vererben*,
« le mort transmet sa saisine au vivant ».

(3) *Notitia ecclesiarum Belgii*, c. 213, t. 1, p. 780 de ses *Opera
diplomatica et historica*, recueillis par Foppens.

(4) Dans la préface de ces *Etablissements* qui se trouvent dans la
troisième partie de l'*Histoire de Saint-Louis* par le sire de Joinville,
publiée par Ducange en 1668, in-folio, chez Cramoisy.

(5) *Esprit des lois*, liv. 38, chap. 37 et 38.

(6) Par Beugnot fils notamment, dans son *Essai sur les institutions
de Saint-Louis*, p. 312-315.

(7) Laurière, préface du tome 1 des *Ordonnances du Louvre*, n°s 52
et 53 ; Dupin, *Notices historiques, critiques et bibliographiques
sur plusieurs livres de jurisprudence française remarquables par leur
antiquité ou leur originalité*, section 1. — Etablissements de Saint-
Louis, chap. 1 ; Laferrière, *Histoire du droit français*, t. 6, p. 120-128.

(8) *Les* OLIM *ou registres des arrêts rendus par la cour du roi sous
les règnes de Saint-Louis, de Philippe-le-Hardi, de Philippe-le-Bel,
de Louis-le-Hutin et de Philippe-le-Long*, publiés par le comte Beugnot, t. 1, p. 453, n° 16.

Mais lorsque le parlement actait ainsi cette règle, au milieu du
XIIIe siècle, et 180 années avant l'acte de notoriété du Holstein précité,
depuis combien de temps n'était-elle pas passée dans la pratique comme
le résultat d'une coutume à qui sa durée avait donné force de loi ?

La forme heureuse que cette règle avait prise contribua-t-elle à son
succès ? c'est possible, car il en est de certaines maximes comme de
certaines femmes qui doivent à leur toilette une bonne partie de leurs
succès : cependant l'adage *le mort saisit le vif* avait assez de valeur
intrinsèque pour qu'on n'attribue pas à d'autre cause le bon accueil
qu'il reçut : c'était, en effet, grâce à lui que, comme le dit très-bien
l'article de la coutume de Bruxelles précité, *la possession du défunt se
continuait dans l'héritier.*

Mais cette continuation de possession n'était pas facile à concilier
avec l'organisation de la propriété sous le régime féodal, dont Merlin [1]
nous donne un aperçu en ces termes : « Les seigneurs, ont dit les
feudistes, étaient autrefois propriétaires de tous les héritages situés
dans leurs territoires respectifs ; dans la suite, ils en ont inféodé ou
accensé une partie à leurs vassaux : mais le domaine direct de ces
fonds restant toujours entre leurs mains, ceux-ci n'ont jamais pu, et
ne peuvent pas encore, se dire propriétaires dans toute l'étendue de ce
mot : par conséquent, a-t-on ajouté, il ne peut pas être en leur pouvoir
de transférer leurs droits à des tiers sans l'intervention des seigneurs ;
et les donations, ventes ou constitutions d'hypothèque qu'ils en font
ne sont, pour ainsi dire, que des procurations *ad resignandum* : semblables à des bénéficiers qui ne peuvent pas transporter directement
leurs prébendes à ceux qu'ils jugent à propos, mais seulement les
remettre aux collateurs, pour les conférer aux personnes qui leur sont
indiquées par les actes de résignation. — Cette manière de raisonner a
été longtemps admise dans la plus grande partie de la France. Le
nantissement était, dans presque toutes nos coutumes, une voie indispensable pour acquérir des droits réels sur les biens dont on était
acheteur, donataire, preneur d'hypothèque, etc. » Et ailleurs [2] Merlin
dit : « On se faisait mettre en possession ou par les officiers du
seigneur dont les biens étaient mouvants, et c'est ce qu'on appelait
ensaisinement, *devoirs de loi*, etc., ou par les juges royaux dans les
ressorts desquels les biens étaient situés, et c'est ce qu'on appelait
main-mise, *main-assise*, *mise de fait*. — Dans la suite, on a jugé
toutes ces formalités inutiles, et l'on a trouvé plus simple de donner à
un acte notarié l'effet qu'elles produisaient : de sorte qu'aujourd'hui
l'acquéreur n'a besoin, pour se rendre propriétaire incommutable, que
de se mettre de fait en possession de l'héritage [3] ; et le créancier
acquiert par un jugement ou par un contrat authentique, une hypothèque sur tous les biens de son débiteur. Mais l'ancien droit s'est
conservé dans toutes les coutumes des Pays-Bas, et dans plusieurs
autres de l'intérieur, telles que Boulonnais, Amiens, Péronne, Vermandois, Saint-Quentin, Senlis, Laon, Rheims, Chauny, etc. »

Lorsque ces coutumes, au lieu d'être exceptionnelles, formaient le
droit commun des pays coutumiers, c'est-à-dire lorsque la féodalité
était en plein épanouissement, le domaine éminent du seigneur devait
naturellement apparaître alors qu'il y avait des mutations de propriété

___

[1] *Répertoire*, V° *Nantissement*, n° 2.

[2] *Répertoire*, au commencement de l'article *Devoirs de loi.*

[3] On voit, par ce que dit ici Merlin, qu'il ne fait que reproduire
ce qu'il avait écrit dans le *Répertoire* de Guyot en 1784 (t. 5, p. 580).
A cette époque, on était sous l'empire de la règle formulée en ces
termes, par la loi 20 C. *de pactis* (II. 3) : *Traditionibus et usucapio-
nibus dominia rerum, non nudis pactis transferuntur* ; tandis qu'aujourd'hui, aux termes de l'article 711 du code civil, « la propriété des
biens s'acquiert et se transmet *par l'effet des obligations* ».

par suite de décès comme alors qu'il y avait des mutations de propriété par suite d'actes passés entre-vifs.

« Quelles que soient, dit M Simonnet (1), la véritable origine et la nature de la concession féodale , il est toujours vrai que dès le principe, les concessionnaires firent tous leurs efforts pour rendre leurs tenures héréditaires à l'encontre des concédants, qui, à leur tour, cherchaient quelquefois à les retirer durant la vie même des concessionnaires, et le plus souvent après leur mort..... A la fin du Xe siècle, les fiefs étaient devenus presque tous héréditaires. Le seigneur dominant était considéré comme saisi de la seigneurie directe de l'immeuble, la seigneurie utile étant exploitée par le vassal. — En outre, du contrat féodal il résultait que chaque mutation de personnes faisait cesser les rapports réciproques de seigneur et de vassal , et obligeait ce dernier à une reconnaissance solennelle de ses obligations, faute de quoi il perdait tous ses droits à la seigneurie utile , et , partant , le seigneur pouvait saisir le fief comme vacant. — « Item, par la coutume des « fiefs, sitôt comme un vassal est mort, le seigneur peut assigner son « fief (2) », — Le vassal, en un mot, n'avait point la saisine de son fief tant qu'il n'avait pas prêté la foi et l'hommage. — C'est pourquoi le vassal venant à mourir, « si c'est un fief noble , saisine de droit ne « autre n'est acquise sans foy ; car le seigneur direct est avant saisi « que l'héritier ; mais pour faire hommage et pour relief, le seigneur « direct doit saisir l'héritier, et la raison si est , car le seigneur féodal « a la seigneurie directe, a laquelle la profitable est adonc conjointe « par la mort du vassal (3) ». — En outre, les seigneurs exigeaient, au moment de cette reconnaissance, un présent qui depuis fut appelé *profit de rachat* ou *droit de relief*. — Il en résultait que, « en cas de « fief, n'estoit à oir ne à recevoir, à fere ou intenter demande en cas « de novelleté contre aucun autre, s'il n'estoit en foy et hommage ou « souffrance qui vaut foy de la chose dont il se disoit troublé (4) » ; et si le vassal se mettait en possession de son autorité privée, le seigneur pouvait intenter complainte contre lui. — En résumé, « fie « est propre héritage et domaine du seigneur du fié, et en est saisy « et vestu le vray seigneur, et en fait les fruits, et lui appartenant « de plein droit, spécialement après quarante jours ». — En vertu de ce principe, un arrêt du grand conseil de Malines a jugé, en 1583, qu'à défaut de relief l'héritier ne transmettait pas à ses propres successibles le *jus ad rem*; le défunt était réputé mort comme *fleur sans fruit* (5). — Il est donc clair que les règles du contrat féodal répugnaient fortement à l'idée que l'héritier du vassal fût saisi de plein droit par la mort de ce dernier, et pût se comporter comme possesseur à l'égard du fief avant d'avoir reçu l'investiture. Si celle-ci n'avait pas été demandée dans l'année, le seigneur avait prescrit contre son vassal, et le fief était irrévocablement perdu pour l'héritier négligent (6)..... De plus, le principe féodal ne s'arrêta pas aux limites de la concession féodale proprement dite : il arriva que les seigneurs firent des concessions de terres roturières en censives, sur lesquelles ils conservèrent la seigneurie directe, la seigneurie utile appartenant au censitaire. — Dans les premières investitures et concessions en censive, les seigneurs se réservèrent un droit de prélation et une sorte de tribut régulier attaché aux formalités de *saisine* et de *dessaisine* , et qu'ils exigèrent du tenancier, à chaque mutation de l'héritage en censive.... On voit,

(1) *Histoire et théorie de la saisine héréditaire*, p. 62-66.

(2) Ancien style du Châtelet, art. 7.

(3) *Grand coustumier de Charles VI*, xxi, p. 140.

(4) *Décisions de Jean Desmares*, n° 177.

(5) Britz, *Code de l'ancien droit Belgique*, p. 917.

(6) *Lib. de feudis*, 1, 22.

d'après cette extension du principe féodal à tous les degrés de la propriété, combien il devait être hostile à la saisine héréditaire ».

Comment celle-ci parvint à sortir victorieuse de ce conflit ou à se maintenir d'une manière telle qu'elle en présence des prétentions rivales, c'est là un problème historique qui n'est pas sans difficulté et qui n'est pas resté sans controverse (1). Deux choses seulement paraissent, l'une certaine et l'autre très-vraisemblable.

La chose certaine, c'est que, droit seigneurial à part, en cas de concours de saisines respectivement prétendues, c'était la saisine héréditaire qui prévalait. Nous en avons pour garant l'auteur du *Livre de jostice et de plet* (2) qui écrivait non pas au XIV⁰ siècle comme l'a dit M. Eschbach (3), mais au XIII⁰ siècle comme l'ont dit Klimrath (4) et Laferrière (5), et comme on le voit dans la préface de M. Rapetti (p. xiii et xiv) à qui nous devons la publication de ce document intéressant de notre ancien droit coutumier.

La chose vraisemblable, c'est que la tenure censuelle contribua à conserver ou à faire revivre au profit de la tenure féodale la saisine héréditaire. « Il est plus que douteux, dit M. Simonnet (6), que les seigneurs censiers aient jamais prétendu avoir la saisine des tenures en censive avant l'héritier du censitaire. La nature de cette concession toute emphytéotique (7), n'impliquait pas, entre le concédant et le cessionnaire, des rapports personnels : il était de son essence que l'héritier du censitaire succédât à la tenure et aux obligations, consistant dans le paiement d'une redevance ordinaire (8) ». Ajoutons que nous trouvons dans les *Coustumes notoires* un article (le 72⁰) qui donne à cette conjecture de M. Simonnet un poids nouveau. « Aucun, y dit-on, ne puet estre propriétaire se il n'est ensaisiné réalement et de fait par le seigneur d'icelle propriété, ou par les gens du seigneur soubs qui elle est ; *et vera est consuetude, excepto in censu :* car par la condition des lettres la seigneurie de ce censive s'acquiert sans estre vestu par le seigneur ». Mais il en était autrement en matière de vente, comme on le voit, dans les *Décisions* de Jean Desmares (n⁰ 189) : « En vente de héritage, dit-il, il fault et vest et devest, combien que lettres en soient faites : car au vendeur demeure toujours la vraye saisine et possession, jusques à tant qu'il soit dessaisi en la main du seigneur foncier : et ne s'ent puet dire l'acheteur saisi, jusques à ce qu'il en soit saisi de fait par le seigneur foncier du lieu se ainsi n'est qu'il en ait joy et usé par tel temps qu'il en ait acquis saisine, et bonne possession et juste ». Et les *Coustumes notoires* qui disent la même chose (n⁰ 124) citent en ce sens une décision de l'année 1372. Enfin, dans sa Décision 203, Desmares dit : « Incontinent que choses qui sont en censive sont vendues, droit est acquis au seigneur des ventes, sans attendre vest et devest ; autrement est ès fiefs, si ce n'est en cas que l'acheteur en fraude du seigneur percent les fruits et émolumens ».

(1) Voir notamment la dissertation de M. Victor Rigaut, intitulée : *De la saisine héréditaire, d'après le droit civil français*, dans la *Revue étrangère et française* de Fœlix, t. 9, p. 58-62, et M. Simonnet, *Loc. cit.*, p. 67-70.

(2) Liv. 3, tit. 2, § 4, p. 205.

(3) *Cours d'introduction générale à l'étude du droit*, § 104, p. 250 de la seconde édition.

(4) *Travaux sur l'histoire du droit français*, t. 2, p. 127.

(5) *Histoire du droit français*, t. 6, p. 124 et 125.

(6) *Loc. cit.*, p. 70.

(7) V. Raepsaët, *Analyse de l'origine et des progrès des droits civils, politiques et religieux des Belges et des Gaulois*. § 102 ; Houard, *Anciennes lois des Français*, t. 2, p. 100 et 101, n⁰ 21.

(8) Laurière, sur la coutume de Paris, t. 1, p. 189.

On peut encore se prévaloir *à contrario*, en faveur de l'opinion de M. Simonnet de l'article 135 des *Coustumes notoires* où il est dit que « un vassal ne se puet dire saisi du flé par mort, *nec alias*, se il n'en est en foi et hommage, ou souffrance qui le vaille par le seigneur de qui le flef est tenu » ; et de l'article 202 de la coutume de Melun de 1506 portant : « Par ladite coustume dudit baillage nul ne se peult dire estre saisi d'aucun flef par le décès de ses père, mère ou autres parents, en tant qu'il touche le seigneur féodal donc meult ou mouvent aucuns flefs, jusques à ce que les devoirs soient faits audit seigneur féodal, ou que ledit seigneur l'ait mis en souffrance du flef ou flefs, nonobstant la coutume par laquelle le mort saisit le vif ».

Quant à la conciliation de la saisine du seigneur avec celle de l'héritier, on la trouve déjà indiquée dans le chapitre des *Etablissements de Saint-Louis* (II, 4) que nous avons déjà cité. « En consacrant, dit Laferrière (1), la maxime *le mort saisit le vif*, les Etablissements fixent avec précision le caractère de la *saisine de l'héritier* ; ils font fléchir le droit romain pour l'approprier à la règle nouvelle. Au lieu de déclarer que l'*héritier doit être* mis *en possession*, selon le texte qu'ils indiquent, ils s'expriment ainsi, en modifiant le texte, « *Droit dit « que hoir doit être en possession* » ; l'héritier, sans distinction d'héritier sien et nécessaire et d'héritier externe, a donc la *possession de droit* : c'est le caractère de la saisine de l'héritier et le sens de la règle *le mort saisit le vif*. — Que si l'héritier n'a pas la possession de fait, il doit *requérir saisine*, en exerçant le droit qui aurait appartenu au défunt lui-même d'être remis en possession de la chose dont il aurait éprouvé dessaisine ; et si un autre allègue plus grand droit en la chose ou la qualité d'hoir plus prochain, la chose est mise sous la main de justice jusqu'à ce que le lignage ou le droit soit prouvé ». Et Laferrière cite en note deux passages du commentaire des Institutes de Jean Favre où ce jurisconsulte du XIV° siècle qui était très-profondément versé dans la connaissance du droit coutumier (2), explique comment l'héritier *censeatur possessor*, nonobstant la saisine seigneuriale, comment les interdits *retinendæ possessionis vel recuperandæ* lui appartiennent, *et se dicere fuisse semel possessorum, quamvis realiter non excliterit* en ajoutant : *et per hoc potest excusari Stylus Curiæ Franciæ, ubi heredes si dicunt* saisitos *et turbari in possessione et conetudunt* in casu novitatis, *quamvis non fuerint adepti realiter possessionem* (3).

M. Laurent (4) n'admet pas que la saisine dérive du *condominium* germanique. « L'idée, dit-il, d'une copropriété de famille ne l'explique point ; car autre chose est la propriété, autre chose est la possession ; et c'est précisément la transmission de la possession sans appréhension aucune, qu'il paraît si difficile de concilier avec les plus simples notions du droit ». Et il n'admet pas l'origine germanique « par une raison, dit-il, qui nous paraît décisive, c'est que dans l'ancien droit germanique, la propriété et la possession se confondaient ; pour mieux dire,

(1) *Histoire du droit français*, t. 0, p. 177.

(2) Eschbach, *Loc. cit.*, p. 250.

(3) Cette citation par Jean Favre du *Stylus Curiæ Franciæ*, prouve que M. Eschbach, *Loc. cit.*, s'est trompé en disant qu'il écrivait vers 1318, car ce Style, qui a été réimprimé dans le tome 2 des Œuvres de Dumoulin, p. 409 et suiv. de l'édition de 1681, ne fut composé qu'en 1330 par Guillaume du Breuil, comme on le voit dans le *Dialogue des avocats* de Loisel, p. 470 de ses *Opuscules*. Paris, 1652, in-4°. — Jean Favre mourut en 1340, suivant l'auteur des Antiquités d'Angoulême cité par Terrasson dans son *Histoire de la jurisprudence romaine*, p. 450 de l'édition de 1750 ; c'est donc entre 1330 et 1340 qu'il faut placer la date de la composition de son commentaire des Institutes.

(4) *Principes du droit civil*, t. 9, nos 220 et 221, p. 268-271.

la possession n'était pas encore séparée de la propriété ». Soit ; mais à cause de cela même, semble-t-il, l'origine que M. Laurent repousse n'en est que plus facile à admettre, car précisément parce que la propriété et la possession se confondaient, la dévolution de l'une entraînait forcément celle de l'autre au profit du copropriétaire survivant.

« C'est, poursuit M. Laurent, dans les abus féodaux que l'on doit chercher la première origine de la saisine française. Il n'y avait pas de terre sans seigneur (1) et par suite pas d'homme qui n'eût un maître ou un suzerain. Que devenaient les biens du serf ou du vassal à sa mort ? Le seigneur les reprenait..... La première saisine fut donc celle du seigneur. On en trouve encore des traces dans nos plus vieilles coutumes. Le Grand Coutumier de Charles VI disait que le serf mort saisissait le seigneur vif (2). La même maxime se trouve dans la coutume de Melun rédigée en 1496 (3). Les légistes, ennemis nés de la féodalité, s'emparèrent de la fiction féodale de la saisine pour la tourner contre les seigneurs et leurs excès. Puisque le défunt était censé saisir le seigneur, ne fallait-il pas un acte de volonté de sa part ? et quelle était sa volonté dernière ? Certes, elle était pour son parent le plus proche, de préférence au seigneur. A quoi bon dessaisir le défunt au profit du seigneur pour saisir ensuite l'héritier ? Il était bien plus simple de saisir directement l'héritier. De là la saisine : toute personne était réputée, à sa mort, remettre la possession de ses biens à son plus proche parent habile à lui succéder. On voit encore dans nos anciennes coutumes des traces de cette lutte de la liberté contre les abus féodaux ; Desmares dit dans ses Décisions (no 231) : « Mort saisit « son hoir vif, combien que particulièrement il y ait coutume locale « où il faut nécessairement saisine du seigneur ». — La saisine fut d'abord une saisine de droit, et non de fait ; l'auteur du Grand Coutumier (liv. 2, chap. 21) le dit en termes formels : « Si notoirement il « appert de la ligne et du lignage, le successeur en est du tout saisi

___

(1) L'adage féodal rapporté par M. Laurent n'a rien de commun avec la saisine. Elle existait lorsqu'il n'était pas encore connu et aussi ailleurs que là où il était pratiqué. Ainsi, comme nous allons le dire bientôt, la saisine héréditaire était admise dans toute la France, tandis que, comme nous l'avons vu (p. 121), on n'y admettait pas partout l'adage dont s'agit.

(2) Servus mortuus saisit dominum vivum (p. 120).
Mais pourquoi cela ? parce que le seigneur héritait du serf. « Li sers ne pot lessier en son testament plus grant somme que cinq sous », dit Beaumanoir (chap. 12, § 3, t. 1, p. 180 de l'édition de Beugnot), et le même Beaumanoir (chap. 45, § 33, t. 2, p. 235 de ladite édition) nous fait connaître que fréquemment la succession du serf comprenait d'autres biens que ceux qu'il tenait de son seigneur : « Il avient souvent, dit-il, que li héritage qui esquicent as signeurs par le reson de lors sers, sunt tenu d'autres signeurs que de celi qui li sers estoit ». Quant au serf attaché à la glebe, il était considéré comme une chose, mais comme une chose immobilière. « Nos apelons totes choses movables, fors serf ; car serf est héritages », dit le Livres de justice et de plet (l. 10, chap. 23, § 2, p. 299). Et cela s'explique facilement, parce que si, comme l'a montré Houard (Anciennes lois des Français, t. 1, p. 195) Montesquieu (Esprit des lois, liv. 30, chap. 11) a eu tort de dire qu'à la fin de la seconde race les laboureurs étaient serfs dans tout le royaume, « on peut avancer sans crainte, dit M. Beugnot fils (Essai sur les institutions de Saint-Louis, p. 327), qu'au commencement de la troisième, tous les serfs étaient laboureurs ».

(3) « Par ladite coutume, le serf mort saisit son seigneur vif ». — Telle est, en effet, la disposition de l'ancienne coutume de Melun (art. 72) qui ne fut publiée qu'en 1506, comme le dit Laferrière dans son Histoire du droit français, t. 6, p. 349.

« de droit, et ne lui est nécessaire d'aller ni au seigneur, ni au juge,
« ni autres : mais de son autorité se peut de fait ensaisiner, et à lui
« est nécessaire cette appréhension de fait pour qu'il se puisse avoir
« entière saisine (1) ». Ce n'est que plus tard que la saisine de droit
devint une saisine de fait. Comment se fit cette nouvelle transformation ? Nous l'ignorons. Peut-être ce fut pour mettre les héritiers
entièrement à l'abri des entreprises des seigneurs. Tant qu'il fallut une
appréhension réelle, le seigneur ou son juge pouvait intervenir pour
se faire payer l'ensaisinement, tandis qu'il n'y avait plus l'ombre d'un
prétexte à des exactions féodales une fois que le défunt lui-même
mettait son héritier en possession ».

Soit d'ailleurs qu'on admette que la saisine héréditaire s'est conservée
chez nous depuis l'invasion des Francs et qu'elle a été seulement
cachée sous la couche des institutions féodales qui tendaient à l'étouffer,
soit qu'on admette qu'après avoir été anéantie par elles (2), cette saisine
soit ensuite parvenue à ressusciter ; toujours est-il qu'elle aurait fait
preuve ou, dans le premier cas, d'une force de résistance, ou, dans le
second, d'une puissance de vitalité presqu'également phénoménales ; et
cependant il y aurait encore quelque chose qui dépasserait cette force
et cette vitalité, c'est l'aptitude de cette conception juridique à se propager ; c'est son énergie d'expansion dans un milieu qui, comme celui
des pays de droit écrit, semblait devoir lui être si peu favorable.

En effet, c'est la loi romaine qui régnait dans ces pays, et nous
avons déjà vu que cette loi considérait si peu la possession de l'héritier comme la continuation de la possession du défunt que, pour ne
pas laisser de lacune entre ces deux possessions, elle avait inventé une
fiction d'après laquelle l'hérédité vacante était considérée comme une
personne morale susceptible d'exercer des droits : *hereditas personæ
vice fungitur, sicut municipium et decurio et societas,* disait Florentin (3) ; et cette personne, jusqu'à l'adition d'hérédité, ne représentait
pas l'héritier, elle continuait le défunt : *Nondum enim adita hereditas
personæ vicem sustinet, non heredis futuri, sed defuncti,* disait
Justinien (4).

« La loi française, dit M. Victor Rigaut (5), a senti qu'il importait
de ne point laisser vacante et à l'abandon pendant un certain temps
une place que le mourant va abandonner : aussi ne se contente-t-elle
pas d'ouvrir la succession d'une personne au moment où celle-ci est
frappée de mort : elle transmet encore en certains cas *in instanti* la
possession légale de l'hérédité à ceux qu'elle, ou le testateur, appelle
à la recueillir : elle les subroge de plein droit à celui auquel ils
succèdent. Dès lors il n'y a plus de lacune ; c'est ce qu'exprimait
l'ancienne maxime du droit français : *Le mort saisit le vif,* maxime

(1) Il en était de même d'après l'ancienne coutume de Bourgogne,
art. 311 (Comparez Bugnet sur Pothier, t. 8, p. 114, note 2).

(2) « Le principe de la saisine héréditaire, dit M. Victor Rigaut (*Loc.
cit.,* p. 58), si jamais il a été effacé du système des successions, en
pays de coutume, a dû disparaître vers la fin du IXe siècle. Pendant près
de trois cents ans aucun document écrit n'en parle, pas même indirectement ». Cependant il ne faudrait pas trop se hâter de conclure de ce
silence que ce principe n'existait plus, et c'est le cas de rappeler une
remarque faite par M. Renaud de Berne et traduite en ces termes par
M. Victor Chauffour (*Revue de Wolowski,* t. 29, p. 79) : « Il faut
reconnaître que le passage immédiat de droit au plus
proche du défunt, est assez rarement mentionné dans nos sources. La
raison en est que ce principe était si profondément enraciné dans les
idées juridiques de la nation qu'on a jugé inutile de le répéter souvent ».

(3) Loi 22, D. *de fidejus, et mandat.* (XLVI, 1).

(4) Instit. *de heredibus instit.,* § 2 (II, 19).

(5) *Loc. cit.,* p. 42 et suiv.

qui, comme l'a fait remarquer M. Malpel (1), est passée dans notre code civil avec moins de précision et d'énergie, mais plus explicitement. La saisine héréditaire est en effet un droit que la loi fait provenir d'un fait indépendant de tout concours des parties intéressées, et dont l'existence ne repose que sur une fiction légale. Cette fiction consiste à faire considérer l'héritier comme se trouvant immédiatement aux lieu et place du défunt. « Utile et belle conception, s'écriait l'orateur du Tribunat M. Siméon (2) en proposant au Corps législatif l'admission de la saisine héréditaire inscrite dans notre code civil, « utile et « belle conception, au moyen de laquelle la propriété ne reste jamais « en suspens et reçoit, malgré les vicissitudes et l'instabilité de la vie, « un caractère d'immutabilité et de perpétuité! L'homme passe, ses « biens et ses droits demeurent ; il n'est plus, d'autres lui-même « continuent sa possession et ferment subitement le vide qu'il allait « laisser ».

« Le principe de la saisine héréditaire de plein droit, qu'au XVIᵉ siècle Cujas (3) et P. Pithou (4), dans leurs vaines attaques contre la maxime *le mort saisit le vif*, appelaient avec mépris *vox de via collecta* (brocard traîné dans le ruisseau des halles), présente une utilité tellement remarquable et frappante, qu'on le trouve posé, avec plus ou moins d'extension, dans presque toutes les législations européennes.

« André Triaqueau (5), préoccupé de l'admission de la saisine héréditaire dans les lois de plusieurs contrées de l'Europe, la qualifiait au XVIᵉ siècle de coutume du monde. D'après Toullier (6), « la saisine des héritiers paraît aussi ancienne que les successions mêmes, et a comme ces dernières, sa racine dans le droit naturel, antérieur aux sociétés civiles ». En scrutant, à l'égard des successions, l'histoire des lois de différents pays, l'on pourrait dénier formellement l'assertion de Triaqueau et surtout celle de Toullier ; mais ce travail si vaste, si long à exécuter, offrirait plus d'érudition que d'utilité, négligeons-le pour essayer de découvrir la source de la saisine héréditaire du droit français.....

« A notre avis, la saisine de plein droit des héritiers n'est point un legs du monde romain. Nous le croyons une institution d'origine germanique, introduite par les lois des tribus franques. Il paraît qu'effacée durant quelque temps de notre ancienne législation, elle a été ravivée en haine de la fiscalité féodale, par raison d'utilité, comme dit de Laurière sur Loisel (7). Notre pensée se justifie par les données historiques que nous possédons ; une étude attentive des textes de plusieurs lois vient aussi la confirmer.

Les jurisconsultes qui ont prétendu que la saisine héréditaire dérive de la législation romaine ont allégué comme le texte le plus décisif en faveur de leur opinion la loi 30 au Dig. *ex quibus causis major. XXV ann. in integr. restit.* (IV, 6). Mais il est facile de répondre avec Cujas *(ad illam legem)* que ce passage n'avait point trait à la saisine de plein droit de l'héritier. La disposition de la loi précitée reposait sur le principe de la législation romaine, proclamé par la loi 19 au Dig. *eod. tit.*, et, plus explicitement encore, par la loi 31, § 5, D. *de usurp. et usucap.* (XLI, 3), principe en vertu duquel l'héritier, par

(1) *Traité élémentaire des successions*, nᵒ 177, note 1.

(2) Locré, *Législation civile*, t. 10, p. 282.

(3) Sur la loi 30, D. *ex quibus causis maj. XXV annis* (IV, 6), t. 5, col. 166 de ses œuvres, édition de Venise-Modène.

(4) *Mosaicarum et romanorum legum collatio*, tit. 10, p. 66 de l'édition de 1689 (ou dans la *Jurisprudentia vetus ante-Justinianca* de Schulting, p. 795 de l'édition de 1737).

(5) Dans son traité *le mort saisit le vif*, part. 1, déclar. 2.

(6) *Droit civil franç.*, t. 4, nᵒ 79.

(7) *Institut. coutum.*, liv. 2, titre 5, règle 1.

un effet rétroactif, était considéré comme entré en possession le jour de l'ouverture de la succession, et pouvait invoquer pour la prescription le temps écoulé depuis l'ouverture de la succession jusqu'à l'adition de l'hérédité. En droit romain, toute possession était principalement de fait. Un texte unique et peu formel ne peut évidemment pas prouver que les héritiers étaient saisis de plein droit par la seule force de la loi. Par suite d'une telle interprétation, l'on se trouverait en opposition avec plusieurs dispositions de lois très-explicites (1).

« La possession de biens de la succession n'était point conférée de plein droit aux héritiers *ab intestat*, pas même aux héritiers siens. Rien d'ailleurs de plus opposé à la saisine légale du plus proche héritier au temps du décès, que la règle du droit romain, d'après laquelle la succession *ab intestat*, s'ouvrait non dès l'instant de la mort mais au moment où il devenait certain que le défunt était décédé *sine testamento* (2), car l'ordre de succession testamentaire était toujours, autant que possible, préféré à l'ordre de succession *ab intestat* (3).

« Le legs universel n'était point connu en droit romain. Jamais les légataires partiaires ou autres n'eurent la saisine de leurs legs. Jusqu'à Constantin, les moyens que les légataires devaient employer pour entrer en possession des objets qui leur avaient été légués, et dont ils ne se trouvaient pas déjà détenteurs ou possesseurs antérieurement à l'ouverture du legs, variérent suivant les termes des legs ; et plus tard depuis Constantin jusqu'à Justinien, suivant que le testateur avait montré dans ses dispositions l'intention de transférer directement la propriété ou seulement d'imposer une obligation à ses héritiers. Justinien ouvrit aux légataires trois actions : 1° L'action personnelle ex *testamento* s'il y avait eu testament, ou *legati* si le défunt était mort *intestat* (4), donnée en tout cas au légataire contre l'héritier ; 2° L'action en revendication, lorsque la chose léguée appartenait au testateur ; 3° L'action réelle, prétorienne, appelée hypothécaire ou quasi-servienne, naissant du droit de gage ou d'hypothèque légale accordée aux légataires sur tous les biens laissés par le défunt (5).

« Il est certain que les héritiers institués ne se trouvaient point obligés de demander au légitimaire la délivrance des biens compris dans le testament, et qu'ils pouvaient se mettre eux-mêmes en possession *réelle*. Parfois, *litis ordinandæ causa*, le préteur *mittebat in possessionem* ; les réclamations d'un contradicteur ne suspendaient pas la mère en possession. Justinien, en supprimant l'édit d'Adrien, réforma partiellement cette législation. Il voulut que le juge mit l'héritier institué en possession si le testament était régulier, mais que la possession fut adjugée au titre le plus apparent dans le cas où il se présentait un contradicteur (6).

« Les héritiers institués n'acquéraient pas tous de la même manière l'hérédité qui leur était déférée.

« Les *necessarii* et les *sui et necessarii* devenaient héritiers *ipso jure*,

(1) *Nec heredis est possessio antequam possideat*, porte la loi 1, § 15, D. *si is qui testam. lib.* (XLVIII, 4). V. aussi l. 13, §§ 4 et 5, loi 23, loi 30, § 5, D. *de acquir. vel amitt. poss.* (XLI, 2), et le titre du C. de *edict. divi Adriani toll.* (VI, 33).

(2) V. § 3, Inst. *de hered. quæ ab intest. defer.* (III, 1) ; l. 2, § 6, D. *de suis et legit. hered.* (XXXVIII, 16).

(3) V. l. 39 et 70 in pr., D. *de acquir. vel omitt. hered.* (XXIX, 2) ; l. 83, D. *de reg. jur.* (L. 17) ; l. 8, C. *Comm. de success.* (VI, 59).

(4) Étant décédé *intestat* l'on pouvait avoir fait des legs par codicilles. C'est au sujet de ces codicilles que le jurisconsulte Paul (l. 16. D. *de jure codic.*) dit : *Nihil desiderant sed vicem testamenti exibent.*

(5) V. § 2, Inst. *de legat.* (II, 10) ; loi 1, C. *comm. de legat.* (VI 43 loi 15, C. *de testam.* (VI, 23).

(6) Lois 1, 2 et 3, C. *de edicto divi Adriani toll.* (VI, 33).

avec ou sans consentement et même à leur insu (1). La succession leur était acquise dès l'ouverture de l'hérédité, c'est-à-dire à la mort du testateur, si l'institution était pure et simple, et lors de l'accomplissement de la condition, si l'institution était conditionnelle (2). Toutefois ils ne se trouvaient pas de plein droit possesseurs de l'hérédité ; à leur égard il n'y avait point saisine légale, mais acquisition immédiate et forcée, que les préteurs modifièrent dans ses conséquences en accordant les bénéfices de séparation de biens et d'abstention, et dont Justinien affaiblit encore les effets par l'introduction du *beneficiarium inventarii*.

« Quant aux héritiers externes, bien que l'hérédité leur fût déférée à la mort du testateur ou lors de l'accomplissement de la condition, elle ne leur était acquise en réalité que par une déclaration expresse ou tacite de leur volonté. Jusqu'à cette déclaration, qui avait un effet rétroactif et faisait, sous presque tous les rapports (3), considérer les héritiers externes comme acquéreurs de la succession au moment même où elle était ouverte pour eux (4), l'hérédité représentait la personne du défunt qui était réputé avoir vécu pendant toute la vacance (5).

« D'après le droit prétorien, la succession testamentaire ou *ab intestat* s'acquérait seulement par *l'agnitio bonorum possessionis* faite par-devant le préteur ; les personnes mêmes qui, en droit civil, héritaient *ipso jure*, devaient, dans les délais prescrits à cet égard, demander la *bonorum possessio*, s'ils voulaient profiter de ses avantages (6). Les personnes appelées à la succession par le droit prétorien ne se trouvaient pas saisies héréditairement : le préteur les envoyait en possession ; elles pouvaient avoir alors la *possessio juris non corporis* (7).

« Enfin, suivant la législation romaine, l'héritier ne transmettait de son chef à ses propres successeurs, comme partie constituante de ses biens, que la succession qui lui était acquise. De là une règle générale, *hereditas nondum adita non transmittitur ad heredes* (8), règle qui était et qui se trouve encore en opposition avec le principe admis en droit français....

« L'on peut sans doute citer plusieurs lois romaines qui prouvent que les fils de famille étaient censés être la même personne que leur père (9), qu'on les considérait en quelque sorte du vivant de celui-ci

(1) V. §§ 1 et 2, Inst. *de hered. qual. et differ.* (II, 19).

(2) L'institution faite à terme était réputée pure et simple. V. § 9, Inst. *de hered. instit.* (II, 14).

(3) Loi 193, D. *de reg. jur.* (L, 17). *Per omnia fere* portent les textes (ou *in plerisque*) ; car, par exemple, quoique l'on n'ait pas eu la *testamenti factio* avec l'héritier appelé à une succession, l'on pouvait, avant l'acquisition de celle-ci, instituer les esclaves qui en dépendaient ; il suffisait qu'on eût eu faction de testament avec le défunt. V. loi 52, D. *de hered. inst.* (XXVIII, 5).

(4) V. loi 54, D. *De acquir. vel omitt. hered.* (XXIX, 2) ; loi 28, § dernier, D. *de stipul. serv.* (XLV, 3).

(5) V. § 2 Inst. *de hered inst.* (II, 14) ; loi 31, § 1, D. *de hered. inst.* (XXVIII, 5) ; loi 34, D. *de acquir. rer. dom.* (XLI, 1), et le titre au Digeste *de acq. vel omitt. hered.* (XXIX, 2).

(6) Faire surtout usage de l'interdit *quorum bonorum*.

(7) Loi 3, § 1, D. *de bonor. poss.* (XXXVII, 1).

(8) Loi 1, C. *de caduc. toll.* (VI, 51) ; loi 7. C. *de jure deliber.* (VI, 30).— L'héritier sien acquérant de plein droit l'hérédité, la transmettait aussitôt à ses héritiers *(transmissio ex capite suitatis)*. V. loi 3, C. *de jure delib.* (VI, 30).

(9) V. § 4, Inst. *de inut. stip.* (III, 19) ; loi 11 *in fine*, C. *de impub. et aliis subst.* (VI, 26) ; loi 12, § 1, C. *de agricol. et cens. et colon.* (XI, 47).

comme copropriétaires de ses biens (1), qu'entre de telles personnes la succession n'était pas à vrai dire une mutation de propriété (2). Mais ces lois attestent-elles qu'en droit romain il existait, à l'égard de quelques héritiers, une saisine héréditaire ? Evidemment non. L'argumentation tirée des textes allégués à ce sujet a pu paraître décisive à des époques où l'étude du droit romain n'était pas bien éclairée, où l'esprit légiste d'alors, dans ses luttes contre les droits féodaux, exhumait de leurs catacombes encore obscures les glorieux restes des lois romaines pour les appliquer aux idées de l'époque ; au XVIIIe siècle, leur autorité fautivement invoquée en matière de saisine légale ne satisfaisait point le savant Pothier (3). De notre temps, on comprend mieux le sens des lois romaines ; les jurisconsultes contemporains ont jeté sur elles un nouveau jour, et l'on comprend qu'une saisine héréditaire conférée de plein droit puisse être basée sur une espèce de copropriété de famille, sans qu'elle en soit la conséquence nécessaire et absolue ».

Si donc Cujas avait tort de traiter la maxime *le mort saisit le vif* avec un dédain que M. Victor Rigaut semble se complaire à exagérer dans sa traduction (4), à l'inverse, ce prince de l'exégèse avait parfaitement raison lorsqu'il niait que la saisine héréditaire fut connue en droit romain. Les légistes des pays de droit écrit méconnurent-ils cette vérité ? ou bien se décidèrent-ils à n'en pas tenir compte, jugeant que ce sacrifice était peu de chose en comparaison du bien qu'il produisait ? Ce qu'il y a de sûr du moins, c'est que la célèbre maxime étendit son empire bien plus largement encore dans les pays de droit écrit que dans les pays coutumiers où, sauf les très-rares exceptions que nous avons signalées, son application se réduisait aux successions *ab intestat*, tandis qu'elle s'étendait aux successions testamentaires dans les pays de droit écrit, ainsi que nous avons vu, dans le paragraphe précédent, Rousseaud de Lacombe (5) en faire la remarque.

Ricard (6) dit de même : « Il nous convient d'observer, puisque nous travaillons aussi bien pour les provinces de droit écrit que pour les pays coutumiers, que les parlements que nous appelons de droit écrit ont non-seulement notre règle *le mort saisit le vif*, en faveur des héritiers *ab intestat* comme elle est pratiquée parmi nous, aux termes de nos coutumes qui l'ont introduite ; mais même, passant plus avant, ils ont donné cette possession de plein droit aux successions testamentaires. Nous rapportons les arrêts du parlement de Toulouse qui l'ont ainsi jugé au *Traité des substitutions*, chapitre 9, section 6. Guy Pape en sa décision 483 atteste que tel est l'usage du parlement de Grenoble ; et il y a même un article de la coutume de Bordeaux, savoir le 74, qui porte que *le mort saisit le vif en quelque manière qu'il succède, par testament ou sans testament* ».

Il aurait pu se faire cependant que cette coutume ne fut suivie que là où elle servait de loi municipale ; mais il n'en était rien.

« Attesté, dit Salviat (7) le 15 janvier 1782, syndics Mes Boudin et

(1) Loi 11, D. *de lib. et posth.* (xxviii, 2) ; § 2, Inst. *de hered. qual. et diff.* (ii, 19).

(2) V. § 3, Inst. *de here l. quæ ab intest. defer.* (iii, 1).

(3) *Traité des fiefs*, p. 291.

(4) Tandis qu'au contraire dans la *Revue de législation* de Wolowski, t. 19, p. 527, M. Kœnigswarter a très-exactement traduit ces termes de : *vox de via collecta*, par ceux-ci : « brocard ramassé dans la rue ».

(5) *Commentaire sur les nouvelles ordonnances concernant les donations, les testaments, etc.*, p. 160.

(6) *Traité des donations*, partie 2, n° 15, t. 1, p. 421 de l'édition de 1783.

(7) *Jurisprudence du parlement de Bordeaux*, p. 257 et 258, de l'édition de 1787.

Fontcneil, que la maxime le mort saisit le vif, est observée au parlement de Bordeaux *pour toute l'étendue du ressort.* — Attesté le 2 février 1744, syndics M⁰ˢ Belliquet et Larose, qu'il est d'usage et de jurisprudence constante au parlement de Bordeaux, que non-seulement l'héritier légitime est saisi de plein droit quand le défunt est mort *ab intestat*, mais encore que l'héritier testamentaire l'est aussi quand il y a un testament ; qu'ils n'ont besoin ni l'un ni l'autre de demander à être mis en possession des biens du défunt, étant réputés en possession de fait ; en sorte qu'ils peuvent prendre et percevoir les revenus, exiger les dettes actives de la succession, sans qu'il soit nécessaire de se pourvoir en justice pour demander la délivrance des biens de l'hérédité, soit immeubles, soit meubles, ni la permission de se mettre en possession desdits biens, laquelle passe tellement sur leur tête qu'ils peuvent agir aussitôt et intenter toutes actions possessoires..... Vingt autres attestations que je supprime pour éviter les répétitions, ont consacré ces principes. Lapeyrère, lettre M, n⁰ 54, V⁰ *il est d'usage,* atteste que telle est notre jurisprudence à l'égard de l'héritier testamentaire. Si celui-ci, qui souvent est un étranger, est saisi de droit, à plus forte raison l'héritier du sang le serait-il. — Cette même règle a lieu dans tous les pays de droit écrit : Voyez Despeisses, *des successions,* part. 3, sect. 1, n⁰ 5 ; Serres, en ses *Institutions,* liv. 3, tit. 4, ₰ 4 ; Furgole en son *Traité des testaments,* chap. 10, n⁰ 12, et sect. 1, n⁰ 11 (1) ».

Enfin ce qui prouve la puissance d'expansion de la règle *le mort saisit le vif,* c'est que non-seulement dans les pays de droit écrit on l'avait étendue des successions *ab intestat* aux successions testamentaires, mais encore qu'on l'appliquait avec plus de hardiesse que dans les pays coutumiers aux successions contractuelles.

Mais 1° qu'était-ce que ces successions ? 2° d'où tiraient-elles leur origine ? 3° dans quels pays étaient-elles en usage ? 4° quels effets produisaient-elles ? Tels sont les points qui nous restent à éclaircir.

Danty (2) définit l'institution contractuelle : « Une obligation que contracte l'instituant envers l'institué de lui laisser à titre d'héritier tous les biens qui lui resteront au jour de sa mort, c'est-à-dire un testament irrévocable qui peut comprendre néanmoins tous les biens du testateur ».

Laurière (3) la définit : « Un don irrévocable de succession, ou d'une partie de succession, fait par contrat de mariage au profit de l'un des conjoints, ou des enfants qu'ils doivent avoir ensemble ».

« C'est, dit Lebrun (4), une donation entre-vifs qui se termine à une succession *ab intestat,* et l'institué est donataire du titre d'héritier ».

« Institution d'héritier, dit Pothier (5), est la nomination que quelqu'un fait d'une ou plusieurs personnes à qui il entend transmettre après sa mort tous ses droits actifs et passifs ; ou, ce qui revient au même, c'est la donation que quelqu'un fait de sa succession ».

Bannelier sur Davot (6) dit que l'institution contractuelle « est une assurance de succession, soit d'un père ou autre ascendant, soit d'un collatéral ou d'un étranger, en faveur d'une personne qui se marie, et

(1) T. 3, p. 82 et 83, 131 et 132 de l'édition de 1779.

Furgole reconnaît d'ailleurs que cet usage et cette jurisprudence étaient contraires au droit romain, d'après lequel « la possession du défunt ne se continuait pas sur la tête de l'héritier ».

(2) *Répertoire* de Guyot, t. 9, p. 363.

(3) *Traité des institutions et des substitutions contractuelles,* chap. 2, n⁰ 21, t. 1, p. 69.

(4) *Traité des successions,* liv. 3, chap. 2, n⁰ 7.

(5) *Appendice à l'Introduction au titre XVII de la coutume d'Orléans,* n⁰ 16.

(6) *Traité sur diverses matières de droit français à l'usage du duché de Bourgogne,* t. 4, p. 106 et 107 de l'édition in-4⁰.

dans son contrat de mariage, ou en faveur des enfants à naître du même mariage ».

Dunod (1) donne de l'institution contractuelle une idée assez semblable mais plus complète. Voici ses termes : « Il me semble qu'on peut dire que c'est une assurance irrévocable de succéder donnée par contrat de mariage en faveur de ceux qui se marient ou de leurs descendants, qui laisse à l'instituant la pleine administration de ses biens, mais qui l'empêche de pouvoir user de cette liberté en fraude de l'institution qu'il a faite ».

Enfin Chabrol (2) dit : « L'institution d'héritier est un don irrévocable des biens que l'instituant laissera à son décès ; il dispose de sa succession ; il met l'héritier institué à la place de son héritier ab intestat : on ne peut donner une définition plus exacte de cette sorte de convention ».

Le fait est qu'indépendamment de la difficulté qu'il y a en général à bien définir et du danger qu'offre par suite toute définition juridique (3), il y a ici une difficulté nouvelle qui tient à la nature complexe et au caractère hybride de la conception qu'il s'agit de définir (4). De là vient que ceux qui n'ont envisagé l'institution contractuelle que sous un aspect ou en ne tenant compte que d'un de ses éléments se sont également trompés, soit en la classant, comme Lebrun (5), parmi les donations entre-vifs, soit en la rangeant, comme Ricard (6), au nombre des donations à cause de mort. C'est ce qui fait dire à Furgole (7) : « Plusieurs auteurs ont parlé des institutions contractuelles, et en ont expliqué les effets ; mais je n'en ai lu aucun qui en ait expliqué et développé exactement la nature. Les uns la considèrent comme une donation entre-vifs et lui attribuent les mêmes effets ; les autres la regardent comme une donation à cause de mort irrévocable ; les autres comme un testament, aussi irrévocable ; les autres en font un contrat mixte qui

(1) Traité des institutions contractuelles, n° 8, à la suite de ses Observations sur les titres des droits de justice, des fiefs, du cens, des gens mariés et des successions, de la coutume du comté de Bourgogne. Besançon, 1756, in-4°, p. 578.

(2) Sur l'art. 20 du chap. 14 de la coutume d'Auvergne, t. 6, p. 321 et 322.

(3) Omnis definitio in jure civili periculosa est, parum est enim ut non subverti posset, a dit Javolenus dans un texte célèbre que le Digeste (l. 202 de reg. juris) a recueilli.

(4) Coquille sur l'article 12 du chap. 27 de la coutume du Nivernais ; Boucheul, Traité des conventions de succéder, chap. 1, n° 15 et 16 ; Laurière, Traité des institutions contractuelles, chap. 2, t. 1, p. 45-60 ; Danty, Loc. cit., p. 362 et 363 ; Domat, Lois civiles, seconde partie, préface des successions, § 10, p. 341 de l'édition de 1777 ; Merlin, Répertoire, à l'article Institution contractuelle, § 2 ; Grenier, Discours historique sur l'ancienne législation relative aux donations, testaments, etc., section 5 ; Eschbach, Notice historique sur l'institution contractuelle, dans la Revue de législation de Wolowski, t. 11, p. 127 et suiv. ; Kœnigswarter, Études historiques sur le droit civil français, t. 19, p. 532 et suiv. de la même Revue ; Arnouilh, De l'institution contractuelle dans l'ancien droit français et d'après le code Napoléon, t. 6, p. 289 et suiv., 385 et suiv. de la Revue historique de droit français et étranger ; Bonnet, Origine et historique de l'institution contractuelle, t. 1, n° 229 et suiv. de l'ouvrage intitulé : Des donations par contrat de mariage et des dispositions entre époux.

(5) Loc. cit., liv. 3, chap. 2, n° 7.

(6) Loc. cit., partie 1, n° 1074.

(7) Sur l'art. 13 de l'ordonnance de 1731, p. 81 et 82 de l'édition de 1761.

tient de la donation entre-vifs et de la donation à cause de mort; enfin les autres en font un genre de disposition particulière, qui fait une classe à part et qui a ses règles particulières. Après avoir examiné avec beaucoup de réflexion ce point, et tous les auteurs qui le traitent, je me suis déterminé à penser que l'institution contractuelle, ou le pacte de succéder, n'est pas une donation entre-vifs, parce que la donation ne peut faire un héritier. Elle n'est pas non plus un testament, parce qu'elle est irrévocable, et qu'il est de l'essence du testament d'être révocable (1). Elle n'est pas une donation à cause de mort, parce qu'elle (le donation à cause de mort) ne peut pas faire un héritier. C'est une autre espèce de disposition, que le droit romain avait réprouvée, qui est purement du droit français, qui l'a introduite. Elle peut tirer son origine de la novelle 19 de l'empereur Léon, mais d'une façon assez éloignée. Elle a du rapport avec la donation entre-vifs par son irrévocabilité. Elle a du rapport avec la donation à cause de mort, parce qu'elle a trait de temps à la mort de l'instituant, que son effet est suspendu jusqu'alors, et qu'elle renferme la condition de survie de l'institué, autrement elle est caduque à moins que l'institué ne laisse des enfants. Elle a du rapport avec le testament, en ce qu'elle défère l'hérédité et qu'elle fait un vrai héritier; ce que la donation entre-vifs, ni la donation à cause de mort ne peuvent pas faire; mais, à cela près, elle n'a rien de commun avec le testament ni avec la donation à cause de mort. C'est une manière de disposer ou une convention, que quelques auteurs ont appelée avec raison *amphibie*, qui constitue une classe à part, et qui a des règles particulières, qu'elle ne doit emprunter ni de la donation entre-vifs, ni de la donation à cause de mort, ni du testament. Ainsi les auteurs qui disent que l'institution contractuelle est une donation entre-vifs, et ceux qui la mettent dans la catégorie de la donation à cause de mort, ne parlent pas exactement, comme l'a fort bien remarqué M. Eusèbe de Laurière, dans son *Traité des institutions et des substitutions contractuelles*, chap. 2, n° 21 ».

L'origine des institutions contractuelles est plus difficile encore à discerner que leur nature ; peut-être est-elle comme celle-ci formée d'éléments divers et tenterait-on vainement de lui donner un fondement unique, pas même le motif mis perpétuellement en avant à une époque plus moderne, c'est-à-dire la faveur que méritent les contrats de mariage. « Ce prétexte est faux, dit M. Eschbach 2), car ce n'est pas le mariage lui-même que l'on favorisait par l'institution contractuelle ; c'était le mariage *entre nobles*, la desserte exacte des fiefs, le maintien des propres dans les familles, en un mot l'esprit féodal (3). C'est dans le même but qu'on avait imaginé les *reconnaissances ou déclarations d'aîné et principal héritier*, dont on peut voir les effets dans les chapitres 3 et 5 du Traité de de Laurière ». Et, avant cela (4), M. Eschbach avait dit : « Non-seulement je trouve au chap. 15, § 7 du *Conseil de Pierre Desfontaines*, qu'il parle à son ami d'une *convenanche ke tu dis ki fut faite entre deus frères, ke li qués qui mourust avant, ses hyretages*

(1) Loi 4, D. *de adim. vel trans. leg.* (XXXIV, 4); loi 22, D. *de legatis* 3° (XXXI.)

(2) *Revue de législation* de Wolowski, t. 11, p. 187 et 188.

(3) Anfrerius *Decisiones Capellæ Tholosanæ*, dec. 453; Burrius, *Decisiones Burdigalenses*, dec. 201; Decius, *Consil.* 225, n° 1; Lebret, *Notables questions*, liv. 3, dec. 3; Ferrière sur l'art. 299 de la coutume de Paris, n°s 4 et 6. — Voir surtout le contrat de mariage passé le 20 mai 1125 entre Blanche, fille de Béraud II, dauphin d'Auvergne, et Jean de Lespinasse, rapporté par Grenier, *Loc. cit.*

(4) P. 136. Voir aussi Coquille sur l'art. 12 du chap. 27 de la Coutume du Nivernais, t. 2, p. 276 de ses *Œuvres*, édition de 1703, et Grenier, *Loc. cit.*

revenist à l'autre; mais Decius (1), Benedicti (2) et Masuer (3) nous apprennent que, de leur temps, on pouvait encore instituer un héritier contractuel autrement que dans un contrat de mariage ». Ce n'est pas tout : « Un arrêt du 12 décembre 1562, rapporté par Papon, a, dit Merlin (4), confirmé un pacte de succession réciproque, inséré dans un acte de société universelle. — Dumoulin convient aussi, sur l'art. 216 de la coutume de la Marche, qu'une pareille clause est licite : *Tamen iste articulus posset habere locum in societate ita expresse conventa.* — Bugnion, *de legibus abrogatis,* liv. 1, chap. 226, dit que *Pactum de futura successione validum est, quando fit respectu futurarum nuptiarum, aut societatis omnium honorum contrahendæ causa.* Le praticien Masuer s'explique absolument de même, titre 28, n° 9. « Et combien, « dit-il (5), que l'institution testamentaire ne vaille par la coutume, « sinon que jusques à la concurrence d'un quatrième, toutefois celle « qui est incidente et conventionnelle, vaut pour le tout en deux cas, « à savoir en contrat de société de tous et chacun des biens des « contractants, et en contrat de mariage ; de manière que s'il était « convenu et porté par les contrats d'association ou de mariage, que le « survivant succède au prémourant, la convention serait bonne ». — La coutume d'Auvergne adopte formellement cette opinion. Voici ce qu'elle porte à ce sujet, chapitre 15, art. 1 : « Tous pactes et conve- « nances, tant de succéder qu'autres quelconques, soit mutuelles ou « non, mises et apposées en contrat d'association universelle, faite et « passée par personnes capables de contracter, non malades de maladies « dont l'on espère la mort, ou que la mort s'ensuive de prochain, sont « bonnes et valables, et saisissent les contrahans ladite association ou « leurs descendans ». — Cette disposition est-elle de droit commun ? — Il paraît, d'après l'arrêt et les auteurs cités, qu'on doit tenir pour l'affirmative ; et en effet lorsque de deux associés universels (les seuls entre lesquels puissent avoir lieu les pactes dont nous parlons), l'un succède à l'autre, on peut dire qu'il n'acquiert rien, puisqu'il était déjà propriétaire par indivis de toute la fortune du défunt : l'institution contractuelle dont celui-ci l'a gratifié, n'est, à proprement parler, qu'une dispense d'entrer en partage : ce n'est donc pas à titre héréditaire, mais par droit de *non décroissement,* qu'il succède ».

En le concédant, cela n'empêcherait pas que soit dans le cas d'une institution de cette nature, soit également dans le cas d'une institution faite par contrat de mariage, il n'y ait discordance complète entre l'agissement opéré et le principe d'origine germanique : *Deus solus heredes facit, non homo ;* et la discordance n'est pas moindre, si remontant plus loin encore, nous interrogeons les jurisconsultes romains et les constitutions impériales. « De vrai, dit Coquille (6), par le droit romain telles convenances ne valent, d'autant qu'à Rome on faisait très-grand état des testaments et de la liberté d'iceux, entre lesquelles liberté était celle-là de pouvoir révoquer à plaisir et de ne pouvoir être astreint à ne révoquer (7). Par les conventions et contrats les volontés sont obligées, pourquoi les Romains ont estimé que les hérédités ne pouvaient être délaissées par contrats ». Ricard dit de son

(1) *Consol.* 203, n° 2. Il cite Oldrade, *Cons.* 139.

(2) Sur la decretale *de testamentis,* au chap. *Raynutius,* sect. *duas habens,* n° 200.

(3) *Practica forensis,* au titre *de Societate,* p. 248 et 251 de l'édition de 1577, ou folio 137 verso et folio 110 recto de la traduction de Fontanon, édition de 1576.

(4) *Répertoire,* à l'article *Institution contractuelle,* § 3, n° 4.

(5) Merlin se sert de la traduction de Fontanon.

(6) *Loc. cit.,* t. 2, p. 270.

(7) Loi *si quis* (112), D. *de legatis* 1° *in pr. ;* loi *stipulatio hoc modo* (61), D. *de verbor. obligat.* (XLV, 1).

côté (1) : « Pour ce qui est de l'institution d'héritier, les dispositions du Droit qui la rejettent des contrats d'entre-vifs et qui ne souffrent pas que les particuliers puissent transmettre leur succession de leur vivant sont si formelles (2) que les docteurs se sont facilement accordés sur ce sujet, pour conclure unanimement que l'institution d'héritier n'était point compatible avec la donation entre-vifs ». Bien entendu, il n'y a nulle dissidence à cet égard entre nos jurisconsultes modernes et nos jurisconsultes anciens. « Selon la loi romaine, dit M. Kœnigswarter (3), on ne pouvait instituer un héritier par contrat ; toutes conventions sur une succession future étaient nulles, et une pareille stipulation était presque regardée comme une chose infâme ». Et, avant M. Kœnigswarter, M. Eschbach avait dit (4) : « La législation romaine ne permettait d'instituer un héritier que par un testament, pas même par un codicille et jamais par un contrat, à moins que l'on ne veuille envisager comme héritier contractuel le *familiæ emptor*, qui recevait son institution du testament *per æs et libram*. Mais ce n'était là que du vieux droit *(antiquas fabulas)*, et d'ailleurs la ressemblance ne me paraît pas aussi frappante que l'ont pensé MM. Schrader (5) et Schweppe (6). Bien plus, cette législation prohibait toute convention sur une succession future ; elle présumait qu'un pareil acte renfermait une spéculation sur la mort de quelqu'un *(votum alicujus mortis)*, et c'est ce qui faisait dire au jurisconsulte Julien *spes improba*, à Ulpien *spes prœmatura*, à Justinien *acerbissima, plena tristissimi et periculosi eventus*, à Cujas *corvina conventio*. Les Pandectes comme le Code déclarent cette convention immorale et de nul effet, qu'il s'agisse d'une convention de succéder ou de ne pas succéder, qu'il s'agisse de sa propre succession ou de celle d'autrui (7). — La législation du Bas-Empire apporta, il est vrai, quelques dérogations à ces principes du droit romain. Ainsi, en 327, Constantin concéda à la mère, mais à elle seule et avec le droit de révocation pendant toute sa vie, la faculté de partager sa succession future entre ses enfants (8). En 531, Justinien autorisa le pacte sur la succession d'une personne quelconque, à la condition que celle-ci donnerait son consentement et y persisterait jusqu'à sa mort (9). Enfin, plus tard, l'empereur Léon (10), par sa novelle 19 (11), sanctionna une convention de succéder insérée dans un contrat de mariage. Mais la

(1) *Traité des donations*, première partie, n° 972.

(2) Loi 15, C. *de pactis* (ii, 3) ; loi dernière (30), au même titre : loi ex eo (4), C. *de inutil. stipul.* (viii, 39) ; loi *et hereditas* (5), C. de *pactis convent.* (v, 14).

(3) *Revue* de Wolowski, t. 19, p. 532.

(4) Même *Revue*, t. 11, p. 128.

(5) *Civ. Mag.* de Hugo, v, 7, p. 154.

(6) *Histoire du droit romain* (en allemand), § 448.

(7) Loi 29, § 2, D. *de donat.* (xxxix, 5); loi 61, D. *de verbor. oblig.* (xlv, 1); loi 5, C. *de pact. conv.* (v, 14); loi 4, C. *de inutil. stipul.* (viii, 39); lois 15 et 19, C. *de pactis* (ii, 3). À ces textes M. Eschbach aurait pu ajouter celui de la loi 20, D. *de verbor. signet.* (l, 16) tirée d'Ulpien : *Verba contraxerunt, gesserunt non pertinent ad testandi jus.*

(8) Loi 2, *Cod. Theod.* (ii, 24.)

(9) Loi 30, C. *de pactis* (ii, 3.)

(10) Sur la date de la publication des novelles de cet empereur, voir l'*Histoire du droit byzantin* par M. Montreuil, t. 2, p. 294-298.

(11) Cette novelle étant adressée à Stylien, *magister sacrorum officiorum*, a dû être promulguée de 887 à 892 ou 895, d'après M. Montreuil, *Loc. cit.*, p. 295.

prohibition générale des pactes successoires fut rigoureusement maintenue dans la compilation de Justinien, comme on vient de le voir ».

Il est donc hors de doute qu'on chercherait vainement dans la législation de Justinien la source des institutions contractuelles ; mais il
est plus facile de dire où n'est pas cette source que de déterminer où
elle est.

Voici celle indiquée par Laurière (1) : « Comme dans le temps que
Gerardus Niger et Obertus de Orto composèrent les Livres des fiefs, le
droit de Justinien était enseigné publiquement dans les écoles d'Italie
par de grands jurisconsultes et entr'autres par Bulgarus, Martinus,
Jabobus et Hugolinus que Frédéric Ier mit dans son conseil, ce pacte
fut autorisé parce que les successions féodales furent regardées comme
des successions militaires, et les possesseurs de fiefs qui dans ce
temps faisaient tous profession des armes comme des soldats, dont
les dernières volontés, de quelque manière qu'elles fussent exprimées,
pourvu qu'elles fussent écrites, étaient regardées dans le droit romain
comme des testaments s'ils y avaient persisté jusqu'à la mort. Il est
vrai que chez les Romains, toute volonté des soldats quoique rédigée
par écrit, et qu'ils y eussent persisté jusqu'à la mort, n'avait force de
testament que quand ils l'avaient rédigée *super ultimo vitæ spiritu* (2).
Mais on franchit ce pas, et le pacte dont il s'agit, par la raison que
nous venons de rappeler, a toujours été pratiqué depuis entre nobles
en Italie et en Allemagne, comme on peut le voir par ce qu'en a écrit
Dumoulin, dans son Conseil 15 ».

Mais M. Eschbach (3) n'admet pas cette explication de Laurière.
« Ce jurisconsulte, dit-il, en général plus érudit que judicieux, ne me
semble pas ici à l'abri de la critique, ne fut-ce que parce qu'il a
accepté l'ancienne interprétation de la constitution 19, sans se douter
qu'elle fut fausse et erronée, parce qu'il y a vu, comme les glossateurs, un *pactum de mutua successione* au lieu de n'y voir qu'un
testamentum militare. Je veux bien, comme le pense de Laurière, que
les feudistes, continuant l'erreur des glossateurs, aient appliqué cette
constitution aux possesseurs de fiefs ; mais ne dater l'institution
contractuelle que de cette époque, cela ne me semble pas, comme à
Merlin (4), *très-plausible*, parce que l'institution irrévocable d'un héritier,
per scripturarum seriem (5), est antérieure à l'école d'Irnérius (6) et à
la rédaction du Livre des fiefs (7). D'ailleurs la conjecture de de Laurière n'est pas satisfaisante en ce qu'elle n'explique pas le plus difficile, c'est-à-dire comment de la simple convention entre deux soldats
ou deux hommes de fief, on serait arrivé au contrat de mariage d'une
manière exclusive ».

Cependant il y a une conjecture plus malheureuse encore que celle
de Laurière, qui fait dériver l'institution contractuelle de la loi 19, C. *de
pactis*, c'est celle de Basnage (8) et de Furgole (9) qui la font dériver

(1) *Loc. cit.*, chap. 1, § 23, t. 1, p. 28 et 29.

(2) Loi 19, C. *de pactis*.

(3) *Loc. cit.*, p. 139.

(4) *Répertoire*, à l'article *Institution contractuelle*, § 1.

(5) C'est-à-dire dans la forme autorisée par le titre 48 de la loi ripuaire.

(6) Qui remonte au commencement du XIIe siècle. Voir l'*Histoire du
droit romain au moyen-âge* par de Savigny, t. 4, p. 12 de la traduction
de Guenoux.

(7) Qui eut lieu à la suite de la diète générale tenue en 1154 par l'empereur Frédéric, dit Barberousse. Voir l'*Histoire du droit français* par
Laferrière, t. 4, p. 542-544.

(8) Cité et réfuté par Laurière. chap. 1, § 15, t. 1, p. 20, puis, à son
exemple, par Merlin, *Loc. cit.*, et Grenier, dans son *Discours historique*, sect. 5.

(9) Sur l'art. 13 de l'ordonnance de 1731, p. 81 de l'édition de 1761.

de la novelle 19 de l'empereur Léon que Ricard (1) se contente de signaler comme une déviation des vrais principes du droit romain. « C'est là, dit M. Eschbach (2), une faute d'histoire, un anachronisme. Promulguées en langue grecque, dans le Bas-Empire, vers la fin du IXᵉ siècle, les 113 novelles du philosophe n'ont été connues en France qu'au XVIᵉ, siècle, par la traduction latine qu'en donna Agylæus en 1560, ou, pour plus d'exactitude, par l'édition grecque que Scringer publia à Paris en 1558. Or, l'institution contractuelle était en usage et consacrée par les coutumes bien longtemps avant cette époque ». Quand même cette raison péremptoire n'aurait pas existé, Basnage et Furgole auraient encore bien fait en dédaignant d'appeler à leur aide les novelles de l'empereur Léon. « Ces novelles, dit M. Montreuil (3), quoique réunies depuis près de trois siècles (4) aux autres sources du droit romain, sont demeurées sans intérêt et sans autorité ; elles n'ont été pour les savants que l'occasion de quelques exercices littéraires et jamais un but d'application pratique ».

M. Kœnigswarter ne fait pas plus de cas d'une autre origine assignée à l'institution contractuelle et qui a été plus généralement acceptée que celle tirée soit de la loi 19 *de pactis*, soit de la novelle 19 de l'empereur Léon. « La plupart des auteurs, dit-il (5), ont vu son origine dans la féodalité et dans les contrats de mariage des nobles. C'était l'opinion d'Aufrerius et de Boyer (6), confirmée par Montesquieu (7), Bouhier et Hervé et suivie tout récemment par deux auteurs distingués (8). — Nous préférerions presque l'opinion de Cujas (9), de Coquille (10), de Loisel (11), de Ricard (12), de Lebrun (13), qui ont attribué l'origine de l'institution contractuelle à la loi salique, si ce n'est que ces auteurs, se fondant sur le titre 29 du second livre des fiefs, ont eu en vue la *Morgengabe* ou dot germanique, qui n'a rien à démêler avec l'institution contractuelle, erreur déjà relevée par de Laurière dans ses notes sur Loisel (14). Mais, quoique le titre 49 de la loi salique (15) et le titre 48 de la loi ripuaire ne contiennent que le germe de cette institution, ces jurisconsultes ont au moins le mérite d'avoir pressenti, indiqué son antique origine, bien antérieure au développement de la féodalité ».

(1) *Traité des donations*, partie 1, nᵒ 1052.

(2) *Loc. cit.*, p. 139.

(3) *Histoire du droit byzantin*, t. 2, p. 329.

(4) M. Montreuil écrivait en 1841.

(5) *Revue de législation* de Wolowski, t, 19, p. 532 et 533.

(6) *Decis.* 155, nᵒ 8 ; *decis.* 201, nᵒ 3.

(7) *Esprit des lois*, liv. 31, chap. 34.

(8) M. Laferrière, *Histoire du droit français*, t. 1, p. 149 (de la première édition) ; M. Laboulaye, *Recherches sur la condition civile et politique des femmes*, p. 391. Telle est également l'opinion qui, depuis la publication de l'article de M. Kœnigswarter, a été manifestée par Troplong, *Donations entre-vifs et testaments*, préface, p. CXXXVIII et CXXXIX.

(9) Sur la loi 26, D. *de verbor. obligat.* (t. 1, col. 1026 de ses œuvres, édition de Venise-Modène).

(10) Sur l'art. 12 du chap. 27 de la coutume du Nivernais (et aussi dans son *Institution au droit français*, p 81 de l'édition de 1703).

(11) *Institutes coutumières*, liv. 2, tit. 4, règle 9.

(12) *Traité des donations*, partie 1, nᵒ 1053.

(13) *Traité des successions*, liv. 3, chap. 2, nᵒ 3.

(14) Liv. 2, titre 4, règle 9 et titre 5, règle 25 (t. 1, p. 352, 419-421 de l'édition de 1783).

15) *Antiquior*, ou titre 48 de la *Lex salica reformata*.

Mais pour découvrir *le germe* dont parle M. Kœnigswarter, de bons yeux ne suffiraient pas et l'aide du microscope serait ici fort nécessaire. Pis que cela, après s'être servi de cet instrument on serait sans doute disposé à se souvenir de cette épigramme du chevalier de Cailly (1) :

> Alfana vient d'equus sans doute
> Mais il faut avouer aussi,
> Qu'en venant de là jusqu'ici
> Il a bien changé sur la route.

Que voit-on en effet dans l'acte décrit dans la loi salique ? un acte « qui produisait des effets *pendant la vie même du donateur* », comme dit Laferrière (2), un acte accompagné de « tradition immédiate », comme le reconnaît M. Eschbach (3), c'est-à-dire un acte en tout point contraire à toutes les définitions que nous avons données de l'institution contractuelle, et qui impliquent indistinctement l'idée que le disposant reste en possession de ses biens, continue à pouvoir les aliéner à titre onéreux, en un mot que l'institution contractuelle n'est que « un don irrévocable de succession », comme le dit Laurière, une « donation du titre d'héritier », comme le dit Lebrun ou « une assurance de succéder », comme le dit Dunod.

De plus, il se présente ici une objection de nature analogue à celle que M. Eschbach oppose à Laurière lorsqu'il dit que sa conjecture « n'est pas satisfaisante, en ce qu'elle n'explique pas le plus difficile, c'est-à-dire comment la simple convention entre deux soldats ou deux hommes de fief, se serait arrêtée au contrat de mariage d'une manière exclusive ». Où donc trouver l'explication de ce mystère ? « En partie, répond M. Eschbach (4), dans les coutumes féodales, en partie dans l'influence du droit romain ; car, pour préciser mon opinion, je pense que c'est la féodalité qui a introduit l'institution d'héritier dans le contrat de mariage, et que ce sont les romanistes qui ont réduit l'institution contractuelle à ne pouvoir être faite que dans cette espèce de contrat ».

Enfin, cette fois, nous voilà, je pense, en présence de deux conjectures qui sont toutes deux vraisemblables.

Les institutions contractuelles furent d'abord pratiquées par les nobles d'après Anfrerius (5) et Bœrius (6) ; et Decius (7) explique qu'il en fut ainsi *quia sub tali pacto nobiles inveniunt nobiliores per quos nobilitas crescit.* Le contrat de mariage précité du 29 mai 1425 justifie pleinement cet aperçu. Dans ce contrat, où Blanche, fille de Béraud, dauphin d'Auvergne, renonce, à l'âge de quinze ans, de l'avis de ses

---

(1) Ménage, contre qui elle est dirigée, ne l'a pas moins recueillie dans l'édition (posthume) de 1750 de son *Dictionnaire étymologique*, t. 2, p. 10 et 11.

(2) *Histoire du droit civil de Rome et du droit français*, t. 3, p. 205.

(3) *Loc. cit.*, p. 132.

(4) *Loc. cit.*, p. 134 et 135.

(5) Dans ses remarques sur les *Decisiones Capellæ Tholosanœ*, dec. 453.
Bretonnier a commis une singulière méprise à l'égard de ce recueil qu'il attribue à un auteur qu'il appelle *Capella Tholosana*, tandis que ces mots indiquent la chapelle archiépiscopale de Toulouse, où l'on décidait publiquement des questions de droit, et surtout de droit ecclésiastique. Celui qui a recueilli ces décisions se nommait Jean Corserius, comme on le voit dans le titre même de l'édition qui en fut publiée à Francfort en 1616, titre qui a été reproduit *in extenso* par Boucher d'Argis dans ses notes sur la préface des *Questions de droit* de Bretonnier, p. xxxvi de l'édition de 1783.

(6) *Decisiones Burdigalenses*, dec. 204.

(7) *Consilium* 225, nº 1.

parents, à la succession de son père, il est dit (1) que c'était « eu égard aux priviléges des barons et nobles des grands hosteaux d'Auvergne, particulièrement de l'hôtel du dauphin, duquel ledit Beraud et ses prédécesseurs étaient issus, lesquels pour la conservation de leurs nom et armes, grandeur de leur hôtel et état, et les frais qu'ils font pour servir, bien armés et accompagnés, à la tuition du royaume et de la chose publique, ont coutume d'instituer leur fils aîné leur héritier universel ». Ce n'est aussi qu'à l'égard des nobles qu'est permise la *déclaration de principal héritier* par l'art. 245 de la coutume d'Anjou et par l'art. 262 de la coutume du Maine. Enfin, comme nous le montrerons dans un instant, jusque vers le milieu du siècle dernier, ce ne fut, dans le ressort du parlement de Bordeaux, qu'aux nobles que les institutions contractuelles véritables furent permises.

En voilà assez pour justifier la première conjecture de M. Eschbach ; quant à la seconde, nous dirons que Dumoulin manifeste suffisamment que ce ne fut pas sans résistance que les institutions contractuelles furent reçues dans les pays de droit écrit, en disant (2) : HODIE, *etiam in locis quæ jure scripto reguntur in Gallia, hujusmodi pacta in contractu matrimonii* TOLERANTUR ; et le désaccord de cette tolérance avec les principes du droit romain est avoué par une coutume locale du bas pays d'Auvergne, dans cet article (3) : « La ville de la Chaise-Dieu, *combien qu'elle se régisse par droit escrit*, toutefois a coustume que les convenances de succéder et autres, apposées ès contrats de mariage et association, sont valables ».

Au XVII° siècle, Ricard disait (4) : « Cette grande rigueur du droit romain de ne pouvoir faire aucune paction concernant les successions futures par contrat, non pas même de mariage, a été adoucie peu à peu à tel point que le contraire est absolument en usage dans le royaume, aussi bien pour les provinces qui se régissent par le droit écrit, que pour celles qui ont leurs coutumes particulières ». Et, avant Ricard (5), Coquille (6) disait (7) : « En France, comme par coutume générale non écrite, les pactions de succéder en faveur des mariés valent ».

« La règle, dit Boucheul (8), est en effet générale, et le droit commun du royaume, comme un ancien usage d'icelui, que toutes donations universelles ou particulières des biens présents ou à venir, conventions, avantages, institutions d'héritier, substitutions, convenances de succéder au profit des mariés, l'un deux ou leurs descendants, sont valables en quelque forme et sous quels termes qu'elles soient conçues, non-seulement dans les pays coutumiers, quoique la coutume n'en parle pas, et que même en général l'institution d'héritier n'y soit pas reçue ; mais aussi dans les pays de droit écrit : les exemples en sont pour le parlement de Toulouse dans M. de Maynard, liv. 5, quest. 90

---

(1) Baluze, *Histoire généalogique de la maison d'Auvergne*, t. 2, p. 457.

(2) Sur la loi 1, D. *de verbor. signif.*, n° 76, t. 3, p. 38 de ses œuvres, édition de 1681.

(3) Chabrol, t. 4, p. 264 ; Bourdot de Richebourg, *Coutumier général*, t. 4, p. 1202.

(4) *Traité des donations*, partie 1, n° 1051.

(5) Mort en 1678, âgé de 56 ans.

(6) Il mourut le 11 mars 1603, comme on le voit par son épitaphe rapportée dans les *Mémoires* de Niceron, t. 35, p. 14. Coquille était alors dans sa 80° année, sa naissance remontant au 11 novembre 1523.

(7) *Institution au droit français*, p. 84 de l'édition de 1703.

(8) *Traité des convenances de succéder*, p. 7 et 8. Voir aussi Lebrun, *Traité des successions*, liv. 3, chap. 2, n° 5, et Dunod, *Traité des institutions contractuelles*, n° 3.

et liv. 7, chap. 100, n° 6, de Cambolas, liv. 2, chap. 21 et liv. 4, chap. 26, et Albert, sous le mot *promesse d'instituer*, art. 1 ; pour le parlement de Grenoble dans Basset, tome 1, tit. 3, chap. 4, Chorier, en sa Jurisprudence sur Guy Pape, liv. 4, sect. 2, art. 3, et dans du Périer, liv. 1, quest. 15, et liv. 2, quest. 16 pour le parlement de Provence. — On a mis différence au parlement de Bordeaux entre les nobles et les roturiers : au regard des nobles on y reçoit les institutions d'héritier et convenances de succéder par contrat de mariage ; mais entre roturiers ces promesses et institutions ne lient pas les mains à celui qui les a faites de manière qu'il ne puisse disposer de ses biens, selon qu'il lui est permis de droit. Lapeyrère l'a remarqué en ses notes sur l'art. 38, lettre I de ses *Décisions sommaires du palais*, et les arrêts qui l'ont jugé sont rapportés par Antomne en sa Conférence sur la loi 15 au Code *de pactis* et par Bechet en son *Traité des affiliations*, n° 13, où il observe que si néanmoins les père et mère de roturière condition, après avoir institué l'enfant qu'ils marient, ajoutent qu'au cas où leurs autres enfants veuillent empêcher l'effet de l'institution, ou qu'eux-mêmes fassent d'autres dispositions au préjudice de leur promesse, en ce cas ils donnent dès à présent comme dès lors, une telle clause est valable, parce que *ex nunc donatur* ».

Nous avons dit que cette distinction entre les nobles et les roturiers quant aux institutions contractuelles dans le ressort du parlement de Bordeaux, se maintînt jusque vers le milieu du siècle dernier. Ce fut en effet l'ordonnance de 1747 sur les substitutions, tit. 1, art. 12, qui l'effaça, ce que d'Aguessau fut d'autant plus disposé à faire que les parlements consultés sur le projet de cette ordonnance, s'étaient presque tous prononcés contre toute distinction à faire dans cette matière entre les nobles et les roturiers (1).

« Plusieurs attestations, dit de Salviat (2), établissent notre ancienne jurisprudence, qui faisait une distinction entre l'institution contractuelle et la donation contractuelle, en ce que celle-ci était irrévocable tant entre roturiers qu'entre nobles, tandis que l'institution contractuelle ne l'était qu'entre nobles. A la vérité elle était valable chez les roturiers si elle n'avait pas été révoquée ; mais elle pouvait être annulée. L'ordonnance de 1747, art. 12, a détruit cet usage singulier et a ordonné qu'à l'avenir toute institution contractuelle fut irrévocable entre toutes sortes de gens indistinctement ; par la raison, dit Furgole en son commentaire sur cette ordonnance (3), que son irrévocabilité doit se prendre, non de la qualité des personnes, mais de la faveur du contrat de mariage. — Cette jurisprudence voulait aussi que le pacte, apposé dans un contrat de mariage, de rendre égaux les enfants et de ne pas avantager

(1) *Questions concernant les substitutions, avec les réponses de tous les parlements et cours souveraines du royaume* (recueillies par Vaquier), p. 108-111.

Seulement parmi ces réponses ne figure pas celle du parlement d'Aix qu'on a ajoutée à la plume dans mon exemplaire, et qui était ainsi conçue : « Quoiqu'en thèse générale il n'y ait aucune distinction à faire entre les nobles et les roturiers, cependant comme la considération des familles nobles intéresse l'Etat, et que le moyen le plus assuré de les conserver dans leur lustre a son fondement dans les substitutions, l'on croirait que, sans faire la distinction des nobles avec les roturiers, l'on pourrait cependant pourvoir au soutien des familles nobles en autorisant les fidéicommis particuliers des fiefs de dignité et autres mouvants du roi, jusqu'à quatre degrés pour l'avenir, et en prohibant pour cette nature de fidéicommis toute sorte d'aliénation et démembrement : ce qui conserverait d'un côté l'éclat des familles, et d'autre part, l'intégrité des fiefs qui n'est que trop altérée par les partages ».

(2) *Jurisprudence du parlement de Bordeaux*, p. 255 de l'édition de 1787.

(3) P. 39 de l'édition de 1775.

les uns plus que les autres, fut révocable parmi les roturiers, à moins qu'il ne fut porté par le même contrat que de la position égale assignée, ils en font dès à présent don et donation. Mais il y a lieu de croire que, d'après ledit article, la loi est la même pour la classe qui n'a pas le bonheur de jouir de la noblesse que pour celle qui a cet avantage (1). N'est-ce pas là réellement et de fait une vraie institution contractuelle ?— Tout ce qu'a dit à cet égard Lapeyrère, lettre I, nos 29 et 38 et ailleurs, se trouve inutile aujourd'hui ».

Si maintenant nous recherchons quels étaient les effets des pactes de succession dans les pays coutumiers et dans les pays de droit écrit, nous allons voir que dans ceux-ci l'horreur des Romains pour la transmission irrévocable de l'hérédité s'était évanouie d'une manière complète, tandis que dans ceux-là la maxime : « Dieu seul fait des héritiers » avait laissé çà et là quelques traces.

« Quelques coutumes, dit M. Kœnigswarter (2), donnaient la saisine par exception à l'héritier institué aussi bien qu'à l'héritier du sang (3) ; il y en avait qui la donnaient même à l'héritier contractuel (4). — Dans les pays de droit écrit, on avait tout-à-fait bouleversé les vrais principes : c'était l'héritier institué qui, par suite de son titre, était saisi de plein droit de la succession entière, tandis que les légitimaires, les héritiers du sang devaient s'adresser à lui pour obtenir leur légitime (5). Les parlements des pays de droit écrit attribuaient encore la saisine aux héritiers contractuels (6) ; et on a même plaidé sur la question de savoir si les héritiers fidéicommissaires étaient saisis de plein droit, dès l'ouverture de la substitution, sans demander la délivrance. L'ordonnance royale sur les substitutions, ce fruit d'un grand travail et d'une longue méditation, comme l'avoue son auteur, le célèbre d'Aguesseau (7), mit fin à cette discussion en décidant que (8) le fidéicommissaire n'était point saisi de plein droit (9) ».

Deux ans auparavant, dans une étude approfondie sur la saisine héréditaire, M. Victor Rigaut écrivait (10) : « Il existait relativement à la saisine des héritiers une notable différence entre les pays de droit écrit, et les pays de coutume. Dans les pays de droit écrit, l'héritier institué était, par suite de son titre, saisi de plein droit de l'hérédité

(1) L'auteur qui paraît priser fort cet avantage le possédait-il ? ou bien le dédaignât-il lorsqu'il n'offrît plus de pâture que pour la vanité ? Ce qui fait naître ce doute c'est que, dans le titre de l'ouvrage ci-dessus cité, son nom est précédé de la particule nobiliaire qui ne figure pas dans le titre de son *Traité de l'usufruit*, publié en 1816.

(2) *Revue de législation* de Wolowski, t. 19, p. 527 et 528.

(3) Coutumes du comté de Bourgogne, art. 43 ; du duché de Bourgogne, tit. 7, art. 4, de Berri, tit. 18, art. 1-4, 5 et 7 ; Lebrun, *Traité des successions*, liv. 3, chap. 1, n° 23.

(4) Nivernais, titre des donations (27), art. 12 ; Bourbonnais, art. 219.

(5) Ricard, *Traité des donations*, partie 2, n° 15 ; Grenier, *Traité des donations*, t. 1, p. 524 (n° 293).

(6) Merlin, *Répertoire*, V° *Héritier*, sect. 1, § 1, nos 4 et 5.

(7) Lettre du 24 mai 1748 (t. 9, p. 512 de ses *Œuvres*, édition 1759-1789, in-4°).

(8) Titre 1, art. 40.

(9) Sauf le parlement de Toulouse, toutes les cours souveraines consultées par d'Aguesseau étaient d'ailleurs de cet avis. Voir les *Questions concernant les substitutions, avec les réponses des parlements* (recueillies par Vaquier), p. 312-351.

(10) *Revue étrangère et française de législation*, etc., par Fœlix, t. 9, p. 62 et 63.

entière (1). Pour obtenir la légitime, les légitimaires devaient s'adresser à l'héritier institué (2). Tous les parlements de droit écrit attribuaient aux héritiers contractuels le bénéfice de la maxime le mort saisit le vif (3). Dans les pays coutumiers, au contraire, c'était, en règle générale, le plus proche héritier légitime qui se trouvait saisi de la succession. Nous disons en règle générale, car, suivant quelques coutumes, les héritiers contractuels étaient saisis de plein droit (4) ».

Enfin, en 1847, M. Victor Chauffour, se faisant le truchement de M. Renaud de Berne, écrivait (5) : « En ce qui concerne l'institution contractuelle, nous rencontrons un certain nombre de coutumes qui assimilent l'héritier contractuel à l'héritier proprement dit en ce qui concerne la saisine (6). Mais ce principe paraît avoir été admis, dans ces coutumes, sous l'influence de deux circonstances caractéristiques des institutions contractuelles. D'une part, ces institutions étaient considérées comme des donations entre vifs (7) conférant immédiatement la saisine au donataire, et, d'autre part, elles étaient faites principalement sous la forme de reconnaissances d'héritiers, dans les contrats de mariage, et l'institué, par conséquent, aurait eu déjà, sans ce titre nouveau, la saisine du donateur en sa qualité de parent (8) ».

Soit ; mais cette seconde raison faisait défaut lorsque l'institution était faite par une personne complétement étrangère à la famille des deux époux, ce qui pouvait avoir lieu, tous ceux qui peuvent disposer de leurs biens ayant capacité pour faire une institution contractuelle (9). De plus, M. Renaud ne nous dit pas si les coutumes qui accordaient la saisine aux héritiers contractuels formaient ou non le droit commun des pays coutumiers, tandis que MM. Victor Rigaut et Kœnigswarter ne voient dans ces coutumes que des dérogations à la règle généralement admise. Seulement ils ne citent, pour justifier cette manière de voir, aucune autre autorité que celle de Merlin et il se trouve que Merlin a dit tout le contraire de ce qu'ils supposent : ce qui prouve une fois de plus, combien il est indispensable de remonter aux sources et à quelles déceptions on s'expose en acceptant de confiance les citations des auteurs. En effet, Merlin voit la règle là où MM. Rigaut et Kœnigswarter ne voient que des exceptions.

« Il est constant, dit-il (10), que tous les parlements de droit écrit attribuent aux héritiers contractuels l'effet de la maxime le mort saisit le vif; c'est aussi ce que font les coutumes de Bourbonnais, art. 219 ; d'Auvergne, chap. 14, art. 26, et du Nivernais, tit. 27, art. 12. — Mais doit-on étendre cette jurisprudence aux autres pays coutumiers ? — Lebrun, dans son Traité des successions, Laurière, dans son Traité des institutions et des substitutions contractuelles, et Bourjon dans son Droit commun de la France, adoptent l'affirmative : ce sentiment est aujourd'hui (en 1784) sans contradicteur. — Nous avons cependant quelques coutumes qui le rejettent. L'art. 1 du chap. 13 de celle de Montargis porte que « on ne peut instituer héritier par testament et ordon-

(1) Ricard, Traité des donations, partie 2, no 15.

(2) Grenier, Traité des donations, 2e édition, t. 1, p. 524.

(3) Merlin, Répertoire, Vo Héritier, sect. 1, § 1, no 5.

(4) Lebrun, Traité des successions, liv. 3, chap. 1, no 23 ; de Laurière sur Loisel, Institutes coutumières, liv. 2, titre 5, règle 1 ; Merlin Loc. cit.

(5) Revue de Wolowski, t. 30, p. 58.

(6) Sic Nivernais, tit. 27, art. 12 ; Bourbonnais, art. 219 ; Auvergne, chap. 14, art. 26, et plusieurs autres.— Conf. Lebrun, Loc. cit., liv. 3, chap. 1, no 23.

(7) Loisel, règle 308, note 1 (de l'édition Dupin et Laboulaye).

(8) Loisel, Loc. cit., règles 308 et 309.

(9) Merlin, Répertoire à l'article Institution contractuelle, § 4, no 1.

(10) Répertoire, Vo Héritier, sect. 1, § 1, no 5.

« nance de dernière volonté, *ni autrement*, car institution d'héritier n'a
« point de lieu selon la coutume ». Cette disposition est certainement trop
générale pour ne pas comprendre les institutions contractuelles ; aussi
l'Hoste, commentateur de cette coutume, n'a-t-il pas oublié d'en faire
la remarque (1). — On pourrait peut-être assimiler la jurisprudence
du Hainaut à celle de la coutume de Montargis ; car suivant l'art. 23 du
chap. 29 des chartes générales, « la devise en traité de mariage que la
« fille aura ès biens immeubles de ses père et mère, égale part et
« portion à son frère, sera valable et exécutoire en action personnelle,
« pour avoir l'équivalent ». L'art. 4 du même chapitre déclare également
que « promesse de mariage pour biens immeubles ne sera entendue
« qu'action personnelle, n'est qu'icelle soit réalisée par avis de père et
« de mère, ou deshéritance ». — La disposition de ces deux textes est
fondée sur le principe qu'en Hainaut les obligations ne sont exécutoires
que *pour l'équivalent*, à moins qu'elles ne soient *réalisées* par un
partage entre enfants ou par des devoirs de loi : toute stipulation qui
n'a pas été réalisée par l'une ou l'autre voie ne produit qu'une action
personnelle ; et celui qui l'a contractée n'est, ainsi que ses héritiers,
tenu que de l'estimation des immeubles qui en sont l'objet (V. *Équivalent* et *Confusion*, § 2). — On voit par là qu'une personne instituée
contractuellement dans des biens du Hainaut, ne peut pas être saisie
par le décès de l'instituant, si ce n'est dans les cas où le contrat de
mariage a été réalisé ; ainsi, lorsque cette formalité a été négligée, on
ne peut regarder l'institué comme saisi des biens, ni même de leur
équivalent : point des biens, puisque l'héritier légitime de l'instituant
peut les retenir en lui en payant la valeur ; point de *l'équivalent*,
puisqu'il ne peut l'obtenir que par une action personnelle, que les
chartes générales lui permettent d'intenter à cet effet. — Gardons-nous
cependant d'inférer de là que les chartes du Hainaut rejettent l'application que les auteurs et les coutumes citées font aux héritiers contractuels de la maxime *le mort saisit le vif.* L'indisponibilité des biens
n'empêche pas, suivant la remarque de Lebrun, que l'institution contractuelle ne fasse un véritable héritier : et, en effet, lors même qu'il
y a dans la succession des biens indisponibles, l'institué par contrat
de mariage est saisi de tout ce que la coutume ne réserve pas à l'héritier naturel ; celui-ci contribue même avec lui au paiement des dettes,
*indéfiniment au respect des créanciers, et entr'eux selon leur émo-
lument* ».

En sorte que, en retranchant d'après cette explication, la coutume du
Hainaut du nombre de celles qui n'admettent pas la saisine de l'institué
contractuel, ou qui n'admettent cette saisine à son profit que dans le
même sens et dans les mêmes limites que les coutumes de Bourbonnais,
d'Auvergne et du Nivernais, Merlin, après avoir dit qu'il y avait *quelques coutumes* qui dérogeaient à cette règle, n'en cite en réalité qu'une
seule. Mais nous croyons qu'il y en a en effet plusieurs. D'abord, la coutume de Vitri dont l'art. 101, non moins formel que l'art 1 du chap. 13
de celle de Montargis, est ainsi conçu : « Audit bailliage institution
par testament, *ni autrement*, n'a lieu au préjudice de l'héritier prochain
habile à succéder ». Ensuite l'art. 165 de la coutume de Senlis, disant
sans restriction : « Institution d'héritier audit bailliage n'a point lieu »,
et l'art. 137 de la coutume de Blois, disant, d'une manière non moins
générale : « Par ladite coutume, institution d'héritier n'a point de lieu ».
Enfin, pourquoi ne le dirions-nous pas ? la coutume du Nivernais, citée
par Merlin comme l'une des coutumes qui consacrent la saisine de l'héritier contractuel, nous semble, au contraire, réserver la qualité d'héritier
au liguager du défunt par l'art. 10 du chap. 33, ainsi conçu : « Institution

(1) Cependant (ce que Merlin ne dit pas), dans son *Traité des successions*, liv. 3, chap. 2, n° 46, Lebrun émet une opinion contraire ; mais
à laquelle, pensons-nous, il ne faut pas s'arrêter, l'Hoste, lieutenant-
général du bailliage de Montargis, étant, en ce qui regarde cette coutume,
un guide plus sûr que Lebrun.

ni substitution d'héritier par testament *ni autrement* n'ont point de lieu : en manière que nonobstant lesdites institution et substitution *l'héritier habile à succéder héritera et sera saisi de la succession* ; en manière aussi qu'un testament est valable posé qu'il n'y ait d'institution d'héritier, et, combien que ladite institution ne vaille, ne sera vicié le testament ès autres choses ». Il est vrai que sur ces mots *ni autrement*, Coquille dit : « Il faut excepter si l'héritier est institué en faveur du mariage lorsqu'il contracte mariage, car la convenance de succéder ainsi faite vaut comme institution d'héritier *supra* des donations, art 12 ». Et il est vrai aussi qu'il est dit dans cet article 12 que les donations auxquelles il a trait « tiennent et sont irrévocables, et saisissent les cas avenans » ; mais il est plus facile d'admettre qu'il n'y a ici qu'une de ces redondances si fréquentes dans nos coutumes, et que la saisine dont il est parlé n'est qu'une autre façon d'affirmer l'irrévocabilité, que de retrancher ces mots de l'art. 10 du chap. 33 *ni autrement*, retranchement qu'opère purement et simplement la prétendue interprétation de Coquille. Enfin ce qui achève de lever les doutes, en montrant que l'héritier du sang est préféré par la coutume à l'héritier contractuel, c'est l'art. 29 du chap. 31 de ladite coutume ainsi conçu : « L'héritier conventionnel fait en contrat de mariage, posé qu'il ne soit lignager, peut se porter héritier par bénéfice d'inventaire et y sera reçu, pourvu qu'il n'y ait lignager qui veuille être héritier simple, *ou en ladite qualité* », c'est-à-dire qu'il suffit que le lignager accepte même sous bénéfice d'inventaire pour exclure l'héritier contractuel qui n'a pas accepté purement et simplement. Et c'est ce qu'expliquent plus clairement plusieurs coutumes dont l'esprit se rapproche beaucoup de celui de la coutume du Nivernais, comme la coutume de la Marche, dont l'art. 249 porte que « l'héritier conventionnel par mariage ou communauté, s'il ne veut accepter simplement ladite succession, se pourra porter héritier par bénéfice d'inventaire, si aucun des lignagers du défunt ne le veut être, car ils seraient préférés audit héritier conventionnel » ; comme encore l'art. 330 de la coutume de Bourbonnais, sur lequel Auroux des Pommiers dit (1) : « que si un étranger est institué par contrat de mariage, en ce cas il pourra quoique étranger se porter héritier par bénéfice d'inventaire ; mais ce ne peut être que dans le cas où aucun lignager ne voulût se porter héritier, même par bénéfice d'inventaire, ainsi qu'il est dit dans notre article » ; comme enfin la coutume d'Auvergne, chap. 12, art. 39 et chap. 14, art. 35, d'où il suit, comme le dit Chabriol (2), « que la préférence dont la coutume a favorisé les lignagers contre les héritiers conventionnels, a lieu non-seulement dans le cas où les lignagers se déclareraient héritiers purs et simples, mais encore quand ils ne se porteraient eux-mêmes qu'héritiers par bénéfice d'inventaire ».

Enfin, comme le donne à entendre l'article 12 de l'ordonnance de 1747, et comme le disait Lebrun (3), Furgole (4) et Sallé (5), il y aurait eu en France des coutumes qui n'auraient pas admis l'institution contractuelle ; mais on n'en cite d'autre exemple (6) que la coutume du Berri

(1) T. 2, p. 143 de l'édition de 1780. Voir aussi *Coutumes générales et locales du Bourbonnais avec des notes*, par Ducher. Paris, 1781, in-12, p. 225.

(2) T. 1, p. 519. Voir aussi t. 2, p. 413.

(3) *Traité des successions*, liv. 3, chap. 2, n° 4.

(4) *Commentaire de l'ordonnance sur les substitutions*, p. 41 de l'édition de 1775.

(5) *L'esprit des ordonnances de Louis XV*, p. 207 de l'édition de 1759, in-4°, ou t. 2, p. 44 et 45 de l'édition de 1774, in-12.

(6) Lebrun, *Loc. cit.*; Sallé, *Loc. cit.*; Coquille, sur l'art. 12 du chap. 27 de la coutume du Nivernais, p. 276 de l'édition de 1703 ; Merlin, *Répertoire*, à l'article *Institution contractuelle*, § 1 ; Eschbach. *Revue de législation* de Wolowski, t. 11, p.137.

qui fut rédigée par le président Lizet, « grand sectateur du droit romain », comme dit Coquille, ou « ultra-romaniste », comme l'appelle M. Eschbach ; et encore, comme les art. 5 et 6 du chap. 8 de cette coutume ne prohibent expressément que les institutions contractuelles entre époux, on en concluait qu'elles n'étaient pas interdites lorsqu'elles étaient faites soit par des parents, soit par des étrangers aux futurs conjoints, et c'est ce que décida un arrêt rendu, sur le rapport de Le Nain, par la grand'chambre, à la fin de mars ou au commencement d'avril 1612, que cite de la Thaumassière, dans ses *Questions et réponses sur la coutume du Berri*, cent. 1, chap. 67, et qu'il approuve en disant des articles précités de cette coutume : « Ces articles étant contraires au droit commun de notre France, on les doit prendre à l'étroit sans les étendre hors de leurs cas, *nam quæ contra rationem juris introducta sunt non trahuntur ad consequentias* ».

En résumé, il résulte de ce qui précède :

1º Que dans les pays de droit écrit, non-seulement les institutions d'héritier étaient permises dans les testaments, mais encore qu'elles y étaient nécessaires pour la validité desdits testaments ;

2º Que d'après le droit commun des pays coutumiers, lesdites institutions n'étaient considérées que comme des legs, et les testaments qui les contenaient étaient assimilés à des codicilles ;

3º Que, dans un petit nombre de coutumes cependant, on suivait à cet égard les mêmes règles que dans les pays de droit écrit ;

4º Que, dans un petit nombre d'autres coutumes, au contraire, les institutions testamentaires n'étaient pas même admises comme de simples legs, mais étaient frappées de nullité radicale ;

5º Que, dans les pays de droit écrit, y compris le ressort du parlement de Bordeaux depuis l'ordonnance de 1747 (1), les institutions contractuelles, n'importe par qui et au profit de qui elles fussent faites, avaient la même force et les mêmes effets que les institutions testamentaires ;

6º Que de même, d'après certaines coutumes qui étaient considérées à cet égard comme formant le droit commun des pays coutumiers, l'institution contractuelle avait pour effet de déférer à l'institué l'hérédité de l'instituant ;

7º Que, d'après d'autres coutumes, les institutions contractuelles bien qu'admises n'avaient pas pour effet de créer des héritiers ;

8º Que, dans certains pays coutumiers, ces institutions n'étaient pas en usage, ou même étaient prohibées, et que la coutume du Berri les interdisoit, du moins entre les futurs époux ;

9º Que, dans les pays de droit écrit, la saisine héréditaire appartenait aux héritiers légitimes, à défaut soit d'héritiers testamentaires, soit d'héritiers contractuels ;

10º Que, sauf de rares exceptions, cette saisine n'appartenait qu'aux héritiers du sang dans les pays coutumiers, à moins d'institution contractuelle faite au profit d'un étranger ;

11º Qu'enfin, en définitive, dans les pays de droit écrit on rencontre trois espèces de saisines, et, par conséquent, trois espèces de continuateurs des défunts, à savoir la saisine des héritiers du sang, la saisine des héritiers testamentaires et la saisine des héritiers contractuels ; et que, dans les pays coutumiers, abstraction faite des exceptions, on ne reconnaissait que deux espèces de continuateurs des défunts : ceux qui devaient ce titre à la loi municipale et ceux qui le devaient à une disposition faite à leur profit dans leur contrat de mariage, ou à une stipulation insérée dans un contrat de société universelle.

(1) Qui effaça la distinction entre nobles et roturiers existant autrefois, quant aux institutions contractuelles, dans le ressort de ce parlement, et qui dut de même effacer cette distinction relativement aux coutumes d'Anjou et du Maine quant aux *déclarations de principal héritier* qui n'étaient, à vrai dire, que des institutions contractuelles.

§ IV

La partie de notre tâche que nous avons accomplie dans les paragraphes qui précèdent rend simple et facile la partie de cette tâche qui reste à accomplir, grâce au lien intime qui existe entre notre ancienne et notre nouvelle législation. Avant tout, en effet, celle-ci est une œuvre d'éclectisme, comme l'avouaient les rédacteurs du code dans leur discours préliminaire (1). « Nous avons fait, s'il est permis de s'exprimer ainsi, disaient-ils, une transaction entre le droit écrit et les coutumes, toutes les fois qu'il nous a été possible de concilier leurs dispositions, ou de les modifier les unes par les autres, sans rompre l'unité du système, et sans choquer l'esprit général. Il est utile de conserver tout ce qu'il n'est pas nécessaire de détruire ; les lois doivent ménager les habitudes lorsque ces habitudes ne sont pas des vices. On raisonne trop souvent comme si le genre humain finissait et commençait à chaque instant, sans aucune sorte de communication entre une génération et celle qui la remplace. Les générations, en se succédant, se mêlent, s'entrelacent et se confondent. Un législateur isolerait ses institutions de ce qui peut les naturaliser sur la terre, s'il n'observait avec soin les rapports naturels qui lient toujours, plus ou moins, le présent au passé et l'avenir au présent, et qui font qu'un peuple, à moins qu'il ne soit exterminé ou qu'il ne tombe dans une dégradation pire que l'anéantissement, ne cesse jamais, jusqu'à un certain point, de se ressembler à lui-même ».

Est-ce à dire que les rédacteurs du code civil aient poussé l'esprit de conciliation jusqu'à ne pas manifester leurs préférences ? Non certes.

Ainsi, en offrant aux époux, pour qui la vie commune est devenue insupportable, les deux voies parallèles de la séparation et du divorce, dont l'une aboutissait au relâchement et l'autre à la rupture du lien conjugal, les rédacteurs du code civil ont manifesté clairement leur préférence pour le divorce, d'une part, en conférant, par l'art. 310, à l'époux contre lequel la séparation aurait été prononcée pour toute autre cause que l'adultère de la femme, le droit de faire transformer cette séparation en divorce, après trois ans de durée ; et, d'autre part, en ne consacrant sommairement que

(1) Locré, *Législation civile*, t. 1, p. 271 et 272.

six articles (306-311) à la séparation de corps, après avoir longuement et minutieusement réglementé le divorce (art. 229-305). C'est ce qui fit que, conformément à l'opinion d'un certain nombre d'auteurs (1), la chambre civile de la cour suprême décida que les donations entre époux n'étaient ni révocables de plein droit par la séparation de corps, ni révocables, en ce cas, pour cause d'ingratitude, contrairement à la jurisprudence de la plupart des cours d'appel (2), et à l'opinion de la plupart des auteurs (3), dont la cour suprême finit par adopter, avec raison, la doctrine par ses arrêts des 23 mai (chambres réunies) et 17 juin 1845, 28 avril 1846, 25 avril et 18 juin 1849, 26 février et 10 mars 1856 (4).

De même les législateurs du code civil ont manifesté hautement qu'ils préféraient le régime de la communauté au régime dotal, soit en réglementant l'un avec beaucoup plus de soin et d'étendue qu'ils n'ont réglementé l'autre, soit surtout en décidant (art. 1393 et 1400) qu'à défaut de stipulations spéciales le régime de la communauté serait le droit commun de la France. Peut-être, malgré le plaidoyer du tribun Carrion-Nisas en faveur du régime dotal (5), renouvelé depuis par Siméon (6) et avec plus de mesure par Troplong (7), ce régime aurait-il été complétement supprimé si les rédacteurs du code avaient mieux compris les raisons économiques qui devaient le faire proscrire (8) ; s'ils avaient

(1) Merlin, Toullier, Duranton, Grenier, Favard de Langlade, Zachariæ, Rodière, Demante, cités par Gilbert sur l'art. 299, n° 2 bis.

(2) Rivière, Revue doctrinale des variations et des progrès de la jurisprudence de la cour de cassation, n° 68, p. 76 et 77.

(3) Notamment Proudhon, Chabot, Delvincourt, Pigeau, Lassaulx, Grolman, Couton, Vazeille, Dalloz, Taulier, Massol, Valette sur Proudhon et Explic. somm., p. 150, Marcadé, Demolombe et Mourlon cités par Gilbert sur l'art. 299, n° 1 bis et au Supplément n° 1.

(4) Gilbert, Loc. cit. au Supplément; Rivière, Loc cit., p. 177, n°° 69 et 70.

(5) Locré, Loc. cit., t. 13, p. 398-423.

(6) Rapport à l'académie des sciences morales et politiques sur le régime dotal, dans la séance du 9 juillet 1835, reproduit presqu'entièrement par Wolowski dans la Revue de législation, t. 2, p. 306-313.

(7) Qui lui préfère d'ailleurs le régime de la communauté. Voir Contrat de mariage, t. 1, n°° 37-44.

(8) Il est vrai que ce n'est pas sous ce rapport seulement que le code civil est resté en arrière de la science économique. Voir les Observations sur le droit civil français considéré dans ses rapports avec l'état économique de la société par Rossi dans les Mémoires de l'académie des sciences morales et politiques. (Ce travail a été d'abord analysé puis reproduit par Wolowski dans la Revue de législation, t. 6, p. 246 et suiv,, et t. 11, p. 5-24).

L'article 529 du code civil qui déclare meubles les actions ou intérêts dans les compagnies de finance, de commerce ou d'industrie et les rentes perpétuelles ou viagères soit sur l'Etat soit sur les particuliers, et les articles 1403 et 1404 dudit code qui font tomber dans la communauté

pressenti le blâme qu'il rencontrerait chez les jurisconsultes
et les praticiens les plus éclairés dans les pays où il resterait en usage (1), et si surtout ils avaient prévu que, malgré
son apparente simplicité, ce régime donnerait lieu, comme
une statistique irrécusable le démontre, à plus de procès,
plus de saisies, plus de faillites avec un commerce moins
étendu, plus de séparations de biens demandées et obtenues
en justice qu'on n'en compte dans les pays où le régime de la
communauté est en usage (2). Avant même que cette expérience ne fut aussi complète, il semblait que les rédacteurs
du code civil auraient dû s'en tenir au projet primitivement
arrêté, lequel « supprimait la dotalité, en soumettant les
biens qu'il appelait dotaux à la simple exclusion de communauté, et en interdisant toute stipulation d'inaliénabilité (3) » ; car cette inaliénabilité, qui n'avait pas chez nous
avant la Révolution et qui n'y a plus encore, depuis la loi du
8 mai 1816, la même excuse politique que chez les
Romains (4), cette inaliénabilité, disons-nous, reproduisait
identiquement les inconvénients qui avaient fait proscrire
les substitutions. « Chaque grevé de substitution, disait

tous les meubles possédés par les époux au jour de la célébration du
mariage ou qu'ils ont acquis depuis, et qui exclut de cette communauté
tous les immeubles qu'ils possédaient ou ont acquis, sont en contradiction flagrante avec les principes de l'économie politique et surtout
avec l'état actuel de nos fortunes qui se composent presque toujours
en partie, souvent pour la part la plus forte et parfois même exclusivement, de valeurs mobilières.

(1) Marcadé, qui était originaire de Normandie, dit du régime dotal,
dans son *Explication théorique et pratique du code* (t. 6, p. 16 de
la 5ᵉ édition), qu'on en voit « les principes désertés par la plupart
même des jurisconsultes qui les sucèrent avec le lait, du moment où
ces jurisconsultes viennent se mêler à la pratique des affaires ». Et en
note, il ajoute : « Le régime dotal, qui n'a nulle part une province
plus dévouée que la Normandie, ne rencontre nulle part une réproba-
tion plus énergique que dans le sein du barreau de Rouen. Notre
célèbre confrère et compatriote, M. Senard, qui en avait tant de fois
observé les résultats dans sa longue et brillante carrière, n'hésitait
pas à le proclamer un fléau public. On peut voir aussi les remarquables
brochures de M. Homberg, également avocat à Rouen, et de M. Marcel,
notaire à Louviers ».

(2) Voir dans la *Revue critique de législation et de jurisprudence*,
t. 11, p. 311-363, l'intéressant article publié par M. Simonnet, sous ce
titre : *De l'influence du régime matrimonial sur la prospérité du
pays*.

(3) Marcadé, *Loc. cit.*; Fenet, *Recueil complet des travaux préparatoires du code civil*, t. 13, p. 520, art. 133-138.

(4) Qui voulaient que les femmes conservassent leurs dots, pour que,
après leur divorce, elles pussent trouver de nouveaux maris ; témoin
ce texte de Paul qu'on a souvent cité en le tronquant, mais qui n'a de
sens qu'à la condition d'être reproduit intégralement : *Reipublicæ
interest mulieres dotes salvas habere*, PROPTER QUAS NUBERE POSSUNT.
— Loi 2, D. *de jure dotium* (xxiii, 3).

Bigot-Préameneu (1), n'étant qu'un simple usufruitier, avait un intérêt contraire à celui de toute amélioration ; ses efforts tendaient à multiplier et à anticiper les produits qu'il pourrait retirer des biens substitués..... Une très-grande masse de propriétés se trouvaient perpétuellement hors du commerce..... Le créancier qui n'était pas à portée de vérifier les titres de propriété de son débiteur, ou qui négligeait de faire cette perquisition était victime de sa confiance » ; et Jaubert, dans son rapport au Tribunat (2), disait à son tour : « Les substitutions étaient déjà réprouvées depuis 1782 ; elles seront à jamais réprouvées. Ainsi le voulait l'intérêt du commerce, celui de l'agriculture, et le besoin de tarir une trop abondante source de procès ». Il est vrai que le tribunal d'appel de Montpellier, le seul qui réclamât contre la disposition du projet de loi qui établissait la communauté légale (3), prétendait que les procès auxquels le régime de la communauté donnait lieu, étaient plus fréquents que ceux qu'engendrait le régime dotal (4) ; remarque que faisait aussi Portalis (5), mais dont Cambacérès, bien que méridional comme lui, n'avait pas tenu compte dans son *Projet de code civil présenté au conseil des Cinq-Cents au nom de la Commission des lois* (6) ; remarque qui, de plus, n'avait pour base que des conjectures ou des faits mal observés ou insuffisamment recueillis, tandis que la statistique a démontré depuis que les procès engendrés par le régime dotal étaient à la fois plus nombreux et, pour la plupart, plus compliqués que ceux auxquels le régime de la communauté donnait naissance (7).

Ceci dit, nous devons nous demander si c'est également dans les institutions des pays coutumiers, ou bien si c'est, au contraire, dans celles des pays de droit écrit que les rédacteurs du code civil ont puisé les autres règles de la législation nouvelle qui touchent plus directement à notre sujet.

Et d'abord, il faut nous occuper de la puissance paternelle à laquelle le système successoral de chaque pays est si intimement lié. « La succession, dit M. Kœnigswarter (8), est

(1) Locré, *Loc. cit.*, t. 11, p. 360.
(2) *Id. ibid.*, p. 490.
(3) Troplong, *Loc cit.*, n° 42.
(4) *Analyse des observations des tribunaux d'appel et du tribunal de cassation sur le projet de code civil, rapprochées du texte* (par Crussaire), p. 690.
(5) Au conseil d'État, dans la séance du 6 vendémiaire an XII (29 septembre 1803). — Locré, *Loc. cit.*, t. 13, p. 151.
(6) Paris, an V, in-12, p. 163, art. 288 portant : « Il y a communauté de biens entre les époux, s'il n'en est autrement convenu ».
(7) Simonnet, *Loc. cit.*, p. 351-356.
(8) *Histoire de l'organisation de la famille en France*, p. 300.

le nœud dans lequel viennent aboutir, comme autant de fils, tous les intérêts domestiques ». Et Laferrière dit, de son côté (1) : « L'une des bases nécessaires sur lesquelles repose la constitution réelle de la famille, c'est l'hérédité.... Si l'hérédité testamentaire est la plus forte, si le droit d'instituer des héritiers par testament est absolu ou n'a que de faibles barrières, la constitution réelle de la famille est faible et chancelante ; elle s'absorbe dans le pouvoir du testateur ou du chef de la famille, qui peut déshériter ses enfants et ses proches, et transmettre à des étrangers ses biens et l'influence de ses richesses. Alors triomphe la volonté de l'homme ou le pouvoir individuel, l'intérêt de la famille disparaît ou n'a qu'une influence précaire ».

Or, en fait de puissance paternelle, notre législation actuelle n'est guère qu'un reflet de notre droit coutumier. « Lors de la rédaction du code civil, dit M. Kœnigswarter (2), ce n'est qu'après bien des débats que le titre IX a reçu son intitulé : *De la puissance paternelle* (3) ; car, tout en lui donnant une rubrique romaine, ses dispositions n'établirent que l'autorité paternelle des coutumes, calquée sur la garde de la famille germanique ». C'est exactement l'idée qu'exprimait le tribun Albisson, lorsqu'il disait au Corps législatif (4) : « Il faut remarquer que l'autorité des pères et mères sur leurs enfants, n'ayant directement d'autre cause ni d'autre but que l'intérêt de ceux-ci, n'est pas, à proprement parler, un droit, mais seulement un moyen de remplir, dans toute son étendue et sans obstacle, un devoir indispensable et sacré ».

Aussi les art. 371, 372, 373 et 374 de notre code ne sont-ils que la reproduction de ce qu'avait écrit Pothier (5).

Quant à l'usufruit qu'accorde le code civil aux pères sur les biens de leurs enfants, on peut sans doute lui trouver quelque ressemblance avec la garde-noble d'autrefois et la garde bourgeoise de la coutume de Paris, et tirer de là son origine (6); mais comme, d'un côté, ces deux gardes n'étaient établies

(1) *Histoire du droit civil de Rome et du droit français*, t. 2, p. 85-80.

(2) *Loc. cit.*, p. 293. Voir aussi *Revue* de Wolowski, t. 16, p. 333.

(3) Voir, en effet, dans Locré, t. 7, p. 21-23, la séance du conseil d'État du 26 frimaire an X (17 décembre 1801).

(4) Dans la séance du 3 germinal an XI (24 mars 1803). — Locré, *Loc. cit.*, p. 82.

(5) *Traité du contrat de mariage*, n° 389, 1er et 2e alinéas, 390, 1er alinéa; *Des personnes*, 1re partie, tit. 6, sect. 2, 4e et 12e alinéas, tit. 6, sect. 3, 3e et 10e alinéas ; *Introduction au titre IX de la coutume d'Orléans*, n° 2, 2e alinéa; *Des personnes*, 1re partie, tit. 6, sect. 2, 11e alinéa, *ibid.*, 1re, 6e et 7e alinéas.

(6) Chardon, *Traité des trois puissances*, t. 2, n° 101.

qu'au profit de l'époux survivant (1), et comme, d'un autre
côté, dans la plupart des pays coutumiers, l'autorité paternelle ne conférait par elle-même aucun droit d'usufruit au
père ni à la mère sur les biens personnels de leurs enfants (2),
les rédacteurs du code ont pu voir dans cet usufruit le résultat d'une de ces transactions qui leur plaisaient, c'est-à-dire
une mixtion plus ou moins heureuse de droit romain et de
droit coutumier. « La commission chargée de la rédaction du
projet de code civil, disait Tronchet au Conseil d'Etat (3), n'a
pas cru devoir admettre la jurisprudence des pays de droit
écrit, qui dépouille le fils ; elle a pensé qu'il est juste de
récompenser le père de ses soins, en lui donnant l'usufruit
des biens de ses enfants jusqu'à leur majorité (4). C'est
ainsi qu'elle propose de concilier les deux systèmes du droit
écrit et du droit coutumier ». D'un autre côté, le conseiller
d'Etat Réal disait au Corps législatif (5) : « La loi romaine
accorde au père (sauf l'exception de divers pécules) tout ce
qui appartiendra au fils de famille durant la vie du père. —
La plupart des coutumes ne reconnaissent point de droit
utile attaché à l'exercice de la puissance paternelle, et celle
de Paris garde sur ce point le silence le plus absolu ; car il
ne faut pas confondre avec le droit dont nous parlons celui
qui résultait du droit de *garde-noble* ou *bourgeoise* accordé
au *survivant* sur les biens des enfants restés en minorité. —
Ainsi une législation accorde tout, pendant que l'autre ne
donne rien. — C'est encore en évitant ces deux extrêmes
que le gouvernement propose la disposition que contient le
quatorzième article du projet (l'art. 284 du code) ». Enfin,
dans son rapport au Tribunat, Vesin disait (6) : « Le législateur fixe les droits des pères et mères sur les biens de
leurs enfants pendant leur minorité, et établit en cela un
droit nouveau, tant pour les pays de droit écrit que pour les
pays coutumiers ».

Quant au droit de correction réglementé par les art. 375-

(1) Voir la définition qu'en donne Pothier dans son *Traité de la
garde-noble et bourgeoise*, article préliminaire, § 1, alinéa 2, § 3,
alinéa 3 ; Merlin, dans le *Répertoire* de Guyot, t. 8, p. 51, et Levasseur, dans le nouveau Denisart, V° *Garde-noble*, § 1, n° 1, t. 9, p. 183.

(2) Demolombe, t. 6 , n° 461; Bourjon, *ibi cit.*

(3) Locré, *Loc. cit.*, p. 17 et 18, séance du 26 frimaire an X (17 décembre 1801).

(4) Ce fut dans la séance du conseil d'Etat du 8 vendémiaire an XI
(30 septembre 1802) que ce terme fut remplacé par celui de dix-huit ans
accomplis sur la proposition du consul Cambacérès (Locré, *ibid.*, p. 37
et 38), limite qui fut de nouveau adoptée dans la séance du 26 vendémiaire an XI (18 octobre 1802), nonobstant les observations de Maleville (Locré, *ibid.*, p. 48 et 49).

(5) Dans la séance du 23 ventose an XI (14 mars 1803) ; Locré, *Loc.
cit.*, p. 63.

(6) Locré, *Loc. cit.*, p. 75.

383, le code n'a guère fait qu'adoucir l'ancienne jurisprudence. Ainsi, comme le remarque Fenet (1), « le père non
remarié pouvait autrefois, de sa seule autorité, faire enfermer dans une maison de force les enfants qui étaient en sa
puissance; Pothier (2) ne limite point le temps de la détention et n'établit, relativement à l'âge, aucune différence
quant à la forme à suivre ». Ainsi encore c'est jusqu'à l'âge
de vingt-cinq ans que ce droit de correction est exercé, suivant l'arrêt du règlement du parlement de Paris du 9 mars
1673 (3). Enfin le code civil a de nouveau adouci l'ancien
droit, en décidant, dans l'art. 382, que « lorsque l'enfant aura
des biens personnels, ou lorsqu'il exercera un état, sa détention ne pourra, même au-dessous de seize ans, avoir lieu
que par voie de réquisition ».

De plus, la puissance paternelle cesse par l'émancipation
(art. 377), et contrairement aux pays de droit écrit, mais
conformément aux pays coutumiers (4), le mineur est émancipé de plein droit par le mariage (art. 476).

En outre (sauf la majorité spéciale fixée par l'art. 148 pour
les enfants mâles), la minorité cesse aujourd'hui à l'âge de
21 ans (art. 388), conformément aux lois des 20 septembre
1792 (tit. 4. art. 2) et 31 janvier 1793; tandis qu'on n'était
majeur qu'à 25 ans, non-seulement dans les pays de droit
écrit, mais encore d'après la plupart de nos coutumes (5).

Enfin « la foudre de l'excommunication », suivant l'expression de Prévôt de la Jannès (6), qui pouvait tomber dans
quinze cas (7), et ce tout aussi bien dans les pays coutumiers que dans les pays de droit écrit (8), — cet épouvantail
ou ce porte-respect n'existe plus. « Le pouvoir d'exhéréder,
dit Merlin (9), a été virtuellement ôté aux pères par la loi
du 7 mars 1793 », et, depuis ce temps, on ne s'est pas sou-
cié de le leur restituer. Il est vrai que l'art. 727 du code
admet trois cas d'indignité; mais si l'indignité et l'exhérédation ont également pour effet l'exclusion de la succession,

(1) *Pothier analysé dans ses rapports avec le code civil*, p. 85 de la seconde édition.
(2) *Des personnes*, part. 1, tit. 6, 8e alinéa.
(3) *Journal des Audiences*, t. 4, p. 603.
(4) Voir ci-dessus p. 85.
(5) Pothier, *Des personnes*, part. 1, tit. 5, art. 4, *Traité des obliga-tions*, no 40, 3e alinéa; Merlin, *Répertoire*, Vo *Mineur*, § 1, no 3; Demolombe, t. 7, nos 17 et 18; Kœnigswarter, *Histoire de l'organisa-tion de la famille en France*, p. 229.
(6) *Principes de la jurisprudence française*, t. 1, no 11, p. 11 de l'édition de 1759.
(7) *Id. ibid.*, no 91, p. 108 et 109.
(8) Tronchet et Malleville, dans la séance du conseil d'Etat du 26 fri-maire an X. — Locré, *Loc. cit.*, p. 18.
(9) *Répertoire*, Vo *Exhérédation*, § 8.

c'est là leur seul rapport, car l'une de ces exclusions dérive
de la loi et l'autre d'une volonté individuelle, ce qui fait que
celle-ci peut être mise à néant par le pardon de l'offensé (1),
celle-là non (2).

Le code, en adoucissant la puissance paternelle, ne l'a-t-il
pas énervée? Telle est du moins l'opinion de M. Kœnigswarter, qui, à notre avis, ne tient pas suffisamment compte
des temps et des mœurs. « Le code, dit-il (3), n'a pas même
confirmé toute l'autorité conférée aux pères et mères par les
coutumes et les ordonnances ; car un des reproches les plus
fondés qui puissent être faits à notre loi civile actuelle, c'est
la faible part d'autorité qu'elle a laissée au chef de la famille.
On dirait que l'ombre de Mirabeau se projette sur cette partie de notre code : Mirabeau, cette victime de la tyrannie
paternelle, qui a poussé à l'anéantissement du pouvoir du
chef domestique, que le code de 1804 n'a pas suffisamment
relevé ».

Quoiqu'il en soit, c'est l'esprit du droit coutumier qui sert
de guide jusqu'ici au législateur moderne ; mais allons-nous
le voir persévérer jusqu'au bout dans cette voie? Va-t-il,
par exemple, pousser aussi loin que nos coutumes cette
tendance à conserver les biens dans les familles dont nous
avons vu tant de preuves dans le paragraphe précédent ?
Non.

Il est vrai qu'une des causes qui avaient singulièrement
favorisé cette tendance n'existait plus, à savoir « les droits
onéreux de mutation perçus par les possesseurs de fiefs, et
qui, suivant M. Bailly (4), de même que la taille, ne repo-
saient que sur des usages introduits par l'autorité arbitraire
des feudataires (5) ». Si ces droits survécurent à la fameuse

(1) Prévôt de la Jannès, *Loc. cit.*, n° 92, p. 110 ; Lebrun, *Traité des successions*, liv. 3, chap. 0, n° 14 ; Pothier, *Traité des successions*, chap. 1, sect. 2, art. 4, § 2, et § 1, quest. 6.

(2) Chabot, sur l'art. 727, n° 11 ; Delvincourt, t. 2, p. 75 et 76 aux notes ; Duranton, t. 6, n° 109 ; Zachariæ, t. 4, § 593, p. 170 de la tra-
duction d'Aubry et Rau, seconde édition ; Duvergier sur Toullier, t. 2, n° 103, note c ; Demolombe, t. 13, n°ˢ 226 et 213 ; Frédéric Taulier, t. 3, p. 130. — *Contra* Malpel, n° 62 et Toullier, *Loc. cit.*

(3) *Loc. cit.*, p. 283 et 291.
Cet affaiblissement du pouvoir paternel a été aussi l'objet des doléances de Nougarède, *Lois des familles*, p. 78 et suiv., et surtout de Chrestien de Poly dans son *Essai sur la puissance paternelle*. Voir notamment le chap. 5, t. 2, p. 470 et suiv., où il développe cette théorie qu'il n'y a « point de salut pour la société si on ne rétablit pas la puissance paternelle ».

(4) *Histoire financière de la France*, t. 1, p. 223.

(5) On trouve une idée toute différente de ces droits de mutation dans un édit du mois de mai 1545, inséré dans le recueil de Néron et Girard, t. 2, p. 9, et dans celui d'Isambart et autres, t. 17, p. 50. En voici le début : « De tous les droits établis en nos états, le plus légitime et le plus ancien est celui des mutations en cas de vente de

nuit du 4 août 1789 ; s'ils furent déclarés simplement rache-
tables par la loi du 15 mars 1790 (tit. 3, art. 1 et 2), et s'ils
ne disparurent pas complétement malgré les lois des 15 avril
1791 (art. 29) et 25 août 1792, du moins furent-ils définitivement supprimés par la loi du 17 juillet 1793. Dès lors, la
valeur des biens soumis avant cela à ces droits de mutation
s'augmenta considérablement, puisque, par exemple, un
bien soumis au droit de quint supportait à chaque vente un
droit de vingt pour cent que l'acheteur payait, il est vrai,
mais que le vendeur supportait en réalité, le prix offert par
l'acheteur étant réduit d'autant (1). Dès lors, par voie de
conséquence, les mutations se multiplièrent au grand profit
de l'intérêt public, toute gêne apportée à la circulation des
biens les empêchant de passer dans les mains où ils produi-
raient plus (2), et les frais de perception que coûtent, et les
vexations qu'engendrent les droits de mutation (3), n'étant
après tout que leur moindre défaut, parce que ces taxes
« tendent à diminuer le fonds destiné à l'entretien du travail
productif (4) » ; qu'elles « empêchent le capital national de se
distribuer de la manière la plus avantageuse pour la
société (5) », et qu'enfin ces impôts « s'attaquant au capital,
non au revenu, diminuent la cause productive de la richesse,
à peu près comme s'ils levaient la dîme sur la semence au
lieu de la lever sur la moisson (6) » ; d'où il suit que de
pareilles taxes ne sont tolérables qu'à condition d'être modé-
rées (7).

Mais les rédacteurs du code civil et leurs prédécesseurs
de l'époque intermédiaire auraient été peu touchés de semblables considérations, car à la fin du siècle précédent et au
commencement du nôtre, les principes les plus élémentaires
de l'économie politique étaient peu ou mal connus ; mais, en

terres ou héritages, soit en fief ou censive, appartenant à nous à cause
de notre couronne, ou aux seigneurs féodaux et censiers à cause des
concessions qui en ont été faites par les rois nos prédécesseurs ».

(1) Adam Smith, *Recherches sur la nature et les causes des richesses
des nations,* liv. 5, chap. 2, t. 4, p. 356 et 357 de la traduction de Garnier, seconde édition.

(2) J.-B. Say, *Traité d'économie politique,* liv. 3, chap. 9, t. 3, p. 170
et 171 de la 5e édition.

(3) Destutt de Tracy, *Traité d'économie politique,* chap. 12, p. 276
de l'édition de 1825. Voir aussi Say, *Loc. cit.,* p. 162.

(4) Smith, *Loc. cit.,* p. 358.

(5) Ricardo, *Des principes de l'économie politique et de l'impôt,*
chap. 8, t. 1, p. 218 de la traduction de Constancio, seconde édition.

(6) Sismondi, *Nouveaux principes d'économie politique,* liv. 6,
chap. 3, t. 2, p 199 et 200 de l'édition de 1819.

(7) Droz, *Economie politique ou principes de la science des richesses,*
liv. 4, chap. 2, t. 3, p. 364 et 365 de ses *Œuvres ;* Destutt de Tracy,
Loc. cit., p. 303 et 304.

revanche, le souffle de liberté qui, en passant sur la France,
l'avait vivifiée, s'était étendu des hommes aux choses à ce
point que, malgré le sens bien innocent et depuis longtemps
fixé, soit dans le langage technique, soit dans le langage
usuel, du mot de *servitudes*, le conseiller d'Etat Berlier,
exposant au Corps législatif, comme orateur du gouvernement, les motifs du titre du code relatif à cette matière,
croyait devoir prendre la précaution de dire, en débutant[1] :
« Il ne s'agit point ici de ces prééminences d'un fonds sur
l'autre, qui prirent naissance sous le régime à jamais aboli
des fiefs. — Il ne s'agit pas non plus de services imposés à
la personne et en faveur d'une personne, mais seulement à
un fonds et pour un fonds ».

Le goût pour la liberté des biens devait entraîner la ruine
de cet esprit de leur conservation dans les familles dont
notre législation était empreinte.

Ainsi les substitutions que les ordonnances d'Orléans et
de Moulins s'étaient contentées de renfermer dans certaines bornes ; les substitutions qui faisaient que « la propriété des choses demeurait incertaine et en suspens »,
suivant la remarque du judicieux Coquille [2] ; les substitutions que d'Aguesseau aurait mieux aimé supprimer que
réglementer, ainsi qu'il le dit par l'ordonnance de 1747 [3] ;
les substitutions furent défendues par les lois des 25 août
et 14 novembre 1792, et cette prohibition fut maintenue en
principe par le code civil (art. 896) et tempérée seulement
par les exceptions formulées dans les art. 1048 et 1049.

Ainsi, le retrait lignager a été aboli par la loi du 19 juillet
1790 et le code civil s'est bien gardé de le rétablir.

Ainsi les réserves coutumières ont été supprimées par
l'art. 62 de la loi du 17 nivôse an II d'abord, et par l'art. 732
du code civil ensuite. « Cette réserve, dit Troplong [4], procédait d'un tout autre principe que la légitime. Celle-ci était
fondée sur le droit naturel et l'affection [5]; celle-là sur un
esprit de conservation, sur une nécessité politique [6]. Aussi

---

(1) Locré, *Loc. cit.*, t. 8, p. 367.

(2) Sur l'art. 10 du chap. 33 de la Coutume du Nivernais, t. 2, p. 319 de ses *Œuvres*, édition de 1703.

(3) On trouve dans ses *Œuvres*, t. 9, p. 507 de l'édition in-4°, une lettre du 24 juin 1730, où il dit : « L'abrogation entière de tous fidéi-commis serait peut-être, comme vous le pensez, la meilleure de toutes les lois...; mais j'ai peur que pour y parvenir, surtout dans les pays de droit écrit, il ne fallut commencer par réformer les têtes, et ce serait l'entreprise d'une tête qui aurait elle-même besoin de réforme. C'est, en vérité, un grand malheur, qu'il faille que la vanité des hommes domine sur les lois mêmes ».

(4) *Donations et testaments*, t. 2, n° 750.

(5) Coutumes de Chartres, art. 88 ; de Dreux, art. 76.

(6) Grenier, *Traité des donations*, n° 552.

s'est-elle évanouie avec l'ordre politique auquel elle était liée, et la jurisprudence en est débarrassée, tandis que, au contraire, la légitime a été maintenue et fortifiée par le code Napoléon ». De plus, la légitime procédait du droit romain, même dans les pays de coutume (1). Quant à la réserve des ascendants elle n'était pas reçue dans les pays coutumiers, c'est au droit romain que nous la devons (2) et notre code l'a admise (art. 915), sans l'étendre à certains collatéraux, ainsi qu'avait fait l'art. 3 de la loi du 4 germinal an VIII.

De même disparut la fameuse règle : *paterne paternis materna maternis*, malgré les efforts de Cambacérès et de Bigot-Préameneu pour son maintien, ou plutôt son rétablissement, en restreignant toutefois ses effets à des degrés de parenté assez proches pour que l'origine des biens ne fut enveloppée d'aucune incertitude. Les raisons à l'aide desquelles ils soutinrent leur thèse étaient plausibles sans doute (3) ; mais celles que leur opposèrent Berlier et Portalis (4) étaient décisives. Aussi le système primitivement proposé fut-il maintenu, et par suite on se borna à diviser en deux parts, l'une pour les parents de la ligne paternelle, l'autre pour les parents de la ligne maternelle, toute succession échue à des ascendants ou à des collatéraux (art. 783). Treilhard, dans son exposé des motifs au Corps législatif, comme orateur du gouvernement (5), montrait en quoi ce système différait de celui du droit coutumier, en disant : « Ce n'est pas une espèce de biens, c'est la totalité de la succession qui sera ainsi divisée » ; et Chabot (de l'Allier) faisait valoir, dans son rapport au Tribunat (6), tous les avantages de ce système plus simple. « Par là, dit M. Demolombe (7), se trouve définitivement consacrée la suppression de toutes les distinctions des biens en nobles et roturiers, en meubles et immeubles, en propres et acquêts ». Enfin par là on en revient à l'homogénéité de patrimoine dans l'hérédité romaine, qui était envisagée dans son ensemble et abstraction faite de l'origine et de la nature des biens qui la composaient (8).

Mais si, sous ce rapport, notre code se rapproche du droit romain, il s'en éloigne en ce qui concerne l'unité et l'indivi-

(1) Demolombe, t. 19 (2 du *Traité des donations*), n° 17 : Duverdy, *Revue historique de droit français et étranger*, t. 2, p. 31-95.

(2) Troplong, *Loc., cit.*, n°ˢ 743, 749, 798 et 799.

(3) Demolombe, t. 13, n° 365.

(4) Locré, t. 10, p. 73-77.

(5) Locré, *Loc. cit.*, p. 185.

(6) *Id. ibid.*, p. 211.

(7) T. 13 (1 du *Traité des successions*), n° 265.

(8) Simonnet, *Histoire et théorie de la saisine héréditaire*, p. 12

sibilité du titre d'héritier (1). « Ce qui est incontestable, dit M. Demolombe (2), c'est que les rédacteurs du code Napoléon n'ont pas admis que l'homme ne pût pas mourir *pro parte testatus, pro parte intestatus* ». Cela n'était pas moins incontestable sous le régime du droit coutumier, et Furgole déduisait les conséquences de cet état de choses en disant (3) : « Comme dans le pays coutumier, on peut mourir *partim testatus, partim intestatus*, et que le droit d'accroissement n'y a pas lieu par cette raison lorsqu'un testateur fait un ou plusieurs légataires universels (4) en une ou plusieurs quotes, comme du tiers, du quart ou autre portion, s'il reste quelque portion vacante, elle n'appartient pas aux légataires universels, mais elle sera dévolue aux successeurs *ab intestat* ; en sorte que les légataires universels ne pourront demander la délivrance que des portions qui leur sont assignées ».

A l'inverse, la quotité disponible ne changeant pas aujourd'hui comme d'après le droit commun des pays coutumiers (5), suivant que la disposition est faite par donation ou par testament, l'intérêt de cette distinction n'existe plus que lorsqu'il s'agit de déterminer dans quel ordre et de quelle manière les dispositions à titre gratuit devront être réduites dans le cas où la quotité disponible aurait été excédée (art. 923, 925 et 926).

Non-seulement, dans les art. 1395 et 1396, le code a consacré l'immutabilité des contrats de mariage, à l'exemple de notre droit coutumier (6), mais encore il a pris à cet égard, dans l'art. 1397, dont la rédaction appartient au Tribunat (7),

(1) *Id. ibid.*, p. 13.

(2) *Loc. cit.*, n° 80 ter. Voir aussi t. 21 (4 du *Traité des donations*), n° 11.

(3) *Traité des testaments*, chap. 8, sect. 1, n° 100, t. 2, p. 565 de l'édition de 1779.

(4) « Notre ancien droit, dit Marcadé (sur l'art. 1010, n° 1), ne connaissait pas de legs à *titre universel* distinct du legs *universel :* les expressions *legs universel* et *legs à titre universel* étaient synonymes et indiquaient une seule et même classe de dispositions. Il n'y avait que deux catégories de legs : 1° le legs universel et 2° le legs particulier ou à titre particulier. On retrouve quelquefois dans le code les restes de cette division. Ainsi quand l'article 871 oppose le légataire à *titre universel* au légataire particulier, en déclarant que le premier est soumis au payement des dettes dont le second est affranchi, il est clair que sous la qualification de légataire à *titre universel*, il comprend aussi le légataire *universel*. Réciproquement, quand l'article 909 oppose les dispositions *universelles* aux dispositions faites à *titre particulier*, il est bien évident qu'il embrasse dans une même expression et le legs *universel*, et aussi le legs à *titre universel* ».

(5) Troplong, *Loc. cit.*, t. 2, n° 751 ; Demolombe, t. 18, n° 25, t. 19, n° 15.

(6) Odier, *Traité du contrat de mariage*, n° 618, t. 2, p. 51 et 55.

(7) Locré, t. 13, p. 211.

des précautions nouvelles dans l'intérêt des tiers, qui ont été complétées par la loi du 12 juillet 1850.

C'est ailleurs que les rédacteurs du code ont puisé leurs inspirations quant aux donations entre époux. Par un sénatus-consulte rendu sous Septime-Sévère et Antonin Caracalla, ces donations furent validées, à la condition que le donateur eût persévéré dans la même volonté jusqu'à sa mort ; en d'autres termes, ces donations furent assimilées à des donations à cause de mort, et telle était la règle suivie dans les pays de droit écrit (1). Dans les pays coutumiers, il s'en fallait de beaucoup qu'il y eut la même uniformité de législation. Pothier (2) divise, à cet égard, les coutumes en quatre classes, dont l'une subdivisée elle-même ; mais l'esprit général du droit coutumier et le texte de plusieurs coutumes qui formaient le droit commun, prohibaient d'une manière générale toutes les libéralités entre époux, même celles faites par testament (3). Cet état de choses fut changé par la législation intermédiaire, et ce changement est justifié en ces termes par un légiste de l'époque (4) : « La plupart de nos statuts locaux faisaient cette injure à l'humanité, de supposer que le plus adroit ou le plus fort des époux était toujours disposé à dépouiller l'autre..... Et par une contradiction bizarre, la loi qui commandait de s'aimer à des personnes liées par des nœuds indissolubles, leur interdisait le témoignage le plus précieux et le plus sûr de l'attachement, les bienfaits..... La loi du 17 nivose est venue affranchir de toute entrave ce sentiment de bienfaisance et d'estime réciproque qui fait le charme d'un pareil état, mais sans perdre de vue l'intérêt des enfants qui lui doivent leur existence. Elle a ouvert une carrière de bienfaisance sans bornes, même pendant le cours du mariage, aux époux qui n'ont pas d'enfants, et elle a restreint ces avantages à une portion d'usufruit dans la succession du prédécédé s'il en laissait lors de sa mort ». Sous ce régime, les donations entre époux

---

(1) Coin-Delisle, *Donations et testaments*, Introduction, n° 27, p. 13 ; Troplong, *Donations et testaments*, t. 4, n° 2685 et 2686 ; Demolombe, t. 23, n° 434 et 435.

(2) *Traité des donations entre mari et femme*, n° 7-14.

(3) Coin-Delisle, *Loc. cit.*, Troplong, *Loc. cit.*, n° 2687 ; Demolombe, *Loc. cit.*, n° 436.

(4) *Code des successions suivi d'une explication*, par M. V. (Vermeil). Paris, an III, in-12, partie 2, p. 3 et 4. L'auteur de cet ouvrage, devenu rare, a été depuis membre du tribunal de cassation (S. 41, 1, 305 en note) et, dans l'avis qui le précède, il nous fait connaître que son explication « a été soumise aux représentants du peuple Cambacérès et Berlier dont elle a obtenu l'approbation ». Or Cambacérès et Berlier avaient été l'un le rédacteur et l'autre le rapporteur de la loi du 17 nivose an II.

étaient irrévocables (1), en sorte que Troplong (2) a eu raison de dire que la législation intermédiatre « n'adopte ni les
rigueurs du droit coutumier, ni les tempéraments du droit
romain ». Les rédacteurs du code civil n'ont pas voulu maintenir cette législation et ils y ont dérogé dans l'art. 1096.
« Il est évident, dit Coin-Delisle (3), que les rédacteurs du
code civil ont eu en vue, dans là conception de cet article,
la donation entre époux telle qu'elle était connue dans les
pays de droit écrit ». De même, Troplong (4) dit du code :
« Par l'article 1096, il a condamné le système coutumier,
réprouvé déjà par beaucoup de ses interprètes ; toujours
soucieux de se régler sur les inspirations du droit naturel, il
a vu que c'était moins le droit naturel que la prévoyance
ombrageuse du droit civil qui avait prohibé les donations
entre époux (5). Il s'est donc rapproché du droit romain plus
conforme au droit naturel, puisqu'il voulait que de tels actes
fussent traités *non amare nec tanquam inter infestos, sed ut
inter conjunctos maximo affectu* (6). Seulement, tandis que
le droit romain les considérait comme inutiles dans l'origine,
mais susceptibles de confirmation, le code les tient pour
valables dans l'origine, mais susceptibles de révocation ». Du
reste l'un des rédacteurs du code, Bigot-Préameneu, exposant, comme orateur du gouvernement, les motifs de la loi,
ne laissait pas dans l'ombre la source où elle avait été puisée. Après avoir expliqué quelles étaient les règles qui
étaient suivies soit dans les pays de droit écrit, soit dans les
pays coutumiers, il disait (7) : « La mesure adoptée dans la
législation romaine a paru préférable ».

Jusqu'ici nous avons vu le législateur moderne suivre
pour ainsi dire pas à pas les traces de ses prédécesseurs en
faisant des emprunts tantôt au droit coutumier et tantôt au
droit écrit ; mais ce qui nous importe surtout, c'est de savoir
si c'est d'après celui-ci ou d'après celui-là qu'il a réglé la
saisine héréditaire.

A la fin du paragraphe précédent, nous avons dit que,
dans les pays de droit écrit, on reconnaissait trois espèces
de saisine de ce genre : la saisine des héritiers du sang ; la

(1) Arrêts de la cour de cassation des 1er juin 1814 (S. 15. 1. 237),
16 juin 1818 (S. 18. 1. 381), 29 janvier 1835 (S. 85. 1. 207), 22 mars
1811 (S. 41. 1. 305) et 24 décembre 1815 (S. 45. 1. 137). — *Contra*, arrêt
de la cour de Rouen du 22 juillet 1821 (Dev. C. N. 6. 2. 452).

(2) *Loc. cit.*, n° 2438.

(3) *Loc. cit.*, p. 599.

(4) *Loc. cit.*, n° 2439.

(5) Mantica, *De tacitis et ambiguis conventionibus*, liv. 21, tit 1,
n° 5.

(6) Paul, l. 28, § 2, D. *de donat. inter vir. et uxor.* (xxiv, 1).

(7) Locré, t. 11, p. 121.

saisine des héritiers testamentaires et la saisine des héritiers contractuels. En est-il de même aujourd'hui? Telle est la dernière question que nous avons à examiner et à résoudre.

En ce qui concerne la saisine des héritiers du sang, il n'y a pas l'ombre d'un doute possible. L'art. 724 du code civil tranche nettement la question en disant : « Les héritiers *sont saisis de plein droit* des biens, droits et actions du défunt, sous l'obligation d'acquitter toutes les charges de la succession ».

C'est là la traduction « en termes moins barbares », suivant Grenier (1), mais « avec moins de précision et d'énergie », suivant Malpel (2) et M. Rigaut (3) ; c'est là, dirons-nous à notre tour, la traduction affadie et incolore de la fameuse maxime : *Le mort saisit le vif;* mais, quant à la pensée, une traduction fidèle dont l'exactitude apparaît encore mieux dans la formule primitive des rédacteurs du code. Ils avaient d'abord partagé le chapitre premier du titre des successions en deux sections, et dans le seconde, intitulée : « De la saisine légale des héritiers », se trouvait un article ainsi conçu : « *A l'instant même de l'ouverture des successions* les héritiers du sang *sont saisis de plein droit* de tous les biens, droits et actions du défunt, et ils sont tenus de toutes les charges de la succession ». Du reste, si la rédaction a changé, la pensée est bien restée la même, témoin ce passage du rapport de Chabot (de l'Allier) au Tribunat (4) : « Lorsqu'un homme décède, la place qu'il laisse vacante est aussitôt remplie par ceux de ses parents qui sont appelés à sa succession. *A l'instant même où la mort lui enlève ses droits, la loi les confère à ses héritiers* ; il n'y a pas de lacune, et c'est là l'origine de cette maxime du droit coutumier, *le mort saisit le vif* ».

Quant aux héritiers contractuels, la question est plus délicate. Nous voulons parler des héritiers institués par contrat de mariage ; car les institutions d'héritier qui se faisaient autrefois dans des contrats de société universelle ne sont plus aujourd'hui possibles, comme l'a remarqué Merlin (5). « Sous le code civil, qui n'admet pas les sociétés universelles de biens présents et à venir, dit Troplong (6), cette convention de succéder n'aurait évidemment aucune valeur ». A ce motif décisif s'en joint un autre qui ne l'est pas moins.

(1) *Traité des donations,* n° 293.

(2) *Traité élémentaire des successions,* n° 177, note 1.

(3) *Revue étrangère et française de législation,* etc., par Fœlix, t. 9, p. 42 et 43.

(4) Locré, t. 10, p. 217.

(5) *Répertoire,* à l'article *Institution contractuelle.* § 3, n° 4 *in fine.*

(6) *Du contrat de société,* t. 2, n° 646.

« En effet, dit Marcadé (1), c'est là une attribution de droits
sur une succession future, une convention sur une succession non ouverte ; or, une pareille convention étant prohi-
bée en principe (arf. 1130), notre article, en la permettant
dans un cas particulier, établit donc une exception au droit
commun ; et comme une exception ne peut jamais s'étendre
au-delà de ses termes, force est bien de s'en tenir à notre
texte, qui ne permet de disposer des biens qu'on laissera en
mourant que *par contrat de mariage* ».

Mais cette disposition permise, qu'est-ce ? « On appelle
cette donation *institution contractuelle*, répond Duranton (2),
parce que par elle on institue un héritier, et qu'on le fait par
un contrat, d'une manière irrévocable, ce qui n'a lieu que
dans ce seul cas ».

« Les travaux préparatoires, dit, de son côté, M. Demolombe (3), ne fournissent aucune révélation des motifs qui
ont pu porter le législateur de 1804 à éviter l'emploi de cette
dénomination d'*institution contractuelle*. »

Au contraire, suivant Marcadé, il aurait, avec raison, évité
cet emploi. « Ce nom, dit-il (4), lui convenait parfaitement
autrefois, puisqu'elle était vraiment une *institution* d'héritier faite par *contrat* ; mais elle n'est pas rigoureusement
exacte aujourd'hui qu'il n'y a plus d'autres héritiers que les
successeurs appelés par la loi même, et que la volonté de
l'homme ne fait plus que des donataires et des légataires
(art. 893) ».

Mais les rédacteurs du code ont-ils eu raison de procéder
ainsi ? Non, suivant M. Eschbach. « Les rédacteurs du code,
dit-il (5), ont classé l'institution contractuelle parmi les
donations, l'ont appelée du même nom et confondue sous la
même rubrique. Libre à eux d'opérer ainsi, mais la doctrine
peut leur reprocher d'avoir tenté l'impossible. L'essence
d'un acte juridique ne change pas au gré du législateur, et
les rédacteurs du code n'ont pas pu faire que l'institution
contractuelle fut une donation, pas plus qu'il n'a été en la
puissance de l'empereur Justinien de faire, par sa novelle
87, que la donation à cause de mort fut un legs ».

Soit ; mais si l'on peut blâmer, au point de vue doctrinal,
le code civil de ne pas avoir reconnu ce caractère complexe
de l'institution contractuelle que Furgole avait si bien discerné (6), le moindre doute n'existe pas, du moins sur ce

(1) Sur l'art. 1082, t. 4, n° 279, p. 193 de la 5e édition.
(2) *Cours de droit français*, t. 9, n° 671.
(3) T. 23 (6 du *Traité des donations*), n° 273.
(4) *Loc. cit.*, n° 278, p. 192.
(5) *Revue de législation* de Wolowski, t. 11, p. 127 et 128.
(6) Voir ci-dessus, p. 143 et 144.

qu'il a voulu faire. « Il est évident, dit Coin-Delisle (1), qu'il a adopté l'opinion que l'institution contractuelle est donation entre-vifs, malgré les différences qui la séparent des donations entre-vifs ordinaires. C'est ce qui résulte du nom de donation qu'il lui donne dans l'art. 1082, et des termes de l'art. 893 qui ne reconnaît que deux manières de disposer à titre gratuit : la donation entre-vifs et le testament. Avoir placé l'institution contractuelle parmi les donations dans une législation qui proscrit les donations à cause de mort, c'est lui avoir imprimé le caractère d'acte entre-vifs, et il l'est du moins en ce sens que si le donateur peut bien, par des aliénations, anéantir sa succession, il ne peut pas anéantir la qualité d'héritier qu'il a une fois attribuée par contrat de mariage; de sorte que si l'on découvrait des biens acquis au donateur, même à son insu, ils appartiendraient au donataire ».

Mais si, comme le reconnaît Coin-Delisle, de même que Duranton, l'institution crée un *héritier* et si, d'un autre côté, cette institution constitue une *donation entre-vifs,* la conséquence doit être, d'après la définition donnée de celle-ci par l'art. 894, que cet héritier contractuel a la saisine. « Au fond, dit Troplong (2), il faut dire que l'institué contractuel est saisi en vertu de son contrat et dispensé de la demande en délivrance. D'après les art. 938, 1138 et 1583, le consentement transfert la propriété sans tradition, et c'est ce qui est décisif ici. Sans doute, l'institution contractuelle ne transfère pas la propriété d'un objet corporel ; mais elle donne et transfère un droit de succession; elle en fait une cession gratuite ; elle saisit par conséquent et dispense de la demande en délivrance (3). C'est par là que l'institué contractuel diffère du légataire. Le contrat dans lequel il puise la source de son droit lui procure un investissement conventionnel, lequel ne s'attache pas aux effets naturels du testament. Le légataire qui n'a pas contracté avec le défunt doit fortifier, par le concours des héritiers légitimes, un titre qui n'est encore qu'unilatéral. Mais l'institué contractuel a pactisé avec l'instituant; il y a un lien synallagmatique. Il ne reste plus rien à faire pour que la libéralité soit de plein droit opposable à la succession ».

Est-ce vrai cependant sans distinction? Voici ce que dit à cet égard M. Demolombe (4) : « C'est une question controversée que celle de savoir si l'institué est tenu de former une demande en délivrance contre les héritiers de l'instituant, de sorte qu'il n'aurait droit aux fruits ou intérêts des

(1) Sur l'art. 1082, n° 6, p. 556.
(2) *Donations et testaments*, t. 4, n° 2366.
(3) Jugement du tribunal de la Seine du 27 février 1833 (S. 34. 2. 643).
(4) *Loc. cit.*, n° 331.

biens compris dans l'institution, et qu'il ne pourrait former
contre les tiers aucune action relative à ces biens, que du
jour de cette demande, ou du jour où la délivrance lui aurait
été volontairement consentie ». — La négative était certaine
sous l'ancien droit. — « L'héritier contractuel étant un vrai
« héritier lorsqu'il accepte la succession, disait Pothier (1),
« il en est censé saisi de même que tout autre héritier, dès
« l'instant de la mort de l'instituant, suivant la règle *le mort*
« *saisit le vif;* et il peut se mettre en possession de tous les
« biens qui en dépendent, sans en demander aucune déli-
« vrance ». — Boucheul (2) attestait de même que « l'insti-
« tué, après le décès de l'instituant, n'est pas obligé de
« demander la délivrance des biens compris dans l'institu-
« tion, mais en peut prendre la possession comme saisi de
« droit ». — C'est-à-dire que l'héritier contractuel jouissait
de la saisine héréditaire légale comme l'héritier légitime ; et
tel était, en effet, le texte formel de plusieurs coutumes (3).
— Mais, sous notre code, plusieurs systèmes différents
paraissent s'être produits ; on peut en compter jusqu'à
quatre. — A. Le premier consisterait à dire que l'institué
contractuel jouit encore aujourd'hui, comme autrefois, de la
saisine héréditaire légale (4). — Mais cela paraît bien impossible, en présence de l'art. 724, qui n'accorde cette saisine
qu'aux héritiers légitimes ; d'autant plus que notre code,
finalement, n'appelle pas le donataire de biens à venir de son
ancien nom d'*héritier institué* (5). — B. C'est bien là ce que
proclame le second système, pour en déduire cette conséquence, que les institués contractuels ne peuvent être, en ce
point, assimilés qu'à des légataires, et que, dès lors, il faut
appliquer les art. 1004, 1006, 1011 et 1014, qui décident dans
quels cas les légataires sont tenus ou dispensés de demander la délivrance de leurs legs (6). — C. D'après le troisième
système, qui est celui de M. Colmet de Santerre (7), cette
assimilation même des institués contractuels avec les légataires est inadmissible ; et l'héritier contractuel, ou plutôt le
donataire des biens à venir serait, dans tous les cas, tenu de
demander la délivrance aux héritiers du donateur ; dans tous

(1) *Introduction au titre XVII de la coutume d'Orléans*, n° 23 de
l'Appendice.

(2) *Traité des conventious de succéder*, chap. 29, n° 1, p. 505.

(3) Celle du Bourbonnais, art. 219 ; celle d'Auvergne, chap. 14, art. 26 ;
celle du Nivernais, chap. 27, art. 12, etc.

(4) Merlin, *Répertoire,* V° *Institution contractuelle,* § 10, n° 2, et § 11,
n° 2 ; Chabot, sur l'art. 724, n° 13.

(5) Comp. notre *Traité des successions*, t. 1, n° 141.

(6) Duranton, t. 9, n°⁵ 719 et 720 ; Belost-Jolimont sur Chabot, *Loc.
cit.*, observat. 1.

(7) *Cours analytique*, t. 4, n° 256 *bis* V.

les cas, c'est-à-dire lors même qu'il s'agirait d'un donataire
universel et qu'il n'y aurait pas d'héritiers à réserve, sans
qu'il pût invoquer l'art. 1006, qui porte que, dans ce dernier cas, le légataire universel est saisi de plein droit.
« Comme cet article, dit notre savant collègue, déroge au
« droit général des héritiers, consacré par l'art. 724, il ne
« doit pas être étendu hors de ses termes, qui s'appliquent
« seulement aux legs et non aux donations ». — D. Nous
n'admettons, pour notre part, aucun de ces systèmes; et
voici celui que nous proposons : — D'abord, s'il s'agit d'un
donataire universel, et que le donateur ne laisse pas d'héritiers à réserve, nous appliquerons l'article 1006 ; car il nous
paraît bien difficile d'admettre, comme M. Colmet de Santerre, que cette saisine légale, qui est accordée à un simple
légataire, soit refusée à un donataire, dont le titre est contractuel! Ne serait-ce pas là une contradiction, surtout
quand on se rappelle que notre ancien droit coutumier, qui
refusait la saisine aux légataires, l'accordait, au contraire,
aux donataires institués contractuellement (1). — Quant aux
autres donataires, soit universels, lorsqu'il y a des héritiers
à réserve, soit à titre universel ou à titre particulier, nous
ne pensons pas, en effet, qu'ils jouissent de la saisine
légale ; mais de là il ne résulte pas, suivant nous, qu'ils
soient tenus de former une demande en délivrance pour
avoir droit aux fruits et pour pouvoir exercer, contre les
tiers, les actions relatives aux biens compris dans l'institution ; s'ils n'ont pas, en effet, la saisine légale, ils ont la saisine contractuelle, qui est différente, et, bien plus encore,
qui est plus forte et qui l'emporte sur l'autre ! car nous
avons remarqué que la saisine héréditaire légale ne s'applique pas aux biens sur lesquels le défunt lui-même n'avait
qu'un droit qui devait, par l'effet de son prédécès, se
résoudre ou se transmettre au profit d'un tiers (2). — Nous
croyons que telle est, en effet, la pratique générale suivie et
que l'on se borne, dans l'intérêt des donataires des biens à
venir, à faire aux héritiers du donateur une simple sommation, afin qu'ils aient à délaisser les biens compris dans l'institution; ce qui n'empêche pas les donataires, dès avant
cette sommation, de pouvoir exercer, contre les tiers, toutes
les actions, soit possessoires, soit pétitoires, relatives à ces
biens, et d'avoir droit aux fruits dès le jour de l'ouverture
de la succession. — Faudrait-il excepter le cas où la donation ayant seulement pour objet une somme fixe à prendre
sur les biens de la succession du donateur, le donataire semblerait n'être qu'un créancier, auquel l'article 1153 devien-
drait applicable ? Cette concession pourrait être faite sans

(1) Comp. Zachariæ, Aubry et Rau, t. 6, p. 267.
(2) Comp. notre *Traité des successions,* t. 1, n° 140.

compromettre le principe (1) ; et encore, nous paraît-elle contestable (2) ».

Toujours est-il qu'en ce qui concerne l'institué contractuel qui n'est pas en concours avec des héritiers à réserve, M. Demolombe est en parfait accord avec Duranton et Belost-Jolimont, c'est-à-dire qu'il attribue la saisine légale à cet institué, et c'est ce que font également MM. Boutry et Simonnet.

« Nous pensons, dit le premier (3), que s'il n'y avait pas d'héritier à réserve, le donataire de biens à venir aurait la saisine légale, comme le légataire universel, auquel l'art. 1006 l'accorde ; en effet, le titre du donataire est plus important : authentique, comme celui du légataire, il est de plus irrévocable ».

« L'institution contractuelle, dit M. Simonnet (4), étant un véritable testament irrévocable (5), il résulte de ce rapprochement que l'institution des biens à venir in universum fait un véritable héritier. Il a les mêmes droits et les mêmes obligations que l'héritier légitime ou testamentaire. — Mais si l'institué est en concours soit avec un réservataire, soit (au cas où il est institué pour une quote-part) avec un parent du de cujus, l'héritier est seul saisi, et l'institué est loco legatarii.

« Si, ajoute en note M. Simonnet, on admet, en effet, la saisine collective de l'institué et de l'héritier légitime, il faut décider que la renonciation de l'institué fait accroître le bénéfice de l'institution à cet héritier; au contraire, dans notre opinion, cette renonciation doit profiter aux légataires et donataires pour qui la quotité disponible se trouve augmentée (V. Zachariæ, t. 5, p. 132). L'arrêt de Toulouse du 15 avril 1842 (S. 42. 2. 385) établit positivement que l'institué n'est pas cohéritier de l'héritier naturel ».

Ainsi, de même que M. Demolombe, M. Simonnet n'admet la saisine légale ni de l'institué à titre particulier, ni de l'institué à titre universel, ni même de l'institué universel s'il

(1) Comp. Zachariæ, Aubry et Rau, Loc. cit.

(2) Comp. le t. 5 de ce Traité, n° 616 ; et notre Traité de la distinction des biens, etc., t. 2, n° 637 ; jugement du tribunal de la Seine du 27 février 1833 (S. 34. 2. 643) ; arrêt de la cour de Toulouse du 28 janvier 1813 (S. 43. 2. 194) ; Troplong, t. 4, n° 2366 ; Bonnet, Des dispositions par contrat de mariage et des dispositions entre époux, t. 2, nos 460 et 461.

(3) Essai sur les donations entre époux et leur état d'après le code Napoléon, p. 106.

(4) Histoire et théorie de la saisine héréditaire, p. 350.

(5) Dans ses Questions transitoires sur le code civil (t. 3, p. 111 de l'édition de 1829), Chabot dit de même « qu'une institution contractuelle est, comme le dit Coquille, un testament qui n'est point révocable ; ou selon de Laurière, un don irrévocable de succession ».

se trouve en concours avec un héritier à réserve, tandis que Troplong l'attribue à tous les institués indistinctement. « Il ne sert de rien, dit-il (1), de comparer le donataire universel au légataire universel. La comparaison est fautive par des motifs qui sautent aux yeux. Au moment du décès et lorsque le légataire universel devient propriétaire, il trouve l'héritier réservataire investi et saisi par la toute-puissance de la loi. Il faut donc que, par une demande en délivrance, il fasse passer la saisine de l'héritier à lui. Au contraire, dans le cas de donation, le donateur s'engage irrévocablement envers le donataire à un moment où l'héritier n'a (en ce qui concerne le disponible) rien d'acquis, et le droit du donataire précède celui de l'héritier. Il n'a donc pas à demander à ce dernier quelque chose que le contrat l'a empêché d'avoir et que ce même contrat a donné au donataire ».

Il ne nous reste plus à examiner que la troisième espèce de saisine héréditaire admise dans les pays de droit écrit, c'est-à-dire la saisine testamentaire.

« La saisine, dit Favard de Langlade (2), n'avait lieu en pays coutumier qu'en faveur des héritiers légitimes, parce qu'on n'y reconnaissait pas d'héritiers testamentaires. On ne pouvait transmettre sa succession par testament que par un legs universel, et cette disposition n'empêchait pas la saisine de l'héritier légitime ; le légataire universel était tenu de lui demander la délivrance ».

Nous avons vu, § 2, qu'en droit romain, non-seulement le testateur se donnait un héritier, mais encore qu'il ne pouvait se dispenser d'en choisir un s'il voulait que son testament fut valable, parce que l'institution d'héritier était, comme le dit Justinien (3) après Gaius (4), *caput atque fundamentum totius testamenti*, en sorte que, comme le dit Ulpien (5), *potestas testamenti ab heredis institutione incipit*. Et nous avons vu, d'un autre côté, § 3, que, dans les pays de droit écrit, on attribuait à l'héritier testamentaire la saisine qui, en droit romain, était inconnue. A cela près, comme le dit M. Demolombe (6), « les provinces de droit écrit avaient généralement admis les principes du droit romain. — La légitime, accordée aux descendants, aux ascendants et aux frères et sœurs, y était aussi, non pas une quote-part de la succession, mais une portion des biens attribuée individuellement à chacun des légitimaires, en sa

(1) *Loc. cit.*, n° 2128.
(2) *Manuel pour l'ouverture et le partage des successions*, p. 6.
(3) Instit. *de legatis*, § 31 (ii, 20).
(4) *Comm.* ii, § 229.
(5) *Regul.*, tit. 24, § 15.
(6) T. 19 (2 du *Traité des donations*), n° 12.

qualité de parent.— *In confesso est aliud esse legitimam, aliud heriditatem; — legitima pars est bonorum non hereditatis* (1). — D'où il suivait : 1° Que les légitimaires n'étaient pas saisis, de plein droit, de leur légitime, *l'hérédité saisit, et la légitime ne saisit point,* disait Guillaume de la Champagne (2) ; 2° qu'il n'était pas nécessaire d'accepter l'hérédité pour réclamer la légitime contre les héritiers institués ou contre les donataires (3) ; 3° et que, même la renonciation à l'hérédité n'emportait pas la renonciation à la légitime, dont le légitimaire ne pouvait être exclu que par une renonciation *spéciale et individuelle* (4) ».

Avant cela, M. Demolombe avait dit (5) : « En droit romain, la succession, ou, plus exactement, l'hérédité, était testamentaire ou légitime ; c'est-à-dire que la volonté de l'homme faisait un héritier tout aussi bien que la loi; et même l'hérédité testamentaire précédait l'hérédité légitime, de telle sorte que celle-ci ne s'ouvrait que subsidiairement, en second ordre, et seulement lorsqu'il était certain qu'il n'y aurait pas d'héritier testamentaire..... Autrefois, en France, dans les provinces de droit écrit, la succession était également testamentaire ou légitime, c'est-à-dire que les institutions d'héritier pouvaient être faites par testament..... Nos coutumes ne reconnaissaient qu'une seule espèce de succession et d'héritiers : la succession déférée par la loi et les héritiers légitimes. Point d'héritiers testamentaires! mais seulement des *légataires,* obligés de demander à l'héritier appelé par la loi la délivrance de leurs legs, et tenus seulement des dettes à cause et jusqu'à concurrence des biens qu'ils recueillaient..... C'est une thèse depuis longtemps, et encore aujourd'hui, fort agitée, que celle de savoir quel est le parti que les rédacteurs du code Napoléon ont adopté sur ce point. — Les uns enseignent que la succession est, sous l'empire de notre code, légitime ou testamentaire, et que nous pouvons encore avoir aujourd'hui, comme autrefois dans les pays de droit écrit, des *héritiers institués* (6). —

(1) Dumoulin, *Consil.* 29, nos 1 et 2 ; Comp. Furgole, *Traité des testaments,* chap. 10, sect. 1, n° 116 et sect. 2, nos 39, 40; Merlin, *Répertoire,* V° *Légitime,* section 2, § 1, n° 1.

(2) *Traités de la légitime, de la représentation et des secondes noces,* chap. 25, p. 214; ajout. Roussilhe, *Les institutions au droit de légitime,* chap. 1, § 4.

(3) Comp. Dumoulin, Furgole, *Loc. supra cit.*; Julien, *Nouveau commentaire sur les statuts de Provence,* t. 1, p. 490 ; Merlin, *Loc. cit.,* n° 2.

(4) Furgole, *Loc. cit.,* chap. 10, sect. 2, n° 40.

(5) T. 13 (1 du *Traité des successions*), n° 80.

(6) Comp. Merlin, *Répert.,* V° *Légataire,* § 7, art. 1, n° 17; Delvincourt, t. 2, p. 11; Toullier, t. 4, n° 68; Frédéric Taulier, t. 4, p. 150-151 ; Mourlon, *Répétitions écrites,* t. 2, p. 8.

Les autres, au contraire, prétendent que le code Napoléon
ne reconnaît, comme le droit coutumier, qu'une seule espèce
de succession et une seule espèce d'héritiers, à savoir : la
succession légitime et les héritiers légitimes ; et que la
volonté de l'homme ne peut jamais faire que de simples
légataires (1)..... Il faut d'abord reconnaître qu'en déclarant,
dans l'art. 711, que la propriété des biens s'acquiert par
succession, par donation entre-vifs ou testamentaire, les
rédacteurs du code ne paraissent comprendre, sous le mot
succession, que la succession *ab intestat*. Et, en effet, ils
organisent, en premier ordre, la succession légitime, qui
forme, chez nous, la règle générale et le droit commun ;
puis, lorsque, ensuite, ils s'occupent de la transmission
des biens par la volonté de l'homme, ils ne se servent
plus des mots *succession* et *héritiers*. C'est dans le titre des
donations entre-vifs et des *testaments* qu'ils en posent les
principes ; et là on ne trouve plus que des donations ou des
legs, des donataires ou des légataires ; car, si quelques
articles de ce titre ont employé les dénominations d'*hérédité*
ou d'*héritier institué*, il semble bien que ces dénominations,
d'après le système général du code, n'y ont été placées que
comme synonymes des mots *legs* ou *légataire* (comp. art.
896, 1002, 1037, 1085). — Cette remarque est exacte, en ce
sens qu'elle constate la terminologie de notre code ; et il est
vrai de dire, sous ce rapport, que ceux-là qui sont appelés
par la loi à recueillir tout ou partie des biens d'une personne
décédée, ont seuls le nom d'*héritiers;* tandis que ceux qui
les recueillent en tout ou en partie par la volonté de l'homme
ne sont, d'après le code, de quelque nom que le déposant les
ait appelés, que des *légataires* ou des *donataires* (art. 1002) ».
Enfin, dans son *Traité des donations entre-vifs et des testaments* (t. 4, n° 9), M. Demolombe dit : « Le législateur de
1804 n'a admis ni le droit écrit ni le droit coutumier. — Il
n'a pas ordonné l'institution d'héritier; mais il ne l'a pas
défendue non plus. — Il est évident, toutefois, qu'il se rapproche beaucoup plus du droit coutumier; à ce point même,
qu'à ne considérer que les résultats pratiques, *on peut dire
qu'il l'a consacré*. — Et c'est là ce qui explique comment les
mots *héritier institué*, qui ne sont plus, dans notre terminologie moderne, que des synonymes du mot : *légataire*, ne
se retrouvent que par exception dans notre code (art. 896,
967, 1002); c'est que ces mots appartenaient à la langue des
pays de droit écrit, *dont le nouveau législateur n'a pas conservé les principes* ».
Si l'on s'en tenait là, on pourrait croire que le code, met-

(1) Comp. Duranton, t. 7, n° 11 (et t. 9, n° 671) ; Aubry et Rau, t. 5,
p. 425-426; Poujol, *Traité des successions*, sur l'art. 871, n° 6; Marcadé, sur l'art. 722, n° 8.

tant complétement à l'écar¹ le système du 'droit romain, a donné pleine satisfaction au vœu qu'exprimait la section de législation du Tribunat, sur la proposition duquel l'art. 1002 a été ajouté au projet, lorsqu'elle disait (1) : « Il est à propos de laisser subsister la dénomination d'institution d'héritier qui est en si grand usage..... Mais en même temps, il est convenable d'annoncer bien précisément qu'il n'y aura désormais aucune différence entre la dénomination d'héritier et celle de légataire, et que *tous les effets* particuliers attachés par les lois romaines au titre d'héritier, *sont complétement détruits* ».

Mais plus tard, dans son rapport au Tribunat (2), Jaubert disait (3) : « La loi ne s'attachera avec raison qu'à l'idée du testateur, à la nature de la disposition. — *Le seul sacrifice que les pays de droit écrit aient à faire en cette occasion*, c'est celui de l'ancienne règle : *nemo pro parte testatus et pro parte intestatus decedere potest*. — Autrefois, en effet, si un testament ne contenait qu'une institution d'héritier dans une chose particulière, cet institué prenait l'entière succession, malgré la limitation, à cause de la règle que nul ne peut décéder partie *testat* et partie *intestat*. — Il ne faut voir que la volonté expresse de l'homme. — Et comme, dans l'acception ordinaire, le mot *héritier*, soit qu'il se trouve seul, soit qu'il se trouve accompagné de ces expressions, *général* et *universel*, ou simplement *général*, ou simplement *universel*, désigne celui qui doit succéder à tous les biens, il sera assimilé au légataire universel qui, dans l'acception ordinaire, est aussi appelé à recueillir tous les biens disponibles ».

Sans doute si, des travaux préliminaires du code, il ne nous restait que les deux passages que nous venons de transcrire, on pourrait croire, avec MM. Nicias-Gaillard (4) et Demolombe (5), que ces travaux ne nous fournissent que des éléments contradictoires et que l'abrogation de la législation romaine demandée par la section de la législation du Tribunat était plus ample que ce à quoi l'a réduite Jaubert dans son rapport. Et encore, à notre avis, cette contradiction n'existerait-elle qu'autant qu'on ne se rendrait pas bien compte de la pensée de la section de législation du Tribunat. Que voulait-elle en réalité, et quels sont *les effets* qu'elle désirait voir *entièrement détruits* ? Uniquement ceux « attachés par les

(1) Locré, t. 11, p. 323 et 324.

(2) Ce rapport fut fait le 9 floréal an XI (29 avril 1803) et les observations de la section de législation du Tribunat avaient été faites le 10 germinal an XI (31 mars 1803) et jours suivants.

(3) Locré, *Loc. cit.*, p. 460.

(4) *Revue critique de législation et de jurisprudence*, t. 2, p. 350.

(5) *Loc. cit.*, t. 13, n° 80.

lois romaines *au titre* d'hériter ». Et que veut Jaubert à son tour? C'est qu'abstraction faite de la qualification donnée par le testateur à celui qu'il gratifie, on s'attache seulement *à la nature de la disposition*. Donc, au fond, il y a harmonie complète entre la pensée de Jaubert et celle de la section de législation du Tribunat ou plutôt l'une n'est que le développement de l'autre.

Quant aux effets que doivent produire les diverses dispositions testamentaires selon *la nature des dispositions*, c'est dans une autre partie des travaux préliminaires du code qu'ils sont déterminés ; mais là encore la volonté du législateur apparaît clairement.

Dans la séance du Conseil d'Etat du 25 frimaire an XI (16 décembre 1802) un débat, auquel prirent part le consul Cambacérès, Tronchet, Treilhard, Portalis, le premier consul et Bigot-Préameneu, s'engagea sur le texte qui est devenu depuis l'art. 724 du code civil (1). Dans ce débat, Bigot-Préameneu « avoue que l'article préjuge que les héritiers institués ne seront pas placés dans la classe de ceux qui seront de plein droit héritiers, qu'il réserve cette prérogative aux héritiers naturels, et qu'il leur remet l'hérédité pour la rendre ensuite aux héritiers institués ». Et, de son côté, Cambacérès disait de l'institution d'héritier : « Dans le droit écrit, où elle était connue, elle excluait d'abord l'héritier naturel, et elle conservait sa force tant que le testament n'était pas annulé : on ne peut pas s'écarter de ces principes sans retomber dans ceux des pays de droit coutumier, et alors il n'y a plus de véritable institution. Ainsi l'article préjuge le fond de la chose. » Mais quel fut le résultat de ce débat? Le procès-verbal le constate en ces termes : « L'article est adopté et renvoyé à la section pour en réduire les dispositions aux successions *ab intestat* ». Donc la question relative au maintien ou à la suppression des héritiers institués fut alors réservée.

Cette question se représenta au Conseil d'Etat lorsqu'on eût à y délibérer sur le titre des donations entre-vifs et des testaments, dans la séance du 27 ventose an XI (18 mars 1803). La cause des héritiers institués y fut défendue par Maleville, Portalis et Muraire, et celle des héritiers du sang par Bigot-Préameneu, Treilhard et Jollivet. Cambacérès prit un parti intermédiaire : il proposa de distinguer entre le cas où il y avait des héritiers à réserve et le cas où il n'y en avait pas; de donner dans le dernier cas la saisine à l'héritier institué, et de l'attribuer, dans l'autre, à l'héritier du sang. Ce fut cette dernière opinion, appuyée par Tronchet, qui prévalut (2).

(1) Locré, t. 10, p. 60-71.
(2) Locré, t. 11, p. 245-255.

Aussi, dans la séance du Corps législatif du 2 floréal an XI (22 avril 1803), après avoir exposé le système des pays de droit écrit et celui des pays coutumiers, ainsi que les raisons qui militaient en faveur de l'un ou de l'autre, l'orateur du gouvernement, Bigot-Préameneu, disait (1) : « Ni l'une ni l'autre de ces opinions n'a été entièrement adoptée : on a pris dans chacune d'elles ce qui a paru le plus propre à concilier les droits de ceux que la loi appelle à la succession, et de ceux qui doivent la recueillir par la volonté de l'homme. — Lorsqu'au décès du testateur, il y aura des héritiers auxquels une quotité de biens sera réservée par la loi, ces héritiers seront saisis de plein droit, par sa mort, de toute la succession ; et l'héritier institué ou le légataire universel sera tenu de demander la délivrance des biens compris dans le testament..... Si l'héritier institué ou le légataire universel ne se trouve point en concurrence avec des héritiers ayant une quotité de biens réservée par la loi, les autres parents ne peuvent empêcher que ce titre n'ait toute sa force et son exécution provisoire, dès l'instant même de la mort du testateur ».

De même dans son rapport au Tribunat, dans la séance du 9 floréal an X (29 avril 1803), après avoir signalé la différence des règles suivies en cette matière dans les pays de droit écrit et dans les pays coutumiers, Jaubert disait (2) : « Le projet nous a paru avoir saisi un juste milieu. — S'il s'agit d'un legs particulier, il est sans difficulté que le légataire demande la délivrance à celui de qui il doit recevoir le legs (art. 1014). — S'il s'agit d'un legs à titre universel, comme ce legs ne porte que sur une portion de la succession, le légataire doit s'adresser ou à ceux auxquels une quotité des biens est réservée par la loi, ou, à leur défaut, au légataire universel, ou enfin aux héritiers appelés dans l'ordre établi au titre des successions (art. 1011). — En matière de legs universel, ou il y a des héritiers en ligne directe, ou il n'y en a pas. — S'il y a des héritiers en ligne directe, il est bien naturel que le légataire universel leur demande la délivrance (art. 1004). — La saisine doit donc appartenir à ceux au profit desquels la loi établit une réserve. — S'il n'y a pas d'héritiers en ligne directe, alors le légataire universel n'est pas tenu de demander la délivrance aux collatéraux (art. 1007) ».

Enfin, dans son discours au Corps législatif, à la séance du 13 floréal an XI (3 mai 1803), Favard, en apportant le vœu d'adoption émis par le Tribunat, disait (3) : « L'héritier de la loi à qui une quotité de biens est réservée se trouve saisi de

(1) *Id. ibid.*, p. 403 et 404.
(2) *Id. ibid.*, p. 471.
(3) *Id. ibid.*, p. 504.

plein droit de tous les biens de la succession ; et de là
résulte dans nos principes la conséquence que l'héritier
institué, le légataire, devra lui demander la délivrance de ce
dont le testateur aura disposé en sa faveur sous l'un ou
l'autre titre. — Si le défunt ne laisse pas d'héritier auquel
la loi réserve une quotité de biens, alors la saisine légale est
dans les mains de l'héritier institué ou légataire universel,
qui doit, dans ce cas, faire la délivrance des legs particuliers ».

Bref, d'après la pensée de Cambacérès, qui est devenue
celle de la loi, l'héritier testamentaire était dans un cas, mais
dans un cas seulement, assimilé à l'héritier *ab intestat*.

Cette assimilation ressort d'une manière manifeste du rapprochement des art. 724 et 1006.

Le premier de ces articles porte : « Les héritiers légitimes *sont saisis de plein droit* des biens, droits et actions
du défunt ».

Le second de ces articles porte : « Lorsqu'au décès du
testateur il n'y aura pas d'héritiers auxquels une quotité
de biens soit réservée par la loi, le légataire universel *sera
saisi de plein droit* par la mort du testateur ».

Mais s'il y a des héritiers à réserve, ce sont ceux-ci qui
ont la saisine, et c'est ce que dit expressément l'art. 1004,
en ces termes : « Lorsqu'au décès du testateur il y a des
héritiers auxquels une quotité de ses biens est réservée par
la loi, ces héritiers *sont saisis de plein droit*, par sa mort, de
tous les biens de la succession ».

Donc, le légataire universel est ou n'est pas *le continuateur du défunt* suivant qu'il est ou qu'il n'est pas en concours
avec des héritiers à réserve. Cette double proposition paraît
de toute évidence et cependant elle a, dans chacune de ses
parties, rencontré un contradicteur.

Ainsi, après avoir cité le texte de l'art. 1004 qui oblige le
légataire universel à demander la délivrance des biens disponibles à l'héritier ou aux héritiers à réserve, M. Frédéric
Taulier (1) ajoute : « Cette nécessité n'empêche pas le légataire universel d'être le représentant du défunt, *le continuateur de sa personne juridique* ; il partage cette prérogative
avec les héritiers à réserve. S'il est obligé de leur réclamer
ses droits c'est à titre d'hommage au sang du défunt et à la
famille ; c'est une satisfaction donnée à une idée morale et
à un principe civilisateur. »

D'un autre côté, M. Delsol (2) dit du légataire universel :
« L'art. 1006 lui accorde de plein droit, tout comme aux
héritiers légitimes, la saisine de la succession, lorsque d'ail-

(1) *Théorie raisonnée du code civil*, t. 4, p. 141 et 145.
(2) *Le code Napoléon expliqué*, t. 2, p. 337-339.

leurs le défunt n'a pas laissé d'héritiers à réserve. Certains auteurs (1) en ont conclu que, dans cette hypothèse, il représente le défunt et doit supporter *ultra vires* les dettes de la succession. Le code aurait ainsi transigé avec les principes du droit romain, qui voyent toujours dans l'héritier institué un *continuateur de la personne,* et les principes de l'ancien droit français, qui ne voyent jamais en lui qu'un successeur aux biens. Malgré la gravité de ces raisons, l'on doit décider que le légataire universel n'est jamais aujourd'hui le continuateur de la personne du défunt et que le code n'a point renversé le vieil adage : *Dieu seul fait des héritiers.* Il suffit de consulter l'histoire de la rédaction des articles qui nous occupent pour se convaincre de la vérité de cette proposition. Effectivement, il fut déclaré en termes formels au Tribunat que « tous les effets, attachés par la loi romaine au titre d'héritier, étaient entièrement effacés ». La seule doctrine qui fût dans la pensée des rédacteurs était celle enseignée par Pothier, aux yeux duquel l'institution d'héritier équivalait à un legs universel. L'article 1002 le prouve ; car, d'après ses termes mêmes, les dispositions testamentaires doivent toujours produire le même effet, qu'elles soient faites sous le titre d'institution d'héritier ou sous le titre de legs. Il ne faut donc voir qu'un successeur aux biens dans le légataire universel. Mais, dit-on, si le légataire ne représente jamais le défunt, comment comprendre qu'il ait de plein droit la saisine, lorsque le défunt n'a point laissé d'héritiers à réserve ? Ce serait là une grave objection, si le fait de la saisine et la qualité de représentant du défunt étaient inséparables ; il n'en est heureusement pas ainsi. La qualité de représentant du défunt emporte bien, si l'on veut, la saisine, mais la saisine n'emporte pas nécessairement la qualité de représentant du défunt. La preuve en est que les exécuteurs testamentaires peuvent avoir la saisine de certains biens (art. 1026), et cependant ils ne sont pas, tout le monde le reconnaît, les représentants du défunt. On ne doit donc plus s'étonner que le législateur ait accordé au légataire universel une saisine que le testateur peut accorder pour certains biens à son exécuteur testamentaire. Loin de là : il était plus rationnel et plus simple d'investir immédiatement de la succession le légataire universel, lorsque le testateur n'avait pas laissé d'héritiers à réserve, que de donner cette saisine à des héritiers qui n'auraient pu conserver aucune partie des biens par eux recueillis. Voilà pourquoi le légataire universel, qui n'est jamais qu'un successeur aux biens, est saisi de plein droit de la succession en l'absence de tous héritiers à réserve, et pourquoi il n'en est pas saisi dans l'hypothèse contraire. Concluons donc que le légataire universel ne sera

(1) M. Delsol indique en note Demante et Duranton.

jamais tenu des dettes *ultra vires bonorum*, et n'aura pas besoin de recourir au bénéfice d'inventaire (1) ».

Autant de mots, autant d'erreurs ; autant d'objections, autant de réponses faciles.

La transaction entre le droit romain et le droit coutumier que M. Delsol nie, c'est Cambacérès qui l'a proposée au Conseil d'État qui l'a agréée ; Bigot-Préameneu et Jaubert ont reconnu cette transaction, l'un devant le Corps législatif, l'autre devant le Tribunat.

Les travaux préparatoires du code peuvent sembler favorables à la thèse de M. Delsol si, comme lui et comme Marcadé (2), on se borne à en extraire une seule phrase ; ils ruinent, au contraire, cette thèse si on les consulte, comme nous l'avons fait dans leur ensemble.

Supposer que la règle : « Dieu seul fait des héritiers », soit encore la seule en usage (3), c'est commettre une pétition de principe, c'est résoudre la question par la question. De plus, même sous notre droit coutumier cette règle n'était pas absolue, car s'il n'admettait pas l'institution testamentaire, il admettait l'institution contractuelle.

L'art. 1002 ne prouve qu'une chose, c'est que, comme le disait Jaubert (4), la loi « n'entend proscrire aucune dénomination », c'est que, comme il le disait encore (5), elle ne s'attache qu'à « la nature de la disposition ». Mais cela empêche-t-il le légataire dont il est question dans l'art. 1006, d'être dans une situation spéciale ? Non, et c'est le cas de dire encore avec Jaubert (6) : « Le légataire universel sera assimilé à l'héritier ».

L'argument tiré de l'art. 1026 est sans portée. Il est bien vrai que cette saisine des exécuteurs testamentaires existait dans les pays coutumiers et n'existait pas dans les pays de droit écrit (7) ; mais n'est-ce pas là la meilleure preuve que cette saisine, qui a un objet spécial et une durée assez courte que le testateur ne peut pas étendre (art. 1026) et que l'héritier peut faire cesser (art. 1027), n'a rien de commun avec la maxime : *le mort saisit le vif*, laquelle, comme nous l'avons vu, avait cours tout aussi bien dans les pays de droit écrit que dans les pays coutumiers ?

(1) Valette, Bugnet (sur Pothier, t. 8, p. 243).

(2) Sur l'art. 1006, n° 2, t. 4, p. 72 de la 5e édition.

(3) Erreur que commet également M. Hureaux, dans la *Revue critique de législation et de jurisprudence*, t. 23, p. 518-525. .

(4) Locré, *Loc. cit.*, p. 468.

(5) *Loc. cit.*, p. 469.

(6) *Loc. cit.*, p. 469.

(7) Furgole, *Traité des testaments*, chap. 10, sect. 4, n° 28, t. 3, p. 307 de l'édition de 1779. — Voir aussi les textes de droit romain et des coutumes cités par Dard, dans sa *Conférence du code civil avec les lois anciennes*, p. 235 de la 3e édition.

De plus, faire de la représentation du défunt et de la saisine de l'héritier deux choses différentes, c'est méconnaître le sens de cette maxime qui a précisément pour objet d'empêcher l'extinction de la personnalité juridique du défunt.

En outre, ne pas vouloir que le légataire universel d'un défunt qui n'a laissé que des collatéraux, le représente, c'est vouloir qu'il ne soit représenté par personne, car bien certainement il ne sera pas représenté, dans cette hypothèse, par des parents qu'il a, en les déshéritant, dépouillés de leur saisine éventuelle.

Enfin, tous les efforts faits par M. Delsol dans l'intérêt de sa thèse, n'avaient d'autre objet que d'affranchir le légataire universel de l'obligation de recourir à l'acceptation sous bénéfice d'inventaire s'il ne voulait s'exposer à être tenu des dettes de la∙succession *ultra vires*. Or, à l'époque où M. Delsol écrivait (1), ce but ne pouvait plus être atteint, cette question, autrefois vivement controversée, ayant été tranchée contre le légataire universel par un arrêt solennel de la cour suprême, quatre ans auparavant (2).

Quant à la thèse de M. Frédéric Taulier, elle ne vaut pas mieux que celle de M. Delsol, seulement elle est mauvaise d'une autre façon et dans un autre sens. Tandis que celle-ci restreint trop, celle-là étend trop le nombre des continuateurs du défunt. Faire du légataire universel, en concours avec des héritiers à réserve, le cohéritier de ces réservataires, est absolument impossible, lorsqu'on refuse, avec raison, cette qualité même à l'institué contractuel qui se trouverait dans les mêmes conditions (3). Mieux que cela, cette qualité de cohéritier des héritiers à réserve, le légataire universel ne pourrait pas l'avoir alors même qu'il n'y aurait d'héritiers de cette espèce que dans une ligne ; car alors, ou bien l'on déciderait que ces héritiers ont la saisine de toute la succession du défunt (4), ou bien l'on déciderait que le légataire universel, en concours avec ces héritiers, dans une ligne, et avec des héritiers non réservataires dans l'autre

(1) Le second volume de son ouvrage porte la date de 1855.

(2) Arrêt de cassation du 13 août 1851 (S. 51. 1. 627) rendu conformément aux conclusions de M. Nicias-Gaillard, premier avocat-général.
Autre arrêt rendu, dans le même sens et dans la même cause, par la cour de Toulouse, le 9 juin 1852 *(Journal du Palais*, 1852, I. 481).
Enfin, allant plus loin encore, dans un arrêt du 1er mai 1857 (S. 67. 2. 305), la cour d'Angers a décidé que le légataire universel qui n'avait pas accepté sous bénéfice d'inventaire, était tenu *ultra vires* non-seulement des dettes de la succession, mais encore du montant des legs particuliers. — Voir toutefois la note des arrêtistes précités.

(3) Arrêt précité de la cour de Toulouse du 15 avril 1842 (S. 42. 2. 385).

(4) Colmet de Santerre, *Cours analytique*, t. 4, n° 148 *bis* II ; Demolombe, t. 21 (4 du *Traité des donations)*, n° 305 ; arrêt de la cour de Limoges du 29 décembre 1808 (S. 09. 2. 255).

ligne, serait saisi à l'égard de ces derniers et ne devrait
demander aux autres que la délivrance de la portion de
succession dont ceux-ci auraient été investis si le défunt
n'avait pas fait de testament (1).

Si les théories divergentes de MM. Taulier et Delsol
avaient fait fortune, ce phénomène aurait mérité autant d'é-
tonnement que la nouvelle du mariage de la petite-fille
d'Henri IV avec un cadet de Gascogne, qui a inspiré une si
heureuse kyrielle d'épithètes admiratives à Mᵐᵉ de Sévigné
dans une de ses lettres les plus célèbres (2). Mais l'autorité du professeur de Grenoble n'est pas bien grande et celle
de M. Delsol est tout-à-fait nulle : bien que loué avec excès
par un Aristarque trop indulgent, ou par un ami partial de
l'auteur (3), son ouvrage est resté, dans l'estime publique,
bien loin des *Répétitions écrites* de Mourlon, ' livre élémentaire excellent, avec lequel il avait la prétention de rivaliser.
De sorte que les hérésies juridiques de ces deux écrivains
sont restées sans sectateurs, et qu'après leur émission
comme avant on a donné ou refusé aux mêmes personnes,
soit la qualification de *continuateur* ou *représentant* du
défunt, soit celle d'*héritier saisi*.

Ainsi Delvincourt se borne à peu près à copier le code,
de même que Pigeau (4), lorsqu'il dit (5) : « Si le testateur
laisse des héritiers légitimaires, ils sont, nonobstant toutes
dispositions universelles, saisis de plein droit, par sa mort,
de tous les biens de la succession ; et la délivrance du legs
universel doit, en conséquence, leur être demandée par le
légataire... S'il n'y a point d'héritiers légitimaires, le légataire universel est saisi, par la mort du testateur, de tous
les biens composant la succession, sans être obligé de demander la délivrance ; et il est tenu de toutes les dettes et
de tous les legs sans distinction ».

Chabot exprime la même pensée, en d'autres termes, lorsqu'il dit (6) : « Suivant l'art. 1006, lorsqu'au décès du testateur il n'y a pas d'héritiers auxquels une quotité de biens
est réservée par la loi, le légataire universel est saisi de
plein droit par la mort du testateur, sans être tenu de demander la délivrance. — Il recueille toute la succession, et
il est tenu de toutes les dettes et charges. — C'est donc un

---

(1) Toullier, t. 5, nº 491 ; Coin-Delisle, sur l'art. 1001, nº 2 ; Marcadé, sur le même article, t. 4, nº 101, p. 68 de la 5ᵉ édition ; arrêt de
la cour d'Alger du 19 février 1873 (S. 75. 2. 318).

(2) Celle du 15 décembre 1670, adressée à M. de Coulanges.

(3) M. Genreau, dans la *Revue critique de législation et de jurisprudence*, t. 7, p. 562-561.

(4) *Cours élémentaire de code civil*, t. 1, p. 493 et 497 de l'édition
de 1818.

(5) T. 2, p. 91 et 95 de l'édition de 1821 ou 1831.

(6) *Commentaire sur la loi des successions*, art. 774, nº 14.

véritable héritier, tout comme l'héritier *ab intestat*. — Il doit donc avoir également le droit, ou d'accepter la succession purement et simplement, ou de ne l'accepter que sous bénéfice d'inventaire ».

« Aujourd'hui, dit Merlin (1), le légataire universel a les mêmes droits que l'héritier institué ; mais ils ne sont saisis l'un et l'autre de l'universalité des biens du défunt que dans le cas où celui-ci n'a pas laissé d'héritiers légitimes à qui la loi réserve une quotité de ses biens ».

« Quant aux légataires universels ou héritiers testamentaires, dit Toullier (2), il faut distinguer : S'ils sont en concours avec un légitimaire, ils ne sont pas saisis, ils ne sont que des successeurs aux biens et, en cette qualité, ils ne sont tenus ni des dettes ni des legs au-dessus de la valeur des biens qu'ils ont reçus de la main de l'héritier. — Au contraire, s'il n'existe point de légitimaire, les héritiers universels sont de véritables héritiers testamentaires qui représentent la personne du défunt, et qui sont indéfiniment tenus aux dettes et aux legs, si, comme ils en ont la faculté, ils n'ont point usé du bénéfice d'inventaire. »

« D'après l'art. 1006, dit Duranton (3), lorsqu'au décès du testateur il n'y a pas d'héritiers auxquels une quotité de ses biens est réservée par la loi, le légataire universel est saisi de plein droit par la mort du testateur sans être tenu de demander la délivrance. — Au contraire, suivant l'art. 1004, lorsqu'au décès du testateur il y a des héritiers auxquels une quotité de ses biens est réservée par la loi, ces héritiers sont saisis de plein droit, par sa mort, de tous les biens de la succession, et le légataire universel est tenu de leur demander la délivrance des biens compris dans le testament. — Dans le premier cas, le légataire universel représente véritablement le défunt ; il est saisi de tous ses droits, il est assimilé à l'héritier légitime, il le remplace réellement, et par conséquent son titre doit produire, tant passivement qu'activement, les mêmes effets que le titre d'héritier légitime..... Dans le second cas, le légataire universel n'étant point saisi, il n'est réellement point le véritable représentant de la personne du défunt; ce sont les héritiers auxquels il doit s'adresser, pour obtenir la délivrance des biens formant son legs, qui sont ces représentants. Quant à lui, il succède plutôt aux biens qu'à la personne. »

« S'il n'y a pas d'héritiers à réserve, dit Demante (4), la

(1) *Répertoire*, V° *Légataire*, § 2, n° 3, *in fine*.

(2) *Droit civil français*, t. 5, n° 556.

(3) *Cours de droit civil français*, t. 7, n° 14.

(4) *Programme du cours de droit civil*, t. 2, n° 378, p. 179 de la 3e édition.

loi accorde au légataire universel la saisine qui n'appartient
ordinairement qu'aux héritiers légitimes. Nous en concluons
que le legs alors a vraiment l'effet d'une institution d'héritier. »

« Dans le cas, dit Delaporte (1), où la disposition universelle attribue la saisine légale, celui au profit duquel elle est
faite est véritablement héritier. Il en a le titre, le caractère
et tous les droits. Il en contracte toutes les obligations. Il
succède véritablement au défunt. *Sustinet personam defuncti.* »

« Quand le testateur, dit Coin-Delisle (2), a laissé des
héritiers à réserve, malgré l'universalité du titre, les droits
du légataire sont restreints, quant à leur étendue, par la réserve légale, quant à leur exercice par la saisine des héritiers légitimes : le legs universel devient donc par le fait une
donation limitée que l'héritier délivrera sur la succession ;
Donatio quædam ab herede præstanda (3). Mais quand il
n'y a pas d'héritiers à réserve, la définition de Justinien ne
convient plus au legs universel, qui est aujourd'hui une
véritable institution d'héritier et qu'on peut définir la donation par testament de tous les droits actifs et passifs du défunt. »

« A défaut d'héritiers à réserve, dit Boileux (4), le légataire universel a la saisine ; il est considéré comme héritier.
C'est lui qui représente le défunt, *sustinet personam defuncti ;* il recueille tous ses droits, entre dans tous ses
engagements. »

« Dans ce cas, dit Rogron (5), le légataire universel est le
représentant du défunt ; il a tous les droits qu'aurait un héritier légitime et conséquemment la possession elle-même,
parce qu'il succède, comme lui, à l'universalité des biens du
défunt. »

« Le légataire universel qui n'a pas la saisine, dit Mourlon (6), ne représente point le défunt ; simple successeur
aux biens, il ne paie les dettes que jusqu'à concurrence de
son émolument. »

De même Zachariæ dit (7) : « Les légataires universels en
concours avec des héritiers à réserve, et les légataires à titre
universel ne représentent pas la personne du défunt et ne
jouissent pas de la saisine..... Les légataires universels qui

(1) *Pandectes françaises,* t. 4, p. 380 de la seconde édition.
(2) *Donations et testaments,* art. 1003, n° 1.
(3) Instit. II, 20, § 1.
(4) *Commentaire sur le code civil,* t. 2, p. 275 de la seconde édition.
(5) *Code civil expliqué,* p. 663 de la 11e édition.
(6) *Répétitions écrites,* t. 2, p. 360 de la seconde édition.
(7) *Cours de droit civil,* §§ 722 et 723, t. 5, p. 416 et 421 de la traduction d'Aubry et Rau, seconde édition.

se trouvent saisis de l'hérédité en l'absence d'héritiers à réserve, représentent passivement la personne du défunt, et sont tenus des dettes et charges de la succession comme le seraient des héritiers *ab intestat.* »

« Les légataires universels, dit Troplong (1), sont de véritables héritiers faits par la volonté de l'homme, *qui in universum jus succedunt et heredis loco habentur* (2). Ils doivent donc jouir des mêmes bénéfices que les héritiers de la loi (3)...... Sous l'empire de la législation actuelle, les mots d'héritier, de légataire, ne sont plus en opposition, ainsi qu'ils l'étaient dans le droit coutumier où une barrière infranchissable séparait l'héritier du sang de celui qui ne tenait sa vocation que de la volonté de l'homme. Nous ne tenons plus en France que Dieu seul peut faire un héritier ; la volonté de l'homme peut imiter l'œuvre de Dieu ; elle peut créer un héritier à la place de l'héritier du sang.. »

« L'article 1066, dit M. Demolombe (4), nous en fournit la preuve la plus frappante ; car il accorde la saisine au léga-taire universel, à l'exclusion de l'héritier légitime qui se trouve ainsi complétement supplanté ; la vérité est que, dans ce cas, il n'y a point de succession ni d'héritier légitime ; et que manque-t-il alors à ce légataire pour être, de tout point, *un héritier institué,* que lui manque-t-il, disons-nous, si ce n'est seulement le nom qu'on ne lui donne pas ? » Aussi, lorsqu'il arrive à l'explication de l'art. 1006 (5), M. Demolombe le traduit-il ainsi : « C'est-à-dire que la sai-sine héréditaire, que l'article 724 conférait à l'héritier légi-time, est transportée sur la tête du légataire, qui s'en trouve seul investi en son lieu et place ».

Dalloz (6) dit à son tour : « Dans le cas d'absence d'héri-tier à réserve, le légataire est assimilé de tout point à un véritable héritier. Non-seulement, en effet, il a droit à l'uni-versalité des biens et on peut lui faire l'application de la maxime : *Qui in universum jus succedunt loco heridis ha-bentur* (L. 128, § 1, D. *de regulis juris*), mais il a, comme l'héritier légitime, dès le moment où s'ouvre la succession, la saisine légale de tous les biens, droits et actions dont se compose l'hérédité, sans être tenu de demander la délivrance

(1) *Donations et testaments,* t. 4, n° 1836 et 1840.

(2) Paul, l. 128, § 1, D. *de reg. jur.* ; Ulpien, l. 9, § 12, D. *de hered. instit.* ; Chabot sur l'art. 873, n° 26 ; Merlin, *Répert.,* V° *Légataire,* § 7, art. 1, n° 17 *in fine.*

(3) Arrêt de cassation du 13 août 1851 (S. 51. 1. 657).

(4) T. 13. (1 du *Traité des successions*), n° 80.

(5) T. 21 (4 du *Traité des donations entre-vifs et des testaments*), n° 559.

(6) *Répert.* à l'article *Dispositions entre-vifs et testamentaires,* n° 3689, t. 16, p. 1044.

(art. 1006 du code N.). Comment prétendre en présence d'une telle disposition, qu'il ne continue pas la personne, qu'il n'est qu'un successeur aux biens ? Le contraire est évident à nos yeux ».

Enfin Klimrath indiquait l'identité de nature de cette saisine et de celle qu'elle remplace, en disant (1) : « Le terme de *saisine* n'est plus guère employé aujourd'hui que pour désigner le droit qu'a l'héritier du sang ou l'héritier institué (le légataire universel) en concours avec de simples collatéraux, de se dire possesseur de la succession qui lui est échue, sans avoir besoin de demander l'envoi en possession par le juge, comme le successeur irrégulier, ni la délivrance par l'héritier saisi, comme les légataires à titre universel ou particulier ».

Et, remarquons-le, cette identité de nature de ces deux saisines existe tout aussi bien dans le cas des articles 1007 et 1008, c'est-à-dire dans le cas où le testament est olographe ou mystique que dans le cas où le testament résulte d'un acte public.

Ainsi Toullier (2) dit des légataires régis par l'art. 1006 : « La loi leur défère de plein droit la saisine légale, comme, à leur défaut, elle la défère aux héritiers du sang par l'art. 724. Comment donc, nier qu'ils représentent la personne du défunt ? — Ils ont cette saisine, lors même qu'ils sont institués par un testament olographe ou par un testament mystique. Seulement, en ces cas, le testament doit être présenté au président du tribunal de première instance, qui dresse procès-verbal de la présentation, de l'ouverture s'il est cacheté, et de l'état de l'acte, dont il ordonne le dépôt entre les mains d'un notaire par lui commis (art. 1007). — Après le dépôt du testament olographe ou mystique, s'il contient un legs universel, le légataire est tenu, il est vrai, de se faire envoyer en possession par une ordonnance du président, mise au bas d'une requête à laquelle est joint l'acte de dépôt (art. 1008) ; mais la nécessité de cet envoi en possession n'empêche pas la saisine de droit déférée par le code à l'héritier testamentaire ou légataire universel ».

« Les formalités qui sont prescrites aux légataires en pareil cas ne sont, dit Duranton (3), qu'affaire de pure précaution ; le titre est toujours de même nature que si le testament avait eu lieu par acte public ».

« Cette mise en possession, dit Troplong (4), n'a rien de commun avec celle que l'héritier institué était assujetti,

(1) *Travaux sur l'histoire du droit français*, t. 2, p. 339.

(2) T. 5, nos 495-497.

(3) *Loc. cit.*, t. 7, n° 14.

(4) *Loc. cit.*, t. 4, n° 1823.

par le droit romain, à demander au magistrat après que le testament avait été ouvert et déposé (1). L'obligation imposée à l'héritier institué de se faire mettre en possession des biens par le magistrat, tenait à ce que le droit romain ne connaissant pas la maxime : *le mort saisit le vif*, il fallait nécessairement que l'héritier testamentaire, quelle que fut la forme du testament, eût recours à l'autorité du juge pour avoir la possession, et qu'il en fît dresser un acte public. Comme la possession du défunt ne se continuait pas sur la tête de l'héritier (2) et que l'adition même ne la donnait pas (3), l'intervention du juge était nécessaire pour opérer la dévolution de fait ; elle était même nécessaire dans tous les cas, soit qu'il y ait ou non contradiction ; et lorsqu'il y avait contradiction, le prêteur décidait la contestation en connaissance de cause *(causa cognita)*, et après qu'elle avait été discutée en jugement (4). »

« En un mot, dit M. Demolombe (5), cette ordonnance (du président) ne constitue qu'une sorte de *visa* et de *pareatis,* dont le but est de placer le légataire universel, institué par un testament olographe ou mystique, dans la même position que le légataire universel institué par un testament public, et de l'autoriser à exercer, en vertu de sa saisine de droit, la saisine de fait, c'est-à-dire à prendre la possession effective des biens de la succession. »

Enfin dans la *Jurisprudence de la Cour d'appel de Douai,* on trouve un arrêt du 20 juillet 1850 où il est dit (t. 8, p. 418 et 419) : « Que l'envoi en possession que doit demander le légataire universel, institué par un testament olographe, *n'ajoute rien au droit de celui-ci ;* que l'obligation de recourir au juge n'a pour but que d'empêcher le légataire de prendre possession des choses léguées de son autorité privée ».

Ainsi, n'importe dans quelle forme le testament ait été fait, d'après tous les auteurs que nous venons de citer, ces termes : *être héritier* ou *avoir la saisine,* ou *représenter le défunt* ou *continuer la personne du défunt,* seraient des termes absolument synonymes.

Seulement depuis l'arrêt de cassation précité du 13 avril 1851, qui a décidé que le légataire universel en concours avec des héritiers à réserve, ou même le simple légataire à titre universel étaient tenus des dettes de la succession *ultra vires,* s'ils n'avaient pas accepté sous bénéfice d'in-

(1) Paul, *Sentent.* l. 3, tit. 5, § 17.
(2) Paul, l. 23, D. *de acquir. vel amitt. posses.* ; Furgole, *Traité des testaments,* chap. 10, n° 12.
(3) *Voët ad Pandectas,* l. 41, tit. 2, n° 18.
(4) Loi 3, C. *de edicto divi Adriani toll.* ; Furgole, *Loc. cit.,* n° 10.
(5) *Loc. cit.,* t. 21, n° 504.

ventaire, tout aussi bien que le légataire universel qui a la
saisine, on a peut-être été trop disposé à assimiler entièrement ceux-là à celui-ci.

Ainsi Troplong (1) dit des légataires dont il est question
dans les art. 1008 et 1009, c'est-à-dire du légataire universel en concours avec des héritiers à réserve : « Est-ce qu'en
pareil cas, ce légataire n'est pas un héritier utile, pour me
servir de l'expression de Laurière (2) ? Et quelle différence
essentielle et raisonnable y a-t-il entre lui, qui peut quelquefois représenter le défunt pour la grande part, et l'héritier du sang dont le testateur a pu amoindrir les avantages
autant que la loi le lui permettait ? Ne sont-ils pas tous deux
héritiers, malgré la diversité de leurs titres ? — Sans doute,
de ce que le légataire universel est obligé de demander la
délivrance, il résulte que les créanciers du défunt devront
attendre que le légataire universel ait été mis en possession
avant de le poursuivre. Mais une fois la délivrance accordée,
ces créanciers se trouveront vis-à-vis du légataire, absolument avec les mêmes droits que s'il avait été saisi d'une
autre manière, et dès les premiers moments. De telle sorte,
que peu importera que le légataire universel soit ou ne soit
pas en concours avec un héritier légitime ; dans tous les cas
il sera comme l'héritier même, il sera un héritier utile, un
véritable successeur à titre universel, ayant les mêmes
droits, et sujet aux mêmes charges ».

Cette manière de voir est également celle que semble
embrasser M. Demolombe lorsqu'il dit (3) : « Au fond des
choses quels sont les effets du legs ou de la donation (4), soit
de l'universalité, soit d'une quote-part de l'universalité des
biens du défunt ? — Voilà la grave question, la question
sérieuse et pratique. Nous y reviendrons plus tard. Qu'il
nous suffise de remarquer ici que notre code s'est attaché
à la vérité même des faits, et que tout en n'appelant pas du
nom d'*héritiers* les légataires universels et à titre universel, il a reconnu en eux des successeurs *in universum jus
defuncti*, et qu'il les a traités, en conséquence, sous beaucoup de rapports, comme s'ils étaient des héritiers : *loco
heredum* ».

Donc, il y a ici une première remarque à faire, c'est que
l'on pourrait admettre avec Troplong (5) et M. Demo-

(1) *Loc. cit.*, no 1840.

(2) *Instit. coutum.*, chap. 6, no 133 (de l'édition de Dupin et de M. Laboulaye).

(3) T. 13 (1 du *Traité des successions*), no 80.

(4) De biens à venir, ou institution contractuelle dont M. Demolombe
avait parlé dans le même numéro.

(5) *Loc. cit.*, no 1836.

tombe (1) que le légataire universel en concours avec des
héritiers à réserve, et même le simple légataire universel
sont tenus, à défaut d'acceptation sous bénéfice d'inventaire,
des dettes *ultra vires*, comme l'a décidé l'arrêt de la cour
de cassation, du 13 août 1851, ou même des legs également *ultra vires*, comme l'a jugé l'arrêt de la cour d'Angers, du 1er mai 1867 (S. 67. 2. 305), sans induire de là autre
chose sinon une nouvelle preuve de l'exactitude de ce que
nous avons établi dans notre premier paragaphe, à savoir qu'il
n'y a pas une corrélation nécessaire et inévitable entre le
paiement des dettes d'une succession et le titre de celui qui
les paie ; mais cela ne prouverait nullement que le légataire
universel, lorsqu'il n'a pas la saisine et le légataire à titre
universel qui ne l'a jamais, puissent être considérés comme
les continuateurs de la personne du défunt. Et de plus
est-il bien vrai, qu'en principe, le légataire universel en
concours avec des héritiers à réserve et le légataire à titre
universel, soient passibles *ultra vires*, des dettes et charges
de la succession du défunt ?

A notre avis, il n'y a à cet égard qu'une théorie parfaitement homogène et en tout point conforme au texte et à
l'esprit de la loi, c'est celle qui a été professée par M. Laurent dans ses *Principes de droit civil*. Sans doute cet auteur et cet ouvrage sont loin d'avoir encore acquis, en dehors de la Belgique, l'un toute la renommée et l'autre toute
l'autorité qu'ils finiront par conquérir ; mais ils sont déjà
tenus chez nous en très-haute estime par les juges compé-
tents, témoin l'éloge que leur a consacré M. Detourbet,
avocat-général à la cour d'Amiens, alors que le dernier
volume de cette importante publication venait de paraître (2),
éloge qu'il termine en disant du professeur à l'université de
Gand : « S'il ne se place pas à la tête de cette pléiade de ces
jurisconsultes français qui sont nos gloires nationales et
que nous revendiquons avec un patriotique orgueil, et
dont M. Demolombe est peut-être la personnalité la plus mar-
quante et la plus illustre, M. Laurent a du moins, de prime
abord, conquis un rang éminent à côté de ses célèbres rivaux. Comme écrivain, comme penseur, comme savant, il
les a égalés. En ajoutant ses efforts à ceux de ses rivaux, il
a évité leurs défauts et développé, ou en quelque sorte
concentré en lui, leurs qualités multiples. Son livre, remarquable entre les meilleurs, vivra autant que le code civil
dont il est le plus lumineux, le plus complet et le plus fidèle
commentaire ».

---

(1) Compar. t. 14 (2 du *Traité des successions*, nos 520-522) ; t. 15
(3 dudit *Traité*), nos 115-117 ; t. 17 (5 dudit *Traité*), nos 3 et 4, 37 et
38 ; t. 21 (4 du *Traité des donations*), nos 560, 568-574.

(2) *Gazette des tribunaux* des 22 et 24 mai 1878.

La théorie de M. Laurent sur les effets de la saisine héréditaire est bien propre à justifier cet éloge.

Mais il faut remonter plus haut pour apprécier sa théorie
à cet égard.

M. Laurent commence par justifier le maintien de la saisine dans notre législation nouvelle.

« A s'en tenir, dit-il (1), aux origines de la saisine (2), on
pourrait croire que cette fiction n'a aucun fondement rationnel. S'il en était ainsi, les auteurs du code Napoléon auraient
eu tort de la maintenir, puisque depuis 89 nous n'avons plus
à craindre les abus de la féodalité. Nous croyons que la saisine conserve sa raison d'être, même après l'abolition du
régime féodal. D'après la rigueur du droit, tel que les jurisconsultes romains l'avaient formulé, l'hérédité était vacante
tant que l'héritier n'avait pas fait l'*adition*. Que devenaient
les biens pendant la vacance ? qui les administrait ? quelles
étaient les garanties de cette gestion ? Si réellement la succession était vacante, il faudrait nommer un curateur pour
l'administrer. Mais on sait les plaintes qui se sont élevées
contre les administrateurs qui n'ont aucun intérêt à bien
gérer. N'est-il pas plus naturel de confier l'administration
à celui-là même qui est appelé à succéder, et qui, d'après le
droit français, est propriétaire de l'hérédité dès la mort du
défunt ? Le plus souvent il administrera pour lui-même parce
qu'il acceptera. Il se peut qu'il n'accepte pas ; il se peut encore qu'il y ait des enfants naturels ou des légataires non
saisis ; dans ces cas, l'héritier saisi administre pour d'autres ;
toujours est-il qu'il a intérêt à bien gérer jusqu'à ce qu'il
renonce, et dès cet instant il est dessaisi ; quant aux biens
qu'il doit délivrer aux légataires, il a encore intérêt à les
bien administrer, puisque si les legs tombent, c'est l'héritier
saisi qui en profite. Reste l'enfant naturel ; si son droit est
certain, il peut requérir des mesures conservatoires pour
garantir ses intérêts. Que si son droit est contesté, il convient que la garde et l'administration des biens qui pourront
lui revenir soient confiés à l'héritier qui est éventuellement
appelé à toute l'hérédité (3). Tel est le principe rationnel de
la saisine. »

M. Laurent examine ensuite l'ordre dans lequel la saisine
est accordée, et ici, s'il ne trouve pas tout louable, il trouve
du moins plus à louer qu'à blâmer dans la législation
actuelle.

« La loi, dit-il (4), défère la saisine dans un certain ordre.

(1) T. 9, n° 222, p. 271 et 272.

(2) Nous avons vu ci-dessus, p. 135-137, quelles étaient ces origines
d'après M. Laurent.

(3) Comparez Chabot, t. 1, sur l'art. 724, n° 10.

(4) *Loc. cit.*, n° 229, p. 279-282.

Elle l'accorde d'abord aux réservataires, quand même il y aurait un légataire universel; celui-ci est tenu de demander, dans ce cas, aux héritiers saisis la délivrance des biens compris dans le testament (art. 1004). S'il n'y a pas de réservataires, le légataire universel est saisi de préférence aux héritiers légitimes, exclus par le testateur (art. 1006). Quand il n'y a pas de légataire universel, la saisine appartient aux héritiers légitimes ; il peut arriver, dans cette hypothèse, que les héritiers du sang soient saisis, tout en étant exclus de l'hérédité : si les legs à titre universel ou à titre particulier épuisent la succession, les légataires doivent demander la délivrance aux héritiers appelés par la loi à la succession *ab intestat* (art. 1011) : ceux-ci sont donc saisis, quoiqu'ils n'aient aucune part dans l'hérédité.

« Quel est le motif de l'ordre que la loi suit dans la délation de la saisine ? Pourquoi donne-t-elle tantôt la saisine au légataire universel et tantôt la lui refuse-t-elle ? Pourquoi accorde-t-elle la saisine à des héritiers exclus par le défunt ? La plupart des auteurs ne touchent pas à ces questions, et ceux qui y répondent donnent des solutions peu satisfaisantes. Si l'héritier est saisi, dit-on, à l'encontre des successeurs irréguliers et des légataires, c'est par déférence due à l'héritier du sang; l'honnêteté publique et la bienséance exigent qu'il ne soit dépouillé qu'après avoir pu examiner le titre qui anéantit ses droits (1). Cela a été dit au Conseil d'Etat pour réclamer la saisine en faveur de l'héritier légitime contre le légataire universel; mais le système de Tronchet n'a pas été admis. C'est donc là une mauvaise justification de la loi. A notre avis, l'ordre suivi par le code dans la délation de la saisine découle du principe que nous avons posé plus haut quant à l'objet de la saisine (n° 222). Pourquoi la loi transmet-elle la possession de plein droit à certains successibles ? Elle les charge de la garde et de la conservation des biens ; elle devait donc investir de la possession ceux qui ont intérêt à bien gérer, donc ceux dont le droit est certain et qui sont appelés, au moins éventuellement, à toute l'hérédité. Tel est le principe ; nous allons voir si les auteurs du code l'appliquent logiquement.

« Il y a des réservataires et un légataire universel. La loi donne la saisine aux premiers ; pourquoi ? Parce que leur droit est certain, il est écrit dans la loi et dans leur sang ; ils ne peuvent pas en être dépouillés ; tandis que le droit du légataire est contestable, le testament pouvant être attaqué et tomber. Donc quoique les légitimaires soient, en apparence, exclus de l'hérédité, ils ont un droit incontestable sur les biens réservés et un droit éventuel sur les biens dont le testateur a disposé ; puisqu'ils peuvent être appelés à

(1) Demolombe, t. 13 (1 du *Traité des successions*), p. 198, n° 139.

tous les biens délaissés par le défunt, personne n'est plus intéressé qu'eux à les conserver. Le légataire universel n'a jamais qu'une fraction de l'hérédité quand il concourt avec des réservataires, et cette portion même il peut la perdre si le testament est annulé.

« Il y a un légataire universel et des parents légitimes non réservataires. C'est le légataire qui est saisi de préférence aux héritiers du sang. Pourquoi? Cette question a donné lieu à de vives discussions au sein du Conseil d'Etat. C'était une de celles sur lesquelles le droit romain et les coutumes étaient en complet désaccord. Dieu seul fait des héritiers, disait-on dans les pays coutumiers ; donc les parents légitimes seuls doivent être saisis de l'hérédité : institution d'héritier ne vaut. Les Romains donnaient au testament la puissance que les coutumes rapportaient à Dieu ; on en concluait, dans les pays de droit écrit, que l'héritier institué devait être saisi de préférence aux parents légitimes. Les coutumes trouvèrent des défenseurs ardents au Conseil d'Etat, Tronchet, Treilhard; le droit romain eut des défenseurs tout aussi passionnés, Portalis, Cambacérès (1). La logique des principes était pour les premiers. Qui doit avoir la garde de la succession ? Celui dont les droits sont incontestables ; or, le légataire universel n'a de droit qu'en vertu d'un testament qui peut tomber. Cela était décisif. On transigea et, comme d'habitude, la transaction aboutit à une inconséquence. Si le légataire universel a la saisine quand il y a des héritiers du sang, pourquoi ne l'a-t-il pas quand il concourt avec des réservataires, au moins concurremment avec eux ? Que s'il n'est pas saisi à cause de l'incertitude de son droit lorsqu'il y a des réservataires, il doit aussi être exclu de la saisine quand il y a des héritiers du sang. Sans doute le droit des réservataires est plus fort, le testateur ne peut pas les dépouiller, tandis qu'il peut exclure ses parents non réservataires. Mais cela n'a rien de commun avec la question de la saisine ; ce n'est pas le testateur qui en dispose, c'est la loi.

« Reste la dernière hypothèse. Le testateur a épuisé sa succession en legs à titre universel et à titre particulier ; les héritiers du sang sont exclus, et néanmoins ils ont la saisine. Cela est très-logique. Le droit des légataires est toujours incertain. De plus, dans l'espèce, aucun des légataires n'est intéressé à la conservation de l'hérédité entière. Supposez qu'il y ait un légataire des meubles et un légataire des immeubles, chacun n'est intéressé à conserver que les biens qui lui ont été légués; jamais le légataire des meubles ne pourra avoir droit à un immeuble, et le légataire des immeu-

(1) Séance du 25 frimaire an XI, n° 91, et séance du 27 ventose, n° 2 (Locré, t. 5, p. 46, 209 et suiv.).

bles ne recueillera jamais un objet mobilier. Tandis que les
héritiers du sang, quoique étant exclus, ont un droit éventuel sur l'hérédité tout entière ; si l'un des legs ou tous les
deux viennent à tomber, ce sont eux qui en profitent. Cela
est décisif. »

Ailleurs (1) M. Laurent dit : « Quand le légataire universel a la saisine, il est assimilé à l'héritier légitime, et
quant aux droits et quant aux obligations. Il faut donc appliquer au légataire saisi ce que nous avons dit au titre des
successions (t. 9, nᵒˢ 223-228) des effets de la saisine. Il
n'y a d'exception que pour l'obligation que la loi impose aux
héritiers légitimes de rapporter les libéralités qui leur ont
été faites ; les légataires entre eux ne sont pas tenus au
rapport ; le rapport est fondé sur la volonté présumée du
défunt ; or, il ne peut plus être question de volonté présumée quand le défunt a manifesté sa volonté. Du reste, l'obligation du rapport n'a rien de commun avec la saisine ».

M. Laurent examine ensuite comment les légataires sont
tenus des dettes, et ici encore, malgré l'étendue des déve-
loppements dans lesquels il entre, nous le citerons textuellement et intégralement ; non-seulement parce qu'il y a plaisir à citer un auteur dont le jugement est si sûr, la logique
si concluante et l'enchaînement des idées si solidement
correct, mais encore et surtout parce que nous pourrions
craindre d'altérer sa pensée et la résumant et d'affaiblir sa
théorie en nous bornant à l'analyser.

« La question, dit-il (2), est de savoir si les légataires
universels et à titre universel sont tenus des dettes *ultra
vires,* ou seulement jusqu'à concurrence des biens qu'ils
recueillent. Lorsque les légataires universels sont en
concours avec des héritiers non réservataires, il n'y a aucun
doute ; ils sont assimilés aux héritiers légitimes ; l'art. 1006
dit qu'ils sont saisis de plein droit par la mort du testateur,
de même que l'art. 724 dit des héritiers légitimes qu'ils sont
saisis de plein droit des biens, droits et actions du défunt.
Or la saisine est l'expression du lien personnel que l'hérédité établit entre le successeur saisi et le défunt ; ils ne font
qu'un, à ce point qu'il se fait une confusion de personnes
et de biens ; la conséquence en est que le successeur saisi
doit être tenu des dettes comme en était tenu le défunt,
c'est-à-dire indéfiniment ; c'est en ce sens que l'article 724
dit que les héritiers légitimes sont saisis sous la condition
d'acquitter *toutes les charges de la succession.* Telle est la
disposition sur laquelle se fonde l'obligation qui incombe
aux héritiers de payer les dettes *ultra vires.* La même disposition est applicable au légataire universel qui a la sai-

(1) T. 14, nᵒ 12, p. 15.
(2) T. 14, nᵒˢ 100-101, p. 100-110.

sine, puisque les termes de l'article 1006 sont ceux de l'article 724. Qu'importe que l'article 1006 n'ajoute point la condition du paiement de *toutes les charges?* Cette condition est une conséquence de la saisine. Dire que le légataire est saisi, c'est dire qu'il est tenu des dettes comme le sont les héritiers saisis. Cela est aussi en harmonie avec l'esprit de la loi. L'article 1006 est une transaction entre le droit écrit et le droit coutumier, il met l'héritier testamentaire sur la même ligne que l'héritier légitime, en lui accordant la saisine ; il doit aussi lui imposer la charge attachée à la saisine. Cela n'est pas douteux (1).

« Quand le légataire universel est en concours avec des héritiers réservataires, il n'a pas la saisine ; en faut-il conclure qu'il n'est pas tenu *ultra vires?* La question est la même pour le légataire à titre universel, lequel n'est jamais saisi ; l'article 1012 l'assimile au légataire universel : est-ce à dire qu'il ne soit pas tenu *ultra vires?* Nous croyons que les légataires non saisis ne sont tenus des dettes que jusqu'à concurrence de la valeur des biens qu'ils recueillent ; cela est cependant très-controversé ; la cour de cassation s'est prononcée pour l'opinion contraire et les auteurs sont divisés.

« Nous puisons notre motif de décider dans le texte et dans l'esprit de la loi. Il n'y a qu'un seul article dans le code civil qui oblige les successeurs du défunt à l'obligation, dont était tenu le défunt lui-même, de payer les dettes indéfiniment, c'est-à-dire de payer toute la dette, quand même le passif excéderait l'actif : c'est l'article 724. C'est en vertu de cette disposition que les héritiers légitimes sont tenus *ultra vires.* C'est en vertu de la même disposition que les légataires universels doivent payer les dettes *ultra vires* lorsqu'ils sont assimilés aux héritiers légitimes. Pourquoi les héritiers légitimes et testamentaires sont-ils obligés indéfiniment ? L'article 724 le dit, c'est une *condition* attachée à la *saisine.* Le principe est donc que le successeur est tenu *ultra vires* lorsqu'il est *saisi.* De là suit que les successeurs qui n'ont pas la saisine ne sont point tenus *ultra vires.* L'article 724 le dit encore implicitement, en ajoutant que les successeurs irréguliers ne sont pas saisis, qu'ils doivent se faire envoyer en possession ; il ne dit point que c'est à condition de payer toutes les charges. D'où l'on conclut qu'ils ne doivent payer les dettes que jusqu'à concurrence de leur émolument. Le principe est donc que les successeurs non saisis ne sont point tenus *ultra vires* (2).

« Tel est le texte. L'esprit de la loi conduit à la même conclusion. Pourquoi la saisine a-t-elle pour conséquence

---

(1) Duranton, t. 7, n° 14, et tous les auteurs.
(2) Voyez le tome 11 de mes *Principes*, p. 61, n° 56.

l'obligation des héritiers saisis de payer les dettes *ultra vires ?* En principe, le débiteur est obligé indéfiniment, car c'est sa personne qu'il oblige ; ses biens ne sont engagés qu'à titre d'accessoire, et la personne reste tenue, en vertu de l'obligation qu'elle a contractée, jusqu'à l'entière extinction de la dette. Si le débiteur meurt, quelle sera l'obligation de ses successeurs ? Dans la théorie du code que nous venons de résumer, on distingue : les successeurs qui ont la saisine sont tenus *ultra vires,* tandis que les successeurs non saisis ne sont tenus que jusqu'à concurrence de la valeur des biens qu'ils recueillent. Quel rapport y a-t-il entre la saisine et l'obligation illimitée du paiement des dettes ? On a prétendu qu'il n'y en avait aucun. Peu importe, dit-on, comment les successeurs acquièrent la possession, que ce soit de plein droit en vertu de la loi, ou par suite d'une demande en délivrance, ou par sentence du juge ; l'effet est le même, le successeur possède dans un cas comme dans l'autre, il n'y a donc aucune raison d'attacher des conséquences différentes à l'acquisition de la possession, selon que le successeur est saisi ou n'est pas saisi (1). L'objection prouve que les interprètes modernes ne comprennent plus le sens profond de la saisine coutumière. On suppose que la saisine n'est autre chose que la possession, tandis que la possession n'est que la marque extérieure du lien qui unit l'héritier au défunt ; les deux personnes n'en font qu'une ; l'héritier se confond avec son auteur ; dans l'origine ils étaient copropriétaires. A ce point de vue l'on comprend que l'héritier soit tenu comme l'était le défunt, car il est censé s'être obligé avec lui. Mais cette théorie ne reçoit d'application qu'aux héritiers du sang, elle est étrangère aux héritiers de l'homme. Dans le système des coutumes, il n'y a point d'héritier de l'homme, il peut faire des légataires, Dieu seul fait les héritiers. Aussi les légataires, fussent-ils universels, n'avaient jamais la saisine, et par suite ils n'étaient point tenus indéfiniment des dettes de la succession. Pothier le dit à une époque où les origines historiques de la saisine étaient déjà oubliées, mais le principe qui en découle était encore vivace : « Les légataires universels ne sont tenus des « dettes que jusqu'à concurrence des biens auxquels ils suc- « cèdent ; ils peuvent en les abandonnant se décharger des « dettes. La raison en est qu'ils ne succèdent pas à la per- « sonne du défunt, mais seulement à ses biens ; ils ne sont « tenus des dettes que parce qu'elles sont une charge des « biens ; ils n'en sont point débiteurs personnels (2). » La jurisprudence était en ce sens ; elle décidait que les léga-

(1) Voyez la note du *Recueil périodique* de Dalloz, 1851, t. 281.
(2) *Traité des successions*, chap. 5, art. 3, § 1 (dernier alinéa) ; *Introduction au titre XVI de la coutume d'Orléans*, nº 120 (3e alinéa).

taires ne devaient pas accepter sous bénéfice d'inventaire, ce
bénéfice n'étant introduit qu'en faveur des héritiers qui sont
tenus des dettes indéfiniment (1). La tradition est donc d'accord avec le texte et avec l'esprit du code. Quand le légataire universel est en concours avec les héritiers réservataires, lequel de ces successeurs succède à la personne ?
celui qui est saisi, donc le réservataire ; le légataire ne succède qu'aux biens ; voilà pourquoi il doit en demander la
délivrance à l'héritier saisi. A plus forte raison doit-il en
être ainsi des légataires à titre universel ; simples successeurs aux biens, ils ne peuvent être tenus des dettes que
jusqu'à concurrence de ces biens (2).

« La cour de cassation dit (3) qu'il faut laisser de côté le
droit ancien, parce que l'intention manifeste du législateur
a été de modifier les anciens principes, tant du droit écrit
que du droit coutumier, et de ne laisser subsister, *si ce n'est
quant à la saisine légale*, aucune différence entre les diverses personnes qui succèdent à titre universel, ou par le
vœu de la loi, ou par la volonté de l'homme. *Si ce n'est quant
à la saisine légale !* Il y a donc une différence entre les
divers successeurs ; les uns sont saisis, tandis que les
autres ne le sont pas. Et cette différence n'est-elle pas essentielle, décisive, en ce qui concerne l'obligation du paiement
des dettes ? Chose singulière, la cour de cassation ne la
mentionne qu'incidemment et comme en passant, elle n'y
revient plus, elle ne cite pas même l'article 724, et c'est cependant cet article qui est le siège de la matière, la loi considérant l'obligation illimitée du paiement des dettes comme
une condition, ou, si l'on veut, comme une conséquence
de la saisine. La question historique est donc celle-ci : les
auteurs du code ont-ils modifié le principe de l'ancien droit
qui distingue entre les successeurs aux biens et les successeurs à la personne ? Ils l'ont formulée, au contraire, dans
l'article 724, qui distingue nettement entre les héritiers
saisis, successeurs à la personne, tenus comme tels *ultra
vires*, et les enfants naturels, le conjoint survivant et l'Etat,
successeurs aux biens, non saisis et tenus seulement à
raison des biens auxquels ils succèdent, et jusqu'à concurrence de ces biens. Est-ce que, au titre des *Donations et
Testaments*, le législateur établirait par hasard un autre
principe ?

---

(1) Merlin, *Répertoire*, au mot *Légataire*, § 7, art. 1, n° 13, t. 16,
p. 495 (de l'édition de Bruxelles ou t. 6, p. 811 de la 4ᵉ édition de
Paris).

(2) Aubry et Rau, t. 6, p. 121, notes 3 et 4, § 723, et les auteurs en
ce sens qu'ils citent. Il faut ajouter Demolombe, t. 15 (3 du *Traité des
successions*), nᵒˢ 115 et suiv. Comparez Dalloz, nᵒˢ 3680 et suiv. (t. 16
de son *Répertoire*, à l'article des *Dispositions entre-vifs et testamentaires*).

(3) Arrêt du 13 août 1851 (Dalloz, 1851. 1. 283).

« La cour dit que l'assimilation entre les successeurs à titre
universel, malgré les différences de dénomination, résulte
de l'article 1002, qui ne subordonne pas les effets des dispositions testamentaires, universelles ou à titre universel, à
leurs dénominations d'*institution d'héritier* ou de *legs*.
Oui, dans notre droit moderne, à la différence de l'ancien
droit, le testateur peut indifféremment disposer sous telle
dénomination qu'il veut ; est-ce à dire qu'il n'y ait aucune
différence entre les diverses dispositions testamentaires ?
L'article 1002 ne dit pas cela, il dit tout le contraire, car il
ajoute : « Chacune de ces dispositions produira son effet
« suivant les règles ci-après établies pour les *legs univer-*
« *sels*, pour les *legs à titre universel* et pour les *legs*
« *particuliers* ». Donc il y a des différences ; il y en a surtout une qui est considérable, c'est qu'il y a des légataires
saisis, il y en a d'autres qui ne le sont pas ; il y a des légataires tenus des dettes, il y en a d'autres qui n'en sont pas
tenus. La loi n'assimile donc pas et ne confond pas toutes
les dispositions testamentaires. Tel n'est pas l'objet de l'article 1002, et tel n'est pas son sens ; cela est si évident qu'il
est inutile d'insister. Voilà déjà un premier article qui ne
dit pas ce que la cour de cassation lui fait dire.

« La cour dit que l'assimilation entre les successeurs à
titre universel résulte spécialement et en *termes exprès*, en
ce qui concerne l'assujettissement aux dettes et charges de
la succession, du rapprochement de l'article 1017 et des
articles 873, 1009 et 1012. Que dit l'article 1017 ? « Les
« héritiers du testateur et autres *débiteurs* d'un *legs* seront
« *personnellement* tenus de l'acquitter, chacun au *prorata*
« de la part de portion *dont ils profiteront dans la succes-*
« *sion.* » La cour voit dans ces termes une *restriction* de
l'obligation des héritiers et légataires tenus du paiement des
legs, l'obligation étant limitée au *profit* que les héritiers et
légataires retirent de la succession à raison de la part qu'ils
y prennent. Est-ce bien là le but et la signification de l'article 1017 ? Il y a un second alinéa que la cour néglige et qui
explique le premier : « Les héritiers et autres débiteurs d'un
« legs en sont tenus hypothécairement *pour le tout* jusqu'à
« concurrence de la valeur des immeubles de la succession
« dont ils seront détenteurs ». Le but de l'article 1017 est
donc de donner aux légataires contre les débiteurs du legs
une action personnelle et une action hypothécaire ; celle-ci
s'exerce pour le tout, celle-là se divise entre les divers débiteurs ; et d'après quel principe ? d'après le principe du
droit commun qui divise les dettes et charges de la succession entre les divers successeurs, à raison de la part
qu'ils prennent dans la succession. Où donc est la *restriction ?* Dans le mot *profiter ?* Il est synonyme de *prendre*,
il ne signifie certes pas que les débiteurs d'un legs ne se-

raient tenus que jusqu'à concurrence de leur émolument. Nous reviendrons sur ce point en traitant du paiement des dettes. Les divers débiteurs d'un legs en sont tenus différemment selon leurs titres, comme ils sont tenus différemment des dettes.

« Quant aux articles 873, 1007 et 1012, la cour, par opposition avec l'article 1017, leur fait dire que le légataire universel en concours avec un héritier à réserve et le légataire à titre universel sont *sans restriction, tout comme les héritiers eux-mêmes*, tenus des dettes et charges de la succession, *personnellement pour leur part et portion* et hypothécairement pour le tout. De là, la cour conclut que tous les successeurs à titre universel sont tenus des dettes indistinctement *ultra vires*. L'article 873 dit, en effet, que les héritiers, *ab intestat*, sont tenus des dettes à charges de la succession, personnellement pour leur part et portion et hypothécairement pour le tout. Et les articles 1009 et 1012 disent la même chose du légataire universel qui est en concours avec un héritier à réserve et du légataire à titre universel. Voilà l'assimilation en termes exprès dont la cour vient de parler. Oui, mais il faut voir sur quoi porte l'assimilation. Dans le système de la cour, l'article 873 voudrait dire que les héritiers sont tenus indéfiniment, ou *ultra vires*, des dettes et charges de la succession. C'est faire dire à la loi ce qu'elle ne dit pas et ce qu'elle n'avait pas pour objet de décider. L'article 873 contient deux dispositions. La première règle la part pour laquelle les héritiers sont tenus à l'égard des créanciers; ils sont tenus personnellement pour leur part et portion *virile*, dit la loi. L'expression *virile* est incorrecte, tout le monde en convient; la loi veut dire que les héritiers sont tenus à l'égard des créanciers, en vertu de l'action personnelle, à raison de leur part héréditaire et hypothécairement pour le tout. La seconde disposition de l'article 873 donne aux héritiers un recours contre les légataires universels et contre leurs cohéritiers, lorsque la part pour laquelle ils sont tenus à l'égard des créanciers excède leur part contributoire à l'égard de leur cosuccesseurs. Nous avons expliqué ces distinctions au titre des *Successions* (1). Elles concernent la division de l'obligation du paiement des dettes entre les successeurs; elles sont complétement étrangères à l'étendue de cette obligation. Cela est si vrai que l'article 873 reçoit son application aux héritiers bénéficiaires, aussi bien qu'aux héritiers purs et simples. Quant à l'étendue de l'obligation, l'article 873 n'en dit pas un mot, et pour une excellente raison, c'est que le législateur l'avait déjà dit dans d'autres articles. Quelle est la disposition qui oblige à payer les dettes *ultra vires*? Nous

(1) Voyez le t. II de mes *Principes*, p. 92, n° 79.

le répétons ; il n'y en a qu'une seule, c'est l'article 724, auquel l'article 802 déroge, lorsque la succession est acceptée sous bénéfice d'inventaire. Ces articles, qui sont le siége de la matière, qui décident la question, la cour de cassation ne les cite pas !

« La cour insiste sur l'obligation *personnelle* dont sont tenus tous les successeurs à titre universel, aux termes des articles que nous venons de citer. Il est vrai que les légataires sont tenus *personnellement* des dettes et charges, cela veut-il dire qu'ils en soient tenus indéfiniment ? Non certes ; car l'héritier bénéficiaire est aussi tenu personnellement, et les successeurs irréguliers ont la même obligation, mais, à la différence des héritiers légitimes qui acceptent purement et simplement la succession, les uns sont tenus jusqu'à concurrence des biens qu'ils recueillent, tandis que les autres sont tenus *ultra vires*. Cela dépend avant tout du titre du successeur et de la manière dont il accepte l'hérédité. La cour de cassation le nie : qu'importe, dit-elle, que l'héritier soit saisi par la loi, tandis que le légataire universel en concours avec des réservataires n'est saisi que par la délivrance ? Nous répondons que c'est effacer l'article 724 que la cour s'obstine à ne pas citer, tout en y faisant allusion. Cet article tient, au contraire, grand compte de la saisine, à ce point qu'il en fait dépendre l'obligation illimitée du paiement des dettes. Est-ce à tort ou à raison ? Cela ne regarde pas l'interprète ; il ne fait pas la loi, il l'explique.

« Au système du code tel qu'il est formulé par l'article 724, la cour de cassation substitue une autre théorie : celle de la confusion des biens du défunt avec les biens du successeur. Cette confusion s'opère pour tout successeur universel, et elle a pour effet de réunir entre ses mains et de confondre avec ses propres droits actifs ou passifs les droits actifs ou passifs du défunt. Ce qui aboutit à la conséquence que si le successeur n'empêche pas cette confusion par une acceptation bénéficiaire, il sera tenu des dettes comme en était tenu le défunt. Nous nions que ce soit le principe du code civil. Au titre des *successions*, nous croyons avoir établi que la confusion des patrimoines est une conséquence de la confusion des personnes, c'est-à-dire que les biens du défunt se confondent avec les biens du successeur quand celui-ci succède à la personne ; or, dans la théorie du code, il n'y a que les successeurs saisis qui continuent la personne du défunt ; la confusion des personnes et des patrimoines est donc une conséquence de la saisine ; là où il n'y a pas de saisine, le successeur est un simple successeur aux biens. De là la conséquence que le successeur saisi, continuant la personne du défunt, est tenu des dettes comme le défunt en était tenu ; tandis que le successeur non saisi succède aux

biens et n'est tenu des dettes qu'à raison des biens, c'est-
à-dire jusqu'à concurrence des biens qu'il recueille.

« Nous avons exposé le système du code sans le justifier.
On prétend qu'il est irrationnel. Ceux qui lui font ce reproche disent que la saisine, telle que nous l'interprétons, ne
saurait avoir les effets considérables qui en résultent, dans
notre opinion (1). Conçoit-on qu'un légataire universel soit
tenu *ultra vires*, ou jusqu'à concurrence de son émolument,
suivant qu'il est saisi ou qu'il ne l'est pas ? Qu'il acquière la
possession en vertu de la loi ou en vertu de la délivrance,
qu'importe ? dit-on. Il y a, en effet, une anomalie dans le
code, elle résulte de la transaction qui a donné la saisine au
légataire universel quand il n'est pas en concours avec des
héritiers à réserve, et qui la lui refuse quand il y a un héritier réservataire. On ne doit pas chercher la logique dans
les transactions, puisque leur objet est de sacrifier une partie
du droit. Pour apprécier la théorie de la saisine, il faut la
prendre telle qu'elle existait dans nos coutumes. L'héritier
du sang est seul saisi et seul tenu *ultra vires* ; le légataire,
fut-il universel, n'est qu'un successeur aux biens et tenu
seulement jusqu'à concurrence de ces biens. Cela est ab-
surde, dit-on ; la loi veut favoriser, honorer l'héritier du
sang, et la faveur aboutit à l'obliger indéfiniment au paiement des dettes ! tandis que le successeur non saisi, moins
honoré, ne supportera les dettes que jusqu'à concurrence de
son émolument (2). Voilà une objection que l'on n'aurait pas
comprise à l'époque où la saisine s'est introduite dans nos
mœurs. On plaçait alors l'honneur et la solidarité du sang
au-dessus de l'intérêt pécuniaire. L'héritier ne faisait qu'un
avec le défunt, parce que le même sang coulait dans ses
veines. Si noblesse oblige, le sang a aussi ses devoirs, et le
premier de tous c'est le devoir d'acquitter les engagements
du défunt, quand même ils dépasseraient le montant de ses
biens. L'héritier est tenu, non à raison des biens qu'il recueille, mais parce qu'il continue la personne du défunt.
Voilà le sens de la confusion des personnes dont la confusion des patrimoines n'est qu'une conséquence. Rien de plus
moral tout ensemble et de plus juridique. Peut-on en dire
autant du légataire ? Non, car il n'est pas l'héritier du sang ;
il n'y a pas chez lui cette solidarité d'honneur et de devoirs
qui existe chez les membres de la famille. C'est un étranger
qui recueille des biens, donc il ne doit être tenu des dettes
que jusqu'à concurrence des biens qu'il reçoit. Veut-on
répudier la saisine, il faut être logique : la conséquence sera,
non que tous les successeurs soient tenus indéfiniment des

(1) Bayle-Mouillard sur Grenier, t. 2, 733 et suiv., note.

(2) Dalloz, *Recueil périodique*, 1851. 1. 221, note.

dettes et charges, mais qu'aucun successeur ne soit tenu au-delà de son émolument.

« Dans notre opinion, les légataires à titre universel ne sont jamais tenus des dettes que jusqu'à concurrence des biens qu'ils recueillent ; et il en est de même des légataires universels qui sont en concours avec des héritiers à réserve. Ils ne sont pas obligés d'accepter sous bénéfice d'inventaire ; ce bénéfice est étranger à ceux qui ne sont que successeurs aux biens. L'application du principe soulève une difficulté très-grave. Comment constatera-t-on la consistance et la valeur des biens qui forment le gage des créanciers ? Faut-il que les successeurs fassent inventaire ? On admet, en général, l'affirmative, et l'on en conclut qu'ils seront tenus indéfiniment s'ils négligent cette formalité (1). Dans l'ancien droit, la question était déjà controversée ; Ricard enseignait que les légataires n'étaient pas tenus *ultra vires* pour n'avoir point fait inventaire, et nous croyons avec Merlin (2) qu'il a raison. Aucune loi n'oblige les légataires non saisis à faire inventaire ; aucune loi ne les soumet à une peine quelconque pour avoir négligé cette mesure de prudence. Ce serait donc créer une obligation et une peine que de les déclarer tenus *ultra vires*, pour n'avoir pas rempli une formalité que la loi ne leur impose pas. Nous convenons qu'il y a une lacune dans le code ; mais dans le silence de la loi, il faut appliquer les principes généraux. Or, ces principes ne sont pas douteux ; c'est aux créanciers qui poursuivent le légataire à établir le montant de l'émolument jusqu'à concurrence duquel ils ont action contre lui, car ils sont demandeurs. Comme il n'a pas dépendu d'eux de se procurer une preuve littérale, ils pourront prouver la consistance et la valeur du mobilier par témoins. Ici les principes généraux s'arrêtent. Au-delà tout est arbitraire. »

Après avoir déterminé comment les légataires sont tenus des dettes, M. Laurent examine comment sont tenus des legs les divers successeurs du défunt, en s'occupant d'abord des héritiers légitimes, puis des légataires universels saisis ou non saisis et enfin des légataires à titre universel (3), en ces termes :

« Nous l'avons dit et répété, il n'y a qu'une disposition dans le code qui impose aux héritiers l'obligation illimitée du paiement des dettes, c'est l'article 724, et cet article étend la même obligation aux *charges*. La solution de la difficulté dépend du sens que l'on attache à ce mot. Que, dans son acception la plus générale, il comprenne les legs,

(1) Aubry et Rau, t. 6, p. 173, note 4, § 723.
(2) *Répertoire*, au mot *Légataire*, § 7, art. 1, n° 14.
(3) *Loc. cit.*, t. 14, n°s 108-114, p. 113-120.

cela est certain ; nous venons de dire (1) que la loi considère les legs comme une charge de l'hérédité. Il est vrai
qu'il y a d'autres articles dans lesquels le mot *charges* a un
sens plus restreint qui exclut les legs ; tel est l'article 1009.
Reste à savoir si l'article 724 emploie le mot *charges* dans
son acception la plus large, ou dans son sens restreint. Le
sens et l'esprit de la loi répondent à cette question. Il n'y a
pas un mot dans le texte qui restreigne le sens général du
mot *charges ;* cela est décisif ; car quand le texte est clair,
il faut s'y tenir, et quand il est général, il n'est pas permis
de distinguer.

« On invoque l'esprit de la loi. Il y a une différence,
dit-on, entre les dettes et les legs ; le défunt était débiteur
des dettes qu'il a contractées, et débiteur illimité ; donc ses
héritiers doivent aussi être tenus indéfiniment, puisqu'ils
prennent sa place et ne font qu'un avec lui. Mais il n'est pas
débiteur des legs qu'il fait, car ces legs ne s'ouvrent qu'à sa
mort. Qu'est-ce que les legs ? Une délibation de la succession ; l'héritier prend la succession déduction faite des legs,
mais si les legs dépassent l'actif héréditaire, on ne voit pas
en vertu de quel principe l'héritier en serait tenu. Nous
répondons (2) que l'objection ne tient aucun compte de la
théorie de la saisine : l'héritier saisi ne fait qu'un avec le
défunt, la volonté du défunt est la sienne ; s'il a disposé
par acte de dernière volonté au-delà des forces de son patrimoine, l'héritier doit respecter ces dispositions, c'est une
charge que le testateur lui impose, libre à l'héritier de
ne pas l'accepter ; il peut répudier la succession, il peut
l'accepter sous bénéfice d'inventaire ; il ne sera-tenu des
dettes que jusqu'à concurrence de son émolument, ou il
sera censé n'avoir jamais été héritier. Mais s'il accepte purement et simplement, il est le représentant du défunt, il
continue sa personne ; on ne conçoit pas qu'il divise sa
personnalité et qu'il prétende représenter le défunt quant
aux dettes et de ne pas le représenter quant aux legs. Si
l'on trouve cette théorie excessive, il faut la changer pour
le tout, déclarer que l'héritier ne sera tenu qu'à raison des
biens qu'il recueille et appliquer ce principe aux dettes aussi
bien qu'aux legs. Mais tant que l'article 724 existera, on doit
l'appliquer aux legs comme aux dettes. Vainement objecte-
t-on l'article 802 qui ne parle que des dettes pour en conclure que le bénéfice d'inventaire ne s'applique qu'aux
dettes, ce qui suppose que l'héritier n'est jamais tenu des
legs que jusqu'à concurrence de son émolument. On répond
que le mot *dettes* dans l'article 802 comprend les legs ; ce

---

(1) No 107. Voir aussi nos 83 et 96.

(2) Notre opinion est celle qui est généralement suivie. Voyez les
auteurs cités par Dalloz, *Recueil périodique*, 1864, 2. 118 (note).

qui le prouve, c'est que le code traite du paiement des legs aussi bien que du paiement des dettes dans le chapitre du *Bénéfice d'inventaire.* Et quand la succession est acceptée purement et simplement, il donne aussi aux légataires le même droit qu'aux créanciers, celui de demander la séparation des patrimoines. On trouve donc partout et toujours l'assimilation des dettes et des legs. C'est faire un nouveau code civil que de distinguer là où le code ne distingue pas.

« Nous n'avons pas cité à l'appui de notre opinion, l'article 783 que l'on invoque d'habitude (1). Au titre des *Successions,* nous avons expliqué cette disposition anormale; à notre avis, elle n'a rien de commun avec la difficulté que nous venons d'examiner.

« Quand les légataires universels ont la saisine, ils sont tenus des dettes et charges comme les héritiers légitimes (2). Il n'y a point de texte qui les oblige à payer les legs, comme il n'y en a pas qui les oblige à payer les dettes. C'est parce qu'ils sont saisis qu'ils sont tenus de l'une et l'autre obligation. Assimilés entièrement aux héritiers légitimes, les héritiers testamentaires ont les mêmes obligations comme ils ont les mêmes droits. Il suit de là que les légataires universels qui ne sont pas en concours avec des héritiers à réserve doivent acquitter les legs *ultra vires;* ils n'ont qu'un moyen de se soustraire à cette obligation illimitée, c'est d'accepter la succession sous bénéfice d'inventaire. Cela est de doctrine et de jurisprudence (3) ».

M. Laurent passe ensuite au cas où le légataire universel ne se trouve pas en concours avec des héritiers à réserve, cas qui est réglementé par l'art. 1009.

« On a critiqué, dit-il, la rédaction de cette disposition qui suppose que le légataire universel en concours avec un réservataire doit supporter tous les legs, tandis que c'est précisément dans ce cas qu'il y a lieu à la réduction des legs, puisque la réserve est absorbée par l'institution d'un légataire universel ; or, quand le réservataire agit en réduction, tous les legs sont réduits proportionnellement, comme l'article 1009 lui-même le rappelle, et partant le légataire universel n'est pas tenu de les acquitter dans leur intégralité (4).

(1) Duranton, t. 6, n° 462.

(2) M. Laurent renvoie ici au n° 87 du même volume où appréciant, comme nous l'avons fait nous-même ce qui se passa au Conseil d'Etat lors de la discussion du projet de code civil, il dit que « la transaction dont l'article 1006 est l'expression, avait pour objet de mettre l'héritier de l'homme sur la même ligne que l'héritier de la loi ».

(3) Demolombe, t. 21, n° 571; Dalloz, n° 3688 et les auteurs qu'ils citent; arrêt de la cour de Poitiers du 16 mars 1851 (Dalloz, 1851, 2, 117).

(4) Duranton, t. 9, n° 205.

« La disposition s'explique par la tradition. Si la loi dit
que le légataire universel est tenu d'acquitter *tous* les legs,
c'est pour marquer qu'il ne peut plus retenir une certaine
quotité de biens, comme il en avait le droit dans les pays
régis par les lois romaines ; l'héritier testamentaire y devait
avoir le quart franc de l'hérédité, toutes dettes déduites :
c'est ce qu'on appelait la *quarte falcidie*. Cette réduction,
que l'on imposait aux légataires particuliers dans l'intérêt de
l'héritier testamentaire, n'était pas admise par les coutumes.
Le code a suivi les principes du droit coutumier. Ces principes sont plus rationnels. C'est au testateur à disposer de
ses biens comme il l'entend ; s'il lui convient d'épuiser son
patrimoine en legs particuliers, de sorte qu'il ne reste rien
au légataire universel, il en a le droit, sauf au légataire à
répudier le legs quand il ne lui procure aucun avantage...

« Le légataire universel est-il tenu des legs *ultra vires* ?
Si l'on admet, avec la cour de cassation, que les successeurs
universels sont tenus indéfiniment des dettes et charges,
il faut en conclure que le légataire universel devra, dans le
cas de l'article 1009, comme dans le cas de l'article 1006,
acquitter les dettes et les charges *ultra vires*, sauf la distinction que la loi établit entre les dettes et les legs, comme
nous allons le dire (1). Dans notre opinion, le légataire universel non saisi, n'étant qu'un successeur aux biens, n'est
tenu des dettes et des legs que jusqu'à concurrence de la
valeur des biens qui recueille (n° 101).

« L'article 1009 établit une différence entre les dettes et
les legs ; les dettes sont supportées par le réservataire et par
le légataire, chacun étant tenu à raison de la part qu'il prend
dans l'hérédité ; les legs au contraire sont acquittés par le
légataire seul ; le réservataire n'en peut être tenu, puisque
la réserve ne peut jamais être entamée par les libéralités du
défunt. Dans l'espèce, la réserve est absorbée par le legs
universel ; le réservataire agit donc en réduction des legs ;
après que la réduction est opérée, le légataire universel
paiera les legs réduits jusqu'à concurrence des biens qui lui
restent...

« L'article 1012 assimile le légataire à titre universel au
légataire universel en ce qui concerne les dettes et charges
de la succession. Il s'agit, bien entendu, du légataire universel non saisi, car on ne peut pas assimiler le légataire à
titre universel au légataire saisi, puisque le premier n'a
jamais la saisine. L'assimilation exacte quant aux dettes, ne
l'est pas quant aux legs. Aux termes de l'article 1009, le
légataire universel non saisi est seul tenu des legs ; on ne
peut pas en dire autant des légataires à titre universel, car

(1) Grenier, *Traité des donations*, etc., n° 313.

ils ne prennent pas nécessairement toute l'hérédité, comme le fait le légataire universel. De plus ils peuvent se trouver en concours avec des héritiers non réservataires ; tandis que le légataire universel exclut les héritiers qui n'ont pas de réserve. Il y a donc diverses distinctions à faire pour les légataires à titre universel. La règle générale est établie par les articles 1012 et 1017. Aux termes de l'article 1012, le légataire à titre universel est tenu des charges de la succession personnellement pour sa part et portion, hypothécairement pour le tout. L'article 1017 reproduit cette règle pour tous les débiteurs de legs ; ils sont tenus de les acquitter, chacun au prorata de la part et portion dont ils profitent dans la succession. Pour l'application du principe, il faut distinguer d'abord si les légataires à titre universel sont en concours avec des héritiers à réserve ou avec des héritiers non réservataires. Dans l'opinion que nous avons adoptée, ils ne sont pas tenus *ultra vires :* simples successeurs aux biens, les légataires à titre universel ne peuvent être tenus des dettes et charges qu'à raison de ces biens, donc jusqu'à concurrence de leur valeur. Dans le système de la cour de cassation, il faut dire que les légataires à titre universel sont tenus des legs *ultra vires,* à moins qu'ils n'acceptent sous bénéfice d'inventaire.

« Les légataires à titre universel sont en concours avec des héritiers à réserve. Dans ce cas, il faut distinguer. Si les legs absorbent le disponible, l'assimilation que l'article 1012 fait entre les légataires à titre universel et les légataires universels est exacte ; par suite il y a lieu d'appliquer l'article 1009. Le réservataire prend sa réserve et ne contribue pas à l'acquittement des legs ; ce sont les légataires à titre universel qui devront seuls acquitter les legs particuliers, lesquels sont, en ce cas, une délibation des legs à titre universel. Si les legs à titre universel dépassaient le disponible ou l'absorbaient, le réservataire agirait en réduction ; par suite tous les legs seraient réduits et les légataires à titre universel ne seraient tenus que d'acquitter les legs particuliers d'après la valeur qui leur resterait après la réduction.

« Il se peut aussi que les legs à titre universel ne soient que d'une quotité du disponible. Le cas est prévu par l'article 1013 qui porte : « Lorsque le testateur n'aura disposé « que d'une quotité de la portion disponible, et qu'il l'aura « fait à titre universel, ce légataire sera tenu d'acquitter les « legs particuliers par contribution avec les héritiers natu- « rels ». Cette disposition a donné lieu à une question qui est controversée, bien qu'elle ne soit guère douteuse. On demande si l'héritier dont la réserve est d'un quart et qui prend la moitié de l'hérédité, l'autre moitié étant donnée au légataire à titre universel, doit contribuer aux legs pour la moitié ou pour le quart qui excède sa réserve. Nous répondons sans hésiter qu'il contribue pour la moitié, qui est la part qu'il prend dans l'hérédité. Le texte et l'esprit de la loi le veulent ainsi. Le texte dit qu'il *contribue* à l'acquittement du legs; pour qu'elle part? Naturellement pour la part qu'il prend dans l'hérédité, c'est-à-dire pour une moitié; c'est l'idée qui s'attache au mot de *contribution* ; quand un successeur *contribue* aux dettes et charges, c'est pour la part qu'il prend dans la succession. Tel est aussi l'esprit de la loi. Le réservataire qui se présente pour recueillir l'hérédité ne se présente pas comme réservataire, il se présente comme héritier; il prend toute l'hérédité, déduction faite des legs à titre universel; il est donc tenu, en principe, de toutes les dettes et charges même *ultra vires*, sauf à faire contribuer les légataires pour la part qu'ils prennent et sauf à accepter la succession sous bénéfice d'inventaire. Vainement dit-on que le réservataire n'est pas tenu à l'acquittement des legs à raison de sa réserve; cela est vrai quand il ne prend que sa réserve, ce qui est le cas prévu par l'article 1009 ; cela n'est pas vrai lorsqu'il prend toute l'hérédité, comme dans l'espèce; il est vrai que, par le concours des légataires, il ne prend que la moitié, mais c'est la moitié de toute l'hérédité, donc il doit être tenu de la moitié des charges. Nous n'insistons pas, la question étant épuisée par un excellent travail de Dupret, notre regretté collègue de l'université de Liége (1).

« Les légataires à titre universel peuvent aussi se trouver en concours avec des héritiers non réservataires. On applique dans ce cas le principe général sans difficulté aucune. Les héritiers légitimes ayant la saisine représentent seuls le défunt ; ils sont tenus, comme tels, des dettes et charges *ultra vires*, à moins qu'ils n'acceptent sous bénéfice d'inventaire. Mais ils ont leur recours contre les légataires à titre universel qui, en vertu de l'article 1012, sont tenus des dettes et charges pour leur part héréditaire. Comme ceux-ci sont tenus personnellement, aux termes de l'article 1017, les légataires particuliers pourront agir directement contre eux. Ils peuvent aussi, dans notre opinion, agir pour le tout contre les héritiers saisis. Nous renvoyons à ce qui a été dit sur ce point au titre des *Successions*. »

Tant en ce qui concerne le paiement des dettes qu'en ce

<hr/>

(1) Dupret, *Revue de droit français et étranger*, 1845, t. 2 (c'est le 12e de la *Revue* de Felix), p. 831-888, suivi par Aubry et Rau, t. 6, p. 177, note 11, et Demolombe, t. 21, n° 606.

Mais avant Dupret la même opinion avait déjà été professée par Grenier, dans son *Traité des donations*, n° 310 et par Duranton dans la 4e édition de son *Cours*, t. 9, n° 232, après avoir adopté d'abord l'opinion contraire qui est celle de Bugnet, de Mourlon, de Marcadé, de Dalloz, de Taulier, de Saintespès-Lescot et de Colmet de Santerre. Voir Demolombe, *Loc. cit.*, n° 605.

qui concerne le paiement des legs, toute cette exégèse du professeur de Gand est irréprochable ; aussi n'avons-nous pas cru pouvoir mieux faire que de nous l'approprier en la reproduisant. Nous nous contenterons d'ajouter que si, au point de vue purement théorique, la doctrine de M. Laurent est d'une exactitude rigoureuse, au point de vue pratique, c'est-à-dire au point de vue qui touche particulièrement M. Demolombe (1), il y a une différence sensible entre le légataire universel qui a la saisine et soit le légataire universel, soit le légataire à titre universel qui ne l'ont pas : différence qui expliquerait pourquoi, en principe, le premier serait tenu des dettes et des charges de la succession *ultra vires*, et les autres non.

Sans doute si ces derniers avaient confondu les biens de cette succession avec les leurs de façon à ce qu'on ne pût plus discerner les uns des autres, on pourrait dire qu'ils sont tenus des dettes et charges de ladite succession indéfiniment, non pas à cause de leur acceptation pure et simple, mais à cause de cette confusion même qui leur est exclusivement imputable.

« Il faut d'abord supposer, bien entendu, dit M. Demolombe (2), que l'héritier, quoiqu'il accepte purement et simplement, n'a pas néanmoins confondu les biens de la succession avec ses biens personnels ; car si cette confusion avait eu lieu de manière à ce qu'il ne fut plus possible de distinguer l'actif de la succession d'avec son actif personnel, il se trouverait, de l'aveu de tous, obligé d'acquitter tous les legs, faute par lui de pouvoir justifier de l'insuffisance de l'actif héréditaire (arg. des art. 1382, 1383, 1315, etc.). »

De même, les continuateurs de Sirey disent, dans leurs observations sur l'arrêt de la cour d'Angers du 1er mai 1867 précité : « Dans l'espèce, le légataire universel avait négligé, non-seulement de faire dresser au greffe un acte d'acceptation bénéficiaire, mais encore de faire dresser un inventaire ; il s'était mis et était resté longtemps en possession des valeurs de la succession, qu'il avait employées à son usage, sans se ménager de preuve régulière de la consistance des biens recueillis. Dans de telles circonstances, il ne semble pas possible de nier que le successeur universel, portant la peine de sa négligence, ne dût subir intégralement les charges de la succession, dettes ou legs. Nous pensons même, contrairement à ce qu'ont décidé les premiers juges, et à ce qu'enseigne Zachariæ, édition de Massé et Vergé, t. 3, § 499, note 3, p. 285, qu'il est non-recevable à remplacer l'inventaire par d'autres preuves ; l'inventaire, indiqué dans

(1) *Loc. cit.*, t. 13 (1 du *Traité des successions*), n° 80, p. 104.
(2) T. 14 (2 du *Traité des successions*), n° 522.

ce cas par le législateur, présente, en effet, des garanties que rien ne pourrait égaler, si ce n'est peut-être une reconnaissance, une sorte d'inventaire sous seing-privé émanant de la personne, créancier ou légataire, à qui on l'opposerait. Ainsi, à défaut d'inventaire, les forces de la succession ne seraient donc susceptibles d'être prouvées ni par témoins, ni par des écrits n'émanant pas de la personne qui réclame le paiement d'une dette ou l'exécution d'un legs. — C'est, du reste, ce qu'on décidait dans l'ancien droit, où l'on refusait généralement de considérer le légataire universel comme tenu *ultra vires* des charges de la succession. V. Lebrun, *Traité des Successions*, liv. 4, chap. 2, sect. 1, n° 3; Pothier, *Traité des Successions*, chap. 5, art. 2, § 3 (dernier alinéa); Bourjon, *Droit commun de la France*, t. 2, p. 425, n° 50 (1). V. cependant Ricard, *Traité des donations*. 3ᵉ partie, n° 1517 (et surtout 1518); Guyot, *Répertoire*, Vᵒ *Légataire* (article de Merlin), § 7, p. 94 (2). — Un inventaire est donc, suivant l'opinion la plus générale, nécessaire pour qu'un successeur universel, quel qu'il soit, ne doive un legs que *intra vires*, et l'absence d'inventaire entraîne à sa charge, vis-à-vis des légataires, une obligation personnelle indéfinie. A ce point de vue, la solution donnée dans l'espèce paraît défier toute critique. »

Enfin Duranton, qui est loin d'étendre aussi loin que M. Demolombe les obligations du légataire universel à l'égard des créanciers de la succession, Duranton dit toutefois (3) : « La déclaration de n'entendre accepter la succession ou la disposition que sous bénéfice d'inventaire ne lui est point nécessaire; seulement il doit éviter de confondre, sans un inventaire préalable, fait soit à sa requête soit à celle des héritiers du sang, qui sont même ceux qui ont le droit de le faire faire en leur nom, les biens du défunt avec ses biens

---

(1) Ajoutons Le Maistre, cité par Merlin dans le *Répertoire* de Guyot, t. 10, p. 91, qui justifie en ces termes cette doctrine : « Quand un donataire s'est mis en possession des biens sans faire faire d'inventaire, il est bien plus juste de supposer qu'il y en avait assez pour payer les dettes que d'obliger le créancier à chercher les effets..... Si on en usait autrement, si un légataire universel en était quitte pour rendre les effets dont on justifierait qu'il se serait emparé, ce serait donner lieu à la fraude et l'engager à ne point faire d'inventaire, parce que, comme la preuve serait difficile, il pourrait toujours espérer profiter d'une partie des effets ».

(2) Cette dernière doctrine n'était pas admise dans les pays de droit écrit à l'égard des héritiers institués. V. Furgole, *Traité des testaments*, chap. 10, sect. 3, n° 1, t. 3, p. 291 de l'édition de 1779; Serres, *Institutions du droit français*, p. 308 et 309 de l'édition de Paris; Julien, *Éléments de jurisprudence*, p. 237, n° 3, et p. 374, n° 10; Demolombe, t. 11 (2 du *Traité des successions*), n° 522, 2°. — Voir cependant de Montvalon, *Traité des successions conformément au droit romain*, chap. 6, art. 26, t. 1, p. 692-694.

(3) T. 7, n° 11.

propres ; nous lui conseillerons néanmoins, et même aux légataires simplement à titre universel, de prendre la précaution du bénéfice d'inventaire, ne fut-ce que pour éviter des contestations mal fondées sur ce qui est l'objet de la question ».

Cependant entre le légataire universel qui est saisi et le légataire qui n'est pas saisi, il y a une différence considérable. C'est à l'égard du premier seulement qu'on peut dire avec Merlin (1) : « Qu'on suspecte un héritier qui n'a point fait d'inventaire, rien n'est plus naturel, son propre titre l'assujettit indistinctement aux dettes; il sait qu'il ne peut s'en dispenser que par un inventaire précédé et accompagné de plusieurs formalités : en négligeant ce remède, il donne lieu de croire que la succession renfermait assez de biens pour satisfaire les créanciers et les légataires particuliers ». Ce même soupçon peut-il planer sur le légataire universel qui n'est pas comme sur celui qui est en concours avec des héritiers à réserve? Non, car le premier seul peut s'emparer sans contrôle et sans liquidation de tous les biens de la succession. L'autre ne le peut pas. Il faut qu'il demande la délivrance du montant de son legs à l'héritier ou aux héritiers à réserve, et, pour déterminer ce montant une liquidation préalable est nécessaire, car *bona non dicuntur nisi deducto ære alieno*, ou, pour nous servir des propres termes du jurisconsulte Paul (2) : *Bona intelliguntur cujusque, quæ deducto ære alieno supersunt* (3) ; et Africain appliquant cette règle générale précisément à la matière qui nous occupe, dit (4) : *Bonorum appellatio, sicut hereditatis, universalem quamdam, ac jus successionis, et non singulares res demonstrat* (5). « Les dettes affectent toute la succession et diminuent même la portion indisponible », dit Troplong (6), résumant de ce chef le texte de l'article 1009. « Et, dit M. Demolombe (7), cela est, en effet, très-juste : car les dettes sont une charge de l'universalité; or, le légataire universel et l'héritier à réserve prennent chacun une portion de l'universalité; donc ils doivent être tenus aussi chacun d'une portion des dettes correspondant à la portion de l'universalité qu'ils recueillent. »

Mais précisément parce que le concours du légataire uni-

---

(1) *Répertoire* de Guyot, t. 10, p. 94.

(2) Loi 39, § 1, D. *de verbor. signif.* (L. 16).

(3) *Id enim bonorum cujusque intelligitur quod ære alieno superest,* dit également Javolenus dans la loi 11, D. *de jure fisci* (XLIX, 14).

(4) Loi 208, D. *de verbor. signif.*

(5) Voir aussi Ulpien, loi 3, D. *de bonor. possess.* (XXXVII, 1), et Paul, loi 21, D. *de verbor. signif.*

(6) *Loc. cit.*, t. 4, n° 1842.

(7) T. 21 (1 du *Traité des donations*), n° 573.

versel avec un héritier à réserve entraîne une liquidation de la succession, précisément parce que cette liquidation en faisant connaître à la fois les ressources et les charges de la succession en déterminera l'actif net, il semble que c'est sur cet actif seul que doive s'exercer l'action des créanciers du défunt, qui de cette manière n'aura pas plus, mais aussi n'aura pas moins d'efficacité contre les successeurs du *de cujus* qu'elle n'en aurait eu contre celui-ci. Il semble donc que ce soit là le cas de protéger le légataire universel contre des prétentions qui excéderaient cette mesure, en disant avec M. Hureaux (1) : « Le titre qui appelle les successeurs aux biens à l'hérédité a pour objet *une libéralité*, et il est impossible qu'une libéralité, soit qu'elle émane de l'homme, soit qu'elle émane de la loi, puisse, en principe, tourner au détriment de celui qui en est l'objet ». Tandis qu'au contraire, lorsqu'il s'agit d'un légataire universel qui n'est pas en concours avec des héritiers à réserve, d'un légataire qui est saisi directement de tous les biens de la succession, qui peut s'en emparer sans contrôle aucun, mais qui peut aussi en séparer l'actif et le passif de l'actif et du passif de son patrimoine antérieur, c'est alors le cas de dire avec Troplong (2) : « Il est toujours facile au légataire universel de se prémunir par le bénéfice d'inventaire. Mais, quand il confond les biens de l'hérédité avec ses biens propres, il ne peut s'en prendre qu'à lui-même si l'action personnelle produit, par sa propre faute, toutes ses conséquences rigoureuses ».

Encore une fois, dans ce dernier cas, mais dans ce dernier cas seulement, l'article 1006 place le légataire universel dans la même situation où l'article 724 place les héritiers légitimes et de là résulte la dernière conséquence que nous avons à signaler.

« L'acceptation d'une succession, que l'on appelle aussi *adition d'hérédité*, est, dit Toullier (3), l'acte par lequel l'habile à succéder fait connaître qu'il s'est décidé à accepter la succession d'une personne décédée, à prendre la qualité d'héritier, et par conséquent à contracter tous les engagements auxquels ce titre assujettit ; car, en acceptant, l'héritier s'oblige à toutes les charges de la succession. *Adeuntes hereditatem se obligant* (4). Nous disons à toutes les charges, car on ne peut diviser l'adition d'hérédité pour n'en prendre qu'une partie et laisser le reste (5). »

(1) *Revue critique de législation et de jurisprudence*, t. 23, p. 524.

(2) *Loc. cit.*, n° 1840.

(3) *Droit civil français*, t. 4, n° 296.

(4) Loi 6, C. *de hereditariis actionibus* (iv, 16); coutume de Paris, art. 317.

(5) L. 20, C. *de jure deliberandi* (vi, 30).

Dé même Duranton (1) dit de l'héritier légitime : « Sa qualité est une, elle est indivisible ».

« L'engagement qu'il contracte par l'acceptation pure et simple a, dit Chabot (2), trois caractères principaux : il est universel, il est indivisible, il est irrévocable..... L'engagement est indivisible; car l'héritier ne peut restreindre son acceptation, ni à une certaine nature, ni à une certaine quotité des biens de l'hérédité, ni à une partie seulement des dettes et des charges de la succession. *Qui totam hereditatem acquirere potest, is pro parte, eam scindendo, adire non potest* (3). — L'article 774 du code civil n'autorise que l'acceptation, ou pure et simple, ou sous bénéfice d'inventaire. Il ne permet donc pas l'acceptation partielle ou limitée ». Et, en ce qui concerne l'indivisibilité, Chabot n'admet pas de différence entre la succession pure et simple et la succession bénéficiaire. « L'engagement, dit-il, qui résulte de la dernière est bien aussi indivisible, en ce sens que l'héritier ne peut accepter sous bénéfice d'inventaire, ni pour une certaine nature ou pour une certaine quotité des biens de la succession, ni à la condition qu'il ne paiera sur ces biens qu'une portion déterminée des dettes et des charges ».

De même, Favard de Langlade (4) dit : « Trois caractères essentiels sont attachés à l'engagement de celui qui accepte une succession, soit expressément, soit tacitement : il est irrévocable, il est universel, il est indivisible... C'est-à-dire qu'il ne peut pas accepter une succession pour partie, et la répudier pour une autre partie, à l'effet de se soustraire à une partie des charges ».

De même encore, Zachariæ (5) dit : « L'acceptation, soit pure et simple, soit sous bénéfice d'inventaire, ne peut avoir lieu ni à terme, ni sous condition, ni pour partie seulement de l'hérédité. L'acceptation faite à terme ou pour partie équivaut à une acceptation illimitée ou intégrale. L'acceptation faite sous condition doit être considérée comme non avenue ».

Sur ce dernier point M. Demolombe (6) est en parfait accord avec Zachariæ; mais il n'admet pas que l'acceptation faite à terme ou pour parties équivale *toujours* à une acceptation illimitée ou intégrale. « Cette solution, dit-il (7), serait,

---

(1) *Cours de droit français*, t. 6, n° 374.

(2) Sur l'article 774, n° 10.

(3) L. 1, D. *de acquir. vel omitt. hered.* (xxix, 2).

(4) *Répertoire de la nouvelle législation*, à l'article *Acceptation de succession*, n° 5, t. 1, p. 32.

(5) T. 4, § 611, p. 852 et 853 de la traduction d'Aubry et Rau, seconde édition.

(6) T. 14 (2 du *Traité des successions*), n° 361.

(7) *Loc. cit.*, n° 362.

à notre avis, trop absolue ; et nous croyons qu'il conviendrait de faire une distinction: — Ou bien il résulte des circonstances du fait, que la validité de l'acceptation qui a eu lieu à terme ou pour partie, n'a pas été, dans l'intention de l'acceptant, subordonnée conditionnellement au maintien de cette modalité; — ou, au contraire, il est reconnu, en fait, que l'héritier qui n'a accepté qu'à terme ou pour partie, a entendu ne pas accepter du tout, si cette modalité était séparée de son acceptation. — Dans le premier cas, nous croyons aussi que l'acceptation à terme ou pour partie doit être considérée comme une acceptation illimitée ou intégrale ; c'est ainsi, par exemple, que l'héritier qui a accepté la portion pour laquelle il est appelé, ne peut pas se soustraire aux conséquences du droit d'accroissement (art. 786); il en serait certainement de même dans le cas où l'héritier aurait disposé d'une partie des biens de la succession, en déclarant qu'il n'entendait accepter que pour ceux-là. Cette déclaration devrait être, sans aucun doute, réputée non écrite; car la disposition à titre de maître, *même de la plus petite partie de l'héritage,* dit très-bien Furgole (1), rend nécessairement héritier pour les autres parties, nonobstant toutes protestations contraires, qui sont alors démenties par l'irrésistible puissance du fait lui-même (2). — Dans le second cas, au contraire, nous ne voyons pas pourquoi l'acceptation, qui aurait eu lieu à terme ou pour partie, ne serait pas déclarée tout à fait nulle, si, en effet, l'acceptant avait entendu en subordonner la validité au maintien de la modification, sous laquelle seulement il aurait consenti à s'engager. Cette hypothèse sera sans doute infiniment rare; mais enfin, si elle se présentait, si, par exemple, une acceptation expresse, sans aucune immixtion dans les biens héréditaires, n'avait été faite qu'à terme ou pour partie, nous conclurions qu'elle devrait être considérée comme non avenue. — *Magis est nihil actum esse;* ainsi concluait également à Rome le juris-

(1) *Traité des testaments,* chap. 10, sect. 1, n° 153, t. 3, p. 202 de l'édition de 1779.
On trouve dans les *Institutes coutumières* de Loisel (liv. 2, titre 5, n° 3) cette règle : « Qui prend des biens de succession jusqu'à la valeur de cinq sols, fait acte d'héritier ». Mais cette règle qui a été tirée des coutumes de Senlis (art. 150) et de Valois (art. 101), n'a pas d'autre sens que celui des articles 317 de la coutume de Paris et 336 de celle d'Orléans qui décident que le successeur qui a disposé d'une partie des biens de la succession. *quelle qu'elle soit,* a fait acte d'héritier.

(2) M. Demolombe renvoie ici au n° 464 du même volume, où il cite en ce sens Mornac, sur la loi 4, C. *de non numer. pecunia* (t. 3, col. 915 de ses œuvres, édition de 1721); un arrêt de la cour de cassation du 18 avril 1815 (S. 15. 1. 202); Pothier, *Traité des successions,* chap. 3, sect. 3, art. 1, § 1; Lebrun, *Traité des successions,* liv. 3, chap. 8, sect. 2, n° 27; Duranton, t. 6, n° 383; Chabot, sur l'art. 778, n° 28; Ducaurroy, Bonnier et Roustain, t. 2, n° 570; Malpel, *Traité élémentaire des successions,* n° 190; Poujol, *Traité des successions,* n° 405.

consulte Marcellus (1). — Et Furgole (2), dans notre ancien
droit, professait de même que : « on ne peut devenir héri-
« tier que par la volonté et l'intention que l'on démontre ;
« en sorte que celui qui ne veut être héritier que pour une
« portion, ne témoignant cette volonté que pour la portion
« qu'il veut accepter, ne pourra, à la rigueur, devenir héritier
« que pour la portion acceptée et non pour les autres qu'il
« répudie ; et sa volonté ne pouvant pas être divisée, son
« acceptation doit nécessairement être inefficace, parce que
« l'acceptation est indivisible ; qu'ainsi ne pouvant valoir
« pour partie, elle ne vaut pour rien ».

Vient enfin M. Laurent qui, lui, n'accepte ni la distinction proposée par M. Demolombe, ni la théorie de Zachariœ,
et qui semble disposé à traiter sinon de visionnaires, du moins
d'« extracteurs de quintessence », comme aurait dit Rabelais,
ceux qui agitent ainsi des questions n'ayant d'autre base que
des hypothèses chimériques.

« Il faut, dit-il (3), que l'acceptation soit pure et simple et de
toute l'hérédité. La loi ne dit pas que l'héritier peut accepter
sous condition ; une pareille acceptation serait contraire aux
droits des créanciers et des légataires ; ils peuvent agir immédiatement contre l'héritier saisi ; tout ce que la loi permet
à celui-ci, c'est de leur opposer l'exception dilatoire résultant de ce qu'il est encore dans les délais pour faire inventaire et délibérer. C'est une suspension de la décision ; mais
la décision même doit être définitive. On demande quel
serait l'effet d'une acceptation conditionnelle. Encore une de
ces questions oiseuses que dans la vie réelle on ignore. Il est
évident que l'acceptation serait nulle, puisque l'héritier a
fait ce qu'il n'avait pas le droit de faire (4).

« L'héritier peut-il accepter à terme, soit à partir d'un tel
jour, soit jusqu'à un tel jour? Nous ne pensons pas qu'une
pareille idée soit jamais venue à personne. On ne peut accepter à partir de tel jour, parce que l'on est saisi à partir de
l'ouverture de l'hérédité et que l'acceptation ne fait que confirmer la saisine : c'est en ce sens que l'acceptation remonte
au jour de l'ouverture de la succession (art. 777). On ne peut
accepter jusqu'à tel jour parce que cela n'a pas de sens.
Accepter, c'est confirmer la saisine ; or, la saisine fait de
l'héritier le représentant de la personne du défunt ; et conçoit-
on qu'il continue la personne du défunt pendant un an? Les

(1) Loi 75, D. *de acquir. vel omitt. hered.* (xxix, 2).

(2) *Loc. cit.*, p. 202 et 203; ajout. Merlin, *Répertoire*, Vᵒ *Légataire*,
§ 4, nᵒ 5 ; Championnière et Rigaud, *Traité des droits d'enregistrement*, t. 1, nᵒˢ 527 et 528.

(3) T. 9, nᵒ 282, p. 337 et 338.

(4) Zachariœ, édition d'Aubry et Rau, t. 4, p. 252 et suiv. et note 2,
253 et note 5 ; Demolombe, t. 14, nᵒ 361.

auteurs ne s'accordent pas sur les effets d'une acceptation à terme (1) : est-elle nulle comme l'acceptation conditionnelle? Celui qui accepte à terme veut accepter, dit-on ; donc il y a acceptation définitive. Non, dit M. Demolombe, il faut voir si, dans son intention, il a fait du terme une condition de son acceptation. Nous croyons que dans tous les cas l'acceptation est nulle, parce que l'héritier a fait ce qu'il n'avait pas le droit de faire.

« Enfin l'acceptation doit être de toute l'hérédité. Il va sans dire que l'héritier ne peut accepter tels biens et répudier tels autres. Encore une fois, cela n'aurait pas de sens, car on ne succède pas aux biens, on succède à la personne ; or, conçoit-on que l'on continue la personne du défunt pour un tiers ou pour un quart? Sans doute, s'il y a plusieurs héritiers, il doit se faire des parts ; mais aussi si un héritier fait défaut, la part du renonçant accroît à ses cohéritiers (art. 786) ; pour mieux dire, elle ne leur décroît pas: ce qui prouve que l'acceptation comprend toute l'hérédité. Quel serait l'effet d'une acceptation pareille? La loi ne l'autorise pas, donc elle est nulle (2). Il a été jugé (3) que l'héritier d'une somme dotale ne pouvait pas accepter la succession quant aux biens dotaux, et la répudier quant aux autres biens. Ce singulier procès a été jusqu'à cassation ! »

Mais prenons bien garde au point sur lequel la dissidence a lieu entre M. Demolombe et M. Laurent. Suivant l'un, l'acceptation partielle pourrait avoir pour effet, tantôt de vicier cette acceptation pour le tout et tantôt de la valider pour le tout, tandis que suivant M. Laurent l'acceptation devrait toujours en ce cas être considérée comme non-avenue. Donc la dissidence entre les deux auteurs ne porte que sur les effets de l'acceptation partielle; mais tous deux admettent que, comme le dit M. Demolombe (n° 359), « l'acceptation et la renonciation ne sauraient avoir lieu pour une partie de la succession »; en d'autres termes, ils recon-

(1) M. Laurent cite en note Chabot, sur l'art. 774, n° 10; Duranton, t. 6, n° 368 ; Zachariæ, édition d'Aubry et Rau, t. 4, p. 252, note 1, 253, note 4, et Demolombe, t. 14, n°s 356-358 et 362. Mais sauf ce dernier auteur tous les autres répudient d'une manière absolue l'acceptation à terme. Telle est également l'opinion de Frédéric Taulier qui, après avoir dit (t. 3, p. 221) que « l'acceptation ne saurait être faite conditionnellement », ajoute : « Une succession ne pourrait pas non plus être acceptée pour un certain temps, ou bien à partir d'un certain temps ». Telle est également l'opinion de Marcadé qui après avoir parlé (sur l'article 774) de la succession acceptée sous bénéfice d'inventaire, ajoute : « C'est là la seule condition qui puisse être mise à une acceptation, laquelle, en dehors de ce seul cas, doit être entièrement pure et absolue ».

(2) Zachariæ, édition d'Aubry et Rau, t. 4, p. 253 et note 3 ; Demolombe, t. 14, n°s 359 et 362.

(3) Arrêt de la cour de cassation du 20 décembre 1811 (Dalloz, au mot Contrat de mariage, n° 3547).

naissent tous deux l'indivisibilité du titre de l'héritier du sang.

Cette même indivisibilité doit également avoir lieu relativement à l'institution contractuelle, « puisqu'elle fait un véritable héritier », dit Furgole (1) qui ajoute : « J'avais pensé, dans la première édition de cet ouvrage, que la divisibilité de l'institution contractuelle était juste et équitable, et qu'elle pouvait être fondée sur l'article 1ᵉʳ de la présente ordonnance qui permet de diviser la donation des biens présents et à venir faite par contrat de mariage (2) : mais après avoir examiné cette difficulté avec plus d'attention, je reconnais que cette division n'est pas soutenable, non-seulement par les principes du droit romain, mais encore par les règles du droit français et de la jurisprudence ; car quoique l'institution contractuelle soit irrévocable, tout comme la donation entre vifs, il y a néanmoins une grande différence entre ces deux manières de disposer. La donation de biens présents et à venir renferme réellement deux dispositions différentes dans une seule et même clause ; savoir celle des biens présents, dont le droit est acquis au donataire au moment de l'acceptation, comme le remarque Henrys, tome 4, quest. 183 ; et celle des biens à venir dont l'effet est suspendu jusqu'au décès du donataire, suivant Ricard, *Traité des donations*, t. 1, partie 3, n° 827. Mais il en est tout autrement de l'institution contractuelle ; car elle ne renferme qu'une seule et même disposition : elle doit donc être essentiellement indivisible, de même que l'institution testamentaire, comme le remarque M. Bourjon, *Droit commun de la France*, livre 5, tit. 4, chap. 3, sect. 6, prop. 46, t. 2, p. 99 (3). On suit même à Toulouse le principe de l'indivisibilité lorsqu'on juge, comme l'atteste M. de Catellan, liv. 5, chap. 23, que l'institution contractuelle est caduque lorsque l'institué prédécède sans enfants, non-seulement pour le bien à venir mais encore pour les biens existants lors de l'institution ; au lieu que si on regardait l'institution contractuelle comme divisible, il faudrait juger dans les cas où le droit de retour n'a pas lieu, que l'institué transmet à ses héritiers étrangers le droit de l'institution quant aux biens présents, comme on le juge par rapport aux donations entre vifs, ce qu'on ne fait pourtant pas. Il faut même observer que notre ordonnance permet bien la division de la donation ; mais elle ne permet pas de même la division de l'institution contractuelle. La réformation que j'ai faite de mon premier avis, est autorisée par un arrêt du 20 juin 1749 de la première chambre des enquêtes, au rapport de M. Miramont ».

(1) Sur l'art. 13 de l'ordonnance de 1731, p. 88-89 de l'édition de 1761.
(2) Ce que permet également l'article 1084 du code civil.
(3) P. 117, n° 35 de l'édition de 1770.

Il en est de même sous notre droit actuel. « Ce qui est certain, dit M. Demolombe (1), c'est que l'institué ne pourrait accepter pour partie et répudier pour partie. C'était l'ancienne doctrine..... et c'est encore cette doctrine, très-conforme aux principes, qui résulte de nos articles 1082, 1084 et 1085, en tant qu'il ne s'agit bien entendu que d'une pure donation de biens à venir ».

Mais pourquoi cette restriction? parce que, dans ce cas seulement, il s'agit d'une institution « qui fait, comme le dit Furgole, un véritable héritier », et parce que, comme le dit Troplong (2), « on ne peut être héritier pour partie ». Cela est de toute évidence. L'héritier c'est *le continuateur de la personne;* or, on continue une personne ou on ne la continue pas; si on la continue on la remplace complétement, si on ne la continue pas on ne la remplace nullement : entre ces deux termes il n'y a pas de milieu. Et comme l'institué contractuel ne continue la personne de l'instituant que lorsqu'il n'est pas en concours avec des réservataires, c'est aussi dans ce cas seulement qu'il est l'héritier du défunt (3).

Un jugement du tribunal de Marseille, du 18 janvier 1870, a été plus loin encore. Sous le prétexte que, dans l'institution contractuelle, « le disposant confère à l'institué des droits semblables à ceux que les enfants ont sur le patrimoine paternel », et que cette institution crée « une sorte d'adoption successorale », ce jugement, assimilant complétement l'institué à un héritier à réserve, décida que le légataire universel qui se trouve en présence d'un institué contractuel pour une partie de la succession, au lieu d'avoir à acquitter personnellement tous les legs particuliers conformément à l'article 1009, pouvait se prévaloir de l'article 926 pour faire contribuer ces legs à l'acquit de l'institution partielle. Ce jugement qui a été réformé par la cour d'Aix le 16 juillet 1870 (S. 72. 2. 192) a été l'objet, de la part des continuateurs de Sirey, de judicieuses critiques et leur a offert l'occasion d'établir en quel sens la situation de l'institué contractuel ressemblait à celle de l'héritier à réserve et en quel sens elle en différait. Mais, en réalité, la question qui avait donné lieu au débat ne pouvait pas faire l'objet d'une controverse sérieuse; aussi M. Laurent l'a-t-il traitée très-sommairement en ces termes (4) : « Le légataire

(1) T. 23 (6 du *Traité des donations),* n° 333.

(2) *Loc. cit.,* t. 4, n° 2367.

(3) Duranton, t. 9, n°s 671, 719 et 720; Belost-Jolimont sur Chabot, art. 724, observ. 1; Demolombe, t. 23, n° 334; Coin-Delisle, sur l'article 1082, n° 6, p. 556; Boutry, *Essai sur l'histoire des donations entre époux et leur état d'après le code civil,* p. 106; Simonnet, *Histoire et théorie de la saisine héréditaire,* p. 350.

(4) T. 14, n° 110, p. 116.

universel peut-il invoquer l'article 1009 (1) quand il est en concours avec un donataire par contrat de mariage ? Il a été jugé que l'article 1009 n'est pas applicable, et cela est d'évidence, puisque cette disposition suppose une réduction, ce qui n'a lieu que lorsqu'il y a un réservataire ».

Quant à l'indivisibilité du titre de l'institué contractuel qui n'est pas en concours avec un ou plusieurs héritiers à réserve, elle est reconnue d'une manière formelle par les articles 1084 et 1885.

Ces articles ont trait à ces donations de biens présents et à venir dont la nature et les effets avaient été sous l'ancien droit l'objet de vives controverses et de profonds dissentiments entre les pays de droit écrit et les pays coutumiers, même depuis l'ordonnance de 1731 (2), et dont nous retrouvons encore un reflet dans deux auteurs modernes (3) qui voient dans la donation cumulative qu'autorisent ces articles, non une seule donation susceptible d'être divisée si les précautions indiquées pour avoir droit à cette division ont été prises, mais deux donations distinctes l'une des biens présents, l'autre des biens à venir : erreur que Grenier avait commise mais dont il est revenu (4), en en laissant d'ailleurs subsister les traces (5). Et cette rétractation est d'autant plus honorable que l'erreur commise aurait des conséquences graves si elle prévalait, ce qui d'ailleurs n'est pas à craindre (6), grâce à la réfutation péremptoire qui en a été faite (6).

Ces précautions avaient été négligées par l'ordonnance de 1731 dont l'article 17 était relatif à ces sortes de donations, et cette lacune que Rousseaud de Lacombe regrettait (7), avait causé *des procès sans nombre, et qu'un long intervalle de temps rendait le plus souvent inextricables* (8). Le code,

---

(1) C'est-à-dire la disposition finale de cet article.

(2) Troplong, *Loc. cit.*, t. 4, nos 2383-2396 ; Demolombe, t. 23 (6 du *Traité des donations)*, nos 342 et 343; Bonnet, *Des dispositions par contrat de mariage et des dispositions entre époux*, t. 2, nos 518 et 519.

(3) Delvincourt, t. 2, p. 111 de l'édition de 1824 ou 1834, et p. 431 et 432 aux notes ; Guilhon, *Traité des donations entre-vifs*, t. 2, nos 904 et 905, p. 325-328.

(4) *Traité des donations*, no 434.

(5) « J'ai laissé cependant, dit-il, subsister tout ce que j'avais dit à ce sujet. La connaissance des causes et des traces d'une erreur avouée par un écrivain, fixe plus fortement la vérité dans l'esprit du lecteur ».

(6) Demolombe, *Loc. cit.*, nos 346-348.

(7) Sur ledit article 17, no 2, dans son *Commentaire sur les nouvelles ordonnances*, p. 66.

(8) Bigot-Préameneu, dans son exposé des motifs, comme orateur du gouvernement, dans la séance du Corps législatif du 2 floréal an XI (22 avril 1803). — Locré, t. 11, p. 418.

en comblant cette lacune, tarit la source de ces procès. Mais
si l'état qu'il exige pour accorder le bénéfice de la division
de cette donation cumulative n'a pas été dressé, qu'advient-il?
que « le donataire sera obligé d'accepter ou de répudier
cette donation pour le tout », dit l'article 1085. Et pourquoi
cela? parce qu'alors la donation de biens présents et à venir
se transforme en une institution contractuelle pure et simple? Et pourquoi cette institution est-elle indivisible? parce
qu'elle confère le titre d'héritier, ce que ne fait pas la donation réduite aux biens présents. « Cette faculté de diviser la
donation établit, dit Troplong (1), une différence bien marquée entre ce genre de libéralité et l'institution contractuelle. L'institution contractuelle fait un héritier ; or la
qualité d'héritier est une et produit des effets indivisibles.
L'héritier, qui accepte une partie, accepte le tout; on ne
peut être héritier pour partie et répudiant pour partie. Au
contraire, la donation universelle ne fait qu'un donataire et
pas un héritier, et comme la donation se compose de deux
éléments divisibles, le donataire, qui ne doit pas être lésé
par le bienfait qu'il reçoit, peut prendre l'élément avanta-
geux et répudier celui qui ne l'est pas ».

Ce que dit ici Troplong de l'institué contractuel, il faut le
dire, par identité de raison de l'institué testamentaire, en
répétant, d'après Dantoine (2) : « Un héritier n'a pas la
faculté de n'accepter qu'une partie de l'hoirie sous prétexte
qu'il lui est permis de l'accepter tout entière, parce qu'il ne
s'agit pas alors du plus au moins, mais d'une qualité indivisible qui est celle d'héritier ».

Mais hors le cas où il s'agit d'un héritier institué, c'est-
à-dire hors le cas où le légataire universel a la saisine, parce
qu'il n'a pas pour concurrents des réservataires, en un mot,
hors le cas réglementé par l'article 1006 du code civil, soit
qu'il s'agisse d'un légataire particulier, soit qu'il s'agisse
d'un légataire à titre universel, soit même qu'il s'agisse d'un
légataire universel obligé de demander la délivrance aux
termes de l'article 1004, l'indivisibilité cesse et le gratifié
reste libre d'accepter soit intégralement, soit partiellement, l'avantage qui lui est offert. Ainsi le veulent le bon
sens, la logique, la philosophie et le droit. Le bon sens, qui
n'admet pas que lorsque, dans un repas on vous offre un
mets, vous ne puissiez rien en laisser sur votre assiette,
dussiez-vous en agissant autrement courir les risques d'une
indigestion. La logique, qui vous dit que lorsqu'une donation
vous est faite, mieux vaut encore ne remplir qu'en partie les
intentions du donateur que de ne pas les remplir du tout. La

<hr/>

(1) *Loc. cit.*, t. 4, nº 2397.

(2) *Les règles du droit civil*, p. 110 de l'édition de Lyon, 1710.

philosophie, qui vous dit par la voie de Sénèque (1) : *Nemo id accipiendo obligatur, quod illi repudiare non licuit. Si vis scire an velim, effice ut possim nolle.* Le droit, qui vous dit par la voix de Paul (2) dont Troplong (3) cite la maxime, sans en indiquer l'auteur : *Invito beneficium non datur ;* par la voix du même (4) : *In eo, quod plus sit, semper inest et minus ;* par la voix de Gaius (5) : *In toto, et pars continetur,* ou encore (6) : *Semper specialia generalibus insunt ;* par la voix d'Ulpien, tantôt (7) : *Ejus est non nolle, qui potest velle,* tantôt (8) : *Non potest liberalitas nolenti adquiri,* tantôt (9) : *Quod cuique pro eo præstatur, invito non tribuitur,* tantôt, (10) : *Unicuique licet contemnere hæc quæ pro se introducta sunt,* et tantôt encore (11) : *Non debet, cui plus licet, quod minus est non licere.*

La différence qui existe entre les legs auxquels ces maximes générales doivent s'appliquer et les legs qui sont l'objet de l'article 1006, était présente à l'esprit de la cour de Riom lorsqu'elle disait, dans son arrêt du 26 juillet 1862 (S. 63. 2. 1) : « Que l'article 784 s'applique, quant aux formes qu'il prescrit, à la renonciation émanée d'un héritier institué et d'un légataire universel, puisqu'il y a même raison pour assujettir leur renonciation aux formes spéciales de publicité qui régissent la renonciation des héritiers *ab intestat ;* mais que ledit article 784 ne peut s'appliquer à la renonciation d'un legs fait à titre particulier ». Et M. Laurent, en examinant la question de savoir si cet article 784 est applicable aux legs s'exprime ainsi (12) : « Pothier (13) enseigne, comme une chose hors de doute, que la répudiation d'un legs se fait ou expressément ou tacitement, et il n'exige aucune forme solennelle pour l'acceptation expresse. Par le silence qu'il garde sur la renonciation en matière de legs, le code consacre implicitement la tradition. Vainement dit-on que l'article 784 doit recevoir son application, parce qu'il y a même motif de décider. Cela ne serait vrai, en tout cas, que

(1) *De beneficiis,* l. 2, c. 18.
(2) Loi 69, D. *de regulis juris.*
(3) *Loc. cit.,* t. 4, nº 1884.
(4) Loi 110, D. *de regulis juris.*
(5) Loi 113 au même titre.
(6) Loi 147 au même titre.
(7) Loi 3 au même titre.
(8) Loi 19, § 2, D. *de donationibus* (xxxix, 5).
(9) Loi 156, § 4, *de regulis juris.*
(10) Loi 41, D. *de minoribus* (iv, 4).
(11) Loi 21, D. *de regulis juris.*
(12) T. 13, nº 554, p. 609.
(13) *Traité des donations testamentaires,* chap. 6, sect. 3, § 3, alinéa 6.

du legs universel; on peut dire, en effet, que le légataire universel est héritier et soumis, par conséquent, aux obligations de l'héritier. Mais on ne pourrait pas appliquer l'article 784, même par analogie, aux légataires à titre universel et à titre particulier, puisqu'ils ne sont pas héritiers ».

Ainsi apparaît toujours cette distinction entre le légataire universel qui a la saisine (art. 1006) et le légataire universel qui ne l'a pas (art. 1004); mais cette distinction essentielle qui frappe tous les yeux échappe à ceux de notre contradicteur, et il fait tout ce qu'il peut pour entretenir et faire partager cet aveuglement.

Par exemple (qui le croirait!), il se prévaut du passage de M. Demolombe que nous avons ci-dessus transcrit (p. 216-218); mais pour l'accommoder à son système, il le dénature de deux façons: d'abord, en le tronquant de manière à n'y laisser subsister que l'une des deux branches de la distinction proposée par l'auteur; ensuite, en supposant que ce passage se trouve, non dans son *Traité des successions*, où il est bien à sa place, mais dans son *Traité des donations entre-vifs et des testaments*, où, tout au contraire, M. Demolombe ne parle de l'indivisibilité des legs que pour proscrire, en principe, celle établie par les Romains entre deux legs faits à la même personne et dont l'un seulement était grevé d'une charge (1).

Ainsi, notre contradicteur assimile M. Gando au légataire partiaire des Romains, sans se douter que les Romains ne connaissaient pas la saisine héréditaire (2), et surtout sans se douter que rien ne serait plus propre à ruiner sa thèse que cette assimilation, puisque le *légataire partiaire* n'était qu'un successeur aux biens et nullement le *continuateur* de la personne du défunt (3).

Ainsi notre contradicteur fait commenter par Merlin en 1785 le code qui ne devait naître que dix-neuf ans plus tard (4).

Ainsi il ressuscite une législation abrogée depuis trois quarts de siècle (5).

Ainsi il fait revivre une assimilation des legs aux institutions d'héritier, qui s'était introduite dans la législation on ne sait comment, s'y était maintenue on ne sait pourquoi, et dont on pouvait dire, lorsqu'elle existait, ce qu'on a dit de cette même assimilation en matière de conditions impossibles: *Sane vix idonea ratio reddi potest* (6).

Ainsi enfin, il ne s'aperçoit pas que lorsque la loi romaine

(1) Voir ci-dessus, p. 62.
(2) Voir ci-dessus, p. 138-141.
(3) Voir ci-dessus, p. 60 et 61.
(4) Voir ci-dessus, p. 62-64.
(5) Voir ci-dessus, p. 66.
(6) Voir ci-dessus, p. 57, 58, 65 et 66.

dit (1) : *Legatarius pro parte adquidere pro parte repudiare legatum non potest,* elle n'entend pas limiter cette prohibition au legs particulier, car il résulte d'une autre loi romaine (2) que, comme le dit Merlin (3), « la défense de borner l'acceptation à une partie d'un même legs a lieu, non-seulement lorsque le legs est d'une seule chose, mais encore lorsqu'il renferme plusieurs objets réunis par forme d'universalité ». Donc si notre contradicteur se prévaut de cette dernière règle pour prétendre que le legs fait par Mᵐᵉ Gando à son mari est indivisible, à plus forte raison pourrait-on prétendre qu'un legs particulier serait indivisible ; en sorte que celui à qui l'on aurait légué, par exemple, une somme de 1,000 francs, ne pourrait pas l'accepter jusqu'à concurrence de 500 ou de 300 francs, malgré la maxime de Gaius : *In toto et pars continetur,* bien que cette vérité soit du genre de celles que les anglais qualifient de *truism* et nos boulevardiers de *lapalissade.*

Voici donc tout un stock de méprises dignes de rivaliser avec la bévue du quadrumane de la fable, qui prenait le Pirée pour un homme.

La vérité est que toutes les lois romaines ont été abrogées par l'article 7 de la loi des 30 ventose-10 germinal an XII (21-31 mars 1804), et qu'elles ont été mises à néant, tout aussi bien quant à l'indivisibilité des legs d'universalités que quant à celle des legs particuliers ou à celle des legs distincts, mais dont l'un est grevé d'une charge et l'autre non (4). Où se trouve donc maintenant la règle à suivre ? Uniquement dans les deux distinctions faites par le code, l'une entre le légataire universel, le légataire à titre universel et le légataire à titre particulier (art. 1002) et l'autre entre le légataire universel qui est et celui qui n'est pas en concours avec des héritiers à réserve (art. 1004 et 1006). Le légataire à titre universel et le légataire à titre particulier sont toujours tenus de demander la délivrance de leurs legs (art. 1011 et 1014), donc ils n'ont jamais la saisine ; le légataire universel l'a ou ne l'a pas, suivant qu'il n'est pas ou qu'il est en concurrence avec des réservataires ; donc dans le premier cas il est assimilé aux héritiers du sang et, conséquemment, son titre est indivisible, parce qu'il est, comme eux, le continuateur du défunt ; donc, dans le second cas, comme il n'est pas le continuateur du défunt, comme cette qualité n'appartient qu'aux réservataires, il n'est qu'un successeur aux biens et il peut ou accepter la totalité de ceux qui lui sont dévo-

(1) L. 38, D. *de legatis* 1° (xxx).

(2) L. 6, D. *de legatis* 2° (xxxi).

(3) *Répertoire,* V° *Légataire,* § 4, n° 5.

(4) L. 5, § 1, D. *de legatis* 2° (xxxi) ; l. 22, D. *de fideic. hered.* (xL. 5).

lus ou n'en accepter qu'une partie d'après l'axiome général :
Non debet, cui plus licet, quod minus est non licere; car c'est
là une de ces maximes qui survivent à la législation qui les
a recueillies, et qui, après avoir servi de règle *ratione imperii,* continuent à en servir *rationis imperio.*

Ne nous étonnons pas d'ailleurs de tous les efforts de notre
contradicteur pour changer le vrai terrain du débat. Sans
cela, en effet, la lutte n'est pas possible pour lui. Elle l'est
seulement à la condition de confondre perpétuellement le
légataire universel *saisi* avec le légataire universel *non saisi.*
Une fois la distinction faite et ces deux situations différen-
ciées ; une fois qu'il est constaté que M. Gando n'a pas la
saisine et qu'il est un simple successeur aux biens, la prétention de l'administration à son égard se trouve, en effet,
réduite à ceci : vous n'avez recueilli qu'un quart de la succession de votre femme en propriété, mais vous pouviez en
recueillir un autre quart en usufruit : donc vous devez un droit
de mutation pour l'un et l'autre legs, puisque si vous ne les
avez pas recueillis tous deux, c'est parce que vous l'avez
bien voulu. Mais l'on comprend que raisonner ainsi, c'est
astreindre à un droit de mutation, non pas parce qu'une mutation a eu lieu, mais parce qu'elle aurait pu avoir lieu, et, à
ce compte, quand même la renonciation de M. Gando aurait
été totale au lieu d'être partielle, la même prétention aurait
pu tout aussi bien se produire, car on aurait pu lui dire également que s'il n'avait pas recueilli, c'est qu'il ne l'avait pas
voulu : d'où la conséquence que, dans cette dernière hypothèse, ne recueillant rien il aurait dû payer comme s'il avait
tout recueilli, de même que, dans notre espèce, on veut lui
faire payer un droit de mutation sur un usufruit qu'il pouvait
recueillir et qu'il n'a pas recueilli.

§ V

Il n'y a rien, absolument rien, dans la jurisprudence, de
contraire aux principes que nous venons de développer dans
le paragraphe précédent. Cependant notre contradicteur
croit pouvoir invoquer, en faveur de sa thèse, deux arrêts
de la cour de cassation, à savoir celui déjà cité du 13 août
1851 (S. 51.1. 657) et un arrêt rendu le 8 janvier 1872 (S. 72.
1. 30) ; mais ces deux arrêts sont aussi étrangers à la question en litige, qu'est peu concluante en faveur du système
de notre contradicteur l'opinion de Pothier dont il se prévaut
également.

« On appelle legs universel, dit Pothier (1), le legs de l'universalité de ses biens ou d'une quotité ; comme lorsqu'on lègue le tiers, le quart, le vingtième de ses biens. — Les legs d'une certaine espèce de biens, soit pour le total, soit pour une quotité, sont aussi des legs universels, comme lorsqu'un testateur lègue à quelqu'un ses biens meubles, ou le tiers, le quart de ses biens meubles, ou ses acquêts, ou le quart de ses propres, ou des propres d'une telle ligne ; tous ces legs sont legs universels, parce que non-seulement l'universalité générale des biens d'une personne, mais l'universalité des biens de chaque espèce, *genera subalterna*, sont des universalités de biens. »

Ainsi Pothier désignait par une même dénomination et embrassait dans une même définition, et ce que nous appelons aujourd'hui un legs universel et ce que nous appelons un legs à titre universel ; mais cette confusion qui, comme nous l'avons remarqué (2), était faite par tous nos anciens jurisconsultes (3), n'avait aucun inconvénient autrefois et nous en trouvons la raison dans ce même *Traité* de Pothier, lorsque, après avoir exposé les principes du droit romain en matière d'institution d'héritier, il ajoute (4) : « Tout ceci n'a pas lieu dans nos coutumes ; elles ont pour maxime que *l'institution d'héritier n'a lieu ;* elles ne connaissent d'autre héritier que celui que la loi appelle à la succession d'un défunt ; elles ne permettent point aux particuliers de se donner à eux-mêmes des héritiers ; c'est pourquoi, dans nos coutumes, non-seulement l'institution d'héritier n'est point requise pour la validité des testaments, mais on n'y peut point faire proprement d'institution d'héritier. — Si quelqu'un néanmoins, en pays coutumier, instituait par son testament un héritier, cette disposition ne serait pas nulle, mais elle ne vaudrait que comme legs universel : celui qui serait ainsi institué ne serait point héritier, mais serait un simple légataire universel qui devrait demander la délivrance de son legs à l'héritier appelé par la loi à la succession ».

Rien de plus exact sous le régime du droit commun des pays coutumiers ; mais rien de moins exact sous le régime de l'article 1006 de notre code, car alors, comme le dit

(1) *Traité des donations testamentaires,* chap. 2, sect. 1, § 2, alinéas 3 et 4.

(2) Voir ci-dessus, p. 168, note 4.

(3) Y compris Loisel, lorsqu'il dit dans ses *Institutes coutumières* (liv. 2, tit. 4, règle 14) : « Légataires universels sont tenus pour héritiers ». Pour s'en assurer il suffit de recourir aux coutumes que cite ici Loisel (t. 1, p. 365 de l'édition de 1783), c'est-à-dire à la coutume de Lille, art. 27 (chap. 2, art. 3), à celle de Paris, art. 334 et à celle du Poitou, art. 248, ainsi qu'au *Traité des testaments* de Duplessis, chap. 1, sect. 3, auquel renvoie également Loisel.

(4) Chap. 2, sect. 1, § 1, alinéas 6 et 7.

Troplong (1), « les légataires universels sont de véritables
héritiers faits par la volonté de l'homme » ; aussi n'est-ce
que dans le cas où il s'agit, soit d'un légataire à titre
universel, soit d'un légataire universel en concours avec des
héritiers à réserve (art. 1004 et 1011) que le code fait, comme
Pothier, de ces légataires de simples successeurs aux biens,
et les astreint, de même que lui, à demander la délivrance.
Donc cette fois encore, en croyant pouvoir tirer parti de la
définition que donne Pothier du legs universel, notre contradicteur a commis l'une de ces méprises que nous signalions
vers la fin du paragraphe précédent.

Quant à l'arrêt de la cour de cassation, du 13 août 1851,
qu'a-t-il décidé? Ceci, d'après le sommaire de l'arrêtiste :
que « le légataire universel, ou même le légataire à titre
universel, qui a accepté la succession purement et simplement, et non pas seulement sous bénéfice d'inventaire, est
tenu des dettes, comme un héritier, *ulla vires emolumenti*,
et cela alors même que se trouvant en concours avec un
héritier à réserve, il n'a pas la saisine légale ». Mais de ce
que par suite de « la confusion des biens du défunt avec
les biens du successeur », ainsi que dit l'arrêt, ce successeur soit tenu, dans ce cas, « comme un héritier », ainsi
que dit l'arrêtiste, il ne s'en suit pas qu'il soit réellement
héritier : il ne l'est que dans le cas de l'article 1006, c'est-à-
dire dans le cas où faute de réservataires il devient *le continuateur du défunt.* Aussi n'est-ce pas pour se prévaloir de
la décision de l'arrêt du 13 août 1851 que notre contradicteur
cite cet arrêt, mais bien pour en extraire ce motif « que le
droit à une quotité de la succession implique l'obligation de
supporter une quotité proportionnelle des dettes et charges,
que ce droit et cette obligation sont des conséquences
corrélatives de tout titre universel ». En vérité, pas n'était
besoin de recourir à l'arrêt du 18 août 1851, pour n'en
extraire que cela ; car la cour suprême ne fait ici que reproduire la disposition des art. 1009 et 1012, qu'elle prend soin
d'ailleurs de viser. Mais qu'ont à faire ces deux articles dans
notre espèce ? absolument rien ; car il ne s'agit pas de
savoir si et dans quelle proportion M. Gando contribuerait
aux dettes de sa femme si elle en avait laissé, mais bien si
sa situation n'est pas réglée, non par l'art. 1006 mais par
l'art. 1004, et si, se trouvant dans le cas prévu par ce dernier article, il ne se trouve pas être un simple successeur
aux biens au lieu d'être un héritier.

Ce n'est donc pas une objection mais plutôt l'ombre d'une
objection que notre contradicteur nous oppose ici. Complé-
tant sa tâche, donnons à cette ombre plus de consistance,
en appelant au secours de notre contradicteur des auxiliaires,

(1) *Loc. cit,*, t. 4, n° 1836.

non sans profit pour nous ; car, plus une cause est bonne et plus elle gagne à être examinée sous toutes ses faces, et plus des arguments sont spécieux, plus en les abordant de front et en montrant leur manque de solidité, on contribue à mettre la vérité dans tout son jour. Quant à notre contradicteur il ne pourra pas se plaindre des auxiliaires que nous lui donnons ; car l'un est un savant magistrat qui a laissé les meilleurs souvenirs dans la cour suprême, et les deux autres sont des auteurs classiques en matière d'enregistrement.

« On distinguait autrefois, je le sais, dit le magistrat (1), le successeur *aux biens* du successeur *à la personne*. Celui-ci représentait seul le défunt, il en était la continuation, et ne faisait qu'un avec lui *(Répert. de jurispr.,* V° *Légataire,* § 7, art. 1, n° 13). C'était par cette fiction qu'on expliquait la transmission qui s'opérait de plein droit du défunt à l'héritier. Mais je suis de ceux qui pensent que cette ancienne distinction, qui tenait une si grande place dans l'ancien droit, en tient infiniment moins dans le nôtre. Ce que la loi considère, c'est le résultat. Quel est celui sur qui reposent les actions actives et passives du défunt ? Celui-là, de quelque nom qu'on l'appelle, c'est l'héritier; tout au moins il en tient lieu. Sur ce point encore, les qualifications ont beaucoup perdu de leur valeur ; les choses ont pris la place des mots. »

Mais à quelle question s'appliquent ces remarques ? A la question résolue par l'arrêt du 13 août 1851, qui avait été critiqué dans cette même *Revue* (2), par MM. Félix Berriat-Saint-Prix et Marcadé. C'est la doctrine de cet arrêt, rendu conformément à ses conclusions, que M. Nicias-Gaillard justifie dans un article intitulé : « De la contribution du légataire universel aux dettes de la succession, lorsqu'il est en concours avec un ou plusieurs héritiers à réserve (3) ». Mais de ce que, dans ce cas, les légataires universels devraient être assimilés *quant au paiement des dettes* à des héritiers, s'en suivrait-il qu'ils fussent pour cela des héritiers? Non, à coup sûr, et, comme le dit Troplong (4), « c'est précisément parce qu'ils sont *loco heredis* qu'ils ne sont pas de vrais héritiers, et que n'ayant que de simples analogies avec ceux-ci, sans conformité parfaite, ils doivent être traités différemment ». Ajoutons que, comme nous l'avons démontré dans notre premier paragraphe, il n'y a pas de corréla-

(1) Nicias-Gaillard, *Revue critique de législation et de jurisprudence,* t. 2, p. 362.

(2) T. 2, p. 167 et suiv., 197 et suiv.

(3) On trouve dans le même volume, p. 469-481, une réponse à cet article par M. Félix Berriat-Saint-Prix.

(4) *Loc. cit.,* t. 4, n° 2118.

tion nécessaire entre le paiement des dettes d'une succession
et la qualité de celui qui les paie, et qu'ainsi, par exemple,
un légataire particulier resterait tel, bien que le testateur ait
mis à sa charge une dette ou même une quotité des dettes
de la succession, et qu'un légataire à titre universel n'en
resterait pas moins tel aussi, bien qu'il ait plu au testateur
de l'affranchir, en tout ou en partie, de la quotité de dettes
correspondant à la quotité de son émolument (1).

Veut-on maintenant, avec M. Nicias-Gaillard, ne s'attacher qu'au *résultat* et reconnaître avec lui que dans notre
nouvelle législation *les choses ont pris la place des mots ?*
Soit, nous n'y voyons aucun inconvénient, ou, pour mieux
dire, ce point de vue, loin de nuire à notre thèse, la sert. Si,
en effet, on s'attache au *résultat*, on est amené à constater
qu'il est tout différent suivant que le légataire universel est
ou n'est pas en concours avec des réservataires, puisque,
c'est dans ce dernier cas seulement, qu'il y a confusion
forcée entre les biens du défunt et ceux du successeur, si
celui-ci n'a pas pris la précaution de recourir au bénéfice
d'inventaire (2). Si l'on ne s'attache qu'aux *mots* on voit que
le code donne au légataire universel la même qualification
qu'il ne soit pas ou qu'il soit en concours avec des héritiers
à réserve. Si, au contraire, on s'attache aux *choses*, on voit
que le rôle attribué par la loi à ces deux légataires universels, est tout différent puisque tandis qu'elle accorde la
saisine à l'un, elle la refuse à l'autre.

Cette différence essentielle ne touche pas, il est vrai,
Championnière et Rigaud.

« M. Toullier, et avec lui plusieurs jurisconsultes ont fait,
disent-ils (3), une distinction : ils voient dans le légataire
universel un successeur à la personne, lorsqu'il appréhende
la totalité de la succession (art. 1006 du code civ.), et un
successeur aux biens seulement, lorsqu'il concourt avec
des héritiers à réserve (art. 1004). Quant aux légataires à
titre universel, ils sont toujours successeurs aux biens
seulement.

« Nous ne pouvons admettre cette distinction ; pour re-
fuser au légataire universel, en concours avec des légitimaires, la qualité de successeur à la personne, M. Toullier
se fonde uniquement sur ce que, dans cette hypothèse, les
héritiers ont la saisine légale des biens dont le légataire est
tenu de leur demander la délivrance ; cette saisine et cette
obligation lui paraissent produire comme conséquence né-

(1) Voir ci-dessus, p. 2.

(2) Voir ci-dessus, p. 214 et 215.

(3) *Traité des droits d'enregistrement*, t. 1, nos 551 et 553, p. 427-
429 de la seconde édition.

cessaire, la réduction du légataire à la qualité de successeur aux biens.

« Cependant, M. Toullier reconnaît que le légataire universel qui appréhende la totalité de l'hérédité, est un véritable héritier. « Si l'on prétendait, dit-il (t. 5, n° 495), que « dans ce cas l'héritier testamentaire ou le légataire univer- « sel n'est qu'un successeur aux biens et non le représen- « tant de la personne du défunt, il faudrait dire que ce der- « nier demeure sans représentant ; car certainement les « parents ne le représentent point, *puisqu'ils ne sont pas* « *des héritiers.* » Ce raisonnement qui paraît péremptoire à M. Toullier, et qui l'est en effet, doit conduire à la même conséquence, lorsqu'il s'agit d'une succession entièrement absorbée par des legs à titre universel ; si les légataires ne représentent pas la personne du défunt, par qui sera-t-elle représentée ? Assurément les parents auxquels, dans ce cas, la délivrance doit être demandée, ne sont pas plus les héritiers du défunt, que si la succession était absorbée par un legs universel ; pourrait-on soutenir que pour se soustraire aux obligations de l'héritier, ils devront ou renoncer, ou s'abstenir ? Non, sans doute, la succession leur devient aussi étrangère que si jamais ils n'y avaient été appelés.

« Les légataires à titre universel représentent donc la personne du défunt, lorsqu'ils absorbent toute la succession, quoiqu'ils soient tenus à demander la délivrance (art. 1011) ; cette obligation n'a donc pas pour conséquence nécessaire de réduire le légataire à la qualité de successeur aux biens.

« Aussi M. Toullier reconnaît-il que le légataire universel en concours avec des légitimaires, quoiqu'obligé de demander la délivrance, est un véritable héritier, à l'égard de tous autres (t. 5, n° 494), et même à leur égard, sous un rapport très-important, puisqu'il recueille à leur exclusion et par droit d'accroissement les legs caducs ou répudiés (n° 507). Nous concevons difficilement comment le légataire peut être à la fois successeur à la personne à certains égards et non à d'autres, ce caractère, comme tout autre caractère, étant nécessairement indivisible.

« Quoiqu'il en soit, l'opinion de M. Toullier repose tout entière sur ce que la saisine est accordée aux héritiers ; examinons donc quel est l'effet légal que le code civil accorde à la saisine.

« Sous l'ancien droit, il était de principe que la volonté de l'homme ne fait pas d'héritier. « Les legs, dit M. Toullier « (t. 5, n° 490), furent permis dans les pays de coutume ; « mais on n'y reconnut jamais d'autres héritiers que ceux « du sang. On y établit pour maxime qu'*institution d'héritier* « *n'a pas lieu ;* c'est-à-dire qu'on ne peut instituer un « étranger au préjudice des vrais héritiers, qui sont les « héritiers du sang, et qu'on ne peut empêcher les héritiers

« d'être saisis des biens que possédait le défunt au temps
« de son décès. »

« Ainsi les légataires n'étaient que des successeurs aux
biens, mais cette qualité n'était pas chez eux la conséquence
de la saisine ; au contraire, c'était plutôt la saisine qui
était la conséquence de ce que les légataires ne pouvaient
pas être des héritiers ; c'était par ce motif que les héritiers
étaient saisis (1). C'est donc à tort que M. Toullier a considéré la qualité de successeur aux biens comme devant être
la conséquence de la saisine.

« La saisine de l'héritier et la qualité de légataire étaient
deux conséquences d'un même principe, savoir que la volonté
de l'homme ne fait pas d'héritier.

« Aujourd'hui ce principe n'existe plus ; nul ne conteste
au testateur qui n'a point d'héritier à réserve la faculté
de se constituer un héritier en instituant un légataire universel (2).

« La saisine, attribuée par le code, dérive donc nécessairement d'un autre principe ; dès lors elle n'est plus ce qu'elle
était dans l'ancien droit, du moins il est permis d'y chercher
toute autre chose.

« Or, il existe entre les effets de l'ancienne saisine, et
ceux de la nouvelle, une différence qui nous semble propre
à caractériser clairement cette dernière.

« Sous les coutumes, de ce que l'héritier seul était saisi,
il résultait que les obligations personnelles du défunt re-
posaient sur sa tête ; le légataire, successeur seulement aux
biens, n'était pas tenu *personnellement ;* et il ne pouvait pas
l'être, car la détention n'engendre pas l'obligation personnelle, qui ne s'attache qu'à la personne ; mais sous l'empire
du code, le légataire, soit universel, soit à titre universel,
seul ou en concours d'héritier, « est tenu des dettes et
« charges de la succession, *personnellement* pour sa part
« et portion, et hypothécairement pour le tout (art. 1009 et
« 1012) », c'est-à-dire de la même manière que l'héritier du
sang (art. 873). Cette disposition suppose donc nécessairement au légataire la qualité de successeur à la personne ;
elle suppose donc également à la saisine de l'héritier une
nature toute différente de celle qu'il avait sous l'ancien
droit. »

(1) C'est une erreur. Nous avons démontré au paragraphe 3 que la
saisine dérivait de la copropriété familiale des Germains qui ignoraient
l'usage des testaments; copropriété qui elle-même n'était que la conséquence de l'état social de ce peuple (X).

(2) Oui ; mais c'est là une exception et même une exception qui serait
unique si le code n'avait pas maintenu l'institution contractuelle; et
c'est cette exception que MM. Championnière et Rigaud transforment
en une règle générale applicable à tous les successeurs aux biens,
sauf les légataires à titre particulier.

Nous dirons de ce raisonnement ce que ses auteurs disent de celui de Toullier, c'est-à-dire qu'il serait « péremptoire » s'il ne péchait pas par la base ou plutôt s'il n'était pas dépourvu de base. Il n'en a pas, en effet, dès qu'on n'admet pas que notre saisine soit autre que la saisine coutumière et que sous l'ancien droit, à la différence du nouveau, les légataires universels ou à titre universel n'étaient pas tenus *personnellement* des dettes du défunt. Or, l'article 1006 identifie la position du légataire universel, qui n'a pas d'héritiers à réserve pour concurrents, à la position qu'assigne l'article 724 à l'héritier du sang ; et cet article 724 n'est lui-même, comme nous l'avons dit (1), que l'expression, en d'autres termes de l'adage coutumier : *Le mort saisit le vif ;* donc la dissemblance que trouvent Championnière et Rigaud entre nos légataires d'universalité et les légataires d'universalité des pays de coutume, n'existe qu'à l'égard de ceux qui sont régis par l'article 1006. Et, d'un autre côté, c'est très-gratuitement qu'ils supposent que les légataires universels des pays coutumiers n'étaient pas obligés *personnellement* au paiement des dettes de la succession du défunt.

« Le légataire universel est un successeur à titre universel obligé au paiement des dettes », dit Furgole (2), après avoir signalé la différence qui existait à cet égard entre les pays coutumiers, dont il parle ici, et les pays de droit écrit.

« Il faut pourtant reconnaître, avait dit, avant lui, Ricard (3), que l'article 334 de la coutume de Paris (4) est contraire à l'esprit du droit romain, en ce qu'il ordonne que les légataires et les donataires universels sont tenus des dettes concurremment avec l'héritier ; ce qui introduit contre eux une espèce d'action personnelle, puisqu'en vertu de cette disposition ils peuvent être convenus directement et personnellement par les créanciers, au lieu que par le droit civil l'action dont ils étaient tenus, était purement réelle et attachée à la chose : de sorte que les créanciers ne pouvaient pas agir contre eux directement. »

(1) Voir ci-dessus, p. 171.

(2) *Traité des testaments,* chap. 10, sect. 3, n° 90, t. 3, p. 335 de l'édition de 1779.

(3) *Traité des donations*, partie 3, n° 1514, t. 1, p. 807 de l'édition de 1783.

(4) « Ce qui est étendu par les arrêts aux coutumes qui ne contiennent pas de dispositions contraires ; ainsi jugé par arrêt du 14 mars 1601, etc. », dit Fortin dans la *Coutume de Paris conférée avec les autres coutumes de France*, p. 150 de l'édition de 1668 ; et, dans son *Institution au droit français*, liv. 2, chap. 23, t. 1, p. 516 de l'édition de 1752, Argou dit aussi : « La disposition de la coutume de Paris de payer les dettes à proportion de l'émolument, a été trouvée si juste, qu'elle a été étendue par la jurisprudence des arrêts à toutes les coutumes qui ne contiennent point de disposition contraire ».

Loyseau reconnaît également l'obligation des légataires universels quant aux dettes de la succession, tout en la faisant dériver d'une autre source. « Ils n'en sont pas tenus, dit-il (1), *pura personali actione, quasi aditione contraxerint cum ereditoribus hereditariis ;* car cette fiction n'est que pour les vrais héritiers ; mais ils sont tenus *personali actione in rem scripta,* d'autant qu'ils sont détenteurs des biens héréditaires, comme la succession étant débitrice, et non eux, et néanmoins leur ministère étant requis pour recevoir l'action et faire le paiement. »

Sous le bénéfice de la même observation, Lebrun (2) dit également (3) : « Les donataires et les légataires universels contribuent aux dettes, et sont sujets à l'action personnelle des créanciers ».

Denisart dit de même du légataire universel (4) : « Si les créanciers peuvent diriger leur action contre lui, ce n'est pas à cause de sa qualité de légataire, mais à cause de la détention des biens ; s'il les abandonne et rend compte, les créanciers n'ont plus d'action contre lui. »

Mais s'il conserve son legs, il est tenu de contribuer aux dettes à proportion de son émolument, comme le disent Argou (5), Rousseaud de Lacombe (6), Prévôt de la Jannès (7) et L'Homme (8).

Enfin le précurseur et, si souvent, l'inspirateur de notre nouveau droit, Pothier, a eu plusieurs fois l'occasion d'exprimer son opinion sur cette obligation *personnelle* du légataire universel de contribuer dans la mesure susdite à l'acquittement des dettes de la succession.

Ainsi il dit dans son *Introduction au titre XVI de la coutume d'Orléans,* nº 120 : « Le légataire universel ou d'une quotité de biens, ou d'une certaine espèce de biens du défunt, comme des meubles, du quint des propres, etc., s'oblige, en acceptant le legs, à l'acquittement des dettes ou de la part des dettes dont est chargée la part des biens qui lui est léguée : car il sait ou doit savoir que les biens d'une personne renferment la charge de ses dettes, *cum bona non intelligantur nisi deducto œre alieno.*—Il contracte

(1) *Traité du déguerpissement*, chap. 11, nº 2.
(2) *Traité des successions*, liv. 4, chap. 2, sect. 1, nº 3.
(3) *Loc. cit.*, sect. 2, nº 31.
(4) Vº *Legs*, nº 29, t. 3, p. 117 de l'édition de 1771.
(5) *Loc. cit.*, t. 1, p. 516.
(6) *Recueil de jurisprudence civile*, Vº *Dettes*, nº 21, partie 1, p. 184 de l'édition de 1753.
(7) *Principes de la jurisprudence française*, t. 1, nº 80, p. 101 de l'édition de 1759.
(8) Dans le nouveau Denisart, à l'article *Contribution aux dettes*, t. 1, nº 9, t. 5, p. 493.

cette obligation envers l'héritier qu'il est obligé d'indemniser des dettes dont est chargée la part des biens qui lui est léguée, et il la contracte aussi *celeritate conjungendarum actionum* envers les créanciers ».

Dans son *Traité des successions* (1), Pothier dit encore : « Les donataires et légataires d'une quotité de biens, comme de la moitié, du tiers, du quart, sont tenus des dettes pour la même part ».

Enfin dans son *Traité des donations testamentaires* (2), Pothier dit : « Les legs universels différent des legs particuliers en ce que les légataires universels sont tenus des dettes de la succession à proportion de ce que la part de biens à eux léguée est au total de la succession..... Au contraire, les légataires particuliers ne sont pas tenus des dettes ».

Mais il y a plus : non-seulement les légataires universels étaient tenus des dettes de la succession au prorata de leur émolument, mais encore ils en étaient tenus *ultra vires* s'ils n'avaient pas pris la précaution de faire inventaire.

« Ils n'en sont pas tenus plus outre que jusques à concurrence des biens auxquels ils succèdent, disait Loyseau (3), pourvu néanmoins qu'ils en aient fait inventaire, autrement s'il y avait eu du mélange et de la confusion de ces biens avec les leurs, on pourrait prétendre qu'ils seraient tenus solidairement des dettes. »

Et, plus loin (4), Loyseau dit encore : « J'estime toutefois que ces légataires universels, afin de pouvoir estre receus à l'advenir au déguerpissement, et même pour n'estre tenus que jusques à la valeur des biens, doivent faire bon et loyal inventaire des biens auxquels ils succèdent dès lors de l'appréhension d'iceux ; autrement il y a une confusion de patrimoine en eux, si ce n'est par une raison de droit, au moins par une nécessaire conséquence du faict, en tant qu'il n'est pas possible de séparer et distinguer par après les meubles de telles successions d'avec ceux des successeurs. »

Dans ses *Règles du droit civil* (5), « ouvrage si justement estimé », dit M. Nicias-Gaillard (6), Dantoine applique les mêmes règles au donataire universel. En commentant le § 1 de la loi 128 *de regulis juris*, ainsi conçu: *Hi qui in universum jus succedunt, heredis loco habentur*, Dantoine, après avoir cité trois exemples de l'application de cette règle,

(1) Chap. 5, art. 3, § 4.
(2) Chap. 2, sect. 1, § 2, alinéa 7.
(3) *Traité du déguerpissement*, liv. 1, chap. 11, n° 2.
(4) Liv. 4, chap. 1, n° 15.
(5) P. 379 de l'édition de 1710.
(6) *Revue critique de législation et de jurisprudence*, t. 2, p. 363.

ajoute : « Le quatrième exemple convient au donataire universel, qui est obligé de payer toutes les dettes du donateur
quia est loco heredis, lorsqu'il accepte la donation purement
et simplement. Mais quand il accepte par bénéfice d'inventaire, il n'est tenu que jusqu'à concurrence des biens. D'où
il s'ensuit qu'un donataire universel est comparé à un véritable héritier ».

Mais Dantoine est vivement blâmé par Troplong (1). « Cette
doctrine de Dantoine, dit-il, pèche par défaut de mesure ;
elle dépasse les bornes du vrai. » Il trouve que ce blâme
n'est pas encore suffisant et il ajoute : « L'opinion de Dantoine
n'était qu'une exagération et une erreur cent fois signalée ».

Cette prise à partie de Dantoine s'explique d'autant
moins que son opinion ne pouvait plus être dangereuse sous
notre nouveau régime, en présence des dispositions des articles 1082, 1084 et 1085 du code civil. De deux choses
l'une, en effet : ou bien l'état prescrit par ces derniers
articles a été dressé et le donataire veut diviser le bénéfice de la disposition faite à son profit ; ou bien il ne le peut
ou ne le veut pas. Au premier cas, rien de plus simple,
puisque la partie de dettes qui lui incombe est déterminée
dans l'état même dont s'agit. Au second cas, rien de plus
simple encore, car la disposition devient une pure institution contractuelle (2). Zachariæ (3) et M. Demolombe (4)
ont dit avec raison, l'un : « La donation cumulative de biens
présents et à venir est une variété de l'institution contractuelle ; elle n'en diffère, même, à vrai dire, que par le droit
d'option dont jouit le donataire » ; et l'autre, que « la donation
cumulative de biens présents et à venir n'est qu'une variété
ou plutôt qu'un perfectionnement de la donation de biens à
venir ». Et, avant eux, Toullier (5) avait dit : « A défaut d'état
de dettes, la donation de biens présents et à venir ne diffère
en rien de la donation des biens que laissera le donateur à
son décès, ou de l'institution contractuelle ».

L'insistance que met Troplong à différencier, quant à la
charge des dettes *ultra vires*, à défaut d'acceptation bénéficiaire, les donateurs universels des héritiers contractuels ne
l'empêche pas toutefois d'arriver à cette conclusion (6) : « En

---

(1) *Loc. cit.*, t. 4, n° 2418.

(2) Arrêt de la cour de Grenoble du 10 janvier 1847 (S. 48. 2. 144).
Voir aussi arrêt de la cour de cassation du 27 février 1821 (S. 21. 1.
236).

(3) T. 5, § 740, p. 537 de la traduction d'Aubry et Rau, seconde
édition.

(4) T. 23 (6 du *Traité des donations*), n° 341. Voir aussi n° 355-357.

(5) T. 5, n° 855. Voir également Coin-Delisle, sur les art. 1084 et
1085, n° 5 ; Bonnet, *Des dispositions par contrat de mariage et des
dispositions entre époux*, t. 2, n° 546 et 547.

(6) *Loc. cit.*, n° 2421.

résumé, le donataire universel qui n'a pas fait inventaire, doit être condamné même *ultra vires* à toutes les dettes du défunt, et il ne peut être admis à abandonner aux créanciers les biens donnés, à moins qu'il ne prouve par des preuves bonnes et loyales que la consistance des biens laissés était inférieure à ces dettes ».

Quant à l'ancien droit, Troplong ne cite pas un seul auteur, sauf Ricard (1), qui nie que les donataires universels soient tenus *ultra vires* lorsqu'ils n'ont pas fait inventaire. « Il est certain, en effet, dit Troplong (2), que ce second système était dominant sous l'ancienne jurisprudence. »

Cet aveu est justifié par ce qu'ont écrit, à cet égard, Pocquet de Livonnière, Brillon, Rousseaud de Lacombe, Bannelier, Boucheul, Domat et Pothier.

« Le donataire ou légataire des meubles, même universel ou par quotité, dit Pocquet de Livonnière (3), ne sont pas tenus indéfiniment de toutes les dettes mobilières, mais seulement jusqu'à concurrence de la valeur des meubles, lorsqu'ils ont fait faire bon et loyal inventaire. »

« Aujourd'hui, dit Brillon (4), par la pratique générale de la France, les donataires ou légataires universels sont tenus du paiement des dettes comme représentant les héritiers. Il y en a un arrêt solennel du parlement de Paris du 14 mai 1562, qui a donné lieu à l'article 334 de la coutume de Paris... Il y en a qui datent cet arrêt du 24 mars 1562, et tous l'appellent *l'arrêt des Boullards*; la véritable date est du 14 mai. Il est au long rapporté par M. Barnabé le Vest, arrêt 74. »

« Le donataire de biens présents et à venir, dit Rousseaud de Lacombe (5) est *loco heredis*, mais... *en faisant inventaire*, il peut prendre tous les biens que le donateur laisse au jour de son décès, en payant toutes les dettes de la succession du donateur, et il n'en sera pas tenu comme l'héritier *ultra vires*; au contraire, il en sera quitte en abandonnant les biens donnés avec les fruits et revenus qu'il en aura perçus. »

« La donation qui comprend tous les biens présents et à venir, dit Bannelier (6), participe beaucoup de l'institution

(1) *Traité des donations*, partie 3, nos 1518 et 1519, où il reconnaît lui-même que son opinion est contraire au sentiment général.

(2) *Loc. cit.*, no 2421.

(3) *Règles du droit français*, liv. 3, chap. 1, section 3, no 9, p. 231 de l'édition de 1768.

(4) *Dictionnaire des arrêts*, Vo *Dettes*, no 9, t. 2, p. 599 de l'édition de 1727.

(5) Sur l'article 17, de l'ordonnance de 1731, no 2, p. 65 de son *Commentaire des nouvelles ordonnances*.

(6) Sur Davot, *Traités sur diverses matières de droit français*, à l'usage du duché de Bourgogne, t. 4, p. 108 de l'édition in-4o.

contractuelle : de sorte que si le donataire prédécède, il transmet son droit à sa descendance.—Elle peut néanmoins être divisée à la différence de l'institution. Le donataire, malgré son acceptation dans l'acte même ou durant la vie du donateur, peut, après le décès, déclarer qu'il s'en tient aux biens qui existaient lorsque la donation a été faite : auquel cas il n'est chargé que des dettes créés jusques-là, non pas même indéfiniment et pour le tout, mais seulement à la concurrence des biens : pourvu qu'il ait fait procéder à un inventaire dans une forme non suspecte, avant que de s'immiscer ; je dis dans une forme *non suspecte* soit par le greffier ou un notaire ; mais on n'est pas tenu d'y appeler les créanciers (Raviot, t. 1, p. 9, aux additions qui sont à la tête). »

Laissant, au contraire, de côté la question de savoir si ou non un inventaire a été fait, Boucheul se contente de dire (1) : « Quand la donation est faite des biens présents et futurs, le donataire est tenu de toutes les dettes de son donateur créées avant ou après la donation, parce qu'une donation de cette sorte a trait à la mort, et qu'étant des biens présents et futurs, elle doit aussi comprendre toutes les dettes présentes et futures. »

« On peut, dit Domat (2), mettre au nombre de ceux qui tiennent lieu d'héritiers, quoiqu'ils n'aient pas cette qualité, les donataires universels par donation entre-vifs de tous biens présents et à venir, car, ayant tous les biens, ils sont tenus à toutes les charges par l'effet de leur titre... Si le donataire s'était mis en possession des biens après la mort du donataire sans en faire un inventaire, il ne pourrait plus diviser la donation, et sa condition serait la même que s'il était héritier pur et simple. »

Enfin Pothier dit (3) : « Pour que les légataires et donataires universels, les successeurs à titre de déshérence et autres qui succèdent aux biens plutôt qu'à la personne, ne soient tenus des dettes que jusqu'à concurrence des biens auxquels ils ont succédé, il faut qu'ils en aient fait constater la quantité par un inventaire ou quelque autre acte équivalent; s'ils s'en sont mis en possession sans cela, et qu'ils aient disposé desdits biens, ils seront tenus indéfiniment des dettes, et ils ne seront pas reçus, pour s'en décharger, d'offrir d'abandonner et de tenir compte des biens, s'étant mis par leur faute hors d'état d'en pouvoir constater la quantité; c'est le sentiment commun, duquel s'est écarté Ricard, qui prétend que, même en ce cas, ils doivent être

_____

(1) *Traité des conventions de succéder*, chap. 25, n° 44, p. 451 et 452.

(2) *Les lois civiles dans leur ordre naturel*, partie 2, liv. 1, tit. 1, sect. 13, n° 6, p. 378 et 379 de l'édition de 1777.

(3) *Traité des successions*, chap. 2, art. 2, § 3, dernier alinéa.

reçus à l'abandon et à justifier par enquête de commune renommée la quantité des biens : ce sentiment ne doit pas être facilement suivi. »

En ce qui concerne spécialement les légataires universels ou à titre universel (qui, comme nous l'avons dit, n'étaient pas distingués les uns des autres sous l'ancien droit) la règle enseignée ici par Pothier, a été maintes fois exprimée après comme avant lui.

Ainsi, de même que Loyseau (1), Duplessis (2) avait admis qu'à défaut d'inventaire, le légataire universel était tenu, même *ultra vires*, des dettes de la succession. « Le défaut d'inventaire, dit-il (3), ne milite qu'au profit des légataires particuliers, et non point d'un légataire universel de meubles et d'acquêts, lequel ne pourra agir contre l'héritier qui se sera saisi des meubles que pour preuve de ce qu'il y en avait plus qu'il ne représente, et cela pour deux raisons. — L'une, qu'il n'est point légataire d'une chose certaine, qu'il puisse demander au défaut d'inventaire, mais d'un droit universel. — L'autre, qu'étant légataire universel, il devait lui-même faire inventaire, et même s'il prenait la restitution des meubles des mains de l'héritier, sans faire inventaire, il se peut soutenir qu'il serait chargé indéfiniment de tous les legs dont un légataire universel est tenu. » Et cette opinion de Duplessis est d'autant plus remarquable, au point de vue de la théorie de Championnière et Rigaud combattus par nous, que Duplessis commentait la coutume de Paris dont l'article 318 porte : « Le mort saisit le vif, son hoir plus proche et habile à succéder », après avoir dit, dans l'article 299 : « Institution d'héritier n'a lieu ».

Lebrun, qui était avocat au parlement de Paris, dit de son côté (4) : « Quoique notre usage et l'article 334 de la coutume de Paris donnent cette action personnelle contre un légataire universel, néanmoins c'est imparfaitement, en tant qu'il n'est jamais tenu indéfiniment au-delà des forces de son legs universel, *pourvu qu'il ait fait inventaire* ».

Denisart, qui était procureur au Châtelet de Paris, dit de même (5) : « Le légataire universel tient en France la qualité de l'héritier, étant assujetti à payer tous les légataires particuliers du fonds de la succession; cependant il ne peut être forcé au paiement des dettes du défunt que jusqu'à

(1) Qui, comme nous l'avons déjà dit, mourut en 1627.

(2) Il mourut en 1683.

(3) *Traité des testaments*, chap. 1, sect. 3 *in fine*, p. 581 de l'édition de 1779.

(4) *Traité des successions*, liv. 4, chap. 2, sect. 1, n° 3. Voir aussi sect. 2, n° 66.

(5) V° *Légataire*, n° 2, t. 3, p. 88 de l'édition de 1771.

concurrence des biens légués, *pourvu toutefois qu'il ait fait faire inventaire.* »

Bourjon, qui avait été avocat au parlement de Paris, dit de même encore (1): « Le légataire universel n'est pas tenu indistinctement du paiement des dettes ou de la contribution à icelles, abstraction faite de son amendement au legs: au contraire, il n'en est tenu que jusqu'à concurrence de son émolument, *lorsqu'il a fait faire inventaire,* parce qu'il serait contre la nature du bienfait qu'il fût onéreux à celui qui en est honoré, maxime qui, *dans le cas de l'inventaire,* limite à ce son engagement. »

Enfin, en 1785, Lerasle, ancien professeur de droit, avocat au parlement de Paris, disait de nouveau (2) : « Le légataire universel n'est tenu des dettes du défunt que jusqu'à concurrence des biens légués, *pourvu qu'il ait fait faire inventaire* ».

Dans cette même année 1785, il est vrai, Merlin (3) s'efforçait de réhabiliter l'opinion de Ricard dont il vantait la « dialectique solide et lumineuse »; mais en citant textuellement l'opinion contraire de le Maistre, il était obligé de reconnaître que « tous les auteurs français, à l'exception de Ricard », professaient la même doctrine.

C'est cette doctrine qu'a consacrée l'arrêt de la cour de cassation du 13 août 1851. Seulement, en astreignant le légataire universel quand même il est en concours avec des réservataires et le légataire à titre universel à n'accepter leurs legs que sous bénéfice d'inventaire, s'ils voulaient se soustraire à l'obligation de payer les dettes de la succession *ultra vires,* ledit arrêt a été plus loin que l'ancienne jurisprudence, laquelle se bornait, pour leur assurer cette exemption, à exiger de ces légataires un inventaire qui permit de discerner leurs biens propres de ceux qu'ils tenaient de la libéralité du testateur.

Ainsi, sur cette règle de Loisel (4): « Légataires universels sont tenus pour héritiers », de Laurière disait (5) : « Cependant le légataire universel, comme la femme commune, en faisant inventaire, n'est tenu des dettes que jusqu'à concurrence de son legs, sans qu'il ait besoin de lettres; au lieu que l'héritier en a besoin. Voyez le Prestre, centurie 2, chap. 39, et la Thaumassière sur la coutume de Berry, tit. 19, art. 9 ».

---

(1) *Droit commun de la France,* liv. 5, tit. 9, part. 3, chap. 3, n° 16, t. 2, p. 324 et 335 de l'édition de 1770.

(2) *Encyclopédie méthodique. — Jurisprudence,* t. 5, p. 420.

(3) *Répertoire* de Guyot, t. 10, p. 91.

(4) *Institutes coutumières,* liv. 2, tit. 4, n° 14.

(5) T. 1, p. 365 et 366 de l'édition de 1783.

La jurisprudence ancienne était conforme à cette doctrine.

« Un arrêt du 5 mai 1602, rapporté par Mornac sur la loi I, C. *de inofficioso testamento* (1), a jugé, dit Merlin (2), qu'un légataire universel n'a pas besoin de lettres de bénéfice d'inventaire pour borner à son émolument l'obligation dans laquelle il est de payer les dettes de la succession.

« Par arrêt du 16 janvier 1603, dit Brillon (3), en la cham-
« bre de l'Edit, fut jugé que *in directa* on ne peut être léga-
« taire par bénéfice d'inventaire. Cela avait été jugé plusieurs
« fois *in collaterali*. Arrêt de Flexelles du 5 mars 1601. »

« Le *Journal des Audiences* (4) nous en fournit un autre plus précis encore : il a été rendu le 28 mai 1626, sur les conclusions de M. l'avocat-général Talon, et M. le premier président (5), après l'avoir prononcé, « avertit les avocats de
« ne plus donner avis aux légataires et donataires universels
« d'obtenir lettres pour accepter un don universel par béné-
« fice d'inventaire, et que l'inventaire bien et dûment fait
« suffisait ».

« Un cinquième arrêt du 30 mai 1656, rapporté dans le supplément du *Journal des Audiences* (6), d'après Soefve (7), a pareillement jugé « qu'un légataire universel ne peut être
« tenu en son nom des legs particuliers, quoiqu'il n'ait point
« de lettres de bénéfice d'inventaire ».

« Le parlement d'Aix a jugé deux fois la même chose ; la première par arrêt du 15 janvier 1582, rapportée dans la décision 6 du président Stephanus (Y) ; la seconde par un arrêt du 4 février 1673, insérée dans la suite de Boniface (8). »

De ce qui précède, il y a plusieurs conséquences à tirer :

La première, c'est que la théorie de Championnière et Rigaud repose uniquement sur une hypothèse toute gratuite, et qu'une fois cette hypothèse écartée, la théorie s'écroule d'elle-même, faute de base ;

La seconde, c'est que, en attribuant aux légataires d'universalité ou de quotité de succession l'obligation *personnelle* d'acquitter les dettes de cette succession, la cour suprême n'a fait que se conformer à la doctrine des jurisconsultes des pays coutumiers ;

(1) T. 3, col. 579 de ses œuvres, édition de 1721.

(2) *Loc. cit.*, p. 94.

(3) *Dictionnaire des arrêts*, V° *Legs*, n° 26, t. 4, p. 42 de l'édition précitée.

(4) T. 1, p. 59 de la dernière édition.

(5) Nicolas de Verdun, qui mourut l'année suivante (16 mars 1627).

(6) A la fin du tome 7, p. 147.

(7) *Nouveau recueil de plusieurs questions notables*, t. 2, centurie 1, chap. 36, p. 28.

(8) *Arrêts notables du parlement de Provence, recueillis par de Bezieux, pour servir de suite aux compilations de Boniface*. Paris, 1750, in-folio.

La troisième, c'est que la seule différence qu'il y ait sur ce point entre l'ancienne jurisprudence et la sienne, consiste en ce que, d'après celle-ci, pour que lesdits légataires ne soient pas tenus des dettes de la succession *ultra vires*, il faut qu'ils ne l'aient acceptée que sous bénéfice d'inventaire ; tandis que, d'après celle-là, un inventaire régulier fait par eux suffisait pour qu'ils ne fussent exposés à l'action des créanciers du défunt que jusqu'à concurrence de leur émolument, sans qu'ils eussent pour cela besoin de recourir à l'acceptation bénéficiaire ;

La quatrième, c'est que la question tranchée, en 1851, par la cour de cassation, n'a nul rapport avec la nôtre, puisque l'une n'a trait qu'au paiement des dettes, et que l'autre porte sur le point de savoir si, abstraction faite de toutes dettes, le légataire universel à qui la loi refuse la saisine doit être mis sur le même pied que le légataire universel auquel elle l'accorde ;

La cinquième, c'est que la question résolue par l'arrêt du 13 août n'aurait pas donné lieu à tant de controverses soit avant soit depuis la prononciation de cet arrêt, si, dans l'espèce sur laquelle il statue, il n'y avait pas eu concours entre un réservataire et un légataire universel. Aussi M. Félix Berriat-Saint-Prix, en faisant la critique de cet arrêt, dit-il (1) : « Si, dans l'espèce, le légataire avait été saisi de plein droit, par suite de l'absence d'héritiers à réserve, la décision aurait pu s'appuyer sur des arguments plus sérieux ».

Dans cette dernière hypothèse, en effet, il y aurait eu lieu de dire avec M. Laurent (2) : « Lorsque les légataires universels sont en concours avec des héritiers non réservataires, il n'y a aucun doute ; ils sont alors assimilés aux héritiers légitimes ; l'article 1006 dit qu'ils sont saisis de plein droit par la mort du testateur, de même que l'article 724 dit des héritiers légitimes qu'ils sont saisis de plein droit des biens, droits et actions du défunt. Or, la saisine est l'expression du lien personnel que l'hérédité établit entre le successeur saisi et le défunt ; ils ne font qu'un, à ce point qu'il se fait une confusion de personnes et de biens ; la conséquence en est que le successeur saisi doit être tenu des dettes comme en était tenu le défunt, c'est-à-dire indéfiniment ».

Mais comment la cour de cassation est-elle parvenue à appliquer cette même règle au cas inverse, c'est-à-dire au cas où le légataire universel se trouve en concours avec un héritier à réserve ? Elle y est parvenue en assimilant la sai-

(1) *Revue critique de législation et de jurisprudence*, t. 2, p. 175.

(2) *Loc. cit.*, t. 14, n° 100, p. 100.

sine à la mise en possession, ou, pour mieux dire, en iden-
tifiant ces deux choses.

« Attendu, dit l'arrêt, que l'obligation *personnelle* dont le
successeur universel est tenu, existe avec toutes ses conséquences légales *du moment où il est saisi* des biens de la
succession, *soit que la saisine procède immédiatement de la
loi, soit qu'elle procède de la délivrance* ; qu'elle n'a pas
pour principe unique le titre successif universel d'où elle
dérive ; qu'elle a aussi pour cause la confusion des biens
du défunt avec les biens du successeur ; qu'elle ne se mesure donc pas à l'importance des biens que ce dernier a
recueillis, mais à la portée de son titre même ; qu'il serait, en
effet, contraire à la nature de l'obligation personnelle de se
limiter selon la consistance et l'origine de certains biens
advenus au débiteur ; que le titre de celui-ci ne constatant
pas, par lui-même, la consistance et la valeur des biens de
la succession, a nécessairement pour résultat de réunir entre ses mains et de confondre avec ses propres droits actifs
ou passifs les droits actifs ou passifs du défunt ; de telle
sorte que les biens par lui recueillis deviennent, *à l'instant
même où il en obtient la saisine,* le gage de ses propres
créanciers, de même que ses propres biens deviennent le
gage des créanciers de la succession ; que, pour empêcher
la confusion de s'opérer, *soit par l'effet de la saisine légale,
dans le cas où le successeur universel est saisi de plein droit,
soit par l'effet de la mise en possession, dans les cas où il
doit demander la délivrance,* et pour prévenir les conséquences de cette confusion, un seul moyen est offert par la
loi au successeur qui, s'il craint de ne pas trouver dans son
émolument des ressources suffisantes pour le paiement des
dettes, peut recourir au bénéfice d'inventaire. »

Nous avions donc raison de dire que, suivant la cour de
cassation, la saisine s'identifiait avec la mise en possession,
s'effectuant tantôt par la seule force de la loi et tantôt par
l'intermédiaire du continuateur de la personne du défunt.
Mais la cour de cassation n'a ni pu ni voulu violenter la
nature des choses ; elle n'a ni pu ni voulu que l'effet pré-
cédât la cause : ce qui arriverait tout aussi bien, en cas de
saisine effectuée par intermédiaire, si cette saisine précédait la délivrance, que dans le cas de saisine légale si on la
faisait remonter au-delà du décès du testateur qui en est
cause. Donc, dans le premier cas, la saisine n'est que la
suite de la délivrance, pour ne pas dire la délivrance elle-
même ; donc, c'est alors que la mutation s'opère, et elle
s'opère dans la même mesure que ladite délivrance ; donc
si celle-ci est limitée par la répudiation d'une partie de
l'émolument, c'est uniquement sur la partie non répudiée,
sur la partie seule délivrée, que le droit fiscal peut être
assis.

Ainsi, non-seulement notre contradicteur ne peut pas se prévaloir, comme il le fait, de cet arrêt du 13 août 1851 ; mais encore cet arrêt condamne implicitement, mais très-clairement, sa thèse ultra-fiscale.

Quant à l'arrêt du 8 janvier 1872, sa décision est ainsi résumée par les continuateurs de Sirey: « La disposition testamentaire par laquelle le testateur, après divers legs particuliers, déclare *laisser une note de son avoir et que si la dépense n'absorbe pas tout son avoir, le surplus sera pour telle personne désignée*, constitue au profit de cette personne, non un legs universel, mais un simple legs particulier, s'il apparaît d'après l'économie et l'ensemble du testament, comme d'après les expressions employées, que l'intention du testateur a été de faire porter le legs seulement sur les objets de la succession nettement déterminés ».

On ne voit vraiment pas quel rapport, même éloigné, une pareille décision peut avoir avec notre espèce; mais notre contradicteur ne cite cet arrêt que pour conclure d'un de ses motifs que « il y a un legs universel quand l'intention du testateur a été de faire porter le legs sur une universalité de droit ». D'accord; c'est même là une de ces vérités du même ordre que celle-ci : *Opium facit dormire quia est in eo virtus dormitiva, cujus est natura sensus assoupire* (1). Nul, à coup sûr, ne songera jamais à contredire des vérités de ce genre, fussent-elles formulées en latin macaronique; mais qu'y a-t-il de commun entre notre débat et ces lapalissades, comme on dirait en argot de boulevardier? Est-que nous nions que le legs fait en faveur de M. Gando soit un legs universel? pas le moins du monde : ce que nous nions c'est que ce legs universel soit du genre de ceux que réglemente l'article 1006, c'est-à-dire du genre de ceux qui confèrent la saisine; ce que nous affirmons, au contraire, c'est qu'il est du genre de ceux que réglemente l'article 1004, c'est-à-dire du genre de ceux qui ne confèrent pas la saisine; c'est que dès lors M. Gando étant, par suite de son concours avec une héritière à réserve, non un héritier mais un successeur aux biens, a, au lieu d'un titre qui de sa nature est indivisible, un émolument à recevoir qui était parfaitement divisible, et, par conséquent, qui pouvait être accepté pour partie et répudié pour partie. Et si l'on nous reproche de répéter toujours la même chose, nous répondrons avec un autre personnage mis en scène par notre grand poète comique (2) : « Je dis toujours la même chose, parce que c'est toujours la même chose, et si ce n'était pas toujours la même chose, je ne dirais pas toujours la même chose ».

Mais si, au lieu de n'extraire de la jurisprudence de la cour

<hr/>

(1) Troisième intermède du *Malade imaginaire*.
(2) Pierrot dans *Don Juan*, acte 2, scène 1.

suprême que des arrêts comme ceux des 13 août 1851 et
8 janvier 1872, dont l'un n'a qu'un rapport éloigné et dont
l'autre n'a aucun rapport avec la question en litige, on inter-
roge des arrêts qui statuent sur des cas analogues au nôtre,
on ne tarde pas à reconnaître, ou bien qu'ils sont conformes
à notre doctrine, ou bien que, lorsqu'ils paraissent s'en éloigner, c'est parce qu'ils sont rendus dans des espèces différentes qui sont régies par d'autres principes.

Ainsi, il y a un arrêt de la cour de cassation du 10 novembre 1847 (S. 47. 1. 810), qui, d'après le sommaire de
l'arrêtiste, a décidé que « le légataire de la quotité disponible qui renonce à une partie de son legs *au profit de l'un
des héritiers du défunt*, n'en est pas moins réputé légataire
pour le tout, et doit dès lors supporter le droit de mutation,
non pas seulement sur la portion du legs qu'il se réserve,
mais encore sur la portion à laquelle il a renoncé ». Cet arrêt
est parfaitement juridique, car il se borne à appliquer l'une
des dispositions de l'article 780 que le législateur moderne a
emprunté à l'ancienne jurisprudence (1); mais l'espèce sur
laquelle cet arrêt statue diffère complétement de la nôtre,
où il s'agit, non d'une renonciation faite *au profit de l'un des
héritiers du défunt*, mais bien d'une renonciation faite *au
profit de la seule héritière de la défunte*. « Il résulte de l'art.
780, dit M. Demolombe (2), qu'on ne doit point considérer
comme un acte d'acceptation, la renonciation gratuite que
l'héritier ferait *au profit de tous ses cohéritiers indistinctement*; car cet article déclare qu'une telle renonciation emporte acceptation, seulement *lorsqu'il reçoit le prix de sa
renonciation*. — La déclaration même, que ferait l'héritier,
dans son acte de renonciation au greffe, qu'il renonce au
profit et dans l'intérêt de tous ses cohéritiers ou de tous les
héritiers du degré subséquent, cette déclaration n'empêcherait
donc pas que la renonciation, dès qu'elle serait gratuite, ne
dût être considérée comme une renonciation pure et simple,
comme si l'héritier n'avait fait aucune mention de ses cohéritiers ou des héritiers du degré subséquent ni du motif qui le
portait à renoncer. »

De même, on ne peut nous opposer l'arrêt de la cour de
cassation du 18 novembre 1851 (S. 51. 1. 769) qui a décidé
que « les légataires qui avaient acquitté les droits de mutation sur la propriété, ne peuvent, au moyen d'une renonciation à l'usufruit, se dispenser de payer les droits de mutation sur l'usufruit ». Entre cette espèce et la nôtre il n'y a
non plus aucun rapport. Dans l'espèce sur laquelle cet arrêt
a statué, MM. de Colbert et de Galard avaient déclaré au greffe,

___

(1) Lebrun, *Traité des successions*, liv. 3, chap. 8, sect. 2, no 17-21 ;
Pothier, *Traité de la communauté*, no 541, 2e alinéa.

(2) T. 14 (2 du *Traité des successions*), no 439.

le 17 août 1847, qu'ils acceptaient sous bénéfice d'inventaire
le legs universel fait à leurs enfants mineurs par le marquis
d'Aligre, dans son testament du 29 septembre 1846. Puis, par
actes authentiques des 29 avril et 1er mai 1848, lesdits de
Colbert et de Galard, agissant en leur qualité d'administrateurs des biens de leurs enfants mineurs, déclarèrent « renoncer purement et simplement aux usufruits légués à leurs
enfants sur les portions léguées en nue propriété à ces mêmes
enfants et ce, à raison des fortes charges dont les usufruits
ont été grevés par les testaments du sieur d'Aligre, desquels
usufruits ils n'ont pas encore été mis en possession et jouissance ». Ces renonciations pouvaient-elles effacer les acceptations du 17 août 1847? Non, dès que l'on admet que l'adage
semel heres, semper heres s'applique tout aussi bien aux
héritiers bénéficiaires qu'aux héritiers purs et simples (1);
adage qu'avait appliqué à la cause le tribunal civil de la Seine
le 9 janvier 1850 en disant : « qu'en effet, il est de principe
qu'en France n'est héritier qui le veut, mais aussi que celui
qui une fois a assumé sur lui cette qualité ne peut plus s'en
dépouiller »; adage dont les demandeurs en cassation avaient
d'ailleurs d'autant moins à décliner l'application qu'ils avaient
agi en pleine connaissance de cause, comme le constate l'arrêt
du 18 novembre 1851, en ces termes : « Attendu qu'en vertu
d'autorisation demandée et obtenue, de Colbert et de Galard
ont, par acte au greffe au tribunal de la Seine du 17 août
1847 « déclaré accepter, sous bénéfice d'inventaire, pour leurs
« enfants mineurs, le legs universel à eux fait par le sieur
« d'Aligre, *aux termes de son testament* du 29 septembre
« 1846 ». — Attendu, enfin, que sur leur demande formée
contre l'héritier à réserve, en délivrance de ce legs universel,
dans les termes du testament qui étaient textuellement rap-
pelés, et sans aucune distinction, révision, restriction ni
réserve, le tribunal a, par jugement contradictoire du 31 mars
1848, « ordonné que le testament dudit jour, 29 septembre
« 1846, serait exécuté suivant sa forme et teneur, en ce qui
« concerne le legs universel dont s'agit; fait délivrance aux-
« dits mineurs de Colbert et de Galard dudit legs universel,
« *pour par eux le recueillir suivant le mode y indiqué, avec*
« *les intérêts et fruits, à compter du jour de l'ouverture de*
« *la succession du testateur* ».

Dans notre espèce, au contraire, il n'y a pas eu une acceptation suivie d'une renonciation de la part du légataire universel de Mme Gando; il y a eu dès le principe une acceptation
limitée à la propriété, et c'est par un seul et même acte, celui
reçu par Me Lefebvre le 19 septembre 1876, qu'ont eu lieu à
la fois et la renonciation du légataire au surplus de son legs,
c'est-à-dire à l'usufruit du quart des biens délaissés par la

(1) Voir ci-dessus, p. 27-33.

défunte et la délivrance du legs ainsi réduit par l'héritière
à réserve. Enfin, ce n'est qu'à la date du 18 décembre de la
même année que la déclaration de succession de M⁻ᵉ Gando
a été faite et que les droits de mutation auxquels cette succession donnait lieu ont été perçus sur la base déterminée
par ledit acte du 19 septembre précédent.

On le voit, entre cette espèce et celle de la succession du
marquis d'Aligre, il y a un abîme; et si des situations dis-
semblables doivent entraîner des décisions différentes, l'on
peut dire que la cour suprême, en donnant gain de cause à
l'administration de l'enregistrement, dans ses arrêts des
10 novembre 1847 et 18 novembre 1851, a en même temps
condamné implicitement sa prétention actuelle. C'est ce
qu'elle a fait d'ailleurs d'une manière explicite dans des décisions plus récentes.

Ainsi, la chambre civile présidée par M. Bérenger, a, sur
le rapport de M. Delapalme et conformément aux conclusions
de M. l'avocat-général Sevin, cassé, le 5 mai 1856 (S. 56.
1. 618), un jugement du tribunal de Béthune, du 9 mai 1854,
par les motifs suivants : « Vu les art. 24 et 39 de la loi du
22 frimaire an VII ; — attendu qu'aux termes de son testament olographe, du 21 août 1849, la demoiselle Guilbert
a fait, au profit de Zéphirin Guilbert, son frère, deux legs
distincts : le premier, de l'usufruit de tous ses immeubles ;
le second, de toute la propriété de ses meubles ; — que ces
deux legs sont l'un et l'autre des legs à titre universel;
*que le légataire n'en était donc pas saisi de plein droit, et
qu'il ne s'opérait pas de transmission à son profit par le
seul fait de la loi ; — qu'il était tenu d'accepter ces legs et
d'en demander la délivrance aux héritiers du sang ;—qu'ainsi
la transmission de biens et, par suite, la mutation, ne pouvaient s'opérer que par le concours de cette acceptation et
de cette délivrance ;* — que, du reste, ces deux legs étant
distincts, le légataire à titre universel n'aurait été tenu de
les accepter tous deux qu'autant qu'ils auraient été indivisibles ;—mais qu'ils n'étaient indivisibles ni en fait, puisqu'ils
s'appliquaient tous deux *à des choses séparées et de nature
différente,* ni par la volonté de la testatrice, *qui n'avait
imposé à cet égard aucune obligation au légataire,* que celle
de payer la totalité des charges de la succession (obligation
qui a été remplie par le légataire), laquelle ne suffisait pas
pour établir entre deux dispositions distinctes le lien d'indivisibilité ; — qu'ainsi, Zéphirin Guilbert a pu accepter l'un
de ces legs et répudier l'autre, et que, par suite de cette
répudiation, *n'ayant été, ni de fait, ni de droit saisi de
l'usufruit des immeubles,* il ne s'est opéré à son profit aucune
mutation qui puisse donner lieu à la perception du droit
d'enregistrement pour cet usufruit ; — que cette renonciation
par lui faite *n'a pas, d'ailleurs, été critiquée par les héritiers*

du sang, au profit desquels s'est opérée, en conséquence et directement, la mutation qui a été le résultat du décès de la testatrice; — d'où il suit qu'en jugeant, au contraire, qu'il y avait lieu à la perception du droit de mutation à raison de l'usufruit immobilier légué à Zéphirin Guilbert, le jugement attaqué a violé les articles précités ».

La doctrine de cet arrêt remarquable s'adapte exactement à notre cause. Il se peut cependant que quelqu'un de ceux qui, comme l'on dit vulgairement, « cherchent la petite bête » et sont toujours à la poursuite de ce triste régal et prêts à se contenter de cette maigre pitance, s'avise de nier cette adaptation en remarquant que, dans l'espèce sur laquelle la cour de cassation a statué, il s'agit de deux legs *distincts*, tandis que, dans la nôtre, il s'agit d'un seul et même legs, Mme Gando s'étant contentée de dire dans son testament qu'elle léguait à son mari tout ce que la loi lui permettait de lui donner.

Mais cette objection subtile et tout à fait digne de ces abstracteurs de quintescence dont se moque Rabelais, n'est pas de nature à toucher les gens sérieux et sensés. Ou bien se rappelant les paroles du grand poète Florentin : *Guarda e passa*, ils ne lui feront pas l'honneur de s'y arrêter ; ou bien, s'ils daignent le faire, ils ne tarderont pas, en creusant cette objection, à en reconnaître l'inanité sous un double aspect.

D'abord, parce que le legs fait ici par la testatrice bien qu'un en apparence est en réalité double, la loi prenant elle-même la peine d'en décomposer les éléments, en disant, dans l'art. 1094, que, en cas d'enfants, le maximum de la quotité disponible entre époux est « un quart en propriété et *un autre quart* en usufruit ». Aussi toutes les remarques faites par l'arrêt du 5 mai 1856 sur la libéralité faite à Zéphirin Guilbert par sa sœur, s'appliquent-elles au legs fait par Mme Gando à son mari. Ici encore on peut dire de même que la libéralité porte sur *des choses séparées et de nature différente*. Ici encore l'on peut dire que la testatrice n'a, à l'égard du cumul de ces choses, *imposé aucune obligation au légataire*. Ici encore l'on peut dire que le légataire *n'a été, ni de fait, ni de droit, saisi de l'usufruit* que lui alloue l'art. 1094. Ici encore enfin, l'on peut dire de la renonciation de M. Gando à cet usufruit que *cette renonciation n'a pas, d'ailleurs, été critiquée par l'héritière au profit de laquelle s'est opérée, en conséquence et directement la mutation qui a été le résultat du décès de la testatrice.*

Ensuite, et surtout, il faut remarquer que ces considérations, si importantes qu'elles soient, ne sont que secondaires dans la pensée des auteurs de l'arrêt du 5 mai 1856 et qu'elles ne figurent que subsidiairement, pour ainsi dire, dans cet arrêt ; ce qui domine la cause, ce qu'ils placent en première ligne, c'est une considération capitale qui s'applique tout aussi bien au légataire universel dans le cas de l'article 1004 qu'au légataire à titre universel dont le sort est régi par les art. 1010 et 1011. En effet, dans l'un et l'autre cas on peut dire également que *le légataire n'est pas saisi de plein droit et qu'il ne s'opère pas de transmission à son profit par la seule force de la loi ; qu'il est tenu d'accepter le legs et d'en demander la délivrance aux héritiers du sang ; qu'ainsi la transmission de biens et, par suite, la mutation ne peut s'opérer que par le concours de cette acceptation et de cette délivrance* ; concours qui a été réalisé, dans notre espèce, par l'acte reçu par M⁰ Lefebvre, le 19 septembre 1876.

La divisibilité du legs en dehors du cas où, aux termes de l'art. 1006, le légataire est assimilé à l'héritier du sang, a été de nouveau consacrée par la cour suprême le 8 juillet 1874 (S. 74. 1. 492), dans un arrêt où elle décide que « lorsque le légataire de l'usufruit de tous les biens d'une succession a déclaré ne vouloir conserver cet usufruit que sur certains objets déterminés et renoncer au surplus en faveur des nu-propriétaires, cette acceptation ainsi limitée doit servir de base à la perception du droit de mutation et la régie est mal fondée à réclamer ce droit sur l'intégralité des objets légués ».

Dans son *Répertoire périodique de l'enregistrement*, t. 21, n° 3906, p. 513-531, M. Garnier ne s'est pas borné à reproduire cet arrêt, il a de plus publié intégralement le rapport de M. le conseiller Paul Pont sur lequel il a été rendu et fait suivre le texte de l'arrêt d'amples observations, après avoir antérieurement, dans le même recueil (n° 3629), donné le texte du jugement qui avait donné lieu au pourvoi.

Ce jugement qui avait été rendu par le tribunal de Langres, le 4 décembre 1872, a été aussi inséré par MM. Rigaud et Alexis Leroux dans leur recueil mensuel intitulé: *le Contrôleur de l'enregistrement*, t. 55, n° 15,214, p. 103-110. Il est trop longuement motivé pour que nous le reproduisions ici, d'autant plus qu'on peut dire de ses motifs ce que Martial disait de ses épigrammes (1) : *Sunt bona, sunt quædam mediocria, sunt mala plura.*

Le meilleur motif qui s'y trouve est celui-ci : « Considérant que, dans l'espèce, il s'agit d'un usufruit légué en masse à la vérité, mais s'appliquant en définitive à plusieurs corps de biens parfaitement distincts ; qu'en fait, rien n'est plus facile que de jouir de l'un et de ne pas jouir des autres ; que, d'autre part, dans son testament du 20 juin 1870, Thiberge n'a manifesté aucune volonté contraire ; que mettre Mˡˡᵉ Petitjean dans la nécessité de prendre le tout ou de ne

(1) Liv. I, epigr. 17.

rien prendre, ce serait même aller contre les intentions les plus probables du testateur, qui a certainement voulu augmenter dans une certaine mesure le bien-être de sa tante, mais qui a tenu, avant tout, à respecter ses habitudes et ses convenances. »

Et, le plus mauvais motif dudit jugement est celui où il est dit que « les légataires universels ou à titre universel sont de *véritables successeurs à la personne* ». Les légataires universels ne méritent cette qualification que dans le cas de l'art. 1006, c'est-à-dire quand ils ont la saisine ; ils ne la méritent pas quand ils sont dans le cas de l'art. 1004, c'est-à-dire lorsqu'étant en concours avec des héritiers à réserve, ils sont obligés à leur demander la délivrance du montant de leurs legs, et les légataires à titre universel n'ont jamais la saisine, puisqu'ils sont toujours tenus à demander la délivrance soit aux héritiers à réserve, soit au légataire universel, soit aux héritiers appelés dans l'ordre établi au titre des successions (art. 1011). Mais cette erreur, le tribunal de Langres était amené à la commettre par suite de la base même qu'il donnait à sa décision. « En premier lieu, dit M. Garnier (1), il a admis que le legs de l'usufruit de tous les biens était un legs à titre particulier et non un legs à titre universel, ce qui autorisait le bénéficiaire de la libéralité à y renoncer pour partie sans faire par cela même adition pour le surplus ».

Que le tribunal de Langres ait rangé un legs d'usufruit universel dans la classe des legs particuliers, ce n'est pas là ce qui offre matière à reproche, car cette opinion, admise déjà par plusieurs jurisconsultes, parmi lesquels figurent les meilleurs commentateurs du code civil (2), finira sans doute par être universellement adoptée ; mais où le tribunal de Langres a-t-il vu que les legs à titre universel étaient indivisibles et ne pouvaient pas être acceptés pour partie et répudiés pour partie ? pas dans le code civil, à coup sûr, qui ne souffle mot d'une telle prohibition et qui, par cela même qu'il ne la reconnaît pas, la rejette ; dans le droit romain peut-être ? Mais alors cet emprunt serait malheureux à un triple point de vue : d'abord parce que les lois romaines sont aujourd'hui abrogées (3) ; ensuite parce que ces lois appli-

(1) *Loc. cit.*, p. 514.

(2) Proudhon, *Traité des droits d'usufruit*, etc., t. 2, no 476; Duvergier sur Toullier, t. 3, no 432, note *a*; Coln-Delisle sur l'art. 1003, no 17; Bayle-Mouillard sur Grenier, t. 2, no 288, note *c*; Marcadé sur l'art. 1010, no 3; Mourlon,*Répétitions écrites*, t. 1, p. 727; Aubry et Rau, sur Zachariœ, t. 6, p. 147; Colmet de Santerre, *Cours analytique*, t. 4, no 157 *bis* II; Saintespès-Lescot, t. 4, no 1381; Demolombe, t. 10 (2 du *Traité de la distinction des biens*), no 258, et t. 21 (4 du *Traité des donations*). no 586; Laurent, *Principes de droit civil*, t. 13, no 526, p. 579-583.

(3) Voir ci-dessus, p. 66.

quaient la même règle aux legs d'universalité qu'aux legs particuliers (1) ; enfin parce que cette règle n'était pas rationnellement justifiable (2).

Dans les débats qui eurent lieu devant la cour de cassation, et dont on trouve, dans le rapport de M. Paul Pont, un résumé méthodique très-complet et tout-à-fait digne du continuateur de Championnière et du collaborateur de M. Rigaud, la nature du legs dont il s'agissait au procès a tenu une grande place ou, pour mieux dire, une trop grande place, et ainsi l'a sans doute pensé la chambre civile, car, comme on l'a remarqué (3), « il semble que la cour a voulu éviter de se prononcer formellement sur la question de savoir quelle est la nature du legs d'usufruit de tous les biens » ; et, d'un autre côté, elle n'a pas admis la théorie de M. le premier avocat-général Blanche, d'après lequel la renonciation partielle à un legs universel ou à titre universel était nulle pour le tout. « Il a conclu, dit M. Garnier (4), au rejet du pourvoi par le motif que la renonciation partielle était complétement inopérante au regard de l'administration comme au regard des parties. La cour n'a pas adopté cette interprétation puisqu'elle reconnait que le droit de mutation est dû sur la portion des biens réservée par le légataire ».

La cour paraît avoir été uniquement touchée par une considération du défendeur en cassation qui est résumée en ces termes dans le rapport de M. Paul Pont (5) : « Le pourvoi soutient que le legs, fut-il particulier, la défenderesse ne pouvait l'accepter ou le répudier que pour le tout, le légataire ne pouvant diviser la disposition faite à son profil. — A cela il faut répondre, avec le jugement attaqué, que la liberté du légataire, à cet égard, ne saurait rencontrer d'autres obstacles que ceux qui seraient inhérents ou à la nature même de l'objet légué ou à la volonté du testateur. C'est aussi l'opinion exprimée par M. Dalloz (V° *Enregistrement*, n° 344). Or, dans l'espèce, le jugement attaqué reconnaît et constate que le legs fait à la défenderesse s'applique à plusieurs corps de biens *parfaitement distincts*, et qu'en fait rien n'est plus facile que de jouir de l'un et de ne pas jouir des autres ; il reconnaît et il constate d'autre part que, dans son testament, Thiberge *n'a manifesté aucune volonté contraire*. En présence de ces constatations souveraines, on ne pourrait sérieusement contester à la défenderesse le droit d'accepter le legs pour certains objets et de le répudier pour certains autres ».

(1) Voir ci-dessus, p. 220.
(2) Voir ci-dessus, p. 66.
(3) *Le Contrôleur de l'enregistrement*, nos 15, 326, t. 55, p. 406.
(4) *Loc. cit.*, p. 522.
(5) *Idem, ibid.*, p. 520.

Tels sont, en effet, les motifs qui ont déterminé l'arrêt de rejet du 8 juillet 1874, que M. Garnier trouve (1) « très-difficile à apprécier », et dont voici le texte :

« Attendu que le testament fait par Thiberge, le 1er octobre 1870, contient, en faveur de la défenderesse, deux legs distincts : l'un de la propriété de tout le mobilier meublant laissé par le testateur à Bussières et à Langres ; l'autre, de l'usufruit de tous les autres biens de la succession ; que, par l'acte notarié du 22 février 1871, la légataire, en déclarant renoncer purement et simplement, a cependant réservé expressément le legs en pleine propriété du mobilier meublant de Bussières et de Langres, et en outre la jouissance, sa vie durant, de la maison du testateur avec les jardins, bosquets et verger y attenant et du clos Godard, sis en face de la maison, ajoutant que, quant à l'usufruit de tous autres biens, elle entendait y renoncer en faveur des nu-propriétaires ; que la légataire a manifesté par là la volonté de n'accepter que pour partie et de répudier pour le surplus le legs d'usufruit contenu en sa faveur dans le testament de Thiberge ; que, vis-à-vis de l'administration de l'enregistrement, *cette acceptation ainsi limitée devait servir de base à la perception du droit de mutation par décès ; que dès lors cette administration a été mal fondée à réclamer ledit droit sur l'intégrité des objets légués ;* — D'où il suit qu'en le décidant ainsi, le jugement allégué n'a nullement violé les dispositions de la loi invoquées par le pourvoi ».

Quant aux observations dont M. Garnier a fait suivre cet arrêt, on ne dira pas d'elles ce qu'il dit dudit arrêt : elles ne sont nullement difficiles à apprécier, soit au point de vue de l'esprit qui les a inspirées, soit au point de vue de leur valeur intrinsèque. Cet esprit est celui d'un ex-agent fiscal qui n'a pu se défaire de l'habitude de chercher partout matière à perception, et, quant à cette valeur, elle est complétement nulle. Confusion entre le droit ancien et le droit nouveau ; confusion entre les effets des legs universels, à titre universel et à titre particulier ; confusion entre les légataires qui ont la saisine et ceux qui ne l'ont pas ; confusion (de même que chez notre contradicteur) entre ce que M. Demolombe a dit des *successions* et ce qu'il a dit des *legs* : voilà ce qu'on y remarque et ce qui fait que cette élucubration n'est pas digne d'un examen détaillé. Je sais bien que M. Garnier est auteur d'un *Répertoire général et raisonné de l'enregistrement* qu'on trouve dans toutes les études de notaire et qui est parvenu, je crois, à sa cinquième édition ; mais je sais aussi que le *Code civil annoté* de Rogron, a été réimprimé un bien plus grand nombre de fois encore ; d'où l'on peut conclure que ces deux publications

(1) *Loc. cit.*, p. 521.

ont été d'excellentes spéculations de librairie, ce qui n'empêche pas l'ouvrage de Rogron de n'être qu'un infime bou-
quin, et celui de M. Garnier de n'être qu'un simple guide-
âne. Aussi autant vaudrait comparer les notes de Rogron
aux apostilles de Dumoulin sur les coutumes ou aux paratitles de Cujas, sur le Digeste et sur le Code, que de comparer la compilation de M. Garnier au savant *Traité des
droits d'enregistrement*, de Championnière et de Rigaud que
Valette (1), Troplong (2) et M. Faustin Hélie (3) ont à l'envi
comblé d'éloges, et que ce dernier critique appelle « un
des beaux monuments de notre droit moderne ».

Au lieu donc de nous livrer à l'occupation aussi fastidieuse
que facile de réfuter une à une toutes les observations de
M. Garnier, nous aimons mieux citer quelques lignes d'un
livre qui justifie bien le titre de *Principes de droit civil* que
son auteur lui a donné.

« Le principe de l'indivisibilité de l'acceptation, dit
M. Laurent (4), s'applique-t-il aux legs ? Il n'est pas écrit
dans la loi ; si on l'admet c'est comme conséquence d'un
autre principe qui ne permet pas de représenter le défunt
pour partie. Or, il y a des légataires qui ne succèdent jamais
à la personne, ce sont les légataires à titre universel et à
titre particulier ; quant aux légataires universels, ils ne
représentent le défunt que lorsqu'ils ont la saisine. Il faut
donc laisser de côté, en cette matière, les principes qui
régissent les successions *ab intestat*. Considérés en eux-
mêmes les legs sont divisibles, à moins qu'ils n'aient pour
objet une chose indivisible..... Les auteurs décident, d'après
le droit romain, que le légataire ne peut accepter le legs
pour partie et le répudier pour partie (5). Les lois romaines
sont sans autorité, puisqu'elles sont abrogées ; et nous ne
connaissons aucun principe, sauf la volonté du testateur, qui
défende d'exercer divisément un droit divisible. »

(1) *Revue étrangère et française de législation*, etc. par Fœlix, t. 10,
p. 216-249.

(2) *Revue de législation* de Wolowski, t. 10, p. 147-161, 277-295.

(3) Même *Revue*, t. 43, p. 120-123.

(4) T. 13, n° 542, p. 606 et 607.

(5) Dalloz, n°° 3558 et 3559 (de l'article *Dispositions entre-vifs et
testamentaires*) et les autorités qu'il cite.

Mais les autorités citées par Dalloz sont uniquement des lois romaines,
d'une part, et d'autre part, Merlin, *Répertoire*, V° *Légataire*, § 4, n° 5
(lequel, comme nous l'avons dit, p. 62-64, écrivait sous l'ancien droit)
et Troplong, *Donations et testaments*, t. 4, n° 2153, auxquels Dalloz
aurait pu adjoindre Proudhon, *Traité des droits d'usufruit*, etc.,
n°° 644 et 2197. Ces auteurs se bornent, ainsi que Dalloz, à alléguer des
textes aujourd'hui sans autorité, comme M. Laurent va le dire, et comme
nous l'avons déjà dit nous-même (p. 66) en montrant de plus (*ibid.*)
que si ces textes n'avaient plus de valeur *ratione imperii*, ils n'en
avaient pas davantage *rationis imperio*.

Le tribunal de la Seine a rendu le 19 décembre 1874 un jugement conforme à cette doctrine, dans les circonstances suivantes (1) :

Le sieur Thoré était décédé laissant pour héritiers deux enfants et ayant légué à sa veuve le quart en propriété et le quart en usufruit de ses biens. Le partage de la communauté et de la succession eut lieu, entre les parties, par acte notarié du 26 octobre 1872. Dans cet acte la veuve déclara renoncer à l'usufruit qui lui avait été légué et vouloir seulement profiter de l'avantage en toute propriété. L'administration de l'enregistrement prétendit que la dame Thoré en renonçant pour partie à son legs, l'avait accepté pour le tout ; que sa renonciation était donc de nature à être transcrite pour purger les hypothèques inscrites sur l'usufruit légué, et que le droit de 1 fr. 50 pour cent était dû sur un capital formé de vingt fois le revenu brut de la portion des immeubles grevés d'usufruit. Non-seulement la veuve Thoré contestait cette prétention, mais elle demandait, en outre, la restitution du droit de mutation par décès acquitté, lors de la déclaration de succession souscrite le 17 janvier 1873, sur l'usufruit légué, sans énonciation de la renonciation.

La prétention de l'administration de l'enregistrement quant au droit de transcription, fut repoussée par le tribunal de la Seine : « Attendu, dit le jugement, que la veuve Thoré, donatrice pour un quart en propriété et un quart en usufruit de la succession de son mari, a renoncé purement et simplement à l'usufruit du quart pour ne profiter que de l'avantage en toute propriété ; — que ladite donation n'étant indivisible ni dans son objet, ni dans l'intention du donateur, la veuve Thoré, en l'acceptant pour le quart en propriété, ne saurait être considérée comme l'ayant, malgré sa volonté formelle, accepté pour le quart en usufruit ; — que n'ayant jamais été usufruitière, elle n'a pu, à ce titre, grever d'hypothèques les immeubles de la succession, ni, par conséquent, rendre nécessaire la transcription de son acte de renonciation ».

Mais, d'un autre côté, le tribunal de la Seine n'admit pas la demande reconventionnelle formée par la dame Thoré : « Attendu, dit le jugement, que la veuve Thoré a volontairement acquitté les droits de mutation par décès aussi bien sur la donation en usufruit que sur la donation en propriété à elle faite par son mari ; — qu'aux termes de l'article 60 de la loi de frimaire an VII, les droits régulièrement perçus ne peuvent être restitués ».

C'est cette dernière partie seulement du jugement du 19 décembre 1874 que M. Garnier trouve inadmissible, dans ses observations sur ledit jugement.

(1) *Répertoire périodique de l'enregistrement* par M. D. Garnier, t. 22, n° 4092. p. 288-294.

« Le legs de la quotité disponible fait au profit de la veuve était, dit-il, un legs à titre universel (art. 1010 du code civil). En principe, les dispositions de cette nature ont un caractère d'indivisibilité qui ne permet pas de les accepter pour une partie sans les accepter par là même pour le tout (1). Le tribunal pouvait cependant se croire autorisé par la jurisprudence (2) à diviser la libéralité en deux legs distincts, l'un de l'usufruit et l'autre de la propriété, et à décider que la légataire était libre de renoncer au premier pour s'en tenir au second. C'est là une appréciation difficile à contredire. Mais ce point admis, il était de conséquence que la renonciation devait servir à régler le paiement des droits de mutation par décès. Vainement objectait-on que la légataire ne s'en était pas prévalu lors de ce paiement, et que, dès lors, la perception sur l'intégralité du legs était régulière dans le sens de l'art. 60 de la loi du 22 frimaire an VII, car l'omission de la partie sur ce point constituait une véritable erreur de fait, et il est de jurisprudence que les erreurs de fait ne s'opposent pas au remboursement des droits indûment acquittés (3) ».

Mais à part cette critique, que nous croyons d'ailleurs parfaitement fondée, de cette partie du jugement du 19 décembre 1874 dont nous n'avons pas à nous occuper quant à présent, parce que cette partie du jugement a trait à une question qui ne se présente pas ici (4) où le débat porte non sur la répétition d'un droit indûment payé, mais sur la résistance à la perception d'un droit indûment réclamé ; à part cela, disons-nous, la décision du tribunal de la Seine s'adapte exactement à notre espèce, car dans celle-ci également il s'agit d'un legs qui comprend le quart en propriété et le quart en usufruit de la succession de l'auteur du testament ; ici également il y a eu acceptation du quart en propriété et renonciation du quart en usufruit ; ici également cette renonciation à une partie du legs et la délivrance de l'autre partie ayant eu lieu simultanément, M. Gando ne s'est pas trouvé un seul instant en possession, quant à l'usufruit, des biens de sa femme.

Cependant cette similitude, qui ne paraît pas plus niable que la clarté du jour, est contestée par notre contradicteur. « Pour écarter de l'espèce, dit-il, l'application de ce jugement, *dont la doctrine est d'ailleurs contestable,* il suffit de faire remarquer qu'il n'a pas été rendu dans une espèce iden-

(1) Voir le nº 13,395 du *Répertoire général.*
(2) Voir le nº 13,394 du *Répertoire général.*
(3) Voir le nº 14,507 du *Répertoire général.*
(4) Mais qui se présentera à l'égard des perceptions faites relativement aux immeubles de Mⁿᵉ Gando situés soit dans l'arrondissement d'Avesnes, soit dans le département du Puy-de-Dôme.

tique à celle qui fait l'objet du litige. Le tribunal a pu, en effet, reconnaître, alors qu'il s'agissait de *la donation d'un quart en propriété et d'un quart en usufruit,* que la donation n'était indivisible ni dans son objet ni dans l'intention du testateur ; mais il ne saurait *a priori* en être de même lorsque, comme au cas particulier, le legs ne se compose pas de fractions séparées, mais comprend tout le disponible ».

Avec la meilleure volonté du monde nous ne saurions prendre au sérieux cette échappatoire. Lorsqu'un époux ayant enfant lègue à son conjoint *un quart en propriété et un quart en usufruit* de sa succession, que fait-il ? il lui lègue *tout le disponible;* et lorsque, à l'inverse, dans la même hypothèse, il lui lègue *tout le disponible,* que fait-il ? il lui lègue *un quart en propriété et un quart en usufruit.* Dans les deux cas il y a lieu d'appliquer l'article 1094 du code civil, et le notaire qui a rédigé l'acte du 19 septembre 1876, ainsi que les parties qui l'ont signé n'ont pas fait autre chose en reconnaissant que le testament de Mme Gando du 21 septembre 1869 attribuait à son mari dans sa succession *un quart en propriété et un quart en usufruit.* Donc, notre espèce et celle sur laquelle le tribunal de la Seine a statué dans son jugement du 19 décembre 1874, sont identiques ; donc le précédent invoqué par nous est topique.

Il y a, il est vrai, une différence entre les deux espèces, mais une différence qui par le fait est absolument sans portée. Cette différence consiste, en ce que le legs fait par Thoré à sa femme, était un legs à titre universel et, par conséquent, un legs qui ne pouvait jamais attribuer à la légataire la saisine ; tandis que le legs fait par Mme Gando à son mari, est un legs universel et, par conséquent, un legs qui lui aurait attribué la saisine s'il ne s'était pas trouvé en concours avec un héritier à réserve. Mais qu'importe une fois que la condition qui lui aurait donné la saisine ne s'est pas réalisée? Il y a, en effet, en matière de dispositions conditionnelles, deux règles également certaines dans notre droit. La première de ces règles est ainsi posée par Troplong (1) : « Tant que la condition est pendante, le legs n'est pas encore dû : *Legata sub conditione relicta non statim sed qnam conditio extiterit, deberi incipiunt* (2) ». Dire que le legs n'est pas dû, ce n'est pas encore assez, et Coin-Delisle s'exprime plus exactement lorsqu'il dit (3) : « Dans ce cas, le légataire n'a aucun droit acquis avant l'événement : il n'a qu'une espérance susceptible de se réaliser ou de s'évanouir ». Et M. Laurent s'exprime plus exactement

(1) *Loc. cit.,* t. 1, n° 283.
(2) Loi 41 D. *de condit. et demonst.* (xxxv, 1); Pothier, *Pand. Justin.,* t. 2, p. 476 (de l'édition de 1782), n° 130 ; arrêt de la cour de cassation du 20 avril 1846 (S. 46. 1. 395).
(3) Sur les art. 1040 et 1041, n° 1.

encore en disant (1) : « Le legs conditionnel n'existe pas tant que la condition n'est pas accomplie. L'article 1040 consacre une conséquence de ce principe: si le légataire décède avant l'accomplissement de la condition, le legs est caduc. Le légataire ne peut pas transmettre son droit à ses héritiers, car il n'a pas de droit ». La seconde règle, en matière de dispositions conditionnelles est celle-ci, lorsque la condition prévue se réalise : « La condition produit un effet rétroactif, aussi bien dans les testaments que dans les contrats », dit Troplong (2). « Cette rétroactivité, en effet, est certaine », dit M. Demolombe (3). « L'article 1179, dit M. Laurent (4), porte que la condition accomplie a un effet rétroactif au jour auquel l'engagement a été contracté. Cela est de l'essence de la condition, comme nous le dirons au titre des *Obligations*, il faut donc admettre le même principe pour la condition qui est attachée aux legs ».

Or, le legs de *tout le disponible* fait au profit de son mari par M.ᵐᵉ Gando dans son testament, contient en substance deux dispositions conditionnelles. Celle-ci : Je lui lègue toute ma fortune si je ne laisse pas d'héritier à réserve ; et celle-là : Je lui lègue un quart en propriété et un quart en usufruit de ma succession, dans le cas contraire. Heureusement, c'est cette dernière hypothèse qui s'est réalisée ; et, par suite, M. Gando qui, dans la première hypothèse, aurait eu la saisine, aurait été héritier de sa femme et, comme tel, investi d'un titre indivisible, ne se trouve plus, la seconde hypothèse s'étant réalisée, qu'un successeur aux biens, astreint à la demande en délivrance de ces mêmes biens, et appelé à recueillir ainsi un émolument essentiellement divisible. Et si telles sont la qualité et la situation de M. Gando, soit par rapport à sa fille, héritière à réserve de sa femme, soit par rapport aux tiers, telles sont aussi sa qualité et sa situation par rapport à l'administration de l'enregistrement ; car, comme l'a dit l'arrêt de la cour suprême, du 6 juillet 1871 : « Si le droit spécial de l'enregistrement pose la base des droits à percevoir et en taxe la quotité, il appartient à l'administration de rechercher, pour l'application de la loi fiscale, quels sont, d'après les règles du droit commun, la nature réelle et le caractère légal des actes et des contrats qui donnent ouverture à ces perceptions (5) ».

(1) *Principes de droit civil*, t. 13, nº 534, p. 589.
(2) *Loc. cit.*, nº 291.
(3) T. 22 (5 du *Traité des donations*), nº 324.
(4) *Loc. cit.*, nº 541, p. 595.
(5) M. Garnier, en citant cette décision, dans son *Répertoire périodique de l'enregistrement*, t. 21, p. 521, ajoute : « C'est là un principe fondamental que la cour de cassation n'a cessé de confirmer et dont le développement se trouve présenté d'une manière spéciale aux nᵒˢ 5555 et suivants de la nouvelle édition du *Répertoire général* ».

Si maintenant nous appliquons cette jurisprudence de la cour de cassation à notre espèce nous devons lui appliquer aussi ce que ne dit Dalloz, il est vrai, que du légataire particulier, mais ce qui doit s'étendre, par identité de motifs, soit au légataire à titre universel qui n'a jamais la saisine, soit au légataire universel quand il ne l'a pas, c'est-à-dire dans le cas de l'article 1004, qui est le nôtre.

« Le légataire particulier, dit Dalloz (1), est, sans difficulté aucune, considéré comme un simple successeur aux biens ; ses droits sur la succession ne doivent donc être envisagés que par rapport aux biens. De là cette conséquence qu'un tel légataire peut accepter ou renoncer partiellement, en tant que la chose léguée sera divisible, ou que l'acceptation partielle ne rencontrerait pas un autre obstacle dans l'intention manifeste du testateur. Donc si l'acceptation partielle est conciliable avec la nature de la chose léguée et avec l'intention du testateur, cette acceptation vaut pour la chose acceptée et le legs est caduc pour le surplus ; si elle est inconciliable soit avec l'intention du testateur, soit avec la nature de la chose léguée, l'acceptation est comme non avenue, elle équivaut à une renonciation absolue et le legs est caduc pour le tout (2). Telle est la solution en droit civil. Il s'ensuit, en droit fiscal, que, dans aucune de ces deux hypothèses, la renonciation totale ou partielle ne peut devenir le principe d'un droit proportionnel de transmission, puisque le légataire n'ayant jamais possédé, suivant les observations exposées plus haut (n° 333), n'a jamais pu transmettre (Conf. Championnière et Rigaud, t. 1, n° 554) ».

Quant à ce que dit notre contradicteur, que *la doctrine* du jugement du tribunal de la Seine *est d'ailleurs contestable*, nous nous permettrons, cette fois encore, de ne pas le croire sur parole, et de nous en rapporter plutôt aux actes qu'aux dires de l'administration de l'enregistrement. Si elle avait cru cette doctrine erronée, elle n'eût pas manqué, comme elle le fait toujours en pareil cas, de déférer le jugement du tribunal de la Seine à la censure de la cour de cassation, et si elle a exécuté ce jugement, c'est sans nul doute, par suite de la conviction qu'elle ne parviendrait pas à le faire réformer. Si maintenant elle renouvelle devant le tribunal de Valenciennes une tentative qui devant le tribunal de la Seine lui vaudrait un nouvel échec, c'est apparemment qu'elle s'imagine qu'il en est des théories juridiques comme de ces plantes qui ne poussent pas dans tous les terrains et qui ne prenant pas racine à Paris peuvent néanmoins prospérer

(1) *Répertoire*, V° *Enregistrement*, n° 344, t. 21, p. 128.

(2) Cette solution est trop absolue. « C'est une question d'intention, donc de fait », dit avec raison M. Laurent, *Loc. cit.*, t. 13, n° 552, p. 600. Voir aussi M. Demolombe, t. 22 (5 du *Traité des donations*), n° 331.

ailleurs. Il est vrai que Pascal (1) a écrit : « On ne voit presque rien de juste ou d'injuste qui ne change de qualité en
changeant de climat. Trois degrés d'élévation du pôle renver-
sent toute la jurisprudence. Un méridien décide de la vérité...
Plaisante justice qu'une rivière ou une montagne borne !
Vérité en deçà des Pyrénées, erreur au-delà. » Mais ce n'est
pas Montesquieu qui se serait étonné que les lois de l'Espagne
fussent différentes de celles de la France, car il dit fort
sensément dans *l'Esprit des lois* (liv. 1, chap. 8) : « Elles
doivent être tellement propres au peuple pour lequel elles
sont faites, que c'est un très-grand hasard que celles d'un
peuple puissent convenir à un autre ». Et Voltaire, dont le
merveilleux esprit est toujours doublé de bons sens (2)
lorsque la passion ne l'égare pas ; Voltaire qui, malgré son
admiration pour Pascal (3), n'était pas disposé à lui sacrifier la
vérité ; Voltaire, sans se laisser éblouir par l'éclat des phrases
que nous venons de citer, répondait (4) : « Il n'est point ridicule que les lois de la France et de l'Espagne diffèrent ; mais
il est très-impertinent que ce qui est juste à Romorantin soit
injuste à Corbeil ; qu'il y ait quatre cents jurisprudences
diverses dans le même royaume ». Mais cette diversité de
jurisprudence tenait surtout alors chez nous à la diversité de
législation dont, ailleurs (5), Voltaire se moquait en disant :
« Un homme qui voyage dans ce pays change de lois presque autant de fois qu'il change de chevaux de poste ». La
loi du 30 ventose an XII (art. 7) a mis un terme à cet abus.
Elle a réalisé un vœu de Louis XI et un projet du chancelier de l'Hôpital ; elle a fait ce que Louis XIV, malgré toute
sa puissance, n'était parvenu à accomplir que pour la procédure civile (6), la procédure criminelle (7), la législation commerciale (8), les eaux et forêts (9) et la marine (10) ; elle a
effectué, mais cette fois sans lacune, les réformes que, sous
Louis XV, d'Aguesseau n'avait pu étendre au-delà de quel-

(1) T. 2, p. 99 de ses *Œuvres*, édition de Lefèvre, 1819.

(2) « Tout écrivain qui ne fait pas son capital du bon sens, renonce à
l'immortalité », dit d'Oliret dans l'*Histoire de l'Académie française*
(t. 2, p. 103 de l'édition de 1730).

(3) Voir t. 37, p. 36 et 37 de ses *Œuvres*, édition Beuchot, ce qu'il
disait, en 1728, des *Pensées* de cet homme de génie.

(4) *Dernières remarques sur les Pensées de Pascal*, t. 50, p. 378 des
Œuvres de Voltaire, édition précitée, ou t. 2, p. 468 des *Œuvres de
Blaise Pascal*, édition de Lefèvre.

(5) *Dictionnaire philosophique*, au mot *Coutumes*, t. 28, p. 229 de
ses *Œuvres*, édition précitée.

(6) Par l'ordonnance du mois d'avril 1667.

(7) Par l'ordonnance du mois d'août 1670.

(8) Par l'ordonnance du mois de mars 1673.

(9) Par l'ordonnance du mois d'août 1669.

(10) Par l'ordonnance du mois d'août 1681.

ques matières spéciales, telles que les donations (1), les testaments (2) et les substitutions (3). La législation française est aujourd'hui uniforme ; une question de droit n'est plus une question de méridien et une doctrine qui est bonne sur les bords de la Seine est également bonne sur les bords de l'Escaut.

§ VI

« La volonté de l'homme, dit M. Victor Rigaut (4), est impuissante pour déroger aux lois où l'ordre public est intéressé. Les dispositions du code civil qui établissent la saisine héréditaire sont de ce nombre. Aussi n'est-il pas au pouvoir du testateur de porter atteinte à la saisine légale. Il ne peut en priver ceux qui en sont investis de plein droit par la loi ni la transférer à d'autres personnes. »

Cette opinion a été professée avant et depuis M. Rigaut, sans avoir jamais, que nous sachions, rencontré de contradicteur.

« Ainsi, Chabot disait (5) : « C'est la loi elle-même qui investit les héritiers légitimes de la possession immédiate des biens du défunt et ils ne peuvent être privés, par la disposition de l'homme, d'un droit qu'ils tiennent de la volonté du législateur. — C'est la loi elle-même qui impose à tous les légataires l'obligation de demander aux héritiers légitimes la délivrance, sous la seule exception énoncée en l'article 1006, et conséquemment rien ne peut les dispenser de cette obligation. »

« La disposition de la loi, disait Toullier (6), l'emporte sur la volonté de l'homme ».

« Lorsqu'il y a un légitimaire, dit Delvincourt (7), le testateur pourrait-il dispenser le légataire universel de demander la délivrance, et ordonner qu'il sera saisi de plein

(1) Par l'ordonnance du mois de février 1731.
(2) Par l'ordonnance du mois d'août 1735.
(3) Par l'ordonnance du mois d'août 1747.
(4) *Revue étrangère et française de législation*, etc., par Fœlix, t. 9, p. 807.
(5) Sur l'art. 724, n° 14.
(6) T. 5, n° 494.
(7) T. 2, p. 315 aux notes, édition de 1824 ou de 1834.

droit? Non ; le légitimaire ne tient son droit de réserve et de saisine que de la loi : la volonté de l'homme ne peut y déroger. »

« Si, dit Grenier (1), le légataire universel se trouve en concours avec des héritiers auxquels la loi affecte une réserve, alors ce n'est plus le cas d'appliquer l'article 1008 ; et quel que soit le testament, qu'il soit olographe, mystique ou par acte public, la loi assujettit le légataire universel à la demande en délivrance. Ce sont ces héritiers qui sont saisis, et il y a lieu de croire que la dispense de la demande en délivrance, et l'autorisation de se mettre en possession sans qu'il y eût jamais de demande en délivrance, seraient impuissantes. — On ne peut pas dire que l'article 1015 suppose que, dans ce cas, le testateur pût autoriser cet envoi en possession sans formalités. — En effet, l'article 1014 distingue parfaitement la mise en possession de la faculté de réclamer les fruits ou intérêts des objets légués. L'article 1015 ne présente ensuite que l'idée, qu'à quelqu'époque que la demande en délivrance ait été formée, le légataire universel pourra réclamer les fruits ou intérêts, à compter du décès du testateur, lorsque celui-ci aura expressément déclaré sa volonté à cet égard dans le testament. Ce n'est pas la même chose que la mise en possession sans demande préalable ; la loi ne dit pas qu'elle permet au testateur d'annuler la saisine qu'elle accorde à cette espèce d'héritier. — Il y a encore un autre motif pour se décider ainsi, et d'après lequel on peut même dire que l'autorisation de se mettre en possession sans une demande en délivrance, serait impraticable. Ce motif est qu'il résiste à la nature des choses, que le légataire universel qui se trouve en concours avec des héritiers auxquels la loi affecte des réserves, se mette en possession de son autorité, dès que ce legs consiste en objets inconnus, qui ne peuvent être déterminés que par un partage. C'est seulement par l'opération du partage que les réserves peuvent être fixées et assurées. »

« Puisque, dit Duranton (2), les héritiers légitimes sont saisis de plein droit des biens et droits du défunt, sous l'obligation de payer les dettes et charges de la succession, c'est à eux que les légataires et donataires doivent s'adresser pour obtenir la délivrance des dons ou legs ; il n'y a d'exception à cette règle que dans le cas où le défunt a institué un ou plusieurs légataires universels, et qu'il n'a pas laissé d'héritiers auxquels la loi fait la réserve d'une certaine quantité de biens ; et par analogie parfaite, mais dans la même hypothèse, que pour le cas aussi où il a

---

(1) *Traité des donations*, etc., n° 299.

(2) T. 6, n° 62.

donné à quelqu'un, par le contrat de mariage de celui-ci, tous les biens qu'il laisserait à son décès : car ces légataires et ces donataires universels sont saisis de plein droit (art. 1004, 1006, 1011, 1014, 1082) ». Et, plus loin, lorsqu'il s'occupe de l'explication de l'article 1004, Duranton dit (1) : « Dans ce cas le testateur ne pourrait même ôter la saisine à ses héritiers légitimes pour l'attribuer au légataire universel ou à l'héritier qu'il aura institué : ce légataire ou cet héritier n'en devrait pas moins en demander la délivrance, sans pouvoir de lui-même se mettre en possession des biens. Dans les principes du code la saisine est un droit que la loi attribue aux parents au profit desquels elle a réservé une certaine portion de l'hérédité, et ce droit est hors de la disposition du testateur. La clause serait donc sans effet comme contraire au vœu de la loi (art. 900 par argument) ».

« La saisine, dit Favard de Langlade (2), étant donnée dans tous les cas à l'héritier à réserve, ne peut lui être ôtée par la volonté du testateur : c'est une préférence bien naturelle que la loi lui a accordée. »

« Quelques auteurs soutenaient, sous l'empire des anciens principes, dit le professeur de Toulouse Laurens (3), que le testateur pouvait dispenser le légataire de la demande en délivrance à l'héritier saisi (Z). Cette opinion, déjà contestée alors, serait incompatible aujourd'hui avec nos principes sur la saisine et sur la réserve. Car la saisine étant un droit attribué par la loi à certaines personnes, il ne peut pas dépendre du testateur de les en dépouiller. »

« La réserve, dit Coin-Delisle (4), est établie dans l'intérêt public et dans l'intérêt des familles. L'obligation imposée au légataire universel de demander la délivrance lui est corrélative : elle est donc établie, comme la réserve, dans l'intérêt public auquel personne ne peut déroger (art. 6 et 900 du code civil). Aussi le testateur ne peut-il dispenser l'héritier institué de la demande en délivrance à l'égard du légitimaire, qui n'en demeurerait pas moins saisi, parce que la saisine lui est déférée dans son intérêt et contre la liberté du testateur. »

« Le légataire particulier, comme le légataire à titre universel, comme le légataire universel non saisi, ne peut pas, dit Marcadé (5), se mettre en possession lui-même; il lui faut se faire délivrer les choses léguées..... La nécessité pour les légataires d'obtenir la délivrance est une des règles fon-

(1) T. 9, no 191.
(2) *Répertoire de la nouvelle législation*, V° Testament, sect. 2, § 1, n° 3, t. 5, p. 565.
(3) *Principes et jurisprudence du code civil*, t. 3, p. 426, n° 783.
(4) Sur les art. 1001-1006, n° 6.
(5) Sur l'art. 1014, t. 4, p. 87, n° 128 de la 5e édition.

damentales du système de succession testamèntaire ; c'est
une loi d'ordre public, qui, notamment, empêche le légataire
de venir s'emparer par voie de fait du bien légué ; on ne
peut donc jamais en être affranchi. Il suit de là que la dispense prononcée par le testateur ne serait pas valable, et
que, si la chose léguée se trouvait aux mains d'un tiers, le
légataire, tout propriétaire qu'il est, ne pourrait pas la
revendiquer avant d'avoir agi en délivrance contre l'héritier. »

L'inefficacité de la dispense par le testateur de la demande
en délivrance imposée par la loi au légataire, est également
enseignée par Biret (1), par Poujol (2), par Vazeille (3), par
Bayle-Mouillard (4), par Dalloz (5), par Aubry et Rau (6),
par Gilbert (7), par Colmet de Santerre (8), par Troplong (9)
et par M. Demolombe (10) ; et s'il y a une dissidence à cet
égard entre M. Laurent et Troplong, ce n'est pas sur la
solution même qu'elle porte, mais bien sur les motifs qui
doivent lui servir de base.

« Quand il y a des réservataires, dit M. Laurent (11),
le testateur ne peut pas disposer de la saisine. Sur ce
point, tout le monde est d'accord. Il y a des auteurs qui
enseignent que le testateur peut disposer de la saisine
lorsqu'il n'y a pas de réservataires (12). En apparence,
c'est le testateur qui saisit : n'est-ce pas là ce que dit
l'adage *le mort saisit le vif* ? Nous n'avons pas à examiner
les origines historiques de cet adage, elles remontent à
une époque où il n'y avait pas de loi. Aujourd'hui les
héritiers saisis le sont en vertu de la loi, c'est la loi qui

(1) *Traité du contrat de mariage*, p. 150 et 151.

(2) *Traité des donations entre-vifs et des testaments*, t. 2, p. 162.

(3) *Résumé et conférence des commentaires du code civil sur les successions, donations et testaments*, sur l'art. 1004, n° 2, p. 8.

(4) Sur Grenier, t. 2, n° 299, note *a*.

(5) *Répertoire*, à l'article *Dispositions entre-vifs et testamentaires*, n°° 3028, 3329-3333, t. 16, p. 1035 et 1071.

(6) Sur Zachariæ, t. 6, § 718, p. 155.

(7) Sur l'art. 1004, n° 4 *ter* et sur l'art. 1014, n° 18 *bis*.

(8) *Cours analytique de code civil*, t. 4, n° 146 *bis* II.

(9) *Donations et testaments*, t. 4, n° 1792.

(10) T. 21 (4 du *Traité des donations*), n°° 553 et 622.

(11) *Principes de droit civil*, t. 14, n° 8, p. 13 et 14.

(12) « Comparez Rigaut, *De la saisine héréditaire (Revue des Revues de droit*, t. 6, p. 139) ». Dans ce passage M. Rigaut combat l'opinion de Merlin, de Toullier et de Grenier, d'après lesquels le testateur pourrait dispenser les léga-taires de la saisine lorsqu'il ne laisse pour héritiers que des collaté-raux (*Revue de Fœlix*, t. 9, p. 807 et 808) ; opinion qui est également combattue par Coin-Delisle sur les art. 1014 et 1015, n° 19 ; par Gil-bert sur l'art. 1014, n° 18 *bis* ; par Bayle-Mouillard sur Grenier, n° 290, note *a*, et par M. Demolombe, t. 21 (4 du *Traité des donations)*, n° 622.

défère la saisine. La question est donc de savoir s'il est
permis, en cette matière, de déroger à la loi. A notre avis,
la négative est certaine, mais il faut voir quelle est la vraie
raison de décider. Troplong répond « qu'il ne dépend pas
« du testateur de porter atteinte à une dévolution que la loi
« a établie en vue d'une prééminence due à certaines per-
« sonnes privilégiées par le sang ». Voilà une de ces
phrases comme Troplong les aime ; quand la loi donne la
saisine au légataire universel de préférence aux héritiers
légitimes, le fait-elle à raison d'une préférence due au
sang ? Nous avons dit ailleurs (1) quel principe la loi suit
dans la délation de la saisine ; ce principe suffit pour décider
notre question. C'est pour assurer la conservation de l'hérédité au profit de tous les intéressés que la loi accorde de
préférence la saisine à celui dont le droit est certain, et qui
est éventuellement appelé à toute l'hérédité ; c'est donc
dans un intérêt général ; or, il n'est pas permis aux particuliers de déroger aux lois d'ordre public. Le testateur
ne peut disposer de la saisine qu'indirectement, lorsqu'il
institue un légataire universel et qu'il meurt sans laisser de
réservataire ; c'est alors le légataire qui a la saisine ; encore
ne peut-on pas dire que c'est le testateur qui la lui confère,
c'est la loi. »

Donc, d'après une doctrine universellement admise,
Mᵐᵉ Gando, laissant une héritière à réserve, n'aurait pas
pu, quand même elle l'aurait voulu, attribuer à son mari la
saisine de la quotité de sa succession qu'elle lui déférait ;
mais est-ce à dire qu'elle n'aurait pas pu lui interdire
d'accepter en partie et de répudier en partie le legs qu'elle
lui faisait ? Non certes ; et c'est là une question toute différente de celle que nous venons d'examiner.

En dehors des conditions contraires à la loi et qui sont
réputées non écrites (art. 900), le testateur peut imposer
à ceux au profit desquels il dispose de tout ou partie de sa
succession, non pas l'obligation d'accepter l'émolument qu'il
leur défère, parce que nul n'est légataire malgré lui, pas
plus que nul « n'est héritier qui ne veut (2) » ; mais l'obligation de ne pas scinder cet émolument, et de l'accepter ou de
le répudier pour le tout.

Sans doute, il arrivera très-rarement qu'une telle obligation soit imposée, parce qu'il arrivera très-rarement que le
testateur ait un intérêt quelconque à l'imposer. Cependant
on peut imaginer telle hypothèse où il en serait autrement.
Supposons, par exemple, un testateur, ayant une grande
fortune, et, pour héritiers présomptifs, des collatéraux dont

---

(1) T. 9, nᵒ 223, p. 279 et suiv. — Voir ci-dessus, p. 105-108.

(2) Loisel, *Instilutes coutumières*, livre 2, titre 5, règle 2.

il a à se plaindre, et à qui il est bien décidé à ne rien laisser
de sa succession. Pour que sa volonté à cet égard s'accom-·
plisse, il pourrait songer peut-être à laisser toute sa fortune
à des hospices ou à d'autres établissements publics ; mais il
sait que ces établissements ne peuvent accepter les libéralités dont ils sont l'objet qu'avec l'autorisation du gouvernement prescrite par l'article 910 du code civil, et il sait aussi
que rarement cette autorisation est illimitée et que fréquemment, au contraire, elle est restreinte à une portion plus ou
moins considérable des biens délaissés par le testateur ; dès
lors le moyen d'atteindre son but ne lui paraît pas suffisamment sûr. Au lieu donc d'y recourir il institue pour légataire
universel un ami. Mais il se trouve que si, d'un côté, cet
ami est dans une situation trop voisine de la gêne pour ne
pas saisir cette occasion de se mettre désormais à l'abri du
besoin, il a, d'un autre côté, chose peu commune ! des
goûts tellement modestes que les embarras de la gestion
d'une grande fortune le touchent plus que ne le séduisent
les avantages qui, aux yeux du plus grand nombre, compen-
sent et au-delà cet inconvénient. D'où il suit, qu'abandonné à
ses seules inspirations, il pourrait fort bien se soustraire
à ces embarras en réduisant ces avantages à l'*aurea medio-
critas* chantée par Horace (1) ; en sorte que, par une autre
cause, le testateur se trouverait exposé au même péril
auquel il avait voulu se soustraire en ne léguant pas sa fortune à des établissements publics, s'il ne prenait pas la précaution d'interdire à son légataire une acceptation partielle
de sa succession, précaution qui mettra celui-ci dans la
nécessité d'être trop riche pour échapper à l'éventualité
d'être trop pauvre.

Ce n'est pas d'ailleurs seulement lorsqu'elle est explicite
qu'une pareille interdiction est obligatoire ; elle l'est également lorsqu'elle est implicite, pourvu que dans ce dernier
cas il n'y ait pas de doute sur l'intention du testateur, et
qu'il soit manifeste (2) que cette intention a été de rendre
indivisible la disposition qu'il faisait. Ainsi, par un arrêt du
27 mars 1874 (S. 74. 2. 286), la cour de Lyon a décidé
que « lorsque le testateur a institué un légataire universel
avec charge d'employer les biens de la succession en
bonnes œuvres, et qu'il lui a légué une somme déterminée
(10,000 francs dans l'espèce) pour le dédommager de ses
peines et embarras, celui-ci ne peut renoncer au legs
universel et conserver le legs particulier ». Non-seulement
ce legs échappait à la censure de la cour suprême parce
qu'il s'agissait là d'une simple appréciation de la volonté du

(1) *Carminum*, l. 2, *Ode* 10, vers 5.
(2) C'est également le terme dont se sert Dalloz. — Voir ci-dessus,
p. 259

testateur (1), mais encore il était à l'abri de toute critique parce que, indépendamment des circonstances de fait qui sont soigneusement indiquées dans ses motifs, ce cumul d'un legs universel et d'un legs particulier au profit de la même personne, prouvait déjà suffisamment qu'il ne pouvait y avoir lieu en pareil cas que d'appliquer la doctrine d'après laquelle, en principe, lorsqu'un legs a été fait à l'individu choisi par le défunt pour exécuteur testamentaire, le légataire ne peut prétendre au legs s'il répudie les fonctions d'exécuteur testamentaire (2).

Mais entre les espèces que nous venons de citer et celle qui est l'objet du litige actuel, il n'y a pas plus de rapport qu'entre la nuit et le jour, le froid et le chaud, le sec et l'humide, le doux et l'amer, le bruit et le silence, le repos et le mouvement, ou, si l'on veut encore, qu'entre Anquetil et Tacite, l'auteur de *la Petréide* et l'auteur de *l'Iliade*, Scribe et Molière, Victor Ducange ou Guilbert de Pixeré-court et Shakespeare, l'auteur de *Rocambole* et l'auteur de *Gil Blas*; en un mot, entre ces espèces et la nôtre, la disparité est complète.

« Je donne et lègue à mon cher et bien aimé mari, Fré-déric-Simon Gando, en reconnaissance de ses bontés pour moi, et comme un acte de justice, ma fortune s'étant augmentée par la sienne, tout ce que la loi m'autorise à lui donner. »

Tels sont les termes du testament olographe fait et signé par Mᵐᵉ Gando au château d'Eth le 21 septembre 1869 ; et ces termes sont profondément touchants pour quiconque a été en situation d'apprécier les relations qui existaient entre la testatrice et le légataire. Jamais union ne fut à la fois plus paisible et plus douce que la leur. Dans les ménages les plus heureux, il y a parfois des dissentiments, des désac-cords, des jours d'orage ; dans celui-ci il n'y en eût jamais. Mᵐᵉ Gando ne causa à son mari d'autre souci que celui de deviner ce qui pouvait lui être agréable ; d'autre inquiétude que celle que lui inspirait sa santé ; d'autre regret que celui de sa mort. M. Gando était plus âgé que sa femme et il avait été son tuteur : ces circonstances contri-

---

(1) Voir l'arrêt de la chambre des requêtes du 27 mars 1861 (S. 61. 1. 435).

(2) Voir les passages de Furgole, Grenier, Delvincourt, Merlin, Du-ranton, Coin-Delisle, Rolland de Villargues et Vazeille, auxquels ren-voit Gilbert, sur l'art. 1025, nᵒ 16. *Adde :* Pothier, *Traité des dona-tions testamentaires*, chap. 5, sect. 1, art. 3, § 3, alinéa 3 ; Bannelier sur Davot, t. 3, p. 202 et 203 de l'édition in-4ᵒ ; Zachariæ, Aubry et Rau, t. 6, p. 132 ; Massé et Vergé sur Zachariæ, t. 3, p. 257 ; Baylc-Mouillard sur Grenier, t. 3, nᵒ 327, note c ; Frédéric Taulier, t. 4, p. 166 ; Demolombe, t. 22 (5 du *Traité des donations*), nᵒˢ 13-15 ; Laurent, *Principes de droit civil*, t. 14, nᵒ 330, p. 357 et 358 ; arrêt de la cour de Lyon du 7 avril 1835, dans Dalloz, *Loc. cit.*, nᵒ 4120.

buaient encore à accroître l'affection réciproque des époux, en même temps qu'elles donnaient à cette affection un caractère particulier. L'indulgence, la sollicitude constante de M. Gando rappelaient celles d'un tendre père pour une fille chérie ; et la docilité, la soumission de M⁰ᵉ Gando semblaient tout autant dériver de la piété filiale que des devoirs que la nature et la loi imposent à l'épouse.

Comment croire que cette excellente femme, qui n'eut jamais d'autre volonté que celle de son mari, ait songé un seul instant à mettre à cette volonté des limites dans l'acte même où elle lui donnait une dernière preuve de sa reconnaissance et de son dévouement ?

Ce n'est pas tout ; ces limites pourquoi et dans quel but les aurait-elle créées ? Qu'un testateur qui ne laisse que des collatéraux qu'il veut déshériter complétement, impose au légataire qu'il choisit l'obligation de ne pas répudier une partie de l'émolument qui lui est déféré, cela se conçoit ; mais ici comment induire cette obligation, que rien dans le testament n'indique, de la volonté présumée de la testatrice ? A qui donc la renonciation partielle de M. Gando pouvait-elle profiter ? uniquement à sa fille ; en sorte que, dans le système que nous combattons, M⁰ᵉ Gando, qui était la meilleure des mères comme la meilleure des épouses, aurait eu pour la première fois l'idée d'apporter des entraves à la volonté de son mari, et cela pourquoi ? pour nuire aux intérêts d'une fille qu'elle adorait ! !

N'insistons pas sur une pareille invraisemblance, ou, pour mieux dire, sur une pareille impossibilité morale, et bornons-nous à résumer la cause dans un raisonnement qui ait la précision d'un théorème de géométrie et ne prête pas plus à l'équivoque qu'une équation d'algèbre.

Le droit spécial de l'enregistrement ne nous offre qu'un tarif des perceptions à faire ; mais c'est, comme le dit l'arrêt de la cour de cassation du 6 juillet 1871, « d'après les règles du droit commun, la nature réelle et le caractère légal des actes et des contrats qui donnent ouverture à ces perceptions » que leur tarif doit être appliqué. Donc des dispositions testamentaires qui ne seraient pas indivisibles d'après la loi civile ne peuvent pas l'être d'après la loi fiscale.

D'un autre côté, le droit commun ne fait dériver cette indivisibilité que de trois causes, à savoir : 1° la nature du titre ; 2° l'impossibilité de séparer les parties de l'émolument attribué ; 3° la volonté expresse ou présumée du testateur.

Or, ici aucune de ces circonstances ne se rencontre.

M. Gando se trouve en concours avec une héritière à réserve à laquelle il a dû demander la délivrance de son legs : donc il n'a pas la saisine; donc son titre n'est pas indivisible.

L'émolument de M. Gando consiste en un quart en propriété et un autre quart en usufruit de la succession de la défunte : donc en deux choses parfaitement distinctes, et par conséquent des plus faciles à diviser.

Enfin le testament du 21 septembre 1869 n'impose pas à M. Gando l'obligation d'accepter pour le tout le legs qu'il lui attribue, et si l'on consulte la volonté présumée de la défunte il est de toute évidence qu'elle n'a jamais songé à imposer une telle obligation à son mari.

Dès lors, la possession de celui-ci remonte, non au jour du décès de sa femme, c'est-à-dire au 9 juillet 1875, mais au jour où cette possession lui a été déférée par l'acte du 19 septembre de la même année.

Dès lors, M. Gando a pu, par ledit acte, renoncer au quart en usufruit de la succession dont s'agit et accepter un autre quart en propriété de ladite succession.

Dès lors enfin, c'est sur ce dernier quart seulement que devait se faire la perception qui a eu lieu par suite de la déclaration du 18 décembre 1876, cette perception devant se renfermer dans les mêmes limites où la mutation au profit de M. Gando avait été circonscrite par ledit acte du 19 septembre précédent.

Nous mettons l'administration de l'enregistrement au défi de s'écarter de ce raisonnement sans sortir du procès, ou, de s'y renfermer, sans le perdre.

PIÈCES JUSTIFICATIVES

ou

NOTES SUPPLÉMENTAIRES

—

A (p. 72)

La question relative à la date de la conversion de Constantin, que nous soulevons dans le texte, ne ferait pas de doute si l'on s'en rapportait à Crevier. Dans son *Histoire des empereurs*, t. 12, p. 94 de l'édition de 1749-1755, in-12, il fixe à l'an 311 de notre ère l'apparition de la croix miraculeuse qui détermina ladite conversion ; et l'on peut voir dans le même sens la *Dissertation critique sur la vision de Constantin*. Paris, 1774, in-12, par l'abbé Duvoisin qui fut depuis évêque de Nantes. Mais, dans son *Histoire du Bas-Empire*, t. 1, liv. 1, nᵒˢ c-cii, p. 148-153 de l'édition de 1757-1811, Lebeau est déjà moins tranchant que Crevier et il reconnaît que les objections qui ont été faites contre cette vision méritent d'être examinées. De plus, avant que Voltaire eût consacré à ladite vision un article de son *Dictionnaire philosophique* (t. 32, p. 467-476 de ses *Œuvres*, édition Beuchot), Jacques Oiseau (*Oiselius*) avait traité de *fiction pieuse* le récit de cette apparition, dans son *Thesaurus selectorum numismatum antiquorum, ære expressorum*. Amsterdam, 1677, in-4º, p. 463, et Chauffepié dans son *Nouveau dictionnaire historique et critique*, t. 4, p. 5-11, avait présenté des objections d'une grande force contre une tradition dont l'exactitude avait déjà été mise en doute par Jacques Godefroy, dès 1642, dans ses notes sur Philostorge, l. 1, c. 6, p. 18. De plus, on n'est pas mieux d'accord sur le lieu où se passa l'événement que sur sa date (voir le Nain de Tillemont, *Histoire des empereurs*, t. 4, p. 573), et Villenave (*Biogr. univ.*, t. 9, p. 469 en note) avoue que « on ne trouve aucun monument contemporain de ce miracle », et que « on n'en voit point de trace dans l'arc de triomphe de Constantin ». Il y aurait un témoignage précieux en faveur de la théorie soutenue avec un zèle égal par le cardinal Baronius et par les centuriateurs de Magdebourg, ce serait celui d'Artemius, vétéran et martyr, qui atteste que ses propres yeux ont été témoins de la vision de Constantin ; mais malheureusement il se trouve que les prétendus actes d'Artemius sont apocryphes, de l'aveu du pieux abbé de Tillemont lui-même (voir ses *Mémoires pour servir à l'histoire ecclésiastique des six premiers siècles*, t. 7, p. 1317). Enfin dans son *Histoire de la décadence et de la chute de l'empire romain* (chap. 20, t. 4, p. 109 de la traduction française, édition de 1828), Gibbon a dit : « La vision de Constantin conserva une place distinguée dans la légende des superstitions, jusqu'au moment où l'esprit éclairé de la critique osa rabaisser le triomphe et apprécier la véracité du premier empereur chrétien. »

Quant à la date précise de la conversion de Constantin, elle n'est pas connue ; mais on peut conjecturer qu'elle avait eu lieu lorsqu'il prescrivit, en 321, l'observation du repos du dimanche. Voir les lois 3 et 4 dans le code de Justinien au titre *de feriis* (III, 12) et la loi 1 du code Théodosien au même titre (t. 1, p. 136 de l'édition de Ritter), bien qu'en 322 il n'eut pas encore fait profession publique de christianisme, suivant la remarque de M. Ch. Giraud (*Essai sur l'histoire du droit français au moyen âge*, t. 1, p. 320) et que ce ne fut qu'en 325 qu'eut lieu le concile de Nicée, auquel il assista (*Histoire de la législation romaine* par Ortolan, p. 333 et 334 de la 3e édition). Il est vrai que dans sa constitution de 321, Justinien donne au dimanche la qualification de *dies Solis*, tandis que, dans la loi 2 du code de Justinien au titre *de feriis*, Théodose l'appelle *dies dominicus*; mais nous voyons cette expression de *dies Solis* encore employée dans une constitution de Valentinien et de Valens, insérée dans le code Théodosien, qui serait de l'année 368 suivant Godefroy (t. 2, p. 615 de l'édition de Ritter). Des anachronismes de ce genre doivent d'autant moins nous toucher que rien n'est plus commun parmi nous. Ainsi nous appelons le premier jour de la semaine lundi, c'est-à-dire le jour de la Lune; le second, mardi, c'est-à-dire le jour de Mars; le troisième, mercredi, c'est-à-dire le jour de Mercure; le quatrième, jeudi, c'est-à-dire le jour de Jupiter; le cinquième, vendredi, c'est-à-dire le jour de Vénus et le sixième, samedi, c'est-à-dire le jour de Saturne. De même pour les mois de janvier qui tire son nom de Janus, de février qui tire son nom des sacrifices expiatoires qui se faisaient à cette époque, de mars dont le nom est emprunté au dieu de la guerre, d'avril qui était consacré à Aphrodite, de mai qui tirait son nom, suivant Ausonne de Maïa, fille d'Atlas, etc., absolument comme si nous vivions en plein paganisme; sans compter que les quatre derniers mois de l'année sont appelés le septième (septembre) au lieu de neuvième, le huitième (octobre) au lieu de dixième, le neuvième (novembre) au lieu de onzième, et le dixième (décembre) au lieu de douzième, absolument comme si l'année commençait encore aujourd'hui au mois de mars : tant il est difficile de se défaire de locutions vicieuses, une fois qu'elles ont la force de l'habitude pour soutien !

B (p. 80)

Suivant Denis Simon, *Bibliothèque historique des auteurs de droit*, t. 1, p. 3; Pancirole, *de claris legum interpretibus*, l. 2, c. 29, p. 121 de l'édition de 1721 ; Cotta, dans sa *Recensio juris interpretum et doctorum*, à la suite de l'édition de Pancirole précitée, p. 521 ; Taisand, *Vies des plus célèbres jurisconsultes*, p. 5 ; Gravina, *Originum juris*, l. 1, c. 155, p. 114 de l'édition de 1737; Terrasson, *Histoire de la jurisprudence romaine*, p. 408 de l'édition de 1750; Nettelbladt, *Initia historiæ litteraturæ juridicæ universalis*, p. 87 de l'édition de 1774, et Dupin, *Bibliothèque choisie des livres de droit*, no 554, Accurse serait mort en 1229. Telle est également l'opinion adoptée par Moréri, t. 1, p. 83 de l'édition de 1759 ; Bayle, *Diction. histor. et critique*, t. 1, p. 48 de l'édition de 1740; Chaudon et Delandine, t. 1, p. 38 de l'édition de 1789; Feller, t. 1, p. 39 de la 7e édition, et Montcloux-la-Villeneuve, *Biogr. univ.*, t. 1, p. 183. Au contraire, suivant Volaterran (Raphaël Maffei), l. 21, p. 781, Accurse serait mort un demi-siècle plus tard, c'est-à-dire en 1279; mais l'auteur des *Remarques critiques sur le dictionnaire de Bayle* (l'abbé Joly), p. 49 et 50, prouve que cette dernière date est trop récente et celle de 1229 trop reculée, et il propose de leur substituer celle de 1245 environ, sans rien dire d'ailleurs à l'appui de cette dernière date. Hommel dans sa *Litteratura juris*, p. 326 de l'édition de 1779, adopte celle de 1259 et de Savigny, dans son *Histoire du droit romain au moyen âge* (t. 4, p. 142-144 de la traduction de Guenoux), dit qu'Accurse mourut vers l'an 1260. Enfin dans son *Cours d'introduction générale à l'étude du droit*, § 84, p. 199 de la seconde édition, Eschbach adopte l'année 1260 comme celle de la date de la mort d'Accurse, et c'est en effet cette année-là qu'il mourut, comme on peut le voir dans la *Storia di Bologna* de Ghirardacci, t. 1, p. 200; dans la *Storia della letteratura italiana* de Tiraboschi, t. 4, p. 271 et 273 de l'édition de Florence 1805-1813, et dans une ancienne chronique de Bologne insérée dans les *Scriptores rerum ital.* de Muratori, t. 18, p. 271.

C (p. 82)

Dans son *Dictionnaire universel de la France*, t. 6, p. 683, Robert
de Hesseln dit que la faculté de droit d'Orléans fut fondée par Philippe-
le-Bel en 1312; mais dans son *Histoire de l'université de lois d'Orléans*, p. 2, M. Bimbenet cite une bulle de Boniface VIII qui prouve
qu'en 1298 cette université existait déjà, et l'on voit dans l'*Histoire de
l'université de Paris*, par Crevier, t. 2, p. 137, qu'en 1297, Philippe-le-Bel
prenait sous sa protection les étudiants étrangers de cette université.
Suivant le même historien (t. 1, p. 241, 243, 245 et 246) la fondation de
ladite université aurait suivi de peu de temps la découverte des Pandectes dits *pisanes* puis *florentines* à Amalfi et l'apparition du décret
de Gratien qui se fit en 1151. Quant à l'autre fait, c'est-à-dire la donation par Lothaire II aux Pisans de ces Pandectes après la prise
d'Amalfi, il est relégué parmi les fables par de Savigny dans son *Histoire du droit romain au moyen âge*, t. 3, p. 71-78 de la traduction de
Guenoux. Ce fait aurait eu lieu en tout cas, non pas en 1075, comme
le disent Mentelle et Malte-Brun, dans leur *Géographie mathématique,
physique et politique* (t. 8, p. 449), ni même en 1133, comme le dit Crevier
(*Loc. cit.*, t. 1, p. 245), mais en 1135, comme le dit de Sismondi, dans son
Histoire des républiques italiennes du moyen âge (chap. 4, t. 1, p. 193
de l'édition de Bruxelles, 1826). Lemaire a reproduit plusieurs opinions
hasardées sur l'antiquité de l'école d'Orléans dans l'ouvrage intitulé :
Histoire et antiquités de la ville et duché d'Orléans, partie 1, p. 353
dé l'édition de 1648 in-folio; tenons-nous-en donc à ce que dit de Savigny (*Loc. cit.*, p. 286 et 287) : « Orléans eut très-anciennement une
école, et sans doute une école de droit. Les historiens en parlent pour
la première fois, à l'occasion d'un combat qui eut lieu l'an 1236 entre
les bourgeois et les étudiants, et où périrent plusieurs étrangers de
distinction (Mathieu Pàris, édition de Londres 1684, in-folio, p. 364). Il
existe un privilége émané du pape Clément V, en 1305, où l'on voit que
cette école était depuis longtemps célèbre pour le droit canon, et surtout pour le droit romain, et que Clément V lui-même y avait étudié.
Aussi, le pape reconnaît son droit de promotion, et il lui accorde les
priviléges de l'université de Toulouse; par conséquent ceux de l'université de Paris. (Lemaire, *Loc. cit.*, p. 335 et 344; Pasquier, *Recherches
de la France*, liv. 9, chap. 37, p. 989 et 990). Cette bulle fut confirmée
par le roi en 1312 ».

D (p. 82)

Vingt ans après la mort de Pothier (1772), la faculté de droit d'Orléans
finissait de la manière la plus triste. Elle n'avait plus que deux élèves
le 29 décembre 1792; elle en avait trois le 22 mars 1793; le 19 juillet de
la même année, elle n'en avait plus qu'un seul. L'année suivante, il y
avait encore une université, mais il n'y avait plus ni étudiants ni professeurs. Breton de Montramier, le professeur de droit romain qui avait
défendu les Pandectes de Pothier contre les journalistes de Tré-oux,
était mort le 14 mars 1781; Jousse qui avec Pothier et Prevôt de la Jannès
avait annoté la coutume d'Orléans publiée en 1740, était mort le
24 mars 1781; Guyot qui, à peine âgé de vingt-trois ans, était devenu
le collègue de Pothier, mourut en 1781; Robert de Massy qui avait
sinon remplacé Pothier, du moins succédé à sa chaire, mourut le
31 juillet 1794. Enfin Pierre-Marie-Joseph Guyot, petit-fils du docteur-
régent, fut immatriculé le dernier sur les registres de l'université le
16 juillet 1793, et le dernier survivant des professeurs, de la Place de
Montevray, après avoir été successivement conseiller, président de
chambre et premier président de la cour d'Orléans, mourut dans la re-
traite à un âge avancé après avoir (chose rare!) refusé le serment exigé

des fonctionnaires publics après la révolution de 1830 (Bimbenet, *Loc. cit.*, p. 388, 389, 392, 393, 398 et 414).

Depuis longtemps, du reste, le nombre des élèves de l'université d'Orléans était bien faible. Il n'était que de 115 en 1700; de 83, en 1713; de 64 en 1714; de 75 en 1716, et de 77 en 1741, huit ans avant que Pothier prit possession de sa chaire. Pis que cela, en 1628, il n'y en avait que 25 (*Id. ibid.*, p. 410 et 411). Mais en prenant même le chiffre le plus élevé et qui a toujours été depuis en décroissant, c'est-à-dire le chiffre de 1700, il y a loin des 115 étudiants d'alors aux 5,000 qui, si l'on en croit les historiens, suivaient les cours de la faculté d'Orléans au XIVe siècle (*Id. ibid.*, p. 407).

E (p. 82)

Dans ses *Questions de droit*, à l'article *Puissance paternelle*, p. 269 de l'édition de 1783, Bretonnier dit : « C'est une maxime triviale que la puissance paternelle n'a pas lieu dans les pays coutumiers (Loisel, liv. 1, titre 1, art. 37). Cette maxime n'est pas fort ancienne; car il est certain que la puissance paternelle avait lieu autrefois dans toute la France, même à Paris, ainsi qu'il est justifié par les *Décisions* de Jean Desmares, célèbre avocat qui vivait sous le règne de Charles VI (décis. 30 et 248), et suivant le témoignage de l'auteur du *Grand Coutumier*, liv. 2, chap. 40, d'Imbert, dans son *Enchiridion*, Vo *Gallorum*; de Jean Bouteillier, docte conseiller du parlement, dans sa *Somme rurale*, liv. 1, tit. 100, intitulé : *des Emancipés*, et de M. le président Bouhier, en son commentaire sur la coutume de Bourgogne, chap. 16, p. 294. — C'est aussi une maxime commune que le mariage émancipe. Cette maxime n'est pas non plus fort ancienne, suivant le témoignage de Joannes Faber, sur les Institutes, au titre *de Senatusc. Tertull.*; de M. Charles Dumoulin dans ses notes sur la coutume de Bourbonnais, art. 116, de Blois, art. 1, de Lille, art. 40 (chap. 4, art. 4); de M. d'Argentré, sur l'art. 472 de l'ancienne coutume de Bretagne ». — *Addè* Poullain du Parc, *Principes du droit français suivant les maximes de Bretagne*, t. 1, p. 354, no 245.

Dans ses notes sur Loisel, t. 1, p. 60, 61 et 160 de l'édition de 1783, de Laurière cite également, dans le même sens, J. Faber, Desmares, le *Grand Coutumier*, Imbert, Bouteillier et d'Argentré ; mais il cite en outre Bugnyon *de legibus abrogatis*, l. 1, c. 6; Alciat, l. 2 *Dispunctionum; Terrien, ad consuetud. antiq. Norman.*, l. 2, c. 11, p. 19; Cowel, *Institutiones juris anglicani*, au titre *de patria potestate*; Chasseneux, *in consuetud. Burgondiæ*, § 1 (rub. 4), nos 19, 20, 21 ; Costanus, *de matrimon. c. de ritu nuptiarum*, no 82, p. 178 et Masuer. *Pract. forensis* au titre *de dotibus*, no 85 (17). De Laurière cite de plus l'acte d'émancipation octroyé à Charles, comte de Valois, pour Louis, son fils, âgé de sept ans, qu'on trouve dans le *Spicilegium* de Luc d'Achery, t. 8, p. 263 de l'édition in-4o et un autre acte d'émancipation qui a été transcrit par Perard dans le *Recueil de plusieurs pièces curieuses servant à l'histoire de Bourgogne*, p. 521. Cette dernière émancipation est faite en 1271 par Hugon, duc de Bourgogne, au profit de son fils et pour se démettre ensuite de son duché en sa faveur, mais en s'en réservant la jouissance. Quant à l'acte recueilli par d'Achery, il est de 1335.

F (p. 82)

« La première, dit Merlin, est relative au testament que fit, en 1304, la reine Jeanne de Champagne, femme du roi Philippe-le-Bel. Cette princesse ayant désiré que ses dernières dispositions fussent approuvées par son fils aîné, qui avait alors plus de quatorze ans, il eut besoin pour cela de l'autorité de son père, qui la lui donna en ces termes : *Auctoritatem plenamque et liberam potestamem duximus concedendam ad supplicationem et humilem requisitionem ipsius primogeniti nostri* (Launoy, *Histor. gymn. Navarr.*, p. 12 de l'édition de 1677).

« La deuxième est du roi Philippe de Valois qui, voulant donner à son fils le duché de Normandie, le comté d'Anjou et celui du Maine, commença par l'émanciper, afin qu'il fut habile à les recevoir. Elle est datée du 15 février 1331 (Du Tillet, *Recueil des rois de France*, p. 297 de l'édition de 1603).

« La troisième est l'acte de donation que le roi Jean fit à son fils Philippe, le 6 septembre 1363, du duché et du comté de Bourgogne ; Philippe y est expressément émancipé : *Ad quod homagium admissimus eumdem (Philippum) quam per hoc emancipamus, et extra potestatem nostram posuimus et ponimus per præsentes* (Gollut, *Mémoires historiques de la république séquanoise et des princes de la Franche-Comté de Bourgogne*, liv. 8, chap. 27 ; Plancher, *Preuves de l'histoire générale et particulière de Bourgogne*, t. 2, p. 279). »

Il est à remarquer toutefois que ces trois chartes sont relatives à des personnes qui, lors de leur émancipation, n'avaient pas atteint l'âge de 25 ans, c'est-à-dire qui, d'après le droit commun, étaient encore mineures (Pothier, *Traité des personnes et des choses*, partie 1, titre 5, 4e alinéa ; Merlin, *Répertoire*, Vo *Majorité*, § 1, no 1) et qui, de même qu'aujourd'hui (art. 1124 du code civil), étaient incapables de contracter (Pothier, *Traité des obligations*, no 49, et *Traité du droit de domaine de propriété*, no 7).

Ainsi, le fils aîné de Philippe-le-Bel et de Jeanne de Champagne, qui régna depuis sous le nom de Louis X, dit le Hutin, était né le 4 octobre 1289, et avait dès lors, comme le dit Merlin, plus de quatorze ans en 1304.

Philippe-le-Hardi, premier duc de Bourgogne de la maison de Valois, était né le 15 janvier 1341 (ancien style) ou 1342 (nouveau style), il n'était donc âgé que de 21 ans en 1363.

Quant au fils de Philippe de Valois, qui fut depuis le roi Jean, la date de sa naissance est controversée. Aussi trouve-t-on dans les *Singularités historiques et littéraires* (par dom Liron), t. 3, p. 412, une *Observation sur l'âge de Jean II, lorsqu'il commença à régner en 1350*; observation qui a été mentionnée par Fevret de Fontette dans la *Bibliothèque historique de la France*, du P. Lelong, t. 2, p. 169, no 17,039 ; mais après comme avant laquelle l'accord ne s'est pas établi sur cette date entre les historiens et les biographes.

« Il était âgé d'environ quarante-trois ans quand son père mourut », dit Mézeray dans sa grande *Histoire de France*, t. 1, p. 811 ; version d'après laquelle Jean serait né en 1307.

Mais dans son *Abrégé chronologique de l'histoire de France*, t. 6, p. 173, de l'édition de 1755, Mézeray dit qu'il était « âgé de quarante-deux ans », lorsqu'il monta sur le trône et, par conséquent, qu'il serait né en 1308.

Suivant Feller, *Dictionnaire historique*, t. 9, p. 211 de la 7e édition, il avait 56 ans lorsqu'il mourut en 1364 : ce qui fait également remonter à l'an 1308 la date de sa naissance.

« Il montait sur le trône à un âge mûr, âgé d'environ quarante ans », dit le P. Daniel, dans son *Histoire de France*, t. 5, p. 427 de l'édition de 1755, in-4o.

Anquetil, t. 3, p. 166 de son *Histoire de France*, édition de 1821, in-12, dit également que Jean « prenait le sceptre à quarante ans ».

L'abbé Millot, dans ses *Elémens de l'histoire de France*, t. 2, p. 108 de la 3e édition publiée en 1774, dit de même que Jean « monta sur le trône âgé de quarante ans ».

D'après ces historiens Jean serait donc né en 1310, ainsi que d'après Chaudon et Delandine, qui, dans leur *Nouveau dictionnaire historique*, t. 4, p. 679 de l'édition de 1789 font également monter Jean sur le trône à l'âge de 40 ans

Dans sa *Nouvelle histoire de France*, t. 3, p. 489 de l'édition de

1719, Le Gendre dit au contraire que « Jean avait plus de quarante ans quand il parvint à la couronne ».

Fiévée dit de même dans la *Biographie universelle*, t. 21, p. 441, qu' « il avait plus de quarante ans lorsqu'il parvint au trône », ce qui tendrait à faire croire qu'il serait né en 1809 ; mais plus loin Fiévée dit (p. 446) qu'il « mourut à Londres le 8 avril 1364, dans la 56e année de son âge, et la 14e de son règne », ce qui implique qu'il serait né, non en 1309, mais en 1308.

Sismondi, dans son *Histoire des Français*, t. 10, p. 66, dit que Jean avait quatorze ans lorsqu'au mois de mai 1332 fut célébré son mariage avec Bonne, fille de Jean, roi de Bohème, ce qui ferait fixer à l'an 1318 la naissance de Jean.

C'est entre cette date de 1318 et celle de 1319 que M. Henry Martin semble balancer, lorsqu'il dit, dans son *Histoire de France* (t. 6, p. 329 de la 1re édition ou t. 5, p. 118 de la 4e), à l'année 1350, que « le nouveau roi de France était âgé de trente-et-un à trente-deux ans ».

C'est pour la date de 1319 que M. Théophile Lavallée se prononce, lorsqu'il dit dans son *Histoire des Français*, t. 1, p. 324 de la 5e édition publiée en 1845 : « Jean, duc de Normandie, avait 31 ans lorsqu'il succéda à son père ».

C'est aussi cette date de 1319 qu'adopte M. Bouillet dans son *Dictionnaire universel d'histoire et de géographie*, p. 913 de l'édition de 1855 ou de 1858.

Au contraire, dans son *Abrégé chronologique de l'histoire de France*, le président Hénault dit : « Jean parvient à la couronne le 23 avril 1350, âgé de trente ans » ; d'où il suivrait que sa naissance aurait eu lieu en 1320.

Enfin, dans ses *Tablettes historiques ou anecdotes des rois de France*, t. 1, p. 229 de la seconde édition publiée en 1766, Dreux du Radier dit que Jean est « né à Mauny au Maine le 26 avril 1329 ».

Mais s'il n'y a pas ici de faute d'impression dans le millésime de l'année, Dreux du Radier se serait trompé de dix années, jour pour jour. On lit, en effet, dans l'*Histoire généalogique et chronologique de la maison royale de France*, par le P. Anselme, t. 1, p. 105 : « Jean, surnommé le Bon, roi de France, naquit au château du Gué de Mauny, le jeudi 26 avril 1319, selon un registre de la Chambre des comptes de Paris et fut baptisé le dimanche suivant dans l'église de Saint-Julien du Mans. Le roi son père le fit chevalier le jour de Saint-Michel 1332, lui ayant donné en pairie les titres de duc de Normandie et de Guienne, de comte d'Anjou et du Maine par lettres du 13 février 1331 ».

Ces indications que nous trouvons dans la troisième édition de l'ouvrage du P. Anselme, publiée en 1726-1733, 9 volumes in-folio, et qui se trouvaient peut-être déjà dans les deux éditions précédentes, publiées l'une en 1674, 2 vol. in-4o, et l'autre en 1712-1713, 2 vol. in folio, ont fourni sans doute aux auteurs de la dernière édition du *Grand dictionnaire historique* de Moréri, publiée en 1759, la véritable date de la naissance du roi Jean, qu'ils fixent aussi (t. 5, partie 1, p. 907, no 16) au 26 avril 1319.

Cette date est également adoptée par les savants auteurs de *l'Art de vérifier les dates* (dom d'Antine, dom Durand, dom Clémencet et dom Clément), t. 1, p. 597 de l'édition de 1783 et années suivantes. Voici leurs termes : « Jean II, duc de Normandie, né le 26 avril 1319 au château du Gué-de-Maulni, près du Mans, succéda le 22 août 1350 au roi Philippe de Valois, son père, et fut sacré à Rheims le 26 septembre suivant ».

Enfin Villaret dit, dans sa continuation de l'*Histoire de France* de Velly, t. 5, p. 291 de l'édition in-4o : « Jean était âgé de 43 ans lorsqu'il mourut » ; et il ajoute en note : « Il paraît que presque tous les historiens se sont trompés sur l'âge de Jean II lorsqu'ils ont assuré que ce prince ne monta sur le trône que dans sa quarante-et-unième année. Voici les raisons qui me déterminent à préférer l'opinion adoptée dans cette histoire. En 1328 Philippe de Valois mit son fils entre les mains des hommes, et lui donna pour gouverneur Bernard de Mareuil (*Spicilegium*, t. 2, p. 716). Jean, quoique fils unique alors, ne fut marié que quelques années après, ainsi que le remarque le continuateur de Nangis. Ces faits sont d'accord avec le sentiment du P. Anselme, suivant lequel Jean naquit en 1319 ».

L'on s'étonnerait vraiment que cette date ait été si controversée si l'on ne savait combien étaient superficiels les travaux préliminaires de nos anciens historiens. Les Varillas, les Saint-Réal et les Vertot ne voyaient dans l'histoire que des sujets de composition, pour ne pas dire des canevas de romans; les Velly, les Mézeray et les Anquetil, tout en paraissant la prendre plus au sérieux ne la traitaient guère moins sans façon. Augustin Thierry le leur a reproché avec raison dans ses *Lettres sur l'histoire de France;* mais il leur oppose comme contraste le P. Daniel. « Daniel, dit-il (p. 49 de la seconde édition), prononça d'un seul mot la condamnation de son prédécesseur: « Mézeray, « dit-il, ignorait ou négligeait les sources ». Pour lui, sa prétention fut d'écrire d'après elles, de suivre les témoignages et de revêtir la couleur des historiens originaux. Le but principal de Daniel était l'exactitude historique ». Malheureusement pour cet historien, une anecdote vraiment caractéristique, rapportée par Lenglet du Fresnoy dans le *Supplément de la méthode pour étudier l'histoire*, t, 2, p. 159, nous fait connaître quel souci Daniel avait de cette exactitude historique. « On avait, dit Lenglet du Fresnoy, communiqué à ce Père onze ou douze cents volumes in-folio de pièces originales et manuscrites qui se trouvent dans la bibliothèque du roi, où l'on voit les plus intimes secrets de notre histoire depuis le règne de Louis XI, mais le P. Daniel fut une heure à les parcourir et dit qu'il était fort content. C'est tout l'usage qu'il a fait de cet immense recueil : c'est ce que j'ai su de M. Boivin le jeune, l'un des sous-bibliothécaires du roi, et ce que m'a confirmé même le P. Tournemine, auquel le P. Daniel ne put s'empêcher de dire que toutes ces pièces étaient des paperasses inutiles, dont il n'avait pas besoin pour écrire son histoire ».

Certes, ce ne sont pas le P. Anselme et les doctes bénédictins de la congrégation de Saint-Maur qui auraient traité de précieux documents historiques avec cette légèreté, cette insouciance ou, pour mieux dire, ce dédain; et ils ne se seraient pas bornés non plus, comme certains historiens modernes que nous avons cités, à des indications approximatives de dates. Lors donc qu'ils nous disent que le roi Jean est né le 26 avril 1319 on pourrait les croire sur parole; mais le P. Anselme ne s'en tient pas à une allégation et il cite le document authentique d'où il a tiré cette date, par conséquent il faut la tenir pour certaine et en conclure que Jean avait douze ans lorsqu'il fut émancipé par son père en 1331. Dès lors cet exemple n'est pas plus concluant en faveur de la thèse de Merlin que celui de l'émancipation de Louis-le-Hutin en 1304 et de Philippe-le-Hardi en 1363. Quelle est cette thèse en effet? qu'anciennement la puissance paternelle était réglée dans les pays coutumiers de la même manière que dans les pays de droit écrit. Or dans ces derniers pays cette puissance s'exerçait tout aussi bien sur les enfants majeurs que sur les enfants mineurs, tant qu'ils n'en étaient pas affranchis par l'émancipation; donc Merlin, pour justifier sa thèse, aurait dû nous montrer des enfants majeurs continuant, malgré leur majorité, à être soumis à cette puissance et n'en sortant que par l'émancipation. Cette même remarque s'applique aux chartes d'émancipation de 1271 et 1835 citées par de Laurière.

G (p. 85)

Laferrière avait dit avant cela (p. 471 et 472): « La constitution de la famille romaine mettait la puissance dans les mains de l'aïeul; tandis que, selon les mœurs galliques, le père seul était réellement le chef de la famille. Il y avait rapport d'identité dans le caractère absolu de la puissance ; il y avait différence dans l'étendue de l'application. —

A Rome, d'après cette différence, le fils de famille qui se mariait restait sous la puissance de son père avec ses propres enfants; — dans la Gaule, au contraire, le fils de famille était émancipé par le mariage ».

Mais Laferrière n'appuie sur aucune autorité cette double assertion, et cela cependant aurait été fort nécessaire pour la dernière. Que le pouvoir paternel, dans les Gaules, fut entre les mains non de l'aïeul mais du père, cela est très-vraisemblable, car l'organisation de la famille romaine est assez excentrique pour qu'on ne la suppose pas sans preuve établie ailleurs. Que la puissance paternelle cessât à l'égard de la femme par suite de son mariage, c'est ce qui est à peu près sûr, car sans cela comment son mari aurait-il ou sur elle droit de vie et de mort? Mais que le mariage du fils de famille produisit son émancipation, c'est ce qu'on ne peut facilement admettre en présence du silence de César sur ce point, et cependant lorsqu'il s'agit des lois et des mœurs des Gaulois, ce n'est guère qu'à César qu'on peut s'adresser pour obtenir des renseignements certains. Enfin Laferrière me paraît trop enclin à suivre les errements de Grosley et des autres gallomanes qui font remonter aux Gaulois toutes les coutumes dont ils ignorent l'origine, sans tenir compte de l'action absorbante de la conquête romaine que nous avons ci-dessus signalée.

Voici, par exemple, le raisonnement que fait Laferrière (t. 2, p. 72 et 73) pour prouver que chez les Gaulois le mariage faisait cesser la puissance paternelle à l'égard des fils qui y étaient soumis auparavant :

« Chez les Gaulois, l'aïeul n'apparaît point investi de la qualité prédominante de chef de famille. C'est le père qui a le droit de vie et de mort sur ses enfants, le mari sur son épouse. Le mari ayant même positivement le pouvoir absolu sur sa femme, devait être nécessairement en possession de ses droits, *sui juris;* car, ainsi que le disaient Papinien et Ulpien en parlant du fils de famille, mari et père, à qui la loi Julia *de adulteriis* refusait le droit de vie et de mort sur sa femme coupable, on ne peut pas avoir la puissance quand on est soi-même en puissance : *In sua potestate non videtur habere, qui non est suæ potestatis* (Lois 20 et 21, D. ad leg. *Jul. de adult.,* xv.viii, 5). Le pouvoir suprême, reconnu par Jules César, dans la main du mari, suppose donc que le mari était maître de ses droits; qu'il était affranchi de la puissance paternelle par sa qualité même de mari, ou, en d'autres termes, qu'il était *émancipé* par le mariage ».

Qui ne voit que cette argumentation n'est qu'un pur paralogisme? Que fait, en effet, Laferrière? Il va chercher dans une législation où le pouvoir paternel est exercé, non par le père mais par l'aïeul, la preuve que la même règle est suivie chez un peuple où, d'après lui-même, ce pouvoir était placé non dans la main de l'aïeul mais dans celle du père!

Qu'on ne s'étonne d'ailleurs pas trop qu'il y ait, quant à la puissance paternelle, une différence entre les enfants qui se marient, suivant leur sexe, car cette différence on la trouve établie dans les articles 317 et 318 de la coutume du Poitou de 1514, en ces termes : « Si le fils d'aucun roturier marié demeure en son mariage hors de l'hostel en compaignie de son père par an et jour, il est deslors émancipé taisiblement et personne de son droit et n'a mestier d'autre émancipation : mais autre chose est en un enfant noble; car il n'est point émancipé pour estre marié ne pour demourer hors de la maison de son père, et y convient émancipation expresse. — Mais une fille dès ce qu'elle est mariée deslors elle est hors du povoir de son père et entre au povoir de son mary ». Les articles 312, 313 et 314 de la coutume de Poitou de 1559 contiennent des dispositions semblables et la même distinction est indiquée dans l'article 120 de la coutume d'Angoumois de 1514.

II (p. 95)

« Si, dit Breyé (Loc. cit., partie 2, p. 212), les fiefs sont situés dans les pays de droit écrit, le retrait féodal est préféré au retrait lignager.

C'est une jurisprudence certaine, fondée sur différents arrêts de règle-ment, rapportés par M. Maynard (liv. 2, chap. 85 de ses arrêts). M. de la Roche-Flavin (*Des droits féodaux et matières féodales*, arrêt 8, p. 366), en cite un du mois d'avril 1586, et M. de Catelan (*Arrêts notables du parlement de Toulouse*, liv. 3, chap. 11, t. 2, p. 473) en rapporte encore un autre du 13 du mois de décembre 1665, qui a jugé la même chose. Bien plus le retrait lignager est absolument exclu dans les provinces de Lyon, de Forez et de Beaujolais (le Prestre, *Arrêts célèbres*, p. 72 et 73); Bretonnier, dans ses observations sur le XIXᵉ plaidoyer de Henrys. Voyez encore sur cette matière l'auteur du livre intitulé : *le Franc-aleu*, chap. 10; Brodeau, sur l'art. 22 de la cou-tume de Paris; Basnage, sur la coutume de Normandie, art. 452, t. 2, p. 282; la Thaumassière sur la coutume du Berri, tit 14, art. 13, p. 483; Taisand, sur la coutume de Bourgogne, titre 10, art. 10, nᵒ 1, p. 663) ». — Voir aussi Merlin, *Répertoire* à l'article *Retrait lignager*, nᵒ 3.

Cette jurisprudence des pays de droit écrit est d'autant plus remar-quable que c'était surtout dans ces pays que les *libri feudorum*, insé-rés dans le *Corpus juris*, étaient considérés non comme un *droit supplétif*, mais comme un monument légal de *droit commun* (Voir Laferrière, *Histoire du droit français*, t. 4, p. 536 et 540). Or, dans le titre *Qualiter olim poterat feudum alienari* (II, 9), § 1, la préférence du retrait lignager sur le retrait féodal est exprimée en ces termes : *In redimendo potior erat proximi agnati quàm domini conditio, si tamen fundum erat paternum.*

I (p. 96)

Voir le *Traité des fiefs* de Pocquet de Livonnière, liv. 5, chap. 1, sect. 4, p. 415-418 de l'édition de 1771. Guyot, dans son *Traité des fiefs*, t. 4, chap. 15, nᵒ 16, p. 138-146, et Hervé, dans sa *Théorie des matières féodales et censuelles*, t. 3, p. 177 et 178, constatant tous deux aussi cette différence entre les pays coutumiers et les pays de droit écrit; mais l'un approuve l'usage des pays coutumiers et l'autre celui des pays de droit écrit.

« Si, dit Breyé, *Loc. cit.*, p. 213, les fiefs sont du ressort du droit pure-ment coutumier, c'est une jurisprudence universelle fondée sur la dispo-sition générale de toutes les coutumes, à l'exception de quatre, qui sont celles d'Artois (art. 125), de Saint - Mihiel (tit. 3, art. 4), du comté de Bourgogne (chap. 13, art, 71) et de Marsan (*Des droits de proximité*, art. 11), que le retrait lignager est préférable au retrait féodal. »

Mais Breyé se trompe à l'égard de la coutume d'Artois. L'article 125 de cette coutume qu'il cite se borne à accorder au seigneur un retrait partiel qu'il refuse au lignager, ce qui, d'après Maillart, sur cet article nᵒ 16, serait « contraire à la jurisprudence générale du royaume ». On peut voir d'ailleurs sur cette question de retrait partiel le *Répertoire* de Guyot, t. 15, p, 515-519; mais, ce cas particulier mis à l'écart, l'art. 124 de la coutume d'Artois de 1544 constate la préférence accordée au retrait lignager en ces termes : « Il est permis au proesme et lignaigier, sur le seigneur, rattrayant par puissance de fief, rattraire et reprendre telz héritaiges patrimoniaulx, en déclarant l'an de la rettraite faite par ledict seigneur ». Aussi Bauduin, dans une note sur l'art. 87 de la coutume d'Artois, de 1510, qui est conforme à l'art. 124 de celle de 1544, dit-il : « Nous trouvons que jadis pareille coutume a esté usitée en Lombar-die, par les usaiges féodaux de laquelle, au retraict d'un fief patrimonial, le lignaigier est préféré au seigneur féodal ». Et Bauduin renvoie au texte du Livre des fiefs que nous avons cité dans la note précédente.

Au lieu de citer la coutume d'Artois, Breyé aurait dû citer celle du Hainaut. Il était tout naturel que dans cette coutume ultra-féodale, le retrait du seigneur fut préféré à celui du lignager. C'est ce qui résulte, en effet, des art. 3 et 25 du chap. 95 des chartes générales de 1619.

Voir Cogniaux, *Pratique du retrait*, p. 64, nº 31; Dumées, *Jurisprudence du Hainaut françois*, p. 874.

C'était là une exception unique dans les Pays-Bas. « Dans les autres provinces, dit M. Britz *(Code de l'ancien droit Belgique*, p. 588), les parents du vendeur, leurs héritiers ou ayants cause, avaient la préférence pour le retrait sur le seigneur; mais lorsqu'ils n'exerçaient pas ce droit dans l'an et jour, le seigneur pouvait retraire ». Sauf dans le Brabant toutefois où le retrait féodal n'était pas admis. Voir l'art. 53 de la *Coutume de la cour féodale de Brabant* et la remarque de Christyn.

J (p. 88)

Gans cite uniquement en note l'article 14 de la coutume de Chauny; et encore aurait-il dû dire qu'il s'agissait de l'ancienne coutume de Chauny, celle de 1510, dont ledit article portait, en effet, que « en la gouvernance, bailliage et prévosté, don mutuel n'a point de lieu »; mais cette disposition a été remplacée par celle-ci dans l'art. 14 de la coutume de 1609 : « Homme et femme conjoints par mariage estant en santé, peuvent et leur est loisible faire donation mutuelle l'un à l'autre également de tous biens meubles et conquêts immeubles, dont ils ont communauté ensemble, pour en jouir le survivant sa vie durant seulement..... pourvu qu'il n'y eût enfans, soit des deux conjoints ou de l'un d'eux, lors du décès du premier mourant ».

Gans aurait pu citer la coutume de Normandie, dont l'art. 410 comprenait le don mutuel dans cette prohibition générale : « Gens mariés ne peuvent céder, *donner* ou transporter l'un à l'autre *quelque chose quo ce soit*, ni *faire contrats* ou confessions, *par lesquels les biens de l'un viennent à l'autre*, en tout ou en partie, directement ou indirectement ». L'application de cet article au don mutuel a été faite par un arrêt de la grande chambre du parlement de Paris du 31 janvier 1663, qui se trouve dans le *Journal des audiences*, t. 2, liv. 2, chap. 4, p. 120 de la dernière édition, et par un arrêt du parlement de Rouen du 17 janvier 1780, qui est rapporté dans la *Gazette des tribunaux* (par Mars), t. 12, p. 37. Voir le *Traité de la communauté*, de Lebrun, liv. 1, chap. 2, nº 18, p. 11 de l'édition de 1754, et l'article *Don mutuel*, par Levasseur, t. 1, nº 6, dans le nouveau Denisart, t. 6, p. 715 et 716.

Ce n'était pas, d'ailleurs, en Normandie seulement que le don mutuel entre époux n'était pas permis, comme on le voit dans le *Traité des donations entre mari et femme*, de Pothier, nºs 118-120.

« Il n'y a pas lieu non plus, dit-il, au don mutuel dans la coutume d'Auvergne, qui permet au mari de donner à sa femme, mais qui ne permet pas à la femme de rien donner au mari, de quelque manière que ce soit.

« On peut encore mettre au rang des coutumes dans lesquelles il n'y a lieu un don mutuel en aucun cas, celles qui permettent un don mutuel entre conjoints, que chacun d'eux puisse toujours révoquer sans le consentement de l'autre, en lui notifiant de son vivant la révocation : telle est la coutume du Poitou, art. 213; celle de Mantes, art. 149. L'ordonnance de 1731 ayant abrogé cette espèce de donation, comme nous l'avons vu *supra*, nº 6, il ne peut y avoir lieu au don mutuel dans ces coutumes.

« Dans la coutume de Dunois, il n'y a pas lieu non plus à un don mutuel qui soit un vrai don entre vifs; celui que cette coutume permet, devant, pour être valable, être confirmé par un testament mutuel. »

Que le don mutuel ne fut pas connu chez les Romains (*Répertoire de* Guyot, t. 6, p. 149), c'était tout simple, puisque cet avantage avait pour objet des biens de communauté et que le régime de la communauté leur était inconnu; mais nous trouvons une nouvelle preuve de la différence d'esprit de leur législation et de la nôtre dans la manière dont étaient réglementées chez eux et chez nous les donations entre-vifs.

A Rome, du moins dans le dernier état du droit, on n'exigeait, pour que la donation fut parfaite, rien autre chose que le concours des volontés des parties; le consentement tacite du donataire suffisait et, à défaut de son acceptation expresse, on se contentait d'équipollents (Voir Ricard, *Traité des donations*, partie 1, n° 837; Furgole, Boutaric et Damours sur l'art. 6 de l'ordonnance de 1731). « Mais, dit Troplong (*Donat. et testam.*, t. 3, n° 1087), notre droit coutumier, plein d'aversion pour les donations, s'éloigna de cette simplicité et la jurisprudence la remplaça par une sévérité telle qu'aucun équipollent ne fut plus admis, et qu'on exigea que l'acceptation fut faite en termes exprès, sans que la présence du donataire à l'acte et l'apposition de sa signature pussent couvrir le défaut d'acceptation solennellement mentionnée (Ricard, *Loc. cit.*, n° 838; Argou, t. 1, p. 284; Pothier, *Traité des donations entrevifs*, sect. 2, art. 1) ». — « Il ne faut pas s'étonner, dit M. Demolombe (t. 3, n° 123 du *Traité des donations*), de ce rigorisme de notre ancien droit, dans cette matière des donations entre-vifs, pour laquelle il éprouvait tant d'éloignement; n'en avons-nous pas trouvé d'autres exemples encore dans des matières qui semblaient n'avoir rien mérité de pareil (Comp. notre *Traité du mariage et de la séparation de corps*, t. 2, n° 190, et notre *Traité des successions*, t. 3, n° 8). »

Sous l'empire de l'ordonnance de 1539 et de l'édit de 1549, il y avait encore divergence à l'égard de l'acceptation des donations entre les jurisconsultes des pays de droit écrit et ceux des pays coutumiers (Coin-Delisle, sur l'art. 932, n° 2). Les premiers soutenaient que l'acceptation pouvait être remplacée par des équipollents; les seconds exigeaient qu'elle fut formelle. Furgole (*Loc. cit.*, p. 43 de l'édition de 1761) cite, en faveur de la première opinion, Peleus, Montholon, Maynard, Jacques Ferrière sur Guy-Pape, de Cambolas et Bouvot; en faveur de la seconde Brodeau sur Louet et Ricard. C'est dans ce dernier sens que s'est prononcée l'ordonnance de 1731, dont l'art. 6 porte : « L'acceptation de la donation sera expresse, sans que les juges puissent avoir aucun égard aux circonstances dont on prétendrait induire une acceptation tacite ou présumée; et ce quand même le donataire aurait été présent à l'acte de donation, et qu'il l'aurait signé, ou quand il serait entré en possession des choses données. »

Ricard, qui écrivait avant cette ordonnance, croyait que la présence et la signature du donataire devaient pouvoir tenir lieu de son acceptation formelle (*Loc. cit.*, n° 840); mais Damours (*Loc. cit.*, p. 64 et 65) le blâme d'avoir émis une pareille doctrine et il remarque, ainsi que Sallé (*Loc. cit.*, p. 17 et 18 de l'édition de 1759), que Ricard lui-même (*Loc. cit.*, n° 841) est obligé de reconnaître que son opinion était contraire à la jurisprudence admise avant l'ordonnance de 1731. Fondée ou non, cette opinion ne pouvait plus avoir cours depuis cette ordonnance qui, comme le rappelle Boutaric (*Loc. cit.*, p. 24), n'eut aucun égard aux efforts du parlement de Toulouse pour faire consacrer ladite opinion. Elle ne peut pas davantage être admise aujourd'hui, car l'article 932 de notre code n'est que « la répétition abrégée de l'art. 6 de l'ordonnance de 1731 », comme le dit Troplong (*Loc. cit.*, n° 1083) et comme le reconnaît M. Demolombe (*Loc. cit.*, n°s 121 et 122). C'est ce qu'il est, d'ailleurs, impossible de nier, d'après l'exposé des motifs de la loi au Corps législatif par Bigot-Préameneu et le rapport de Jaubert au tribunat (Locré, t. 11, p. 399 et 456).

K (p. 101)

M. Gustave Boutry, que, à l'exemple de M. Demolombe et de certains catalogues de librairie, nous avons appelé Boutry-Boissonade, ajoutant à son nom celui de son oncle maternel, l'helléniste, professeur au collège de France et membre de l'Institut, auquel sa thèse de docteur est dédiée, sans qu'on puisse lui imputer d'avoir ainsi allongé son nom pour l'illustrer, ainsi qu'avait fait le professeur Demiau-Crouzilhac, lequel ne trouvant pas à son double nom suffisamment d'éclat, y ajoutait, dans le titre des bouquins sur la procédure civile qu'il a publiés la qualification de *petit-fils du célèbre Furgole*; M. Gustave Boutry, disons-nous, a commis une singulière méprise relativement à notre ancien droit coutumier. Il suppose, *Loc. cit.*, nᵒˢ 153 et 154, que, tandis que les *Etablissements de saint Louis* (liv. 1, chap. 114) et les *Assises de Jerusalem (Cour des bourgeois*, chap. 155, p. 318 de l'édition de Victor Foucher), « ne permettent les avantages entre époux que par testament », Pierre de Fontaines dans son *Conseil* (chap. 33, nᵒ 14, p. 385 et 386 de l'édition de M. Marnier) et Beaumanoir dans ses *Coutumes de Beauvoisis*, chap. 12, nᵒ 4 (t. 1, p. 180 de l'édition du comte Beugnot), « reconnaissent, en termes formels, que la donation est valable entre époux comme entre toutes autres personnes ». Mais avec un peu d'attention, M. Boutry aurait remarqué que le chapitre de Pierre de Fontaines qu'il cite est placé sous cette rubrique : *Ci parole de testamens et de lois*, et que, par conséquent, c'est au regard des dispositions testamentaires, que l'auteur dit : « Ce que l'on puet leissier à estrange personne, puet-en lessier à un de ses enfanz, et à sa feme meismes » ; et M. Boutry aurait aussi vu que le chapitre de Beaumanoir qu'il cite a également pour rubrique : *Des testamens, li quel valent et li quel ne valent mie*. Et si M. Boutry avait pris la peine de lire jusqu'au bout le texte de Beaumanoir dont il ne cite qu'une partie, il se serait aperçu incontinent qu'il ne s'agit dans ce texte que de dispositions testamentaires.« Il est coustume bien aprovée, dit Beaumanoir, que li hons toutes ces cozes dessus dites pot lessier à se feme ou le feme à son segnour. Mais se le feme fesoit cix lais en se plaine santé à son segneur, par force ou par maneces, et il estoit bien prové des oirs à le feme, cis lais seroit de nule valeur ». Ainsi c'est, dans ce dernier cas seulement,que Beaumanoir déclare nulle la disposition testamentaire faite par la femme au profit de son mari et ce, par le même motif qui avait déterminé les *Etablissements* a annuler la donation entre-vifs faite par une femme à son mari ; « car, par aventure, disent-ils, ele ne l'auroit pas fet en sa bone volenté, ains li auroit donné pour ce qui il no li en fist pis ». Ainsi la distinction entre les donations entre-vifs et les donations testamentaires, celles-ci permises et celles-là prohibées entre époux, cette distinction,disons-nous, est reconnue par Pierre de Fontaines et Beaumanoir, comme elle l'est par les *Etablissements de saint Louis* et les *Assises de Jérusalem*, et comme elle l'est également au XIIIᵉ siècle par le *Miroir de Saxe* et par Britton. Voir les *Recherches sur la condition civile et politique des femmes*, par M. Laboulaye, p. 282 et 283.

L (p. 102)

On trouve une institution analogue dans la succession romaine des *Gentils*, pourvu que, contrairement au système de Niebuhr (*Histoire romaine*, t. 2, p. 1 et suiv. de la traduction de M. de Golbéry) et de M. Giraud (*Revue de législation* de Wolowski, t. 27, p. 383-435, t, 28, p. 212 et 243), lesquels ne voient dans la *gens* romaine qu'une agrégation toute politique de familles étrangères les unes aux autres, et unies seulement par des rapports municipaux et religieux, on admette que la *gens* avait pour base la descendance d'un même tronc et la communauté de sang, ainsi que l'ont admis, malgré leur désaccord sur certains points accessoires, un grand nombre d'auteurs, et notamment Cujas, sur la loi 1 *de probat.*, l. 3, *Quest. Papin.* (t. 4, c. 73 de ses œuvres, édition de Venise-Modène), sur cette même loi dans ses *Recitationes solemnes* (t. 7, c. 819), sur les lois 28 et 29, D. *de verbor. signif.* (t. 8, c. 183) et sur la loi 195 au même titre, dans ses notes sur le Digeste (t. 10, c. 565); Hotman, dans son commentaire des Institutes, l. 3, tit. 4, § 5; Sigonius dans son traité *de nominibus Roma-*

norum ; Heineccius, *Ant. roman.*, l. 3, tit. 2, § 2; Pothier, *Pand. Justin.*, au titre de *verbor. signif.*, t. 3, p. 662 de l'édition de 1782; Mart. Chladen, *de gentilitate veterum Romanorum.* Lipsiæ 1742, in-4°; Terrasson, *Histoire de la jurisprudence romaine*, p. 127 et 128 de l'édition de 1750; Bouchaud, *Commentaire sur la loi des Douze-Tables*, t. 1, p. 501-503 de la seconde édition; l'auteur des *Conclusions sur les lois dés Douze-Tables* (Boulage). Troyes, 1801, p. 125; Ortolan, *Revue de législation* de Wolowski, t. 11, p. 257-278, et dans son *Explication historique des Inst.*, t. 2, p. 30-45 de la 5e édition; Troplong, *De l'influence du christianisme sur le droit civil des Romains*, p. 27 et 28, en note, et *Revue de législation* de Wolowski, t. 28, p. 5-30, Laferrière, *Histoire du droit civil de Rome et du droit français*, t. 1, p. 78-83.

M (p. 110)

Cet arrêt du 31 août 1658 est également cité par Ricard dans son *Traité des substitutions directes et fideicommissaires*, chap. 4, partie 1, n° 161, t. 2, p. 259 de son *Traité des donations entre-vifs et testamentaires*, édition de 1783 ; mais là se trouve la citation d'un arrêt plus récent en sens contraire, dans une addition insérée entre une astérique et un crochet, et qui dès lors doit être l'œuvre de Duchemin ou d'un autre annotateur de Ricard dont Bergier a maintenu les intercalations, pour dispenser de recourir aux éditions antérieures, comme l'explique le nouvel éditeur dans l'*Avertissement* placé en tête du premier volume.

« Néanmoins, dit l'addition, par arrêt du 21 janvier 1665, rapporté au tome 2 du *Journal des audiences*, liv. 7, chap. 4 (liv. 3, chap. 4, t. 2, p. 357 et 358 de la dernière édition), l'on a confirmé un rappel en la coutume de Vitry *per modum legati*, et les arrière-cousins ont été admis avec les cousins germains au partage des meubles, acquêts et du tiers des propres, suivant la coutume en laquelle les biens étaient situés ».

D'un autre côté, Chabrol, sur l'art. 40 du chap. 12 de la coutume d'Auvergne (t. 2, p. 4), dit, à l'égard de celle de Meaux : « Bobé, commentateur de cette coutume, décide pour la nullité absolue de l'institution : néanmoins Champy, autre commentateur, après avoir rapporté (sur l'art. 28) un arrêt conforme pour la coutume de Vitry, dit que dans celle de Meaux l'usage est contraire, suivant ce qu'il a appris d'un avocat du roi de Meaux ; elle s'explique néanmoins en l'article 28, dans les mêmes termes que celle de Vitry : *Institution d'héritier n'a point de lieu, au préjudice des plus prochains, habiles à succéder* ».

N (p. 112)

Dans la liste dressée par M. Britz, p. 418-453 du *Code de l'ancien droit Belgique*, des coutumes des Pays-Bas autrichiens et des principautés de Liége, de Bouillon et de Stavelot, on trouve un grand nombre d'autres coutumes dépourvues d'homologation, dont les unes avaient et les autres n'avaient pas été déposées au conseil privé; mais qui toutes indistinctement devaient avoir la même autorité, d'après la règle tracée par Justinien dans les Institutes (l. 1, tit. 2. § 9) en ces termes : *Ex non scripto jus venit, quod usus comprobavit. Nam diuturni mores consensensu utentium comprabati legem imitantur :* règle qui, avant Justinien, avait été formulée par Jul'en en ces termes (l. 32, § 1, D. *de legibus*) : *Inveterata consuetudo pro lege non immerito custoditur;* par Ulpien (l. 33 au même titre) en ceux-ci : *Diuturna consuetudo pro jure et lege, in his quod non ex scripto descendunt, observari solet;*

par Hermogénien (l. 35, D. au même titre) en ceux-ci : *Sed et ea quæ longâ consuetudine comprobata sunt, ac per annos plurimos observata, velut tacita civium conventio, non minus quam ea quæ scripta sunt jura suvantur;* et enfin par Paul (l. 36, au même titre), en ceux-ci : *Immo magnæ auctoritatis hoc jus habetur quod in tantum probatum est, ut non fuerit necesse scripto id cumprehendere.*

O (p. 112)

Il ne faut pas confondre les *Coutumes générales de la gouvernance, bailliage et châtellenie de Douai, Orchies et les appartenances* et les *Coutumes de la ville et échevinage de Douai.* Les premières seules n'ont pas été homologuées ; les secondes l'ont été par le roi d'Espagne Philippe IV, en 1627. Les unes et les autres ont été insérées dans le *Coutumier général* de Bourdot de Richebourg, t. 2, p. 971 et suiv., 983 et suiv.

P (p. 112)

Il ne faut pas confondre non plus les *Coutumes, styls et usages du bailliage de Tournay et Tournesis* et les *Coutumes, styls et usages de la ville et cité de Tournay, pouvoir et banlieue d'icelle.* Ces dernières coutumes ont été homologuées par Charles-Quint, en 1552. On les trouve dans le *Coutumier général*, t. 2, p. 952 et suiv., ainsi que (p. 968 et suiv.) l'interprétation et ampliation qu'elles reçurent en 1553. Les coutumes du bailliage, au contraire, non-seulement n'ont pas été homologuées, mais elles n'ont pas même été imprimées ; elles ont été simplement déposées au Conseil privé. Voir Britz, *Loc. cit.*, p. 452, et l'ouvrage publié à Lille en 1711 par l'arrêtiste Pollet, intitulé : *Essai de rédaction des coutumes du bailliage de Tournai et Tournesis.*

Q (p. 112).

Cette ville et ce village suivaient, pour les matières qui n'avaient pas été l'objet de dispositions particulières dans leur coutume, restée manuscrite, les coutumes du bailliage de Tournai dont ils faisaient partie depuis 1383, comme nous l'apprend l'auteur de l'*Histoire de la ville et cité de Tournai* (N. Pontrain), t. 2, p. 262.
Dans notre exemplaire de la coutume du bailliage de Tournai, on a réuni un grand nombre de pièces, également manuscrites, ayant trait à la législation de cette province, et, notamment, on y trouve, après la table des 33 titres de la coutume, un exposé des différences qui existent entre elle et celles soit de la ville de Tournai, soit de Saint-Amand et Mortagne, soit de 17 villages qui avaient leur législation particulière. « On y suivait, dit M. Britz (*Loc. cit.*, p. 452, note 3), la coutume de la ville de Tournai telle qu'elle existait antérieurement aux modifications qu'elle a subies en 1552 et 1553. »

R (p. 113)

Baldus Novellus (c'est-à-dire Bartholinus) *de dote, pars septima, privilegium octavum*, p. 103 et suiv.; Tuschus, *Praet. conclus. jur.*, lettre D, concl. 718, n° 5, t. 2, p. 590; Ranchin, *Decis. part. 5*, concl. 142; de Bezieux, *Arrêts notables de la cour du parlement de*

Toulouse, liv. 5, chap. 2, § 6, p. 362 ; Despeisses, au titre *de la dot*, sect. 2, n⁰ˢ 4 et 24, t. 1, p. 476 et 486 des éditions de 1750 in-fol. et de 1778, in-4⁰; le président Favre, dans son Code, liv. 2, tit. 22, defin. 1, p. 140 de l'édition de 1649; Boutaric, *les Inst. de Justinien conférées avec le droit franç.*, p. 217 de l'édition de 1740; Serres, *les Institutions du droit franç.*, p. 187 de l'édition de Paris; Julien, *Eléments de juris-prudence selon les lois romaines et celles du royaume*, p. 49, n⁰ 10 ; Duport-Lavillette, *Questions de droit*, t. 2, p. 107 et 108.

« Les auteurs du nouveau Denisart, V⁰ *Dot* (cet article est de Le-page), § 3, n⁰ 2, t. 7, p. 100, nous semblent, dit Tessier, dans son *Traité de la dot* (t. 1, p. 45, en note), avoir émis une opinion peu fon-dée en n'accordant qu'au tiers, et non à la femme elle-même, le droit d'augmenter ou de constituer la dot (après le mariage). Aussi feu M. Denucé, dans une consultation du 26 octobre 1810, a-t-il rejeté cette opinion, qui n'a pas été suivie, non plus, dans une espèce jugée par la cour d'Agen, le 10 juillet 1833. V. *Mémorial de jurisprudence*, t. 28, p. 304. »

« Mais, dit Boutaric (*Loc. cit.*), quel sera le privilége de la dot ainsi augmentée et constituée? M. de Cambolas, liv. 4, chap. 20, et M. de Catelan, liv. 4, chap. 55, rapportent sur cette question des arrêts con-traires, les uns ayant jugé que la reconnaissance d'une dot augmentée, *constante matrimonio*, ne pouvait pas nuire aux créanciers du mari quoique postérieurs, les autres ayant alloué la femme pour cette au-gmentation après les créanciers antérieurs : ces derniers paraissent plus conformes à l'esprit de la novelle 97, c. 2, qui n'exclut que le dol et la fraude, la feinte et la simulation, *si nulla fuerit contra creditores circumventionis suspicio*, etc. »

Tel est également le sentiment de Serres, *Loc. cit.* « Si, dit-il, le mari a des créanciers lors de la constitution ou augmentation faites en argent pendant le mariage, cette constitution ou augmentation de dot n'a aucun privilége contre ces créanciers antérieurs; mais passe sim-plement avant les créanciers postérieurs, et n'est allouée que du jour qu'elle a été faite, et les intérêts n'en sont colloqués qu'en dernier rang et par concours avec les intérêts des autres créanciers. »

Telle est également l'opinion de Julien, *Loc. cit.* « Les dots, dit-il, peuvent être augmentées et constituées pendant le mariage.....; mais cette augmentation de dot n'aura pas la même hypothèque que la dot particulière constituée dans le contrat de mariage. L'hypothèque n'aura lieu que du jour du contrat contenant cette augmentation. Ce nouveau contrat ne doit pas préjudicier aux créanciers antérieurs du mari. »

Enfin la même opinion a été développée par Henrys et par Breton-nier, t. 2, liv. 4, chap. 6, quest. 31, p. 290-301 des *Œuvres de Claude Henrys*, édition de 1738.

S (p. 113)

Cette immutabilité des contrats de mariage est inscrite dans les cou-tumes, proclamée par les auteurs, consacrée par les arrêts. Voir les chartes générales du Hainaut, chap. 29, art. 8; l'apostille de Dumoulin, sur l'article 26 du titre 14 de la coutume d'Auvergne et son commen-taire de l'art. 156 de l'ancienne coutume de Paris, n⁰ˢ 5 et 7, t. 1, p. 903 de ses œuvres, édition de 1681; Bacquet, *Traité des droits de justice*, chap. 21, n⁰ 73; P. le Maistre sur la coutume de Paris, tit. 10, chap. 2, p. 234; Duplessis, *Traité du douaire*, chap. 7, p. 200 de l'édition de 1700; Brodeau sur Louet, lettre M, somm. 4, t. 2, p. 107 et suiv. de l'édition de 1742; de Montholon, *Arrêts de la cour prononcés en robes rouges*, § 57; le Prestre, *Questions notables de droit décidées par arrêts*, cent. 1, chap. 98, n⁰ 3, et Gueret, *ibid.*; le Vest, *Arrêts célè-bres et mémorables du parlement de Paris*, arrêt 100; Jamet de la Guessière, *Journal des audiences*, t. 2, liv. 4, chap. 14, p. 374 et 375; Filleau, *Arrêts notables du parlement de Paris*, 4ᵉ partie, quest. 63;

Brillon, *Dictionnaire des arrêts*, V° *Contrat*, n° 14; Gabriel, *Observations détachées sur les coutumes et les usages du ressort du parlement de Metz*, t. 1, p. 255 et 256; Mornac, sur la loi 26, D. *de jure dotium*, sur la loi 1, D. *de pactis dotalibus* et sur la loi 11, C. *ad senatusc. Velleian.*, t. 1, col. 1363 et 1377, et t. 3, col. 900 de ses œuvres, édition de 1721; Goris, *Adversaria juris subcisiva*, c. 8; Abraham de Wesel, *de pactis dotalibus*, n°s 114 et 117; Renusson, *Traité de la communauté*, partie 1, chap. 4, n°s 75-78, p. 72-74 de l'édition de 1723; Ricard, *Traité des donations*, partie 1, n°s 378-382; Lamoignon, *Arrêtés*, tit. 32, art. 5; d'Argentré, sur l'art. 220 de l'ancienne coutume de Bretagne, glose 6, n°s 3, 4, 5, 8 et 9; Auzanet et Ferrière, sur l'art. 258 de la coutume de Paris; Valin, *Nouveau commentaire sur la coutume de la Rochelle et du pays d'Aunis*, art. 48, § 1, n°s 15, 16 et 17; Lebrun, *Traité de la communauté*, liv. 1, chap. 3, n°s 21-26; Pocquet de Livonnière, *Règles du droit français*, liv. 4, chap. 1, n° 2, p. 205 et 206 de l'édition de 1768; Prévôt de la Jannès, *les Principes de la jurisp. franç.*, t. 2, n° 320, p. 26; Pothier, *Traité du contrat de mariage*, n° 48, *Introduction au traité de la communauté*, n°s 18 et 19, *Traité des donations entre mari et femme*, n° 78; Bourjon, *Droit commun de la France*, t. 1, p. 509, n° 16 de l'édition de 1770; *Traité des contrats de mariage* (par Testard), augmenté par Sérieux, t. 1, p. 139 et 147; *Répertoire* de Guyot, V° *Contre-lettre*, t. 4, p. 650; le nouveau Denisart, à l'article *Contrat de mariage*, § 4, n° 6, t. 5, p. 481; Merlin, *Répertoire* à l'article *Conventions matrimoniales*, § 2; Tessier, *Traité de la dot*, t. 1, p. 50, note 75; Plasman, *Des contre-lettres*, 3e partie, § 30, p. 125 et suiv. de l'édition de 1839; Odier, *Traité du contrat de mariage*, t. 2, n° 648; Troplong, *Contrat de mariage*, t. 1, n°s 170 et 201.

T (p. 114)

Dans son *Introduction au traité de la communauté*, n° 13, Pothier dit : « Quoique les futurs conjoints ne soient pas obligés d'appeler leurs parents à leur contrat de mariage, néanmoins lorsqu'ils y ont fait assister leurs parents, ils ne peuvent plus par d'autres actes, quoiqu'avant la célébration du mariage, faire de nouvelles conventions, à moins qu'ils fassent pareillement assister leurs parents respectifs qui ont assisté à leur contrat de mariage. — Les coutumes de Paris, art. 258 et d'Orléans, art. 223, en ont une disposition. Il y est dit : « Toutes contre-lettres faites à part et hors la présence des parents « qui ont assisté au contrat de mariage sont nulles ».

De Laurière, dans ses notes sur la coutume de Paris, avait interprété autrement l'article 258 de cette coutume, mais Pothier n'admet pas son interprétation. « Il ne faut pas suivre, dit-il (*Loc. cit.*, n° 16), l'opinion de Laurière, qui restreint aux parents de la ligne directe ascendante et au tuteur, les parents dont la présence est requise par cet article : il comprend pareillement les collatéraux qui ont assisté au contrat de mariage. Il est vrai que les conjoints n'étaient pas obligés de les y appeler; mais lorsqu'ils les y ont appelés, ils ne peuvent se dispenser de les appeler pareillement aux contre-lettres pour les rendre valables. »

Troplong (*Contrat de mariage*, t. 1, n° 238) dit que Pothier est ici l' « écho de pratiques surannées »; mais nous pensons que ce n'est pas le reproche qu'il fallait adresser à Pothier. Il avait le tort d'interpréter judaïquement le texte des coutumes de Paris et d'Orléans qu'il citait, mais en agissant ainsi loin d'être le copiste des praticiens de son temps, il embrassait une opinion qui n'avait cours ni au XVIIe ni au XVIIIe siècle.

Ainsi, dans son *Coutumier général*, t. 3, p. 48, note c, Bourdot de Richebourg disait, sur l'art. 258 de la coutume de Paris : « Cet article de coutume est pratiqué par toute la France pour obvier aux fraudes et tromperies qu'on fait d'ordinaire ès mariages. — Mais cela s'entend seulement des parents qui ont autorité sur ceux qui se marient; pourquoi l'on y doit aussi joindre les tuteurs, quoique l'article n'en parle pas ».

Et, avant Bourdot de Richebourg, Boucheul avait dit dans son *Traité des conventions. de succéder* (chap. 7, n° 10, p. 83) qu'il fallait que ce second contrat fut fait « en la présence et du consentement des parents qui ont assisté au premier contrat; c'est-à-dire des *parents intéressés*, parce que l'on ne l'entend pas des parents et amis qui ont signé et sont priés par honneur au contrat, mais seulement des pères, mères, frères et autres de cette qualité de la famille intéressés dans l'exécution du mariage. Sur quoi, voyez Tronçon, Ricard et de Ferrière sur l'art, 258 de la coutume de Paris; de Lalande sur l'art. 223 de celle d'Orléans et autres cotés par Brodeau sur Louet, lettre C, chap. 28 ».

Pothier lui-même ne poussait pas jusqu'au bout les conséquences logiques de son interprétation, car il s'exprimait ainsi, *Loc, cit.*, n° 16 : « Ce que la coutume dit, que les contre-lettres faites hors la présence des parents qui ont assisté au contrat de mariage, sont nulles, ne doit pas être tellement pris à la rigueur, que l'absence d'un seul des parents qui ont assisté au contrat de mariage, doive indistinctement les rendre nulles. Si ce parent, en l'absence de qui la contre-lettre a été passée, n'était qu'un parent éloigné, et qu'elle ait été passée en présence des plus proches parents, et de ceux qui avaient le plus d'autorité dans la famille, elle doit être jugée valable ».

Mais de Laurière qui, comme l'a remarqué Troplong (*Loc. cit.*, n° 239), s'est, sous l'ancienne jurisprudence, « plus rapproché du code civil qu'aucun autre jurisconsulte »; de Laurière (sur Loisel, t. 1, p.142 et 143 de l'édition de 1783), après avoir cité l'art. 258 de la coutume de Paris, disait : « Par les *parents*, dans cet article, il faut entendre *ceux qui y signent par nécessité*, comme sont les pères, les mères, les aïeuls et aïeules, sans le consentement desquels les enfants ne se peuvent marier; ou des collatéraux qui ont intérêt aux clauses des contrats de mariage, à cause des libéralités qu'ils ont faites aux conjoints. — Mais si ceux qui se marient sont majeurs, jouissant de leurs droits, riches et sans avoir eu aucune dot de *parents* ni d'amis, tous ceux qu'ils font signer à leur contrat de mariage, sans nulle nécessité, et par pure bienséance et politesse, ne peuvent raisonnablement être compris sous la disposition de cet article, comme l'a remarqué très-bien M. le lieutenant civil le Camus ».

Les rédacteurs du code civil ont dû croire qu'ils avaient tranché définitivement toutes ces questions controversées sous l'ancien droit en disant, dans l'art. 1396 : « Nul changement ou contre-lettre n'est, au surplus, valable, sans la présence et le consentement simultané de toutes les personnes *qui ont été parties* dans le contrat de mariage »; cependant le sens qu'avait ce terme de *parties* a donné lieu à de nouvelles difficultés.

On est généralement d'accord sur ce point que les ascendants dont *le consentement* est nécessaire pour la validité du mariage sont compris dans ce mot de *parties*. Voir Delvincourt, t. 3, note 4 de la p. 6, édition de 1834; Pigeau, *Cours élémentaire de code civil*, t. 2, p. 307, note 1 de l'édition de 1818; Battur, *Traité de la communauté*, t. 1, n° 47; Plasman, *Des contre-lettres*, § 57, n° 1, p. 228 de l'édition de 1839; Sebire et Carteret, *Encyclopédie du droit*, à l'article *Contrat de mariage*, n° 83, t 6, p. 415; Aubry et Rau sur Zachariæ, t. 3, § 503, p. 399, note 15 de la seconde édition; Odier, *Traité du contrat de mariage*, t. 2, n° 600.

Mais en est-il de même quant aux ascendants dont *le conseil* seulement est requis? Oui, suivant Delaporte, *Pandectes françaises*, t. 5, p. 403 et 404 de la seconde édition; Duranton, t. 14, n° 57; Boileux, *Commentaire sur le code civil*, 1834, t.3, p. 11; Frédéric Taulier, t. 5, p. 28; Rodière et Pont, *Traité du contrat de mariage*, t. 1, n° 141; Sebire et Carteret, *Loc. cit.*, n° 81; Marcadé, sur les art. 1394-1397, n° 4.— Non, suivant Toullier, t. 12, n°51; Aubry et Rau sur Zachariæ, *Loc. cit.*; Bellot des Minières, *Traité du contrat de mariage*, t. 1. p. 42-

48; Mazerat, *Questions sur le code civil*, t. 3, p. 3, n° 5; Troplong, *Loc. cit.*, n° 239.

D'autres vont plus loin encore. Contrairement à l'opinion de Valette, et conformément à celle de Bugnet sur Pothier, t. 7, p. 53, note 2, ils admettent que ce concours des ascendants n'est pas nécessaire lorsqu'il s'agit de fils majeurs de 21 ans et mineurs de 25. Telle est l'opinion adoptée par Mourlon, dans ses *Répétitions écrites*, t. 3, p. 3 et 4 de la 8ᵉ édition; par M. Félix Berriat-Saint-Prix, dans ses *Notes élémentaires sur le code civil*, t. 3, n° 5543, p. 11 et 12, et par M. Delsol, dans son *Code Napoléon expliqué*, t. 3, p. 10 et 11.

Nous ne saurions adopter cette dernière opinion, le fils qui n'a pas atteint l'âge de vingt-cinq ans accompli étant, quant au mariage, assimilé à la fille qui n'a pas atteint l'âge de vingt-un ans accomplis par l'art. 148 du code civil; mais nous ne pouvons admettre non plus que l'on mette sur la même ligne les ascendants dont *le conseil* seulement est requis et ceux dont *le consentement* est nécessaire.

Mais quant aux personnes auxquelles s'applique l'art. 1396, ce n'est pas seulement leur consentement qui est requis mais leur consentement *simultané*, ce qui s'applique tout aussi bien au cas où les deux futurs époux étaient seules parties au contrat, qu'au cas où ils étaient assistés de tiers. En conséquence, est nul le changement apporté à un contrat de mariage lorsqu'il n'a été stipulé et signé par les deux futurs époux qu'isolément, en l'absence l'un de l'autre et à des dates différentes, ainsi que l'a décidé un arrêt de la cour de Douai du 1ᵉʳ août 1854 (S. 51. 2. 600, ou *Jurisprudence de la cour*, t. 12, p. 413).

U (p. 114)

Suivant M. Laboulaye, dans ses *Recherches sur la condition civile et politique des femmes*, liv. 4, sect. 2, titre 2, chap. 1, p. 333 et suiv., et, suivant Troplong, dans sa préface du *Contrat de mariage*, p. cxvi-cxlii, le régime de la communauté conjugale n'aurait pas une origine germanique : il ne serait qu'une variété de ces associations si fréquentes au moyen âge et qui s'établissaient par une vie commune *à même pain et à même pot*. « Le *mundium*, dit en terminant Troplong, n'a pas plus engendré la communauté que la *manus*. » De son côté, dans son *Histoire du droit civil de Rome et du droit français*, liv. 4, chap. 5, § 3, n° 6, t. 3, p. 161-163, Laferrière, après avoir examiné la question de savoir si les lois barbares contenaient le principe de la communauté de biens entre époux, conclut en disant que « selon l'esprit et le texte des lois germaniques, la femme avait un droit éventuel pour le cas unique où elle survivrait, un *gain de survie* et de *viduité*, mais non un *droit de communauté* ».

V (p. 120)

Au contraire, dans sa *Théorie des matières féodales et censuelles*, t. 6, p. 105 et suiv., Hervé donne à l'adage fiscal : *Nulle terre sans seigneur*, une origine beaucoup plus récente. « Tous les auteurs qui en parlent, dit-il, l'attribuent au chancelier Duprat, qui mourut en 1535 ». Et, en note, Hervé cite Boulainvilliers, Mézeray, Saint-Julien et l'auteur du *Dictionnaire des domaines* (Bosquet). Le garde des sceaux Michel de Marillac, n'aurait donc fait que renouveler l'invention de Duprat, en disant dans l'art. 383 de l'ordonnance de 1629, « que tous héritages, ne relevant d'aucun seigneur, sont censés relever de Sa Majesté, si les possesseurs ne font apparoir de bons titres qui les en déchargent » ; — « disposition, dit Hervé (*Loc. cit.*, p. 101), qui est rappelée dans le préambule de l'édit du mois d'août 1692, où l'on suppose « qu'il n'y a point de « droit mieux établi ni plus inséparablement attaché à la couronne, que

« celui de la mouvance et directe universelle du roi sur toutes les
« terres de son royaume. »

« Il est vrai, dit Hervé, que, sur la fin du XIII⁰ siècle, Beaumanoir
(chap. 24) avait dit : « *Nul selon notre coutume ne peut pas tenir des
alleux ; mais il suit seulement de là que tel était le statut particulier
du petit canton de Beauvoisis* » .

Quant à l'opinion des trois jurisconsultes du XIII⁰ et du XIV⁰ siècle
dont se prévalent également les partisans de la directe universelle à
savoir Guillaume Durand, Jean Fabro ou Favre (*Jeannes Faber*) et
Pierre Jacobi, Hervé, après Caseneuve, écarte l'objection tirée des écrits
des deux premiers en disant qu'on étend à tort à la mouvance ce qu'ils
ne disent que de la juridiction.

« Enfin, dit-il, toujours d'après Caseneuve, Jacobi dément ceux qui
supposent qu'il adopte la féodalité universelle ; et il n'attribue au souverain que l'empire, la juridiction et la puissance publique. *Quidam,
vero,* inquit, *spretis juribus tam canonico quam civili.... suggerunt regi
quod ecclesia non potest acquirere res immobiles regni sui sine ejus
voluntate, et reddunt rationem quia nihil est ibi allodiale, sed omnia
tenentur a rege. Non tamen dicunt an in feudum, vel emphyteusim,
quod neutrum est verum.* »

Ainsi Hervé a raison de dire que Jacobi n'admet pas la féodalité universelle ; mais aussi par cela même qu'il se prononce contre cette théorie, il y a preuve qu'elle s'était déjà produite à l'époque où il écrivait ;
de là nécessité de savoir à quelle époque il vivait. Or à cet égard nous
ne trouvons dans les auteurs que des renseignements ou fort incom-
plets ou fort inexacts.

Hervé, *Loc. cit.*, p. 106, dit, d'après Galland, *Du franc-alleu et origine des droits seigneuriaux,* p. 97 et 98, que Jacobi vivait sous
Philippe-de-Valois et sous Philippe-le-Bel : cela est exact, mais cela
est bien vague ; car Philippe-le-Bel parvint au trône en 1285 et Philippe
de Valois mourut en 1350.

Aigueperse, dans sa *Biographie des grands hommes de l'Auvergne,*
t. 1, p. 326, est très-précis, au contraire, mais aussi très-inexact, lorsqu'il dit que Jacobi est « né à Aurillac en 1311 ». Que le lieu de sa naissance soit bien celui qu'indique Aigueperse, cela n'est pas douteux, non
plus que cette autre particularité de sa vie qu'il fut professeur de droit à
Montpellier, comme Aigueperse le dit également ; mais ce biographe
se trompe incontestablement lorsqu'il fait naître Jacobi en 1311 : il est
certain en effet qu'il naquit non dans le XIV⁰ mais dans le XIII⁰ siècle.

Chabrol, dans son commentaire sur les coutumes d'Auvergne, t. 4,
p. 639, dit de Jacobi : « On prétend que son nom de famille était
Gascher ». Mais, dit M. de Parieu, « ce renseignement sans origine
expliquée, nous paraît peu digne d'attention pour divers motifs » ; et à
ces motifs que M. de Parieu déduit dans la *Revue de législation* de
Wolowski, t. 20, p. 418 et 419, nous en ajouterons un autre, c'est que,
en matière historique, Chabrol est un guide dont il faut singulièrement
se défier. Dulaure qui connaissait très-bien l'Auvergne dont il était originaire (il était né à Clermont-Ferrand) et qui a consacré tout un volume
à cette province dans sa *Description des principaux lieux de France,*
Dulaure signale, t. 5, p. 131, 135, 488 et 489, un grand nombre d'erreurs commises par Chabrol dans son ouvrage précité, et il termine en
disant : « En général, dans ce volumineux commentaire, la partie historique, quoiqu'écrite avec prétention, fourmille d'erreurs ».

De Savigny, à qui on ne peut pas adresser en général le même reproche, parvient cependant à commettre deux erreurs dans les quatre
lignes qu'il consacre à Jacobi, dans son *Histoire du droit romain au
moyen âge* (t. 4, p. 274 de la traduction de Guenoux). La première erreur
consiste à dire que le traité de procédure de Jacobi intitulé *Pactica* ou
autrement *Praxis aurea,* fut « achevé en 1311 » ; et la seconde erreur
consiste à attribuer à Jacobi un autre ouvrage intitulé : *De arbitris
et arbitratoribus.* La vérité est que le premier de ces ouvrages ne fut
pas terminé mais commencé en 1311 et qu'il ne fut pas fini avant 1329,
et que le prétendu second ouvrage de Jacobi n'est pas un ouvrage dis-

tinct mais bien un simple extrait de la *Praxis aurea* (Voir de Parieu, *Loc. cit.*, p. 418 et 421).

Mais, quoiqu'il en soit, ce qui est certain c'est que la directe universelle du roi n'a pas été inventée, comme le suppose Hervé, par le chancelier Duprat au XVIe siècle, puisque, au commencement du XIVe siècle, cette erreur était déjà assez répandue pour que Jacobi crût nécessaire de la combattre dans l'intérêt du clergé, intérêt qu'il eût toujours fort à cœur. « Non-seulement, dit M. de Parieu, *Loc. cit.*, p. 416, le clergé devait être à ses yeux indépendant, mais il acceptait encore sa domination. La juridiction des papes sur les rois était chose légitime pour lui ».

W (p. 124)

« C'est-à-dire où il n'y a point de titre qui restreint la féodalité à une certaine partie d'un corps d'héritage », dit Merlin en interprétant ces mots du texte des chartes générales du Hainaut, « s'il n'y a *limitation ou comprendement de fief* », dans son *Répertoire*, Vo *Fief*, sect. 2, § 2. « En vain, dit-il, pour en pénétrer le sens, voudrait-on avoir recours aux lumières de quelque commentateur; ces lois si obscures, si volumineuses, demandent un interprète depuis plus de cent cinquante ans, et ne l'ont pas encore trouvé. »

Lorsque Merlin s'exprimait ainsi en 1784 (t. 7, p. 375 du *Répertoire* de Guyot), il connaissait les ouvrages de Boulé, de Dumées et de Rapartier qu'il a cités plusieurs fois (voir la *Table générale* de Rondonneau, p. 961, 970 et 984) ; mais il jugeait avec raison que leurs ouvrages étaient très insuffisants pour combler la lacune dont il se plaignait. A défaut de commentaires imprimés il y avait, il est vrai, de nombreux documents manuscrits sur la législation du Hainaut, sous forme soit d'annotations, soit de dictionnaires, soit de répertoires, soit enfin et surtout de recueils d'arrêts dits *Préjugés*. Parmi les ouvrages de ces différents genres Adolphe Mathieu, dans sa *Biographie montoise*, cite ceux de Delmotte, De Marbaix, d'Hennckinne, de Leduc, de Maleingreau, d'Offignies, de Peridaëns, de Pepin, de Petit, de Recq et de Tahon, auxquels il faut ajouter ceux de Dassonville, de Louchez et de Leuse qui y sont omis. Tous ceux de ces manuscrits qui n'ont pas été livrés aux épiciers ou autres marchands de détail, reposent depuis longtemps sous une épaisse couche de toiles d'araignées dans des dépôts publics ou dans les bibliothèques de quelques curieux; et franchement ils ne méritaient guère un meilleur sort, sauf un seul peut-être, le volumineux commentaire du président Petit. « Le célèbre Merlin, dit A. Mathieu, *Loc. cit.*, p. 241, considérait ce travail comme le meilleur commentaire sur les chartes du Hainaut. » Cet éloge a été renouvelé de nos jours par M. Delcourt dans ses articles sur le régime hypothécaire (*Archives du droit de Bruxelles*, 1838) et, sur la foi de M. Delcourt, par M. Britz (*Code de l'ancien droit Belgique*, p. 344).

Quant à la coutume de Valenciennes, on citait fréquemment autrefois son commentaire par l'avocat Godin qu'il est aujourd'hui encore fort facile de se procurer, car ses copies, avec ou sans additions, sont fort nombreuses, et je n'en possède pas, pour mon compte, moins de quatre exemplaires dont l'un en deux volumes in-folio, provenant de la bibliothèque de M. Crendal de Dainville et qui est terminé par plusieurs consultations intéressantes signées soit par des avocats de Valenciennes, soit par des avocats du parlement de Flandre et notamment Merlin et Savary, qui, au dire de Merlin lui-même, était alors « l'aigle du barreau de Douai ». Mais le commentaire de Godin n'embrasse qu'une partie des articles de la coutume de Valenciennes, tandis qu'ils sont tous l'objet des *Commentaria in mores Valentianorum*, portant la date du 14 avril 1778 que je possède et dont je ne connais pas d'autre exemplaire. C'est un manuscrit de 410 p. in-folio suivies de 91 pages d'additions composées de jugements, de requêtes et de mémoires. Sa rareté

ne constitue pas son seul mérite, car le commentaire n'est pas, il s'en
faut, dénué d'érudition. C'est pourquoi je me propose de le donner ou
de le léguer à notre bibliothèque publique ainsi que l'exemplaire du
commentaire de Godin provenant de M. Crendal de Dainville, qui ira
rejoindre ainsi des manuscrits de même provenance (Voir le *Catalogue*
de Mougeart, p. 542, 543, 553, 573 et 574) et notamment la précieuse
continuation de Jacques de Guyse par Jean Doudelet dont notre ami
M. Charles Paillard a su, récemment, tirer si bon parti. Je possède
aussi plusieurs manuscrits qui intéressent l'histoire juridique, municipale et financière de Valenciennes qui proviennent également de la bibliothèque de M. Crendal de Dainville et que je destine aussi à notre
bibliothèque publique, ainsi qu'un manuscrit bien autrement précieux
qui provient de la bibliothèque de Saint-Martin de Tournay : c'est une
copie du *Conseil de Pierre de Fontaines* qui paraît être de la fin du
XIII* ou du commencement du XIV* siècle et qui a été décrite dans
l'Introduction de l'édition que M. Marnier a donnée de ce *Conseil* en
1813, p. xxxix et xl.

X (p. 233)

Dans les deux volumes que M. Mignet a publiés en 1843 sous le titre
de *Notices et Mémoires historiques*, il se trouve au tome 2, p. 1-151, un
mémoire intitulé : *La Germanie au VIII* et au IX* siècle ; sa conversion au christianisme ; son introduction dans la société civilisée de
l'Europe occidentale*. Dans ce mémoire, qui n'est pas le moins remarquable des travaux historiques tous si intéressants qui composent ce
volume, M. Mignet montre très-bien comment l'état de la famille chez
les Germains, était intimement lié à leur organisation sociale.

« Les Germains, dit-il (p. 117-123), étaient surtout guerriers. C'était
surtout la guerre qui avait donné à l'individu ses sentiments, à la famille
son organisation, à la société son but, au territoire sa distribution.

« L'individu était brave, hospitalier (1), avide (2). Ce sont les trois
besoins des Barbares, pour se défendre contre les autres, pour se mettre
en relation dans cet eux, et pour subsister dans l'état imparfait où se trouve
et où ils laissent volontairement la propriété chez eux. Le courage était
la vertu obligatoire des Germains (3), parce qu'elle faisait sa sûreté. Il
l'entretenait donc par la guerre et par la chasse, et il évitait de l'amol-
lir par le travail. Il passait dans une longue oisiveté tout le temps qu'il
n'employait pas à combattre ou à chasser (4). Livré aux instincts natu-

---

(1) *Hospites violare fas non putant : qui quaque de causa, ad eos
venerunt, ab injuria prohibent sanctosque habent* (César, de Bell.
Gall., I. 6, c. 23).
*Convictibus et hospitiis non alia gens effusius indulget. Quemcum-
que mortalium arcere tecto, nefas habetur : pro fortuna quisque appa-
ratis epulis excipit* (Tacite, German., c. 21).

(2) *Latrocinia nullam habent infamiam..... atque ea juventutis
exercendæ ac desidiæ minuendæ causa fieri prædicant* (César, Loc. cit.).

(3) *Ignavos et imbelles..... cœno ac palude, injecta insuper crate,
mergunt* (Tacite, German., c. 12). — *Scutum reliquisse præcipuum
flagitium : nec aut sacris adesse, aut concilium inire, ignominioso fas*
(Id. ibid., c. 6).

(4) *Quotiens bella non ineunt, multum venatibus, plus per otium
transigunt, dediti somno ciboque* (Id. ibid., c. 15). — *Nec arare ter-
ram, aut expectare annum, tam facile persuaseris, quam vocare hostes
et vulnera mereri; pigrum quinimmo et iners videtur sudore adqui-
rere, quod possis sanguine parare* (Id. ibid., c. 14).

rels lorsqu'ils ne sont pas encore perfectionnés par les idées et réglés par les devoirs, il était personnel, cruel, vindicatif, spoliateur. La propriété territoriale était informe chez lui. Elle changeait de main toutes les années (1), et était surtout cultivée par des serfs (2). Elle ne pouvait, dès lors, pas substituer les sentiments doux et conservateurs que donnent à l'homme la culture paisible des champs et l'abondance de ses produits, aux sentiments emportés et féroces qui naissent de la guerre et de l'acquisition par voie violente. Sa religion, conforme à l'état grossier de son esprit et aux dispositions belliqueuses de son âme, était une adoration des forces de la nature ou l'apothéose du courage guerrier. Elle donnait à la férocité la sanction divine. L'histoire de ses dieux était une histoire de combats et de meurtres ; les sacrifices par lesquels on les honorait le mieux et on les satisfaisait le plus étaient des sacrifices humains ; le paradis qu'ils promettaient aux guerriers était un lieu de combat où le sang coulait sans cesse et où l'on buvait dans le crâne de son ennemi. Une telle religion était peu propre à adoucir les âmes.

« La constitution de la famille, quoique moins imparfaite, dérivait cependant du même état. Cette constitution dont l'origine, là comme partout, était l'union de l'homme et de la femme, et l'alliance naturelle de ceux que rapprochaient les liens du sang, avait pour but de pourvoir à la défense et à la vengeance. Comme la société publique n'avait pas encore assez de force pour protéger l'individu, c'était à la société domestique à le faire. Il fallait que la protection vînt de quelque part et qu'il y eût quelque chose qui ressemblât à la justice. Cette protection résidait dans la parenté, et cette justice n'était d'abord qu'un acte de représailles. La parenté entière prenait fait et cause pour un de ses membres. Elle poursuivait l'agresseur et la parenté de celui-ci jusqu'à ce qu'ils eussent racheté le méfait et obtenu la paix au moyen d'une composition en bestiaux ou en argent (3). Chez les Germains, ce que nous appelons crime était un simple fait de guerre qui se terminait par un traité pécuniaire entre les deux parentés intéressées. Le caractère moral de l'action n'existait pas. Il y avait des sentiments de famille blessés, mais non des devoirs légaux violés. Dès que la parenté mécontente était satisfaite et la paix rétablie, les traces du mal étaient effacées. Les actions répréhensibles ne relevaient pas encore de la morale et du droit, mais de la passion et de la force.

« La famille dut être constituée chez les Germains d'après cet état de guerre universelle et ce besoin impérieux de défense. Elle reposa sur le principe de la force et sur la nécessité de l'union. Tout ce qui était faible y tenait peu de place ; quoique, sous le rapport moral, les Germains attribuassent à la femme quelque chose de divin, qu'ils ne négligeassent pas ses conseils, qu'ils combattissent sous ses yeux, qu'ils vinssent après le combat lui montrer leurs blessures, qu'ils protégeassent sa débilité en punissant les offenses qui lui étaient faites par

---

(1) *Magistratus ac principes in annos singulos gentibus cognationibusque hominum, qui una coierunt, quantum eis et quo loco visum est, attribuunt agri, atque anno post alio transire cogunt* (César, de Bell. Gall., l. 6, c. 22; *id. ibid.,* l. 4, c. 1).— *Arva per annos mutant; et superest ager : nec enim cum ubertate et amplitudine soli labore contendunt ut pomaria conserant et prata separent et hortos rigent : sola terræ seges imperatur* (Tacite, German., c. 26).

(2) Tacite, *Loc. cit.*, c. 25.

(3) *Suscipere tam inimicitias, seu patris, seu propinqui, quam amicitias necesse est : nec implacabiles durant. Luitur enim etiam homicidium certo armentorum ac pecorum numero, recepitque satisfactionem universa domus* (Tacite, Loc. cit., c. 21).— Voir aussi les diverses lois des peuples barbares après la conquête.

des amendes plus considérables (1), ils ne lui accordaient pas de droits personnels. La femme ne s'appartenait pas et elle ne disposait de rien, parce qu'elle était à jamais privée de cette force qui donnait seule la liberté et la propriété dans une société violente (2). L'enfant ne comptait pas encore, et le vieillard ne comptait plus, parce que l'un ne possédait pas cette force et que l'autre l'avait perdue. Aussi étaient-ils occupés du service et des soins de la maison (3) et se trouvaient-ils placés sous le *mundium* ou la tutelle de celui qui était fort, brave, oisif, dont le métier était de se battre, l'honneur de protéger et d'être servi. La femme, en sa qualité d'être constamment faible, restait sous un *mundium* perpétuel (4). Elle passait de la tutelle du père sous celle du mari, de celle du mari, s'il mourait, sous celle de l'héritier du mari, ou sous celle du frère, ou bien de l'oncle paternel. C'était le *mundwald* ou tuteur, père, mari, héritier du mari, frère ou oncle, qui touchait la composition due pour la femme outragée ou tuée. Comme cette tutelle était productive, la femme, fille ou veuve qui était demandée en mariage était achetée à celui sous le *mundium* duquel elle se trouvait placée (5). Elle n'apportait pas de dot, elle en recevait une (6). Une tutelle aussi prolongée et un achat pareil sont pour la femme les signes incontestables d'une condition inférieure qu'expliquent à la fois sa faiblesse naturelle et la violence de l'état social auquel elle appartenait.

« Le mariage qui est la base de la société domestique, n'était pas arrivé à sa forme la plus avancée et la meilleure chez les Germains. Ces Barbares étaient plus chastes que réglés. Par une sorte de continence qu'ils devaient au climat froid et rude de la Germanie (7) et qu'ils per-

(1) *Iuesso quinctiam sanctum aliquid et providum putant; nec aut consilia earum aspernantur, aut responsa negligunt.* (Tacite, *Loc. cit.,* c. 8). — *Ili cuique sanctissimi testes, hi maximi laudatores. Ad matres, ad conjuges vulnera ferunt* (Id. ibid., c. 7). Voir les diverses lois barbares *(passim)* pour la protection accordée aux femmes qui ne pouvaient pas se défendre.

(2) *Nulli mulieri liberæ sub regni nostri ditione, legis Longobardorum viventi liceat in suæ potestatis arbitrium, id est sine mundio vivere, nisi semper sub potestate virorum aut curtis regii debeat permanere. Nec aliquid mobilibus aut immobilibus, sine voluntatis ipsius, in cujus mundio fuerit, habeat potestatem donandi aut alienandi.* — *Lex Lougob.,* l. 2, tit. 10, c. 1. — Les autres lois barbares ont toutes des dispositions semblables.

(3) *Fortissimus quisque ac bellicosissimus nihil agens; delegata domus et penatium et agrorum cura feminis senibusque et infirmissimo cuique ex familia* (Tacite, *Loc. cit.,* c. 15).

(4) *Lex Alemann.,* tit. 55, § 2; *lex Saxonum,* tit. 7, art. 2, 3 et 4; *lex Longob,.* l. 2, tit. 10, et les autres lois.

(5) *Lex Saxonum,* tit. 8, art, 1, 2, 3 et 4 et autres lois barbares.

(6) *Dotem non uxor marito, sed uxori maritus offert* (Tacite, *Loc. cit.,* c. 18). — La dot était un achat de la femme aux parents, sous la tutelle desquels elle se trouvait placée, tandis que chez les Romains elle était *bonorum quantitas, quæ marito ad sustinenda onera matrimonii datur* (l. 7, pr., l. 56, § 1, D. *de jure dotium* xxiii, 3). — *Uxorem ducturus CCC solidos det parentibus ejus* (lex *Saxonum.* tit. 6, art. 1).— *Si quis uxorem mercetur, et pretium non proveniat* (LL. Inæ, l. 31, dans Canciani, t. 3, p. 50, col. 1). — *Filia in commercio erat, et a parentibus vel ejus tutore sponso CCC solidis vendebatur* (Id. ibid.. p. 41, note 2, col. 2). — Du reste, c'était le le début naturel du mariage. Le mariage avait eu lieu chez les Grecs par achat (Aristote, *Polit.* l. 2, c. 6 et 8, Homère, *Iliade,* l. 1). Le mariage romain *per coemptiouem* avait cette origine.

(7) César, *Loc. cit.,* l. 6, c. 21; Tacite, *Loc. cit.,* c. 20.

dirent bientôt après les invasions, la plupart d'entre eux se réduisaient à une seule femme, mais ils pouvaient en prendre plusieurs (1). La polygamie leur était permise, et ils y cherchèrent un moyen de puissance par l'agrandissement de leur parenté. Il n'y avait entre l'homme et la femme ni égalité dans l'union conjugale, ni égalité dans sa violation. L'adultère de la femme était irrémissible (2); le concubinage de l'homme marié était admis. »

Y (p. 212)

Ce président que Merlin désigne sous le nom de *Stephanus* est appelé M. de Saint-Jean ou *Stephanus a Joanne* par Bretonnier, dans la préface de ses *Questions de droit*, p. LXIII de l'édition de 1783. « Nous avons, dit-il, de lui des décisions au nombre de 82, dans un in-4°, qui sont bonnes; elles ont été données au public en 1617 par M. Gabriel-Etienne de Montfuron son fils, aussi président au même parlement. »

Mais le nom patronimique de ce magistrat n'était pas de Saint-Jean ni son prénom Etienne, comme on pourrait le croire d'après ce passage de Bretonnier. François d'Etienne, tels étaient son prénom et son nom. Il était seigneur de Saint-Jean de la Salle et Montfuron. Il fut reçu conseiller au parlement d'Aix, sa ville natale, au mois de décembre 1562, président de la seconde chambre des enquêtes, nouvellement créée, le 9 novembre 1575, président à mortier en 1585. « Le baron de Vins fit enfermer d'Etienne à l'archevêché avec le président Louis Duchesne, à cause de leur attachement à Henri IV. D'Etienne fut ensuite à Avignon, où il mourut en 1592, âgé de 44 ans. »

Nous trouvons ces détails dans l'*Histoire des hommes illustres de la Provence* formant les tomes 3 et 4 du *Dictionnaire de la Provence et du Comtat-Venaissin* (par Achard et autres), t. 3, p. 267, et t. 4, p. 429; mais nous reconnaissons que l'article qui concerne François d'Etienne, après avoir été remanié une première fois, aurait dû l'être de nouveau pour devenir exact, car on y trouve des dates qui sont véritablement inconciliables.

Si, en effet, ce magistrat n'avait que 44 ans en 1592, il serait donc né en 1548 et, par conséquent, il n'aurait eu que 14 ans lorsqu'il fut nommé conseiller en 1562. Or, à cette époque, on était sous l'empire des ordonnances de François Ier du mois d'août 1546 et de Henri II, de 1547, art. 4, d'après lesquelles on ne pouvait être nommé conseiller de cour souveraine avant l'âge de trente ans (Voir la *Conférence* de Guenois, t. 1, p. 499 de l'édition de 1660). Et, en admettant la première version de l'ouvrage précité, qui fut désavouée ensuite, c'est-à-dire que l'entrée de d'Etienne dans la magistrature eût lieu en 1572, il n'aurait eu encore à cette époque que 24 ans, et dès lors six ans de moins que l'âge exigé par lesdites ordonnances. La promotion de François d'Etienne à la charge de président à mortier en 1585 soulève une difficulté semblable; car s'il était né en 1548, il n'aurait eu à cette époque que 37 ans. Or, d'après l'art. 103 de l'ordonnance de 1579, célèbre sous le nom d'ordonnance de Blois, nul ne pouvait être président dans un parlement, fut-ce d'une chambre d'enquête, ni au grand conseil ou à la cour des aides « qu'il n'eût atteint l'âge de quarante ans tout au moins (Guenois, *ibid.*, « p. 200) ».

Je sais bien que sous l'ancien régime on obtenait facilement des dispenses d'âge pour entrer dans la magistrature; mais comme le remarque

---

(1) *Nam prope soli barbarorum singulis uxoribus contenti sunt, exceptis admodum paucis, qui non libidine, sed ob nobilitatem plurimis nuptiis ambiuntur* (Tacite, *Loc. cit.*, c. 18).

(2) *Id. ibid.*, c. 21.

l'avocat de la Croix dans le *Répertoire* de Guyot, t. 9, p. 584, cet abus ne s'établit que « depuis que les charges furent devenues dans les familles de robe une sorte de patrimoine ». Or cela n'advint qu'après l'établissement du droit annuel, appelé *la paulette*, sous Henri IV, en 1604. Voir de Thou, liv. 132, t. 11, p. 321-326 de la traduction française, édition de 1734 et Meyer, *Esprit, origine et progrès des institutions judiciaires*, t. 2, p. 602-605.

Sans sortir du parlement de Provence, on peut trouver la preuve que cette coutume des dispenses d'âge n'existait pas au XVI° siècle; car, sans cela, on n'aurait pas manqué d'en faire profiter des magistrats ayant à la fois plus de crédit, plus de mérite et plus de notoriété que François d'Etienne, tels que Peiresc, Louis Duchesne et Guillaume Duvair. Or, Peiresc, né le 1er décembre 1580, qui, dès l'âge de 17 ans, avait composé une chronologie des législateurs et qui avait été reçu docteur en droit le 18 janvier 1604, ne devint conseiller au parlement d'Aix qu'en 1607 (*Dictionnaire de la Provence*, t. 4, p. 74 et 76), alors qu'il avait atteint depuis un an l'âge réglementaire fixé par l'art. 105 de l'ordonnance de Blois. Louis Duchesne, dont Guillaume Duvair faisait grand cas et dont il regretta si vivement la mort, était né en 1543, fut reçu conseiller le 20 octobre 1578 et, par conséquent, à l'âge de 35 ans, et président à mortier en 1585 ou 1586, et, par conséquent, à l'âge de 42 ou 43 ans. Enfin Guillaume Duvair, qui devint garde-des-sceaux en 1616, était né en 1556, fut reçu conseiller au parlement de Paris le 2 mai 1584 (*Catalogue de tous les conseillers du parlement de Paris*, par Blanchard, p. 100) et, par conséquent, à l'âge de 28 ans, et premier président du parlement d'Aix en 1599 (*Mémoires* de Niceron, t. 43, p. 121), et, dès lors, à l'âge de 43 ans.

Nous trouvons dans le *Dictionnaire de la Provence*, t. 4, p. 424-426, une autre preuve, que malgré l'adage : « Qui veut le roi, si veut la loi », qui figure en tête des *Institutes coutumières* de Loisel (publiées pour la première fois en 1607, mais qui étaient le fruit d'une longue élaboration), le roi et le parlement d'Aix n'étaient pas disposés, au XVI° siècle, l'un à accorder facilement des dispenses d'âge et l'autre à en tolérer l'abus. Louis de Corriolis avait été pourvu d'une charge de conseiller au parlement de Provence le 3 octobre 1551. « En 1568, Gaspard Garde, baron de Vins, père du fameux chef des ligueurs, étant mort, le parlement écrivit au roi (Charles IX) pour le prier de nommer Louis de Corriolis à sa charge de président à mortier. Le parlement fit à cette occasion le plus grand éloge de ce magistrat, loua son talent et son courage dans les rencontres difficiles, et le roi lui accorda sa demande. Corriolis fut reçu président le 2 octobre de la même année..... La peste s'étant déclarée à Aix en 1595, Louis de Corriolis refusa de suivre l'exemple des autres magistrats, qui s'éloignèrent de la ville. Ce président demeura dans ce lieu de désolation avec quatre ou cinq conseillers au parlement, qui l'aidèrent à maintenir le bon ordre et à veiller à la police..... En 1589, Henri III étant mort pendant les fureurs de la ligue, le président de Corriolis se retira à Pertuis et échappa à la malice de ses ennemis. Là, avec seize conseillers et l'avocat-général de Meunier, il établit un parlement royaliste et anti-ligueur. Le duc de la Valette, frère du duc d'Epernon, lieutenant-général et commandant en son absence, se trouvait alors dans cette ville. Il y fit assembler les Etats qu'il composa de gentilshommes attachés au parti du roi. Corriolis autorisa les Etats, et ouvrit le parlement le 29 août 1589 par un discours dans lequel il déploya toute son éloquence pour prouver qu'Henri IV était le vrai et légitime roi de France. Ce magistrat reçut, le 11 octobre suivant, le serment de fidélité du duc de la Valette et de tous ceux qui avaient composé les Etats ; et il rendit des arrêts contre les membres du parlement qui étaient restés à Aix, attachés à la ligue. — Les Etats assemblés écrivirent, peu de temps après, à Henri IV, pour lui représenter le zèle et les services de Corriolis, et demandèrent pour lui la charge de premier président, vacante par la mort de Jean-Augustin de Foresta (décédé à Aix le 24 octobre 1588). Le roi écrivit les choses les plus obligeantes à Corriolis ; il lui disait qu'il n'avait point de serviteur plus fidèle que lui; mais ayant promis la place qu'il lui demandait à Artus de Prunier, président du parlement du Dauphiné, il offrit à Corriolis la présidence du parlement royaliste du Languedoc..... Henri IV ne cessa d'écrire à Corriolis de la manière la plus affectueuse, et il lui témoigna le cas qu'il faisait de lui en donnant à son fils Laurent des Lettres-Patentes pour être reçu au parlement de Provence, sans service préalable, et à l'âge de 23 ans (c'est-à-dire ayant une année de moins seulement que l'âge prescrit par l'ordonnance de Blois). Aussi le parlement déclara, en enregistrant ces Lettres, que c'était sans *tirer à conséquence, et attendu les services importans rendus par son père* ».

Z (p. 263)

Ce que dit ici le professeur Laurens nous offre une nouvelle occasion de montrer combien il est nécessaire de vérifier les citations des auteurs et combien on risque d'être induit en erreur si l'on néglige cette précaution.

Troplong, dans son commentaire du titre *des Donations entre-vifs et des Testaments*, t. 4, nº 1792, p. 33, note 1, et M. Demolombe, t. 21 (1 du *Traité des donations entre-vifs et des testaments*), nº 553, citent Merlin, *Répertoire*, Vº *Testament*, sect. 3, p. 783 (du tome 13 de la quatrième édition), parmi les auteurs qui ont refusé au testateur le droit de dispenser le légataire de l'obligation de demander la délivrance. Or, si l'on se reporte à l'endroit cité, l'on voit que, dans les conclusions qu'il donnait à la section des requêtes le 18 fructidor an XIII (5 septembre 1805) sur un pourvoi formé contre un arrêt de la cour de Caen du 3 fructidor au XII (21 août 1804), Merlin disait, au contraire : « Des auteurs du plus grand poids, notamment Masuer, Guy-Pape, Coquille, Basnage, Grotius et Voët, enseignent que le légataire peut prendre possession de son autorité privée lorsque, comme dans notre espèce, le testateur lui en a expressément donné la permission. C'est même ce qui a été jugé par un arrêt du parlement de Grenoble, de l'an 1461, rapporté dans le *Recueil* de Papon; Automne dit qu'il en a été rendu plusieurs semblables au parlement de Bordeaux ; et quoique cette opinion ait été contredite par Ricard, il suffit qu'elle se trouve adoptée par le code civil, article 1015, et qu'elle ne soit en opposition avec aucune loi antérieure, pour que la cour d'appel de Caen ait pu s'y conformer, sans exposer son arrêt à la cassation ». Et, par son arrêt du même jour 18 fructidor an XIII, au rapport de M. Pajon, la chambre des requêtes, conformément aux conclusions de l'illustre procureur-général, rejeta le pourvoi formé contre l'arrêt de la cour de Caen par ce motif « qu'aucune loi romaine ni française n'a jamais prononcé la nullité d'un legs, par la raison que le légataire se seroit emparé de la chose léguée et surtout dans le cas d'un legs universel, et lorsque le légataire y a été autorisé par une clause expresse du testament ».

Soit; mais autre chose est annuler un legs parce que le légataire se serait mis indûment en possession de la chose léguée, autre chose est autoriser le testateur à dispenser le légataire de la demande en délivrance. Ainsi la décision intervenue ne justifie nullement la théorie de Merlin sur ce dernier point, théorie qui offre matière à critique sous plus d'un rapport.

D'abord, il faut mettre hors de cause l'article 1015 du code civil qui n'autorise nullement le testateur à dispenser le légataire de la demande en délivrance; mais qui l'autorise seulement (ce qui est toute autre chose) à faire courir les intérêts ou fruits de la chose léguée, non du jour de la demande en délivrance, mais du jour du décès du testateur.

Quant à l'ancien droit, il y a une distinction à faire entre les pays coutumiers et les pays de droit écrit, distinction qui a pour résultat de rendre sans valeur à l'égard des premiers la jurisprudence des parlements de Grenoble et de Bordeaux dont se prévaut Merlin.

« Il y a, dit Furgole, dans son *Traité des testaments* (chap. 10, nº 60,

t. 3, p. 106 de l'édition de 1779), quelques cas où les légataires ne sont pas obligés de demander la délivrance. Le premier est lorsque le légataire se trouve en possession de la chose à lui léguée (l. 1, § 5, D. *quod legator.*; Maynard, liv. 7, chap. 1). Le second est lorsque le testateur a donné une permission expresse de prendre possession du legs sans en demander la délivrance (Guy-Pape, *Quest.* 609, et les docteurs sur la loi *Titia cum testamento*, 84, § 1. D. *de legatis* 2o); ce qui, selon Ricard (*Traité des donations*, partie 2, no 9), ne peut pas avoir lieu dans le pays coutumier, à moins que la coutume ne le permette, comme celle du Nivernais; parce que la possession de droit des héritiers étant en leur faveur, en vertu de la maxime *le mort saisit le vif*, et contre la liberté du testateur qui ne peut pas s'affranchir d'une loi qui lui est imposée, il s'en suit qu'il ne peut pas y déroger ».

Et cette doctrine de Ricard citée par Merlin dans son *Répertoire*, Vo *Légataire*, § 5, no 8, comme une opinion isolée, était bien celle des pays coutumiers, de l'esprit desquels, sauf dans le cas de l'article 1006, notre code s'est inspiré. Aussi est-ce cette doctrine que Pothier reproduit dans ses différents ouvrages.

Ainsi, il dit dans son *Traité du droit le domaine de propriété* (no 262, alinéa 2) : « Observez que quoique le légataire soit censé avoir acquis dès l'instant de la mort du testateur le domaine des choses qui lui ont été léguées, il ne lui est pas néanmoins permis de s'en mettre de lui-même en possession, il doit la recevoir des mains de l'héritier ».

Et après avoir dit la même chose dans son *Introduction au titre XVI de la coutume d'Orléans*, il ajoute : « Cela a lieu quand même le testateur aurait expressément ordonné par son testament que le légataire serait saisi de plein droit des choses qu'il lui lègue, et qu'il pourrait s'en mettre en possession : car le testateur ne peut pas, par sa seule volonté, transférer après sa mort au légataire la possession des choses dont la loi saisit son héritier ».

Enfin, dans son *Traité des donations testamentaires* (chap. 5, sect. 2, § 2, alinéa 8), Pothier reproduit la même règle en ces termes : « Cette décision a lieu quand même le testateur aurait ordonné par son testament que les légataires seraient saisis de plein droit des choses qu'il leur lègue, et qu'ils pourraient s'en mettre d'eux-mêmes en possession; car le testateur ne peut pas par sa volonté transférer aux légataires la possession des choses que la loi transfère à son héritier, et il ne peut pas non plus permettre une voie de fait, en permettant aux légataires de se mettre, de leur autorité privée, en possession des choses dont l'héritier est saisi; c'est le cas de la maxime, *nemo potest cavere ne leges in suo testamento locum habeant;* et de celle-ci : *non est privatis concedendum quod publice per magistratus auctoritate fieri debet* ».

Addition à la page 128.

Aux coutumes de Bordeaux, du Berri, de Bourgogne et de Franche-Comté il faut ajouter la coutume de Metz dont l'art. 1 du titre 11 est ainsi conçu : « Il y a deux sortes d'héritiers, les uns sont appelés testamentaires qui despendent de la seule volonté du défunt exprimés par son testament; les autres sont nommés communément droits-hoirs ou héritiers légitimes, qui comme plus proches et habiles succèdent au défunt intestat. »

Il en était de même dans tout l'évêché de Metz, dans le Luxembourg, à Thionville et dans le pays de Toul. Voir Gabriel, *Observations détachées sur les coutumes et les usages anciens et modernes du ressort du parlement de Metz*, t. 2, p. 526-530.

Addition à la page 130.

L'ordonnance dô Magdebourg n'est pas le seul acte juridique qui n'aurait accordé la saisine qu'à une certaine classe d'héritiers du sang. M. Demolombe, t. 13, n° 141, cite comme la refusant aux collatéraux, les coutumes de Valenciennes et de Bretagne. Seulement il cite à tort l'art. 546 de cette dernière coutume dont la disposition n'a rien à faire ici : Il aurait dû citer les articles 538 et 540 qui portent : « En ligne directe le mort saisit le vif. — En collatérale, la justice de celui qui a fief et obéissance, est saisie de la succession. »

De même les articles 122 et 147 de la coutume de Valenciennes sont ainsi conçus : « En matière de succession héritière et meubliaire des biens et héritages de mainferme et rentes héritières estantes en ladite ville, banlieu et chef-lieu, le mort saisit le vif, vrai héritier habile à succéder en ligne directe, tant descendante qu'ascendante, sans pour ce faire claing ou relief. — Pour faire appréhension des héritages et rentes succédez en ligne collatérale, il convient en faire appréhension par claing endedans l'an ensuivant le trespas du propriétaire décédé ».

Il a été jugé, d'ailleurs, par un arrêt du 10 avril 1796, inséré par Pinault des Jaunaux, dans son *Recueil d'arrêts notables du parlement de Tournay*, n° 101, t. 1, p. 276-280, que « à Valenciennes le plus proche parent d'un défunt n'est pas exclu de sa succession pour avoir manqué de l'appréhender dans l'an du décès » ; et, dans l'exemplaire du commentaire de Godin provenant de M. Crendal de Dainville, cité ci-dessus, p. 200, se trouvent, t. 2, qnatre autres arrêts semblables rendus le premier par la cour de Mons en mars 1714 et les trois autres par le parlement de Flandre les 21 mars et 29 juillet 1743, et 21 novembre 1748.

Complément de la note 3 de la page 132.

L'importance de l'innovation indiquée dans l'art. 711 a été constatée par l'un des rédacteurs de la *Thémis*, disant (t. 4, p. 448) que le code civil « n'a fait nulle part un changement aussi grave, aussi fécond en conséquences, que lorsqu'il est venu attribuer à l'obligation de donner la force de transférer la propriété ». Mais, suivant M. Bonnier (*Revue de Wolowski*, t. 6, p. 432-443), le principe que la propriété immobilière se transmet par l'effet des obligations constitue une superfétation ou un danger. Au contraire, Toullier (t. 4, n° 59) y voit « une réforme sollicitée par la raison » ; Troplong (*Vente*, t. 1, n° 39) dit que « la bonne foi, l'équité, la logique doivent s'en applaudir..... ; c'est le droit dans sa plus haute expression ». Marcadé qui, d'habitude, n'est pas disposé à une admiration sans réserve de l'œuvre des rédacteurs du code, reconneît qu'on leur doit, en cette occurrence, une innovation heureuse. « C'est, dit-il sur l'art. 711, n° 5) le code civil qui est venu consacrer (art. 1138) cette idée proclamée par Grotius, Puffendorf, Wolf, etc., que la propriété étant un droit, une chose purement intellectuelle, peut passer d'une personne à une autre, sans aucune cause matérielle de transmission ». M. Larombière dit à son tour (sur l'art. 1138, n° 3) : « Ce n'est pas une petite et stérile innovation que le principe posé dans l'art. 1138. Le code Napoléon n'a même introduit nulle part un changement aussi grave, aussi fécond en conséquences, que lorsqu'il a attribué à l'obligation de donner la force de transférer la propriété immédiatement sans le secours de la tradition ». Enfin, M. Demolombe (t. 24, n° 416) ne regrette qu'une chose, c'est que « ce grand principe de la société moderne a été introduit dans notre code timidement, presque subrepticement, par une sorte de détour, qui rappelle les procédés à l'aide desquels les préteurs corrigeaient l'ancien droit romain ». Et, avant M. Demolombe, Marcadé avait dit (sur l'art. 1138, t. 4, n°s 480 et 482) : « La rédaction de cet article est aussi vicieuse, aussi déplorable, que le fond de sa pensée est important..... Les rédacteurs du code étaient hommes de pratique bien plus que jurisconsultes à théories exactes, comme on le voit à chaque page de leurs travaux et comme notre titre le prouverait du reste à lui seul. Ils n'ont pas osé formuler franchement le principe qu'ils introduisaient; disons mieux, ils n'ont pas osé s'avouer à eux-mêmes l'innovation bien réelle qu'ils accomplissaient, et ils l'ont réalisée sans presque s'en apercevoir ». Cambacérès n'avait pas donné aux rédacteurs du code l'exemple d'une pareille timidité. Dans le discours préliminaire de son *Projet de code civil*, de l'an IV, il disait : « Les Romains avait conçu la tradition d'après cet esprit de formule dont Cicéron a si bien dévoilé la cause : ils distinguaient la tradition par les diverses manières dont elle s'effectuait; mais elle n'avait jamais lieu par le seul acte translatif de propriété. Le principe opposé nous a paru conduire à de plus heureux résultats. *C'est par la volonté seule que se produit la transmission de propriété;* quand cette volonté est constatée par acte, pourquoi exigerait-on d'autres formalités? »

Addition à la page 192.

Un arrêt de la quatrième chambre de la cour de Paris du 27 juin 1878, inséré dans la *Gazette des tribunaux* du 3 juillet, est de même ainsi motivé : « Considérant qu'aux termes de l'article 1008 du code civil le légataire universel, lorsqu'il n'existe pas d'héritiers réservataires, est saisi par la mort du testateur sans être tenu de demander la délivrance aux héritiers, que la loi ne distingue pas à cet égard entre le cas où le testament est authentique et celui où il est olographe ; qu'elle prescrit seulement pour ce dernier cas l'obtention d'une ordonnance d'envoi en possession. »

Addition aux pages 239 et 240.

Si M. Demolombe avait pris garde à ce passage de Pothier, il n'aurait pas, dans son *Traité des successions* (t. 3, n° 116) trouvé que, dans les pays coutumiers, « la doctrine, en cette matière, ne paraissait ni très-franche ni très-nette », et trouvé dans les écrits des jurisconsultes « beaucoup d'incertitudes et de dissidences ».

Toute cette obscurité se dissipe et toute cette prétendue dissidence s'efface dès qu'on distingue deux choses que M. Demolombe confond: autre chose est être obligé de faire inventaire, autre chose est être obligé d'accepter sous bénéfice d'inventaire pour ne pas être tenu indéfiniment des dettes de la succession. Ainsi de ce que Bourjon et Ferrière ne voient dans le légataire universel qu'un simple successeur aux biens, il ne s'ensuit nullement qu'ils le dispensent de faire inventaire pour empêcher la confusion de ses biens avec ceux du défunt. De même, de ce que Lebrun *(Traité des successions*, liv. 3, chap. 4, n° 79) distingue le légataire universel à qui « tous les droits actifs et passifs du défunt sont transmis », du seigneur haut-justicier qui « ne succède pas à une universalité de biens, mais seulement aux biens meubles ou immeubles qui se trouvent dans son détroit », il ne s'ensuit nullement qu'il ne met pas ces deux successions sur la même ligne quant à l'obligation de faire inventaire, car de l'un comme de l'autre des successeurs on peut dire : « Il est d'une extrême conséquence de l'assujettir à faire inventaire, sous peine d'être tenu de toutes les dettes, car autrement le public en souffrirait. »

ERRATA

Page 31, note 1, ligne 2 : Chabat, *lisez* Chabot.
Page 57, ligne 15 : *inuitile*, lisez *inutile*.
Page 257, ligne 39 : *quam*, lisez *quam*.

TABLE DES MATIÈRES

PIÈCES JUSTIFICATIVES
ou
NOTES SUPPLÉMENTAIRES

ADDITIONS

VALENCIENNES. — IMPRIMERIE Vᵉ ED. PRIGNET.

www.ingramcontent.com/pod-product-compliance
Lightning Source LLC
Chambersburg PA
CBHW060425200326
41518CB00009B/1491